ŒUVRES COMPLÈTES

DE

LAMARTINE

PUBLIÉES ET INÉDITES

HISTOIRE DES GIRONDINS

VI

TOME QUATORZIÈME

PARIS

CHEZ L'AUTEUR, RUE DE LA VILLE-L'ÉVÊQUE 43

M DCCC LXI

ŒUVRES COMPLÈTES

DE

LAMARTINE

TOME QUATORZIÈME

HISTOIRE

DES

GIRONDINS

VI

HISTOIRE
DES
GIRONDINS

LIVRE CINQUANTE ET UNIÈME

Les exécutions continuent à Paris. — Madame Roland dans sa prison. — Elle écrit ses Mémoires. — Sa lettre à Robespierre. — Son procès. — Sa condamnation. — Sa mort. — Suicide de Roland.

I

Ces combats, tour à tour héroïques et atroces, entre la république et ses ennemis, sur les champs de bataille et sur les champs de supplice, n'avaient point interrompu les immolations à Paris et dans les provinces. Depuis la mort des Girondins, la guillotine semblait élevée au rang d'institution. Elle ne cessait de dévorer des victimes ; ces victimes étaient prises dans tous les partis que la Révolution avait laissés en arrière ou qu'elle rencontrait en avançant.

Quelques démagogues sanguinaires de la commune et de la Montagne demandaient qu'on construisît l'instrument de meurtre en pierre de taille sur la place de la Concorde et en face des Tuileries. La guillotine devait être, selon eux, un édifice public et national qui témoignât à tous, et toujours, que la surveillance du peuple était permanente et que sa vengeance était éternelle.

Le tribunal révolutionnaire, attentif au moindre signe du comité de salut public, se hâtait d'envoyer à la mort tous ceux qu'on lui désignait. Le jugement n'était qu'une courte formalité.

Le nom de madame Roland ne pouvait échapper longtemps au ressentiment du peuple. Ce nom était tout un parti. Ame de la Gironde, cette femme pouvait en être la Némésis, si on la laissait survivre aux amis illustres qui l'avaient précédée au tombeau. Quelques-uns vivaient encore : il fallait les décourager en frappant leur idole. D'autres étaient morts : il fallait humilier leur mémoire en l'associant à l'exécration populaire qu'inspirait une femme odieuse au peuple et suspecte à la liberté. Tels furent les motifs qui firent demander par la commune et par les Jacobins le jugement de madame Roland.

II

Le comité de salut public, exécuteur quelquefois affligé, mais toujours complaisant, des volontés de la populace, inscrivit le nom de madame Roland sur la liste qu'on remettait tous les soirs à Fouquier-Tinville. Robespierre signa cette liste avec un remords visible sur le visage. Dans les premiers temps de son séjour à Paris, le député d'Arras, encore obscur, avait fréquenté la maison de madame Roland. A l'époque où l'Assemblée constituante humiliait l'orgueil et dédaignait la parole de Robespierre, madame Roland avait deviné son génie, honoré son obstination, encouragé son éloquence méconnue. Ce souvenir pesait sur la main du membre du comité de salut public, au moment où il signait un envoi au tribunal qui devait être un envoi à l'échafaud. Madame Roland et Robespierre avaient commencé la Révolution ensemble. La Révolution les avait conduits, l'un au sommet de la toute-puissance, l'autre au fond de l'adversité. Robespierre devait peut-être aux encouragements de madame Roland l'empire de l'opinion, qui lui donnait le droit de la sauver ou de la perdre. Tout homme généreux se fût laissé émouvoir par ce rapprochement et par ce souvenir, et eût refusé de signer le fatal arrêt; mais Robespierre prenait l'inflexibilité pour la force, l'obstination pour la volonté. Il se fût arraché le cœur s'il l'eût eu capable de lui conseiller la pitié. Le système avait tué en lui la nature. Il se croyait plus qu'un homme en immolant en lui l'humanité. Plus il souffrait de cette violence, plus il se croyait juste. Il en était arrivé à cette extrémité du sophisme et à cette exagération de fausse vertu qui font mépriser à l'homme tous ses bons sentiments.

Madame Roland était enfermée dans la prison de l'Abbaye depuis le 31 mai. Il y a des âmes que la postérité contemple avec plus de curiosité et plus d'intérêt que tout un empire, parce qu'elles résument, dans leur situation, dans leur sensibilité, dans leur élévation et dans leur chute, toutes les vicissitudes, toutes les catastrophes, toutes les gloires et toutes les infortunes de leur temps. Madame Roland est une de ces âmes. Dans son élan, dans sa passion, dans ses illusions, dans son martyre, dans son découragement actuel et aussi dans son espérance immortelle, elle personnifiait au fond de son cachot toute la Révolution. Isolée de l'univers, arrachée à un père, à un époux, à une fille, elle noyait dans des flots de larmes intérieures les ardeurs d'une imagination brûlante, attachée comme une flamme à un débris.

III

Les geôliers de l'Abbaye adoucirent, autant que les murs d'une prison le permettaient, sa captivité. Il y a des êtres qu'on ne peut persécuter que de loin. La beauté amollit tout ce qui l'approche. On lui donna, à l'insu des commissaires, une chambre éclairée d'un rayon de soleil. On lui apporta des fleurs. Elle aimait à s'en entourer dans le temps de son bonheur, comme du plus divin et du moins cher des luxes. On tressa de plantes grimpantes et touffues les barreaux de fer de sa fenêtre, pour laisser au moins à ses regards, en cachant les grilles, les illusions de la liberté. On permit à quelques amis de s'entretenir avec elle. On lui apporta des livres, ces entretiens qu'elle recherchait avec les plus grandes âmes de l'antiquité. Tranquille sur le salut de son mari, qu'elle savait réfugié à Rouen chez des amis sûrs; tranquille sur l'avenir de sa fille, que son ami Bosc, administrateur du Jardin des Plantes, avait confiée à madame Creuzé de La Touche, mère d'adoption; fière de souffrir pour la liberté, heureuse de souffrir pour ses amis, elle éprouva une sorte d'apaisement voluptueux de ses sensations dans le silence et dans la solitude de sa prison. La nature a mis le calme dans l'excès de l'infortune, comme une couche molle au fond de l'abîme, pour adoucir la sensation de la chute aux infortunés. La certitude de ne pouvoir tomber plus bas, le défi aux hommes de pousser plus loin leur vengeance, et la jouissance intérieure de son propre courage, placent le patient au-dessus du bourreau. Ces trois sentiments à la fois soutenaient l'énergie de madame Roland. Ils faisaient de ses souffrances un spectacle glorieux pour elle, dont elle était à la fois le drame, l'héroïne et le spectateur.

Elle se sépara, par la pensée, du monde, du temps, d'elle-même, et voulut vivre d'avance tout entière dans la postérité. Rien de moderne et même rien de chrétien ne fléchissait son âme à la résignation ou ne la tournait vers le ciel. Son dégoût des superstitions avait affaibli en elle jusqu'à cette foi dans un Dieu présent et dans une immortalité certaine. Femme antique dans des jours chrétiens, sa vertu était romaine comme ses opinions. Sa providence à elle, c'était l'opinion des hommes; son ciel, c'était la postérité. De tous les dieux, elle n'invoquait que l'avenir. Une sorte de devoir abstrait et stoïque, qui est à lui-même son propre juge et sa propre récompense, lui tenait lieu d'espérance, de consolation et de piété. Mais son âme était si forte que cette vertu sans rémunération et sans preuve lui suffisait pour se tenir debout dans l'adversité et ferme devant l'échafaud.

Ne pouvant plus agir, elle se recueillit pour penser. Elle se procura, par la complicité de ses gardiens, quelques feuilles de papier, de l'encre, une plume. Elle écrivit par fragments sa vie intime et sa vie publique. Chaque jour elle dérobait une de ces pages à la surveillance de ses gardiens. Elle la confiait à Bosc, qui l'emportait sous son habit et la recueillait en dépôt pour de meilleurs temps. Il semblait ainsi à madame Roland qu'elle avait soustrait une année de sa vie à la mort, et qu'elle dérobait au néant ce qu'elle considérait comme la meilleure part d'elle-même : son souvenir. Elle entremêlait dans ses pages, avec le désordre et avec la précipitation d'une pensée qui n'a pas de lendemain, les rêveries les plus féminines de son enfance et les préoccupations les plus lugubres de sa captivité. On voyait, dans le même livre, la jeune fille dans la chambre haute du quai des Orfèvres, aspirant l'amour et la gloire ; un peu plus loin, la captive dans son cachot, séparée de sa fille, de son époux, de son ami, effeuillant une à une toutes ses tendresses, toutes ses illusions, toutes ses espérances, et attendue par l'échafaud.

IV

Cependant, bien que ce livre soit adressé, en apparence, à la postérité, on sent, à certains signes d'intelligence, qu'il s'adressait surtout à l'âme d'un confident inconnu. Madame Roland espérait qu'après sa mort un œil ami déchiffrerait son âme, et retrouverait plus clairs, dans ces pages, les allusions, les soupirs et les révélations de sa pensée. Ces Mémoires sont comme une conversation à voix basse, dont le public n'entend pas tout. Ils ont un intérêt de plus : c'est un entretien suprême, c'est l'adieu d'une grande âme à la vie. A chaque mot on craint que la confidence ne soit interrompue par le bourreau. On croit voir la hache suspendue sur l'écrivain, prête à couper la pensée avec la tête.

Ces loisirs de sa captivité adoucirent, en les évaporant, les sensations de sa tristesse. La parole est une vengeance; l'indignation qui s'exhale se sent soulagée. La captive se reprit par moments à espérer. Elle fut même délivrée quelques heures. Ivre de liberté, elle courut à sa demeure pour embrasser son enfant et revoir le foyer de sa vie intérieure. Cette liberté d'un jour était un piége de ses persécuteurs. Des satellites de la commune épiaient sa joie pour l'empoisonner. Ils l'attendaient sur l'escalier de sa maison. Ils ne lui laissèrent pas toucher la porte, franchir le seuil, entendre la voix de son enfant, voir les larmes de ses serviteurs. Ils l'arrêtèrent malgré ses invocations, et la jetèrent, à peine échappée, dans une autre maison, à Sainte-Pélagie, cet égout de vices où les prostituées des rues de Paris étaient balayées. On voulait l'avilir par le contact et la supplicier par sa pudeur. Elle fut contrainte de vivre avec ces femmes perdues. Leurs mœurs, leurs propos, leur lèpre morale, offensèrent ses yeux, ses oreilles, sa pureté. Elle avait accepté la mort, on la condamnait à l'infamie.

La compassion de ses geôliers l'isola à la fin de ces souillures. On lui donna une chambre, un grabat, une table. Elle reprit ses Mémoires, elle revit ses amis Bosc et Champagneux. Le lâche Lanthenas, confident assidu de son foyer dans ses jours de puissance, l'ingrat Pache, élevé par elle et par son mari au pouvoir, siégeaient, l'un au sommet de la Montagne, l'autre au sommet de la commune; ils affectèrent l'oubli. Danton absent détournait les yeux. Robespierre n'osait dérober une tête au peuple. Cependant l'ancienne amitié qui avait existé entre lui et madame Roland donna à la captive un instant d'espérance et presque de faiblesse. Elle était malade à l'infirmerie de la prison. Un médecin qui se disait ami de Robespierre vint la visiter. Il lui parla de Robespierre. « Robespierre, répondit-elle, je l'ai beaucoup connu et beaucoup estimé. Je l'ai cru un sincère et ardent ami de la liberté. Je crains aujourd'hui qu'il n'aime la domination et peut-être aussi la vengeance. Je le crois susceptible de prévention, facile à passionner, lent à revenir de ses jugements, jugeant trop vite coupables tous ceux qui ne partagent pas ses opinions. Je l'ai vu beaucoup : demandez-lui de mettre la main sur sa conscience et de vous dire s'il pense mal de moi. » Cette conversation lui suggéra la pensée de s'adresser à Robespierre, elle y céda et écrivit.

V

« Robespierre, disait-elle dans cette lettre à la fois pathétique et provoquante, je vais vous mettre à l'épreuve : c'est à vous que je répète ce que j'ai dit de vous à l'ami qui vous remettra ce billet. Je ne veux pas vous prier, vous l'imaginez bien ; je n'ai jamais prié personne, et ce n'est pas du fond d'une prison que j'adresserais une supplication à l'homme qui a le pouvoir de me l'ouvrir. La prière est faite pour les coupables et pour les esclaves. L'innocence témoigne, et c'est assez ! La plainte même ne me convient pas, je sais souffrir. Je sais aussi qu'à la naissance des républiques les révolutions prennent pour victimes ceux-là mêmes qui les ont accomplies : c'est leur sort ; l'histoire est leur vengeur. Mais par quelle singularité, moi, femme, suis-je exposée aux orages qui ne tombent ordinairement que sur les grands acteurs des révolutions ?... Robespierre, je vous défie de croire que Roland ne fut pas un honnête homme. Vous l'avez connu. Il a la rudesse de la vertu, comme Caton en avait l'âpreté. Dégoûté des affaires, irrité de la persécution, ennuyé du monde, fatigué de travaux et d'années, il ne voulait plus que gémir dans une retraite ignorée, et s'y obscurcir en silence pour éviter un crime à son siècle !... Ma prétendue complicité serait plaisante si elle n'était atroce. D'où vient donc cette animosité contre moi, qui n'ai jamais fait de mal à personne et qui ne sais pas même en souhaiter à ceux qui m'en font? Élevée dans la retraite, nourrie d'études sérieuses qui ont développé en moi quelque caractère, livrée à des goûts simples, enthousiaste de la Révolution, étrangère aux affaires par mon sexe, mais m'en entretenant avec chaleur, j'ai méprisé les premières calomnies lancées contre moi, je les ai crues le tribut nécessaire payé à l'envie par une situation que le vulgaire avait l'imbécillité de regarder comme élevée, et à laquelle je préférais l'état paisible où j'avais passé tant d'heureuses journées...

» Cependant je suis emprisonnée depuis cinq mois, arrachée des bras de ma jeune fille, qui ne peut plus reposer sur le sein qui l'a nourrie ! Loin de tout ce qui m'est cher, en butte aux invectives d'un peuple abusé, entendant sous mes fenêtres les sentinelles qui me veillent s'entretenir de mon prochain supplice, lisant les dégoûtantes diatribes que vomissent contre moi des écrivains qui ne m'ont jamais vue !... Je n'ai rien dit, rien demandé, je n'ai fatigué personne de mes réclamations : fière de me mesurer avec la mauvaise fortune et de la tenir sous mes pieds !...

» Robespierre, ce n'est pas pour exciter en vous une pitié au-dessus de laquelle je suis, et qui m'offenserait peut-être, que je vous présente ce tableau bien adouci; c'est pour votre instruction. La fortune est légère, la faveur du peuple l'est également. Voyez le sort de ceux qui agitèrent le peuple, lui plurent ou le gouvernèrent, depuis Vitellius jusqu'à César, et depuis Hippon, harangueur de Syracuse, jusqu'à nos orateurs parisiens !... Marius et Sylla proscrivirent des milliers de chevaliers, un grand nombre de sénateurs, une foule de malheureux. Ont-ils étouffé l'histoire qui voue leur mémoire à l'exécration, et goûtèrent-ils le bonheur? Quel que soit le sort qu'on me garde, je saurai le subir d'une manière digne de moi ou le prévenir si cela me convient. Après les honneurs de la persécution, dois-je avoir celui du martyre? Parlez; c'est quelque chose que de savoir son sort, et avec une âme comme la mienne on est capable de l'envisager. Si vous voulez être juste et que vous me lisiez avec recueillement, ma lettre ne vous sera pas inutile, et dès lors elle pourrait ne pas l'être à mon pays. Dans tous les cas, Robespierre, je le sais, et vous ne pouvez éviter de le sentir, quiconque m'a connue ne saurait me persécuter sans remords. »

VI

Sous le stoïcisme apparent de cette lettre, on entendait cependant un sourd appel à la pitié. C'était du moins une porte que madame Roland ouvrait à la réconciliation. Une réponse favorable de Robespierre lui aurait imposé la reconnaissance envers l'homme qui poursuivait et qui envoyait à la mort ceux qu'elle adorait. Perdre la vie lui parut plus honorable et plus doux que de la devoir à Robespierre. La lettre écrite, elle la déchira.

Elle en garda cependant les lambeaux comme la trace d'une pensée de salut personnel sacrifiée à sa dignité de femme de parti et à ses sentiments d'épouse et d'amie.

Robespierre n'eut point à se décider entre son remords et sa popularité. La prisonnière se résigna à la mort. Elle entretint ses loisirs, comme les heures du soir d'une journée finie, de musique, de conversations et de lectures. Dans la musique elle puisait la mélancolie, dans les livres la force de sa situation. Elle étudiait surtout Tacite, ce sublime anatomiste des grandes morts, qui montre du doigt sur le cadavre de tant de victimes les dernières pulsations de la douleur et de l'héroïsme. Elle répétait le supplice avec lui, afin de le savoir par cœur et de le représenter dignement à l'instant suprême. Elle eut la pensée de prévenir le coup ; elle se procura du poison. Au moment de le boire, elle écrivit à son mari pour s'excuser de mourir avant lui : « Pardonne-moi, homme digne du respect de l'avenir, de disposer d'une vie que je t'avais consacrée ! Tes malheurs m'y auraient attachée s'il m'eût été permis de les adoucir. Tu ne perds qu'un inutile objet d'inquiétudes déchirantes ! » Puis, revenant au souvenir de son enfant : « Pardonne-moi, chère enfant, jeune et tendre fille, écrivait-elle encore, toi dont la douce image pénètre mon cœur maternel et étonne mes résolutions ! Ah ! sans doute je ne t'aurais jamais enlevé ton guide s'ils avaient pu te le laisser. Les cruels ! ont-ils pitié de l'innocence ? Vous, mes amis, tournez vos regards et vos soins sur mon orpheline ! Ne gémissez point d'une résolution qui met fin à mes épreuves ! Vous me connûtes ; vous ne croirez point que la faiblesse ou l'effroi me dicte le parti que je prends. Si quelqu'un pouvait me répondre que devant le tribunal où l'on traduit tant de justes j'aurai la liberté de signaler les tyrans, je voudrais y paraître à l'heure même ! »

Un seul cri vague d'invocation sortit à ce moment de son

âme, religion du dernier soupir, qui, sans savoir où il va se perdre, cherche à s'exhaler plus haut et plus loin que le néant : « Divinité! être suprême! âme du monde! principe de ce que je sens de bon, de grand, d'immortel en moi! dont je crois l'existence parce qu'il faut que j'émane de quelque chose de supérieur à ce que je vois! je vais me réunir à ton essence! »

Elle fit son testament et distribua entre sa fille, ses serviteurs et ses amis, son piano, sa harpe, deux bagues chères qui lui restaient, ses livres et quelques meubles de son cachot, sa seule richesse. Elle se souvint de ses premières passions, la nature, la campagne, le ciel : « Adieu, écrivait-elle, adieu, soleil de ma fenêtre, dont les rayons brillants portaient la sérénité dans mon âme comme ils la rappelaient dans les cieux! Adieu, campagnes solitaires des bords de la Saône, dont le spectacle m'a si souvent émue, et vous rustiques habitants de Thizy, dont j'essuyais les sueurs, dont j'adoucissais la misère, dont je soignais les maladies! Adieu, cabinets paisibles où je nourrissais mon esprit de la vérité, où je captivais mon imagination par l'étude, où j'apprenais dans le silence de la méditation à commander à mes sens et à mépriser la vanité! Adieu, ma fille! souviens-toi de ta mère! Tu n'es pas réservée sans doute à des épreuves comme les miennes! Adieu, enfant chérie, que j'ai nourrie de mon lait, et que je voudrais pénétrer de tous mes sentiments! »

Cette pensée bouleversa sa résolution, l'image de son enfant la retint par le cœur. Elle jeta le poison et voulut, à cause de sa fille, laisser des heures de plus à l'épreuve et des repentirs à la destinée. Elle résolut d'attendre la mort.

VII

Le supplice des Girondins jeta un linceul sur la vie aux yeux de madame Roland. Vergniaud, Brissot, n'étaient plus. Qui savait le sort de Buzot, de Barbaroux, de Louvet? Peut-être avaient-ils déjà quitté la terre.

On la transporta à la Conciergerie. Elle y languit peu. Elle y grandit en se rapprochant de la mort. Son âme, son langage, ses traits y prirent la solennité des grands destins. Pendant le peu de jours qu'elle y passa, elle répandit par sa présence parmi les nombreux prisonniers de cette maison un enthousiasme et un défi de la mort qui divinisèrent les âmes les plus abattues. L'ombre voisine de l'échafaud semblait relever sa beauté. Les longues douleurs de sa captivité, le sentiment désespéré mais calme de sa situation, les larmes contenues mais murmurantes au fond des paroles, donnaient à sa voix un accent où l'on entendait ce bouillonnement des sentiments qui monte d'un cœur profond.

Elle s'entretenait, à la grille, avec les hommes principaux de son parti qui peuplaient la Conciergerie. Debout sur un banc de pierre qui l'élevait un peu au-dessus du sol de la cour, les doigts entrelacés aux barreaux de fer qui formaient la claire-voie entre le cloître et le préau, elle avait trouvé sa tribune dans sa prison, et son auditoire dans ses compagnons de mort. Elle parlait avec l'abondance et l'éclat de Vergniaud, mais avec cette amertume de colère et cette âpreté de mépris que la passion d'une femme ajoute toujours à l'éloquence du raisonnement. Sa mémoire vengeresse plongeait dans l'histoire de l'antiquité pour y trouver des images, des analogies et des noms capables d'égaler ceux des tyrans du jour. Pendant que ses ennemis préparaient son acte d'accusation à quelques pieds au-dessus de sa tête, sa voix, comme celle de la postérité, grondait dans ces souterrains de la Conciergerie. Elle se vengeait avant sa mort et léguait sa haine. Elle arrachait non des larmes, elle n'en voulait pas pour elle-même, mais des cris d'admiration aux prisonniers. On l'écoutait des heures entières. On se séparait aux cris de : « Vive la république ! » On ne calomniait pas la liberté, on l'adorait jusque dans les cachots creusés en son nom.

Mais cette femme, si magnanime et si supérieure à son sort en public, fléchissait, comme toute nature humaine, dans la solitude et dans le silence du cachot. Son âme héroïque semblait se taire alors et laisser son cœur de femme s'affaisser et se briser en tombant de l'enthousiasme sur la réalité. Plus elle s'était élevée haut, plus dure était la chute. Elle passait quelquefois de longues matinées, accoudée sur la fenêtre, le front contre le grillage de fer, à regarder un coin du ciel libre, et à pleurer comme un ruisseau sur les pots de fleurs dont le concierge avait garni l'entablement. A quoi pensait-elle? Des mots entrecoupés de ses dernières pages le révèlent : à son enfant, à son mari, vieillard accoutumé à cet appui et incapable de faire un pas de plus dans la vie sans elle ; à sa jeunesse vainement altérée d'amour, consumée dans le feu des ambitions politiques ; à ces amis dont l'image la poursuivait et lui faisait seule regretter la vie s'ils vivaient encore, aspirer à la mort s'ils l'avaient devancée dans l'éternité. Elle l'ignorait : c'était son supplice.

Elle ne sentait pas les autres misères de sa captivité. Son cachot, humide, infect, ténébreux, était voisin de celui qu'avait occupé la reine : rapprochement trop semblable à un remords. Toutes deux étaient arrivées en quelques mois, par des routes différentes, au même souterrain, pour marcher de là au même échafaud : l'une tombée du trône sous l'effort de l'autre ; l'autre montée aux premiers honneurs de la république, et précipitée, à son tour, à côté de sa propre victime. Ces vengeances du sort ressemblent à des hasards. Ce sont des justices souvent.

VIII

L'interrogatoire et le procès de madame Roland ne furent que la répétition des accusations que nous avons vues, dans les discours des Jacobins et dans les procès de ses amis, contre la Gironde. On lui reprocha d'être l'épouse de Roland et l'amie de ses complices. Elle avoua ces crimes comme une gloire. Elle parla avec tendresse de son mari, avec respect de ses amis, avec une modestie fière d'elle-même. Interrompue par des clameurs de colère, chaque fois qu'elle voulut épancher son indignation, elle se tut sous les invectives de l'auditoire. Le peuple prenait alors une part terrible et dominante dans le dialogue entre les juges et les accusés. Il donnait ou il retirait la parole. Il commandait le jugement.

Elle entendit sa condamnation en femme qui reçoit dans son arrêt de mort son titre à l'immortalité. Elle se leva, s'inclina légèrement, et avec l'expression de l'ironie sur les lèvres : « Je vous remercie, dit-elle aux juges, de m'avoir trouvée digne de partager le sort des grands hommes que vous avez assassinés. » Elle redescendit les degrés de la Conciergerie avec une précipitation et une légèreté de marche qui ressemblaient à l'élan d'un enfant vers un but qu'il va enfin atteindre. Ce but était la mort. En marchant, dans le corridor, devant les prisonniers groupés pour la voir, elle les regarda en souriant, et, passant sa main droite transversalement contre son cou, elle fit le geste du couteau qui tranche une tête. Ce fut son seul adieu ; il était tragique comme sa destinée, joyeux comme sa délivrance. Il fut compris. Ces hommes, qui ne pleuraient pas sur eux, pleurèrent sur elle.

Plusieurs charrettes pleines de victimes roulaient ce jour-là leur charge de condamnés à l'échafaud. On la fit monter sur la dernière, à côté d'un vieillard infirme et faible, nommé Lamarche, ancien directeur de la fabrication des assignats. Elle était vêtue d'une robe blanche, protestation d'innocence dont elle voulait frapper le peuple. Ses beaux cheveux noirs, coupés derrière la tête, tombaient par devant en boucles sur son cou. Son teint, reposé par une longue captivité et animé par l'air âpre et glacial de novembre, avait la fraîcheur de ses années d'enfance. Ses yeux parlaient. Sa physionomie rayonnait de gloire. Ses lèvres hésitaient entre la pitié et le dédain. La foule l'insultait de mots grossiers : « A la guillotine, à la guillotine !

lui criaient les femmes. — J'y vais, leur dit-elle, j'y serai dans un moment ; mais ceux qui m'y envoient ne tarderont pas à m'y suivre. J'y vais innocente, ils y viendront souillés de sang ; et vous qui applaudissez aujourd'hui, vous applaudirez alors ! » Elle détournait quelquefois la tête de ces insultes, et se penchait avec une tendresse filiale vers son compagnon de supplice. Le vieillard pleurait. Elle lui parlait et l'encourageait à la fermeté. Elle essayait même d'égayer pour lui le funèbre trajet, et parvint à le faire sourire.

Une statue colossale de la Liberté, en argile, comme la liberté du temps, s'élevait alors au milieu de la place où l'on voit aujourd'hui l'obélisque. L'échafaud se dressait à côté de cette statue. Arrivée là, madame Roland descendit. Au moment où l'exécuteur lui prenait les bras pour la faire monter à la guillotine, elle eut un de ces dévouements qu'un cœur de femme peut seul contenir et révéler dans une pareille heure : « Je vous demande une seule grâce, et ce n'est pas pour moi, dit-elle en résistant un peu au bras du bourreau, accordez-la-moi ! » Puis, se tournant vers le vieillard : « Montez le premier, dit-elle à Lamarche, mon sang répandu sous vos yeux vous ferait sentir deux fois la mort, il ne faut pas que vous ayez la douleur de voir tomber ma tête. » Le bourreau y consentit. Délicatesse d'une touchante sensibilité qui s'oublie et qui s'immole pour épargner une minute d'agonie à un vieillard inconnu, et qui atteste le sang-froid du cœur dans l'héroïsme de la mort ! Qu'une telle minute doit racheter d'emportement d'opinion devant la postérité et devant Dieu !

Après l'exécution de Lamarche, qu'elle entendit sans pâlir, elle monta légèrement les degrés de l'échafaud, et, s'inclinant du côté de la statue de la Liberté comme pour la confesser encore en mourant par elle : « O Liberté ! s'écria-t-elle, ô Liberté ! que de crimes on commet en ton nom ! » Elle se livra à l'exécuteur, et sa tête roula dans le panier.

IX

Ainsi disparut cette femme qui avait rêvé la république dans son imagination de quinze ans, qui avait soufflé dans l'esprit d'un vieillard sa haine du trône, qui avait animé de son âme un parti d'hommes jeunes, enthousiastes, éloquents, amoureux de théories antiques, et enivrés d'un idéal dont ses lèvres et son regard étaient la source inépuisable pour eux. L'amour chaste et involontaire que sa beauté et son génie leur inspiraient était le cercle magique qui retenait autour d'elle tant d'hommes supérieurs séparés souvent par bien des dissentiments d'opinion. Ils étaient enchaînés à son rayonnement. Parti d'imagination, ils avaient leur oracle dans l'imagination d'une femme. Elle les entraîna les uns après les autres dans la mort. Elle les y suivit. L'âme de la Gironde s'exhala avec son dernier soupir.

Madame Roland ressemblait en ce moment, et ressemblera à jamais dans la postérité, à la république prématurée et idéale qu'elle avait conçue : belle, éloquente, mais les pieds dans le sang de ses amis, et la tête tranchée par son propre glaive, au milieu d'un peuple qui ne la reconnaît pas.

Son corps, idole de tant de cœurs, fut jeté dans les fossés de Clamart.

X.

Roland, en apprenant le supplice de sa femme, voulut mourir. Vivre après elle, c'était vivre de sa mort. Roland sortit, sans dire un mot, de la maison où il avait trouvé l'hospitalité depuis six mois. Il marcha une partie de la nuit sans autre dessein que celui de s'éloigner du lieu où il avait reçu asile, afin d'effacer sa trace et de ne pas perdre ceux qui l'avaient sauvé. Au lever du jour, le ciel et la terre lui firent horreur. Il tira un dard caché dans sa canne, en appuya le pommeau contre le tronc d'un pommier, au bord d'un grand chemin, et se perça le cœur. Le matin, les bergers trouvèrent son corps inanimé étendu au bord du fossé. Un billet, attaché à son habit par une épingle, portait ces mots : « Qui que tu sois, respecte ces restes. Ce sont ceux d'un homme vertueux. En apprenant la mort de ma femme, je n'ai pas voulu rester un jour de plus sur une terre souillée de crimes. » Élevé trop haut par le mouvement d'une tempête civique, soutenu au-dessus de son niveau naturel par le génie emprunté d'une femme, enivré de son rôle, Roland prenait la probité pour la vertu : elle n'en est que la base. Cependant, il disputa avec courage la république à l'anarchie et les victimes aux échafauds. Sa mort semble une page arrachée aux fameux suicides de l'antiquité, au niveau de laquelle les Girondins s'efforçaient de se placer jusqu'à leur dernière heure. Il voulut mourir en Caton et en Sénèque à la fois : comme Caton, pour ne pas survivre à la liberté de sa patrie; comme Sénèque, pour l'amour d'une femme. Il y a une larme du cœur sur le poignard dont il se perça. Cet amour, mêlé à ce patriotisme, semble donner à une fin si désolée quelque chose de romain et de pathétique à la fois. Mais le grandit-elle réellement, et cet homme, si ordinaire au début, s'est-il fait, par la triste résolution de sa mort, un piédestal pour la postérité ? Pour nous, sa femme le domine encore du haut de l'échafaud.

LIVRE CINQUANTE-DEUXIÈME

Les commissaires de la Convention Ysabeau et Tallien à Bordeaux. — Les Girondins fugitifs Buzot, Barbaroux, Pétion, Louvet, Valady, Salles, Guadet, au Bec-d'Ambès. — Ils cherchent une retraite à Saint-Émilion. — Madame Bouquey les reçoit. — Ils se séparent. —Valady prend la route des Pyrénées. — Louvet retourne à Paris. — Grangeneuve et Biroteau exécutés à Bordeaux. — Guadet et Salles découverts sont conduits à Bordeaux et exécutés. — Barbaroux se tire un coup de pistolet. — Il est ramené tout sanglant à Bordeaux et porté à l'échafaud. — Les cadavres de Buzot et de Pétion retrouvés dans un champ. — Barnave, Duport, Bailly. — — Leur condamnation. — Leur mort. — Long supplice de Bailly. — Exécutions de madame du Barry et de Biron. — M. et madame Angrand d'Alleray. — La Convention dépassée par la commune. — Notes posthumes de Robespierre. — Mesures philanthropiques. — Calendrier républicain. — L'évêque Gobel. — Apostasies. — Hébert et Chaumette. — Profanations du culte catholique. — Inauguration du culte de la Raison. — Destruction des tombeaux de Saint-Denis. — Exhumations des restes mortels des rois.

I

Que faisaient cependant, au moment où Roland et sa femme mouraient ainsi, leurs amis les plus chers : Buzot, Barbaroux, Pétion, Louvet, Valady, Guadet, Salles, que nous avons laissés débarquant en fugitifs dans la Gironde?

Les commissaires de la Montagne Ysabeau et Tallien les avaient devancés à Bordeaux. Ces représentants, maniant avec énergie le jacobinisme et déployant la terreur, avaient étouffé en peu de jours le fédéralisme, soulevé les faubourgs de Bordeaux contre la ville, incarcéré les négociants, donné le pouvoir au peuple, inauguré la guillotine, recruté les clubs et tourné contre les Girondins leur propre patrie. La soumission de Lyon, l'extermination de Toulon, le supplice de Vergniaud et de ses amis, avaient consterné et en apparence converti la Gironde à l'unité de la république. Nulle part on n'affectait un patriotisme plus ombrageux. Nulle part on ne redoutait davantage un soupçon de complicité avec les représentants proscrits ; car nulle part on n'avait davantage le danger d'être soupçonné. La terreur était plus vigilante à Bordeaux qu'ailleurs. Chaque hameau de la Gironde avait son comité de salut public, son armée révolutionnaire, ses délateurs et ses bourreaux.

II

Arrivé au Bec-d'Ambès, Guadet avait laissé ses collègues cachés dans la maison de son beau-père. Cet asile était précaire. Guadet était allé leur en préparer un plus sûr dans la petite ville de Saint-Émilion, son pays natal. Mais à Saint-Émilion même, il n'avait trouvé de retraite assurée que pour deux. Ils étaient sept. Le messager qui lui apporta cette triste nouvelle au Bec-d'Ambès trouva les fugitifs déjà cernés par des bataillons envoyés de Bordeaux, barricadés dans leur demeure et armés de quelques paires de pistolets et d'un tromblon, armes suffisantes pour se venger, non pour se défendre. La nuit couvrit leur évasion. Ils marchèrent vers Saint-Émilion, non comme au salut, mais comme à une autre perte. Les satellites de Tallien, qui forcèrent leur maison au Bec-d'Ambès, quelques moments après leur évasion, écrivirent à la Convention qu'ils avaient trouvé leurs lits encore chauds.

Le père de Guadet, vieillard de soixante-douze ans, leur ouvrit généreusement sa demeure. Les amis de son fils lui semblaient d'autres fils, pour lesquels il aurait rougi d'épargner un reste de jours. A peine étaient-ils abrités depuis quelques heures dans cette maison suspecte, qu'on annonça l'approche de cinquante cavaliers qui avaient suivi leurs traces à travers la campagne. Tallien accourait lui-même avec les limiers les plus exercés de la police de Bordeaux. Les députés girondins eurent le temps de se disperser. Tallien plaça le père de Guadet sous la surveillance de deux hommes armés chargés d'épier ses pas, ses paroles, ses regards. Il confisqua les biens du fils. Il organisa un club de terroristes dans la ville même où les Girondins s'étaient abrités contre la terreur.

Une femme seule se dévoua pour les sauver. C'était une belle-sœur de Guadet, madame Bouquey.

Informée du péril de son beau-frère et de ses amis, elle était accourue de Paris, où elle vivait sans alarmes, pour recueillir des hommes la plupart inconnus, quelques-uns bien chers. La pitié, cette faiblesse de la femme, devient force dans les grandes circonstances, et console les révolutions par l'héroïsme du dévouement. Guadet, Barbaroux, Buzot, Pétion, Valady, Louvet, Salles, entrèrent secrètement, la nuit, dans l'étroit souterrain que madame Bouquey avait préparé pour eux. Le sein de la terre était seul assez profond et assez muet pour ensevelir vivants les Girondins. Ce refuge était une catacombe. Ce réduit ouvrait d'un côté sur un puits de trente pieds de profondeur, de l'autre sur une cave de la maison. Aucune recherche domiciliaire ne pouvait en découvrir l'accès. Une seule crainte préoccupait la généreuse hôtesse des Girondins : c'était celle d'être emprisonnée elle-même. Que deviendraient ses hôtes ensevelis dans ce sépulcre dont elle seule soulevait la pierre? Elle craignait aussi de les trahir par l'achat des aliments nécessaires à tant de bouches. La disette resserrait alors les marchés. On ne distribuait le pain qu'à proportion du nombre des habitants d'une maison et sur les ordres de la municipalité. Madame Bouquey n'avait droit qu'à une livre de pain par jour. Elle s'en privait pour partager ces miettes entre les huit proscrits. Des légumes, des fruits secs, quelques volailles, furtivement achetés, composaient la nourriture de ces hommes, qui dissimulaient leur faim. La gaieté cependant, ce sel amer de l'infortune, régnait dans ces repas de Spartiates.

Quand les recherches se ralentissaient, madame Bouquey délivrait ses amis du souterrain. Elle les faisait asseoir à sa table, respirer l'air, voir le ciel des nuits. Elle leur avait procuré du papier et des livres. Barbaroux écrivait ses mémoires, Buzot sa défense. Louvet notait ses récits avec la plume légère dont il avait écrit ses romans, héros lui-même de sa propre aventure. Pétion aussi écrivait, mais d'une main plus sévère. Les mystères de sa popularité, si indignement conquise et si courageusement abdiquée, se révélaient sous sa plume. Ces confidences auraient sans doute expliqué cet homme, petit dans la puissance, grand dans l'adversité.

Le 12 novembre, jour où madame Roland mourait à Paris, une rumeur sourde de la présence des Girondins chez madame Bouquey se répandit à Saint-Émilion. Il fallut se disperser, par groupes, dans d'autres asiles. La séparation ressembla à un adieu suprême. Nul ne savait où il allait. Valady prit seul la route des Pyrénées. La mort l'y attendait. Il marchait en aveugle au-devant de son sort. Barbaroux, Pétion et Buzot, liant leur vie ou leur mort dans une indissoluble amitié, se dirigèrent à travers champs du côté des landes de Bordeaux, espérant faire perdre leurs traces dans ce désert. Guadet, Salles et Louvet passèrent cette première journée dans une carrière. Un ami de Guadet devait venir les prendre, à l'entrée de la nuit, pour les conduire, à six lieues de là, dans la maison d'une femme riche dont Guadet avait plaidé les causes et sauvé jadis la fortune. L'ami manqua de courage et ne vint pas. Guadet et ses amis partirent seuls et comme au hasard. Le froid, la neige, la pluie, glaçaient leurs membres mal couverts. Arrivés enfin, à quatre heures du matin, à la porte de sa cliente, Guadet frappe, se nomme; il est repoussé. Il revient désespéré près de ses amis. Il trouve Louvet évanoui de faim et de froid au pied d'un arbre. Guadet retourne à la maison et implore en vain d'abord un lit, puis du feu, puis un verre de vin pour un ami expirant. L'ingratitude laisse gémir et mourir sans réponse. Guadet revient encore. Ses soins et ceux de Salles réchauffent Louvet. Celui-ci prend une résolution désespérée qui le sauve.

Poursuivi par l'image de l'amie qu'il a laissée à Paris, il se décide à la revoir ou à périr. Il embrasse Salles et Guadet, partage avec eux quelques assignats qui lui restent, et se traîne seul sur la route de Paris.

III

Guadet, Salles, Pétion, Barbaroux, Buzot, se retrouvent, la nuit suivante, à Saint-Émilion, réunis de nouveau, par les soins de leur bienfaitrice, dans la maison d'un honnête et pauvre artisan. C'est là qu'ils apprirent la fin tragique de Vergniaud et de leurs amis. Ils supputèrent stoïquement combien il restait de coups à frapper à la guillotine pour que tous les Girondins eussent vécu. Leur âme était à la hauteur de leur échafaud. Mais quand on leur annonça, quelques jours après, le supplice de madame Roland, leurs âmes s'attendrirent et ils pleurèrent. Buzot tira son couteau pour se frapper. Il fut saisi d'un long accès de délire, pendant lequel il laissa échapper des cris qui révélaient une explosion et un déchirement de cœur. Ses amis arrachèrent l'arme de ses mains, calmèrent sa fièvre et lui firent jurer de supporter la vie pour celle qui avait si dignement supporté la mort. Buzot tomba depuis ce jour dans une mélancolie et dans un silence qu'interrompaient seulement des soupirs et des invocations inarticulées. Le contre-coup de la hache qui avait coupé la tête de madame Roland ne brisa aucune âme autant que l'âme de Buzot. La mort ne rompit pas tout entier, mais elle entr'ouvrit le sceau de son cœur.

Les cinq proscrits respirèrent encore quelques semaines dans ce nouvel asile. Les oscillations du comité de salut public faisaient pencher la Convention tantôt vers l'indulgence, tantôt vers la terreur. A Bordeaux on immolait toujours : Grangeneuve, Biroteau, venaient de succomber ; mais on recherchait moins les victimes. Le fidèle Troquart, l'hôte des réfugiés à Saint-Émilion, les flattait de quelque adoucissement. Ce calme fut court. Des commissaires plus implacables, envoyés de Paris, ranimèrent la soif de vengeance qui se ralentissait dans la Gironde. La plupart de ces commissaires étaient de jeunes Cordeliers et de jeunes Jacobins de Paris, encore imberbes, que le parti d'Hébert lançait à Nantes, à Troyes, à Bordeaux, pour les apprivoiser au sang.

Ils ravivaient les supplices, envoyaient à la Convention les bulletins de la guillotine, comparables aux bulletins de Collot-d'Herbois à Lyon, de Fouché à Toulon, de Maignet à Marseille. L'arrivée de ces proconsuls comprima l'indulgence dans les âmes et enleva tout asile aux proscrits. Ils envoyèrent de Bordeaux à Saint-Émilion des détachements de l'armée révolutionnaire dirigés par un limier nommé Marcou, qui avait dressé des chiens à dépister les fédéralistes. La république imitait ainsi ces chasses d'hommes que les Espagnols avaient pratiquées dans les forêts d'Amérique. Marcou croyait les Girondins enfouis dans les carrières de Saint-Émilion. Il arriva la nuit, sans être attendu, avec sa troupe. Il cerna en silence la maison du père, des amis et des proches de Guadet ; il lança ses chiens dans les cavernes comme à la piste des animaux.

malfaisants. Il enfuma l'entrée de quelques grottes. Les chiens revinrent sans leur proie. Cependant un autre limier de Tallien, nommé Favereau, pénétra, avec ses satellites, dans la demeure du père de Guadet. Ces hommes avaient parcouru en vain la maison, et déjà ils redescendaient les chaînes vides, lorsqu'un des gendarmes restés en arrière crut voir que le grenier à l'intérieur était moins large que les murs extérieurs de la maison. Il rappela ses compagnons. On sonda la muraille à coups de crosse de fusil. On colla l'oreille au mur. Le bruit de la détente d'un pistolet se fit entendre. C'était Salles qui, se voyant découvert, armait son pistolet pour se tuer ou pour se venger. A ce bruit, les gendarmes somment les proscrits de se rendre. Le mur s'écroule. Guadet et Salles en sortent en rampant. On les entraîne, on les enchaîne, on les conduit en triomphe à Bordeaux. Ils étaient tous deux hors la loi. Un jugement était superflu. Leur nom était leur crime et leur arrêt. Salles, condamné à mourir le jour même, demanda la faculté d'écrire à sa femme et à ses enfants. Son âme s'épancha en adieux si touchants que l'histoire les a recueillis.

« Quand tu recevras cette lettre, écrit Salles à sa femme, je ne vivrai que dans la mémoire des hommes qui m'aiment. Quelle charge je te laisse! trois enfants, et rien pour les élever! Cependant console-toi : je ne serai pas mort sans t'avoir plainte, sans avoir espéré dans ton courage, et c'est une de mes consolations de penser que tu voudras bien vivre à cause de ton innocente famille. Mon amie, je connais ta sensibilité, j'aime à croire que tu donneras des pleurs amers à la mémoire de l'homme qui voulait te rendre heureuse, qui faisait son principal plaisir de l'éducation de ses deux fils et de sa fille chérie. Mais pourrais-tu négliger de songer que ta seconde pensée leur appartient? Ils sont privés d'un père, et ils peuvent du moins, par leurs innocentes caresses, te tenir lieu de celles que je ne pourrai plus te donner. Charlotte! j'ai tout fait pour me conserver. Je croyais me devoir à toi et surtout à mon pays : il me semblait que le peuple avait les yeux fascinés sur les sentiments de ton malheureux époux; qu'il les ouvrirait un jour et pourrait apprendre de moi combien ses intérêts m'étaient chers. Je croyais devoir vivre aussi pour recueillir sur le compte de mes amis tous les monuments que je crois utiles à leur mémoire. Enfin je devais vivre pour toi, pour ma famille, pour mes enfants. Le ciel en dispose autrement. Je meurs tranquille. J'avais promis dans ma déclaration, lors des événements du 31 mai, que je saurais mourir au pied de l'échafaud : je crois pouvoir affirmer que je tiendrai ma promesse. Mon amie, ne me plains pas. La mort, à ce qu'il me semble, n'aura pas pour moi des angoisses bien douloureuses. J'en ai déjà fait l'essai. J'ai été pendant une année entière dans des travaux de toute espèce, je n'en ai pas murmuré. Au moment où l'on m'a saisi, j'ai deux fois présenté sur mon front un pistolet qui a trompé mon attente. Je ne voulais pas être livré vivant. Toutefois j'ai cet avantage d'avoir bu d'avance tout ce que le calice a d'amer, et il me semble que ce moment n'est pas si pénible. Charlotte, renferme tes douleurs et n'inspire à nos enfants que des vertus modestes. Il est si difficile de faire le bien de son pays! Brutus en poignardant un tyran, Caton en se perçant le sein pour y échapper, n'ont pas empêché Rome d'être opprimée. Je crois m'être dévoué pour le peuple. Si pour récompense je reçois la

mort, j'ai la conscience de mes bonnes intentions. Il est doux de penser que j'emporte au tombeau ma propre estime, et que peut-être un jour l'estime publique me sera rendue. Mon amie! je te laisse dans la misère, quelle douleur pour moi! Et quand on te laisserait tout ce que je possédais, tu n'aurais pas même du pain; car tu sais, quoi qu'on ait pu dire, que je n'avais rien. Cependant, Charlotte, que cette considération ne te jette pas dans le désespoir. Travaille, mon amie, tu le peux. Apprends à tes enfants à travailler lorsqu'ils seront en âge. O ma chère! si tu pouvais de cette manière éviter d'avoir recours aux étrangers! Sois, s'il se peut, aussi fière que moi. Espère encore, espère en Celui qui peut tout : il est ma consolation au dernier moment. Le genre humain a depuis longtemps reconnu son existence, et j'ai trop besoin de penser qu'il faut bien que l'ordre existe quelque part, pour ne pas croire à l'immortalité de mon âme. Il est grand, juste et bon, ce Dieu au tribunal duquel je vais comparaître. Je lui porte un cœur, sinon exempt de faiblesse, au moins exempt de crime et pur d'intentions; et, comme dit si bien Rousseau : « Qui s'endort dans le sein d'un père n'est pas en
» souci du réveil. »

» Baise mes enfants, aime-les, élève-les, console-toi, console ma mère, ma famille! Adieu! adieu pour toujours! Ton ami,

» Salles. »

IV

« Et toi, qui es-tu? demanda-t-on à Guadet. — Je suis Guadet... Bourreau, répondit l'Eschine de la Gironde, faites votre office. Allez, ma tête à la main, demander votre salaire aux tyrans de ma patrie. Ils ne la virent jamais sans pâlir; en la voyant, ils pâliront encore! » En allant à la mort, Guadet dit au peuple : « Regardez-moi bien, voilà le dernier de vos représentants. » Sur l'échafaud, Guadet voulut parler, les tambours étouffèrent sa voix. « Peuple! s'écria-t-il indigné, voilà l'éloquence des tyrans : ils étouffent les accents de l'homme libre pour que le silence couvre leurs forfaits! »

Barbaroux, Pétion et Buzot apprirent à Saint-Émilion l'arrestation et la mort de leurs collègues. Le sol, partout miné autour d'eux, ne pouvait tarder à les engloutir. Ils sortirent la nuit de leur refuge, n'emportant, pour toute provision, qu'un pain creux dans lequel la prévoyance de leur hôte avait enfermé un morceau de viande froide; ils avaient de plus quelques poignées de pois verts dans les poches de leurs habits. Ils marchèrent au hasard une partie de la nuit. La longue immobilité de leurs membres, dans les refuges où ils languissaient depuis huit mois, avait énervé leurs forces, surtout celles de Barbaroux. La masse de sa stature et une obésité précoce le rendaient inhabile à la marche.

Au lever du jour, les trois amis se trouvèrent non loin de Castillon, village dont ils ignoraient le site et le nom. C'était le jour de la fête du hameau. Le fifre et le tambour, parcourant les sentiers, convoquaient, avant l'aurore, les habitants aux banquets et aux danses. Des volontaires, le fusil sur l'épaule, passaient en chantant sur la route. Les fugitifs, l'esprit absorbé par leur situation, troublés par l'insomnie et par la fièvre, crurent qu'on battait le rappel et qu'on se répandait dans les champs pour les atteindre. Ils s'arrêtèrent, se groupèrent à l'abri d'une haie, et parurent délibérer un moment. Des bergers qui les observaient de loin virent tout à coup briller l'amorce et entendirent la détonation d'un coup de feu. Un des trois hommes suspects tomba la face contre terre, les deux autres s'enfuirent à toutes jambes et disparurent dans la lisière d'un bois. Les volontaires accoururent au bruit. Ils trouvèrent un jeune homme d'une taille élevée, d'un front noble, d'un regard non encore éteint, gisant dans son sang. Il s'était fracassé la mâchoire d'un coup de pistolet. Sa langue coupée lui interdisait tout autre langage que celui des signes. On le transporta à Castillon. Son linge était marqué d'un R et d'un B. On lui demanda s'il était Buzot, il hocha la tête; s'il était Barbaroux, il baissa affirmativement le front. Conduit à Bordeaux sur une charrette et arrosant les pavés de son sang, il fut reconnu à la beauté de ses formes, et le couteau de la guillotine acheva de séparer sa tête de son corps.

V

Nul ne sait ce que les forêts et les ténèbres cachèrent, pendant plusieurs jours et pendant plusieurs nuits, du sort de Pétion et de Buzot. Le suicide de leur jeune compagnon fut-il à leurs yeux une faiblesse ou un exemple? Se tirèrent-ils chacun un coup de pistolet, à l'approche de quelque animal sauvage qu'ils prirent pour un bruit de pas des hommes qui les poursuivaient? S'ouvrirent-ils les veines au pied de quelque arbre? Moururent-ils de faim, de lassitude ou de froid? L'un d'eux survécut-il à l'autre? Et lequel resta le dernier, et expira sur le cadavre de son compagnon? Enfin moururent-ils dans un nocturne et lugubre combat contre les animaux carnassiers qui les suivaient comme des proies prochaines? Le mystère, ce plus terrible des récits, couvre les derniers moments de Buzot et de Pétion. Seulement des sarcleurs trouvèrent, quelques jours après la mort de Barbaroux, çà et là, dans un champ de blé, au bord d'un bois, des chapeaux lacérés, des souliers et quelques lambeaux de vêtements qui recouvraient deux monceaux d'ossements humains dépecés par les loups. Ces habits, ces souliers, ces ossements, c'étaient Pétion et Buzot!

La terre de la république n'avait pas même de sépulture pour les hommes qui l'avaient fondée. Toute la Gironde avait disparu avec ces deux derniers tribuns. Ils laissaient à deviner au temps l'énigme de la popularité. L'un, qu'on avait appelé le *Roi Pétion*, et l'autre, qu'on appelait encore par dérision le *Roi Buzot*, étaient venus chercher de Paris et de Caen leur destinée dans un sillon des champs de la Gironde. La terre du fédéralisme dévorait elle-même ces hommes, ces coupables d'un rêve contre l'unité de la patrie! Est-il besoin d'un autre jugement? Juge-t-on des ossements décharnés et disloqués par les bêtes féroces sur un champ de mort? Non; on les plaint, on les ensevelit, et on passe.

VI

La Révolution, dans ces derniers mois de 1793 et dans les premiers mois de 1794, semblait revenir sur ses pas, comme un vainqueur après la victoire, pour frapper, un à un, les hommes qui avaient tenté de la modérer ou de l'arrêter, en commençant par ceux qui étaient le plus rapprochés d'elle et en finissant par ceux qui en étaient le plus éloignés : les Girondins d'abord et leurs partisans, les constitutionnels ensuite, les royalistes purs les derniers. Les premières haines des partis triomphants sévissent contre ceux qui ont été le plus contigus à leurs doctrines et à leurs passions. En révolution comme en guerre, on déteste plus ceux qui se séparent de notre camp que ceux qui nous combattent. Les supplices avaient commencé par les modérés. La république ne pensa à ses ennemis qu'après avoir immolé ses fondateurs.

Les grands noms de l'Assemblée constituante semblaient être des protestations vivantes contre les théories de la république. La royauté constitutionnelle, que les monarchistes avaient défendue, accusait la tyrannie du comité de salut public. La liberté légale, qu'ils avaient montrée en perspective, contrastait avec la dictature de la Montagne. On ne pouvait laisser vivre ces témoins et ces accusateurs, même muets. Mirabeau n'était plus. Le Panthéon l'avait dérobé à l'échafaud. La Fayette expiait dans les souterrains d'Olmutz le crime de sa modération. Clermont-Tonnerre était mort, égorgé le 10 août. Cazalès, Maury, étaient en exil. Les Lameth erraient à l'étranger. Sieyès se taisait ou affectait de dormir, au pied de la Montagne. Le côté droit gémissait dans les prisons. Barnave, Duport, Bailly, les constitutionnels, vivaient encore. On pensa à eux. Un souvenir des Jacobins, c'était la mort. Malheur au nom qui était prononcé trop haut! Celui de Barnave retentissait encore dans la mémoire des réformateurs de la monarchie.

VII

Depuis le 10 août, Barnave, inutile désormais aux conseils secrets de la reine, s'était retiré à Grenoble, sa ville natale. On l'y reçut en homme qui avait illustré sa patrie par l'éclat de son talent et par la probité de sa vie. On lui reprocha peu de se retirer à l'écart d'un mouvement républicain qui dépassait ses opinions. On le considéra comme un de ces instruments que les peuples jettent de côté, quand ils ont fait leur œuvre, mais qu'ils ne brisent pas. Barnave, sans applaudir à la république, mais sans protester contre elle, se borna à remplir ses devoirs de citoyen. Il se refusa à l'émigration, dont le chemin était ouvert à quelques pas de la maison de son père. Il continua à jouir de cette popularité d'estime qui survit quelque temps aux situations perdues. Il avait été impliqué, à Paris, dans les soupçons qu'on faisait courir en 1791 sur un prétendu comité autrichien. Fauchet l'avait fait comprendre, ainsi que les Lameth, Duport et Montmorin, dans un acte d'accusation qui renvoyait ces conseillers secrets de Louis XVI devant la haute cour nationale d'Orléans.

Barnave apprit son crime par son acte d'accusation. Il fut arrêté pendant la nuit, dans sa maison de campagne de Saint-Robert, aux environs de Grenoble. Conduit dans la prison de cette ville, sa mère parvint à le voir, sous le déguisement d'une servante. Du fond de sa prison, Barnave suivit du regard les phases de la Révolution, les infortunes du roi. Il ne regrettait de sa liberté que sa voix pour défendre, devant la Convention, la tête de ce prince.

La république ne s'arrêtait pas pour écouter ces repentirs. Barnave languit dix mois au fort Barreaux, dans un site alpestre et glacé des montagnes qui bornent la France et la Savoie. La frontière était sous ses yeux. Ses fenêtres n'étaient pas grillées. La surveillance s'endormait. Il pouvait fuir : il ne le voulut pas. « Obscur, je m'abriterais, disait-il ; célèbre et responsable dans les grands actes de la Révolution, je dois rester pour répondre de mes opinions par ma tête et de mon honneur par mon sang. »

VIII

Il employa ces longues incertitudes de sa destinée à étendre ses idées et à compléter ses études politiques. Il approfondissait l'esprit des révolutions humaines, au bruit des révolutions de son pays. Il écrivait des méditations sociales et historiques qui ont survécu. On y retrouve plus de sagesse que de génie. Barnave y semble le représentant exact de ce bon sens général d'une nation qui signale bien les abîmes, mais qui ne devance personne, et qui n'illumine aucune route nouvelle à l'esprit humain. Le talent même est froid et pâle, comme l'expression des vérités un peu banales. L'inspiration n'y fait palpiter aucune fibre. On admire l'honnêteté de l'esprit : on ne sent pas sa grandeur. On s'étonne de ce qu'une telle voix ait pu balancer une heure la voix virile de Mirabeau. On n'explique cette prétendue rivalité, entre ces deux orateurs, que par cette erreur d'optique de tous les temps et de tous les peuples qui nivelle à l'œil du moment des hommes sans niveau possible aux yeux de l'avenir.

Barnave ne méritait ni la gloire ni l'outrage de cette comparaison. Intelligence limitée, parole facile, il était de ces hommes de barreau pour qui l'éloquence est un art de l'esprit et non une explosion de l'âme. Son véritable honneur fut d'avoir été digne d'être écrasé par Mirabeau. Le désir de surpasser en popularité celui qu'il était si loin d'égaler en génie lui arracha, pendant quelques mois, des complaisances de paroles fatales à la monarchie et à sa propre gloire. Honnête homme, il racheta par la pureté de sa vie publique, et par un généreux retour à son roi malheureux, les applaudissements mal conquis de la multitude. Il abdiqua sa popularité dès qu'on la mit au prix du crime.

IX

Barnave arrivé à Paris, le comité de salut public fut embarrassé de lui. Danton, de retour d'Arcis-sur-Aube, chercha à le sauver. Il le promit à la mère de Barnave et à sa sœur. Elles avaient suivi leur fils et leur frère, comme deux suppliantes attachées aux roues de la voiture qui le conduisait à Paris. Danton n'osa pas tenir ce qu'il avait promis. La seule grâce qu'obtint Barnave fut d'embrasser sa mère et sa sœur une dernière fois. Il se défendit, avec une grande présence d'idées et une éloquence de discussion remarquable, devant le tribunal. Mais là où la voix de Vergniaud avait tari, que pouvait la froide argumentation de Barnave? Il rentra condamné dans son cachot. Le courageux Baillot, son collègue à l'Assemblée constituante, vint y consoler ses dernières heures. Barnave, qu'il trouva abattu, se plaignit à Baillot d'être privé de nourriture, par le calcul de ses bourreaux. On voulait, disait-il, déshonorer sa mort en attribuant à son âme les faiblesses de son corps énervé par la faim. Ce calcul n'était pas vraisemblable. Peu importait au peuple comment mouraient les victimes.

Duport-Dutertre, ancien ministre de la justice, fut associé à Barnave dans le jugement et dans le supplice. Après l'arrêt, Duport se contenta de dire avec dédain à ses juges : « En révolution, le peuple tue les hommes, la postérité les juge. » Duport montra sur la charrette plus de fermeté que son compagnon. On le vit plusieurs fois se pencher vers lui et relever son courage. L'attitude de Barnave révélait un corps malade, une âme plus faite pour la tribune que pour l'échafaud. Son grand nom, courant de bouche en bouche, faisait taire la foule. Le peuple semblait réfléchir lui-même à ces retours monstrueux de popularité. Il n'insulta pas l'orateur. Il le laissa mourir.

X

Bailly restait. Il semble que le peuple voulût se venger par ses outrages de l'estime dont il avait naguère environné ce maire de Paris. Les peuples ont de ces vengeances. Il est presque aussi dangereux de trop leur plaire que de les offenser, ils punissent leurs idoles de les avoir séduits.

Bailly, homme de bien, philosophe savant, astronome illustre, passionné pour la liberté parce que la liberté était une vérité de plus conquise à la terre, nourrissait dans son âme la religion du genre humain. Son culte, éclairé par une raison mûre, s'élevait jusqu'à la foi, mais non jusqu'au fanatisme. Il voulait que les idées et les révolutions mêmes marchassent comme les astres dans l'espace, avec la puissance, la majesté et la régularité d'un plan divin. Il croyait que les peuples devaient être conduits, en ordre, vers leurs progrès rationnels, par la main de leurs meilleurs citoyens, et non par les convulsives séditions de la multitude. Il repoussait la monarchie absolue comme un mensonge social, mais il voulait l'affaiblir sans la briser, et dégager lentement la nation de ses chaînes, de peur que le peuple mal préparé ne s'ensevelît sous le trône et ne revînt par l'anarchie à la vieille servitude.

Président de l'Assemblée nationale, ayant prêté le premier le serment du Jeu de Paume, toute sa conduite depuis avait été conforme à ces deux pensées : enlever le pouvoir despotique à la cour, et restituer une part de pouvoir au roi pour conserver la gradation dans la conquête et l'ordre dans le mouvement. C'était un La Fayette civil : un de ces hommes que les idées nouvelles jettent en avant et couronnent d'estime et d'honneurs, pour s'accréditer sous leur nom. Le nom de Bailly était une inscription sur le frontispice de la Révolution. Si Bailly n'était pas au niveau de cette destinée par son génie, il y était par son caractère. Son administration avait été une série de triomphes du peuple sur la cour. Quand les agitations sanglantes commencèrent à souiller les victoires du peuple, Bailly parla en sage et agit en magistrat. Un seul jour perdit la popularité de cette belle vie. Ce fut le jour où les Girondins, unis aux Jacobins, fomentèrent l'insurrection du Champ de Mars. Bailly, d'accord avec La Fayette, déploya le drapeau rouge, marcha à la tête de la bourgeoisie armée contre la sédition, et foudroya l'émeute autour de l'autel de la patrie. Une fois ce sang versé, Bailly en sentit l'amertume. Il devint l'exécration des Jacobins. Son nom signifia dans leur bouche l'assassinat du peuple. Il ne put plus gouverner la ville où le sang versé criait contre lui. Il abdiqua entre les mains de Pétion, et se retira, deux ans, dans la solitude, aux environs de Nantes.

La lassitude du repos, ce supplice des hommes longtemps mêlés aux affaires, le saisit bientôt. Il voulut se rapprocher de Paris, pour écouter de plus près les mouvements de la république. Reconnu par le peuple, il fut arraché avec peine à la fureur d'un rassemblement, jeté à la Conciergerie et envoyé au tribunal révolutionnaire. Son nom le condamnait. Il marcha à la mort à travers les flots de la multitude. Son supplice ne fut qu'un long assassinat. La tête nue, les cheveux coupés, les mains liées derrière le dos par une énorme corde, le buste seulement revêtu d'une chemise, sous un ciel de glace, il traversa lentement les quartiers de la capitale. La lie et l'écume de Paris, qu'il avait longtemps contenue comme magistrat, semblait se soulever et se précipiter en torrent autour des roues. Les bourreaux eux-mêmes, indignés de cette férocité, reprochaient au peuple ses outrages. La populace n'en était que plus implacable. La horde avait exigé que la guillotine, ordinairement placée sur la place de la Concorde, fût transportée ce jour-là au Champ de Mars, pour que le sang lavât le sang sur le sol où il avait été répandu. Des hommes qui se disaient parents, amis ou vengeurs des victimes du Champ de Mars, portaient un drapeau rouge en dérision, à côté de la charrette, au bout d'une perche. Ils le trempaient de temps en temps dans la fange du ruisseau, et en fouettaient à grands coups le visage de Bailly. D'autres lui crachaient à la figure. Ses traits, lacérés, souillés de boue et de sang, ne présentaient plus de forme humaine. Des rires et des applaudissements encourageaient ces horreurs. La marche, entrecoupée de stations, comme celle d'un Calvaire, dura trois heures.

Arrivés au lieu du supplice, ces hommes raffinés de rage font descendre Bailly de la charrette, et le forcent à faire à pied le tour du Champ de Mars : ils lui ordonnent de lécher de sa langue le sol où le sang du peuple avait coulé. Cette expiation ne les assouvit pas encore. La guillotine avait été élevée dans l'enceinte même du Champ de Mars. Le terrain de la fédération paraît au peuple trop sacré pour le souiller d'un supplice. On commande aux bourreaux de démolir pièce à pièce l'échafaud, et de le reconstruire près du bord de la Seine, sur un tas d'immondices accumulées par la voirie de Paris. Les exécuteurs sont contraints d'obéir. La machine est démontée. Comme pour parodier le supplice du Christ portant sa croix, des monstres chargent sur les épaules du vieillard les lourds madriers qui supportent le plancher de la guillotine. Leurs coups obligent le condamné à se traîner sous ce poids. Il y succombe, et reste évanoui sous son fardeau. Il revient à lui, il se relève ; des éclats de rire le raillent de sa vieillesse et de sa faiblesse. On le fait assister, pendant une heure, à la lente reconstruction de son échafaud.

Une pluie mêlée de neige inondait sa tête et glaçait ses membres. Son corps grelottait. Son âme était ferme. Son visage grave et doux gardait sa sérénité. Sa raison impassible passait par-dessus cette populace, pour voir l'humanité au delà. Il goûtait le martyre, et ne le trouvait pas plus fort que l'espérance pour laquelle il le subissait. Il s'entretenait sans trouble avec les assistants. Un d'eux le voyant transir : « Tu trembles, Bailly? lui dit-il. — Oui, mon ami, lui répondit le vieillard, mais c'est de froid. » Enfin la hache termine ce supplice. Il avait duré cinq heures. Bailly plaignit ce peuple, remercia l'exécuteur, et se confia à l'immortalité. Peu de victimes rencontrèrent jamais de plus vils bourreaux, peu de bourreaux une si haute victime. Honte au pied de l'échafaud, gloire au-dessus, pitié partout! On rougit d'être homme en voyant ce peuple. On se glorifie de ce titre en contemplant Bailly. Plus l'homme est féroce, plus il faut l'aimer. Les crimes du peuple ne sont que ses dégradations. Les leçons des sages ne suffisent pas pour l'instruire, il faut des martyrs pour le racheter. Bailly fut un de ces plus saints martyrs; car, en mourant par la main de la liberté, il mourait encore pour elle. Il croyait dans le peuple malgré le peuple. Il lui reprochait son injustice, non son sang.

XI

Le soir, au récit de cette mort, Robespierre plaignit Bailly : « C'est ainsi, s'écria-t-il à souper chez Duplay, qu'ils nous martyriseront nous-mêmes! » Duplay, son hôte, juge au tribunal révolutionnaire, ayant voulu expliquer à Robespierre pourquoi il avait absous ce grand accusé : « Ne m'en parlez jamais, lui dit Robespierre ; je ne vous demande pas compte de vos jugements, mais la république vous demande compte de votre conscience. » Duplay ne parla plus à Robespierre des condamnations et des exécutions. Robespierre ordonna ce soir-là que sa porte fût fermée, en signe de deuil. Était-ce douleur? Était-ce pressentiment?

Mais la hache ne choisissait déjà plus. Tous les rangs se mêlaient sur l'échafaud. Une courtisane mourait à côté d'un sage. Le peuple applaudissait également. Vice ou vertu, il ne discernait plus rien.

Madame du Barry, maîtresse de Louis XV, mourut à peu de distance de Bailly. Cette femme avait commencé enfant le commerce de ses charmes. Sa merveilleuse beauté avait attiré l'œil des pourvoyeurs des plaisirs du roi. Ils l'avaient enlevée au vice obscur, pour l'offrir au scandale du vice couronné. Louis XV avait fait du rang de ses maîtresses une espèce d'institution de sa cour. Mademoiselle Lange-Vaubernier, sous le nom de comtesse du Barry, avait succédé à madame de Pompadour. Louis XV avait besoin du sel du scandale pour assaisonner ses goûts blasés. Il aimait à s'avilir comme un autre aime à s'élever. Il faisait régner le scandale. C'était là sa majesté. Le seul respect qu'il imposait à sa cour, c'était le respect de ses vices. Madame du Barry avait régné sous son nom. La nation, il faut le dire, s'était pliée honteusement à ce joug. Noblesse, ministres, clergé, philosophes, tous avaient encensé l'idole du roi. Louis XV avait préparé les âmes à cette servitude, en faisant adorer de ses courtisans le despotisme de ses amours.

XII

Jeune encore à la mort de Louis XV, madame du Barry avait été enfermée quelques mois dans un couvent par la décence : caractère du règne nouveau. Affranchie bientôt de cette clôture, elle avait vécu dans une splendide retraite auprès de Paris, au pavillon de Luciennes, au bord des forêts de Saint-Germain. Des richesses immenses, dons de Louis XV, rendaient son exil presque aussi éclatant que son règne. Le vieux duc de Brissac était resté attaché à la favorite. Il l'aimait déjà, pour sa beauté, au temps où d'autres l'aimaient pour son rang. Madame du Barry abhorrait la Révolution, ce règne du peuple qui méprisait les courtisanes et qui parlait de vertu. Bien que repoussée de la cour par Louis XVI et par Marie-Antoinette, elle avait plaint leur malheur, déploré leur chute, et s'était dévouée à la cause du trône et de l'émigration.

Après le 10 août, elle avait fait un voyage en Angleterre. Elle avait porté à Londres le deuil de Louis XVI. Elle consacrait son immense fortune à soulager dans l'exil les misères des émigrés. Mais la plus grande partie de ses richesses avait été enfouie secrètement, par elle et par le duc de Brissac, au pied d'un arbre de son parc, à Luciennes. Après la mort du duc de Brissac, massacré à Versailles, madame du Barry ne voulut confier à personne le secret de son trésor. Elle résolut de rentrer en France, pour déterrer ses diamants et pour les rapporter à Londres.

Elle avait donné en son absence la garde et l'administration de Luciennes à un jeune nègre nommé Zamore. Elle avait élevé cet enfant, par un caprice de femme, comme on élève un animal domestique. Elle se faisait peindre à côté de ce noir, pour ressembler dans ses portraits, par le contraste des visages et des couleurs, aux courtisanes vénitiennes du Titien. Elle avait eu pour ce noir des tendresses de mère. Zamore était ingrat et cruel. Il s'était enivré de la liberté révolutionnaire. Il avait pris la fièvre du peuple. L'ingratitude lui paraissait la vertu de l'opprimé; il trahit sa bienfaitrice. Il dénonça ses trésors. Il la livra au comité révolutionnaire de Luciennes, dont il était membre.

Madame du Barry, grandie et enrichie par le favoritisme, périt par un favori. Jugée et condamnée sans discussion, montrée au peuple comme une des souillures du trône dont il fallait purifier l'air de la république, elle marcha à la mort à travers les huées de la populace et les mépris des indifférents. Elle était encore dans l'éclat à peine mûri de ses années. Sa beauté, livrée au bourreau, était son crime aux regards de la foule. Elle était vêtue de blanc. Ses cheveux blonds, coupés derrière la tête par les ciseaux de l'exécuteur, laissaient voir son cou. Les boucles de devant, que le bourreau n'avait pas raccourcies, flottaient et couvraient ses yeux et ses joues. Elle les rejetait en arrière en secouant la tête, pour que son visage attendrît le peuple. Elle ne cessait d'invoquer la pitié, dans les termes les plus humiliés. Des larmes intarissables ruisselaient de ses yeux sur son sein. Ses cris déchirants dominaient le bruit des roues et les murmures de la multitude.

On eût dit que le couteau frappait d'avance cette femme et lui arrachait mille fois la vie. « La vie! la vie! s'écriait-elle, la vie pour tous mes repentirs! la vie pour tout mon dévouement à la république! la vie pour toutes mes richesses à la nation! » Le peuple riait et haussait les épaules. Il montrait, du geste, l'oreiller de la guillotine, sur lequel cette tête charmante allait s'endormir. La route de la courtisane à l'échafaud ne fut qu'un cri. Sous le couteau elle criait encore. La cour avait détrempé cette âme. Seule de toutes les femmes suppliciées, elle mourut en lâche, parce qu'elle ne mourait ni pour une opinion, ni pour une vertu, ni pour un amour, mais pour un vice. Elle déshonora l'échafaud comme elle avait déshonoré le trône.

XIII

Le général Biron, si fameux à la cour sous le nom de duc de Lauzun, mourut dans le même temps, mais en soldat.

Le duc de Lauzun avait poussé, dans sa jeunesse, la légèreté jusqu'au défi. Sa valeur, son esprit, ses grâces, jetaient de l'éclat sur ses fautes. Le scandale devenait de la renommée pour lui. Il voulait passer pour avoir été aimé de la reine. Ses Mémoires ne sont que les notes de ses amours. Ruiné de bonne heure par ses prodigalités, il chercha une autre gloire dans la guerre. Il suivit La Fayette en Amérique, et s'enthousiasma pour la liberté, non par vertu, mais par mode. Ami du duc d'Orléans, il suivit ce prince dans ses révoltes. Les partis pardonnent tout à ceux qui les servent. Le duc de Lauzun se précipita de la faveur des cours dans la faveur du peuple. Il ne fit que changer de théâtre. Il servit avec bravoure à l'armée du Nord, à l'armée du Rhin, à l'armée des Alpes, dans la Vendée enfin. Une fois lancé dans la Révolution, il sentit qu'il n'y avait de salut qu'à la suivre jusqu'au bout. Aborder quelque part était impossible. Le courant était trop rapide. Il ne savait pas où il allait, mais il allait toujours. L'étourderie était son étoile. Il donnait gaiement à la république son nom, son bras, son sang. Les soldats l'adoraient. Les généraux plébéiens étaient jaloux de son ascendant. Ils n'y souffraient pas impunément d'anciens aristocrates. Des querelles éclatèrent dans la Vendée entre Rossignol, général jacobin, et Biron. Biron fut sacrifié.

Amené à Paris, enfermé à la Conciergerie, condamné à mort, il entra dans sa prison comme il serait entré dans sa tente la veille d'une affaire. Il voila la mort d'insouciance. Il voulut savourer jusqu'à la dernière minute les seules voluptés qui restassent aux prisonniers : les sensualités de la table. Il prit ses geôliers et ses gardes pour convives, à défaut d'autres compagnons de plaisir. Il se fit apporter des huîtres, du vin blanc. Il but largement. Les valets de l'exécuteur arrivèrent : « Laissez-moi finir mes huîtres, leur dit Biron. Au métier que vous faites, vous devez avoir besoin de forces : buvez avec moi ! »

Cette mort, qui imite la mort irréfléchie d'un jeune épicurien, dans un homme d'un âge mûr, a plus d'apparence que de dignité. Le sourire est déplacé sur le seuil de l'éternité. L'insouciance, à l'heure suprême, n'est pas l'attitude des vrais héros; c'est le sophisme de la mort. Le peuple battit des mains aux derniers moments de Biron, parce qu'en bravant la réflexion il bravait aussi le supplice. Il mourut comme il avait voulu vivre, brave, fier et applaudi.

C'était le dernier jour de l'année 1793. D'autres devaient mourir le lendemain 1ᵉʳ janvier. La mort ne connaissait pas de calendrier. Les années se confondaient dans les supplices. Le sang ne s'arrêtait plus.

XIV

Quatre mille six cents détenus dans les prisons de Paris seulement attendaient leur jugement. Fouquier-Tinville ne pouvait suffire aux accusations qu'il dressait en masse et presque au hasard. Accablé du nombre des accusés, et pressé par l'impatience du peuple, Fouquier-Tinville ne quittait plus le cabinet du palais de justice où il rédigeait ses accusations. Il prenait ses repas précipitamment sur la table où il signait les arrêts de mort. Il couchait au tribunal sur un matelas. Il ne se donnait aucun loisir. Il se plaignait de n'avoir pas le temps d'aller embrasser sa femme et ses enfants. Le zèle de la république le consumait. Il oubliait que c'était le zèle de l'extermination. Il l'appelait son devoir! Il se croyait le bras du peuple, la hache de la république, la foudre de la Révolution. Une vie épargnée, un coupable oublié, un accusé acquitté, lui pesaient. Étrange perversion du cœur humain par le fanatisme! Fouquier recevait tous les soirs du comité de salut public la liste des suspects qu'il fallait emprisonner ou juger. Le mécanisme de la terreur était, pour ainsi dire, matériel. Fouquier-Tinville était aveuglé par le sang qu'il faisait répandre ; et cependant il revenait quelquefois étonné lui-même du nombre prodigieux d'exécutions qu'on lui avait demandées et des noms des victimes qu'il avait condamnées. Il lui arriva même d'ouvrir une fois ou deux aux accusés une porte de salut en leur suggérant des réponses qui pouvaient les innocenter. Il sauva ainsi, dans la magistrature, quelques hommes qu'il avait jadis connus et respectés.

Quelquefois l'austère vertu de ces victimes repoussa la vie qu'on leur offrait au prix d'un mensonge. La religion de la vérité fit des martyrs volontaires. En voici un exemple attesté par un des juges lui-même et digne de passer à l'avenir.

XV

Presque tous les anciens membres des parlements et les principaux magistrats du royaume mouraient tour à tour sur l'échafaud. M. Angrand d'Alleray, lieutenant civil au Châtelet, vieillard intègre, entouré d'estime et chargé de jours, est conduit avec sa femme au tribunal révolutionnaire, accusés l'un et l'autre d'avoir entretenu une correspondance avec leur fils émigré, et de lui avoir fait passer des secours dans l'exil. Fouquier-Tinville est attendri. Il fait un signe d'intelligence à l'accusé pour lui dicter de l'œil et du geste la réponse qui doit le sauver : « Voilà, lui dit-il à haute voix, la lettre qui t'accuse ; mais je connais ton écriture, j'ai eu souvent des pièces de ta main sous les yeux pendant que tu siégeais au parlement. Cette lettre n'est pas de toi : on a visiblement contrefait tes caractères. — Fais-moi passer cette lettre, » dit le vieillard à Fouquier-Tinville. Puis, après l'avoir considérée avec une scrupuleuse attention : « Tu te trompes, répond-il à l'accusateur public, cette lettre est bien de mon écriture. » Fouquier, confondu de cette sincérité qui déroute son indulgence, ne se rebute pas encore; il offre un autre prétexte d'acquittement à l'accusé : « Il y a une loi, lui dit-il, qui interdit aux parents des émigrés de correspondre avec leurs proches, et de leur envoyer aucun secours, sous peine de mort ; cette loi, tu ne la connaissais pas, sans doute? — Tu te trompes encore, répond M. d'Alleray; je la connaissais, cette loi. Mais j'en connais une antérieure et supérieure, gravée par la nature dans le cœur de tous les pères et de toutes les mères : c'est celle qui leur commande de sacrifier leur vie pour secourir leurs enfants. »

L'accusateur, obstiné dans son dessein, ne fut pas découragé par cette seconde réponse. Il offrit encore cinq ou six excuses du même genre à l'accusé. M. d'Alleray les éluda toutes par son refus d'altérer ou même de détourner la vérité de son sens. A la fin, s'apercevant de l'intention de Fouquier-Tinville : « Je te remercie, lui dit-il, des efforts que tu fais pour nous sauver ; mais il faudrait racheter notre vie par un mensonge. Ma femme et moi, nous aimons mieux mourir. Nous avons vieilli ensemble sans avoir jamais menti, nous ne mentirons pas même pour sauver un reste de vie. Fais ton devoir, nous faisons le nôtre. Nous ne t'accuserons pas de notre mort, nous n'accuserons que la loi. » Les jurés pleurèrent d'attendrissement, mais ils envoyèrent le vertueux suicide à l'échafaud.

XVI

L'année 1794 s'inaugurait ainsi dans le sang. La guillotine semblait être la seule institution de la France. Danton et Saint-Just avaient fait proclamer la suspension de la constitution et le gouvernement révolutionnaire. La loi, c'était le comité de salut public. L'administration, c'était l'arbitraire des commissaires de la Convention. La justice, c'était le soupçon ou la vengeance. La garantie, c'était la délation. Le gouvernement, c'était l'échafaud. La Convention ne pouvait cesser un moment de frapper sans être frappée elle-même. La France, fusillée à Toulon, mitraillée à Lyon, noyée à Nantes, guillotinée à Paris, emprisonnée, dénoncée, séquestrée, terrifiée partout, ressemblait à une nation conquise et ravagée par une de ces grandes invasions de peuples qui balayaient les vieilles civilisations à la chute de l'empire romain, apportant d'autres dieux, d'autres maîtres, d'autres lois, d'autres mœurs à l'Europe. C'était l'invasion de l'idée nouvelle à laquelle la résistance avait mis le feu et le fer à la main. La Convention n'était plus un gouvernement, mais un camp. La république n'était plus une société, mais un massacre de vaincus sur un champ de carnage. La fureur des idées est plus implacable que la fureur des hommes, car les hommes ont un cœur, et les idées n'en ont pas. Les systèmes sont des forces brutales, qui ne plaignent pas même ce qu'elles écrasent. Comme les boulets sur les champs de bataille, ils frappent sans choix, sans justice, et renversent le but qu'on leur a assigné. La Révolution démentait ses doctrines par ses tyrannies. Elle souillait son droit par ses violences. Elle déshonorait le combat par les exécutions. Ainsi s'ensanglantent les causes les plus pures. Nous ne le disons pas pour excuser les peuples, mais pour les plaindre. Rien n'est plus beau que de voir briller une idée nouvelle sur l'horizon de l'intelligence humaine ; rien n'est si légitime que de lui faire combattre et vaincre les préjugés, les habitudes, les institutions vicieuses qui lui résistent. Rien n'est si horrible que de la voir martyriser ses ennemis. Le combat alors se change en supplices, le libérateur en oppresseur et l'apôtre en bourreau. Tel était, involontairement chez quelques-uns, théoriquement chez d'autres, le rôle des membres de la Montagne et du comité de salut public. Leurs théories protestaient, mais leur entraînement les emportait. Ils laissaient aller les vengeances du peuple, les fureurs de l'anarchie, les cruautés des proconsuls, jusqu'aux spoliations et aux assassinats de Rome dégénérée. Le parti de la commune, composé d'Hébert, de Chaumette, de Momoro, de Ronsin, de Vincent et des plus effrénés démagogues, dépassait, entraînait la Convention.

XVII

Pendant ces supplices, le parti des législateurs essayait de temps en temps de formuler les grands principes et les grandes innovations, comme les oracles au bruit de la foudre. Robespierre, désormais dominant au comité de salut public, jetait dans des notes révélées depuis les linéaments vagues du gouvernement auquel il croyait enfin toucher.

« Il faut une volonté une, dit une de ces notes posthumes.

» Il faut que cette volonté soit républicaine ou royaliste.

» Pour qu'elle soit républicaine, il faut des ministres républicains, des journaux républicains, des députés républicains, un pouvoir républicain.

» La guerre étrangère est un fléau mortel.

» Les dangers intérieurs viennent des bourgeois. Pour triompher des bourgeois il faut rallier le peuple. Il faut que le peuple s'allie à la Convention et que la Convention se serve du peuple.

» Dans les affaires étrangères, alliance avec les petites puissances. Mais toute diplomatie impossible tant que nous n'aurons pas d'unité de pouvoir. »

Après les moyens voici le but :

« Quel est le but? L'exécution de la constitution en faveur du peuple.

» Quels seront nos ennemis? Les riches et les vicieux.

» Quels moyens emploieront-ils? L'hypocrisie et la calomnie.

» Que faut-il faire? Éclairer le peuple. Mais quels sont les obstacles à l'instruction du peuple? Les écrivains mercenaires qui l'égarent par des impostures journalières et impudentes.

» Que conclure de là? Qu'il faut proscrire ces écrivains comme les plus dangereux ennemis de la patrie, et répandre avec profusion les bons écrits.

» Quels sont les deux autres obstacles à l'établissement de la liberté? La guerre étrangère et la guerre civile.

» Quels sont les moyens de terminer la guerre étrangère? Mettre des généraux républicains à la tête de nos armées et punir les traîtres.

» Quels sont les moyens de terminer la guerre civile? Punir les conspirateurs, surtout les députés et les administrateurs coupables ; envoyer des troupes patriotes sous des chefs patriotes ; faire des exemples terribles de tous les scélérats qui ont outragé la liberté et versé le sang des patriotes.

» Enfin les subsistances et les lois populaires.

» Quel autre obstacle à l'instruction du peuple? La misère.

» Quand le peuple sera-t-il donc éclairé? Quand il aura du pain et que les riches et le gouvernement cesseront de soudoyer des plumes et des langues perfides pour le tromper ; lorsque l'intérêt des riches et celui du gouvernement seront confondus avec celui du peuple.

» Quand leur intérêt sera-t-il confondu avec celui du peuple? Jamais! »

A ce mot terrible tombé à la fin de ce dialogue ntérieur de Robespierre avec lui-même, la plume avait cessé d'écrire. Le doute ou le découragement avait dicté ce dernier mot. On sent que dans une âme obstinée à l'espérance ce mot voulait dire : « Il faut plier par la force sous le niveau de l'égalité tous ceux dont l'intérêt ne pourra se confondre avec l'intérêt du peuple. » La logique de la terreur découlait de ce mot. Il était plein de sang.

XVIII

Dans toutes les séances de la Convention et des Jacobins de novembre et de décembre 1793 jusqu'en 1794, on trouve un grand nombre de discussions, de discours ou de décrets dans lesquels respire l'âme d'un gouvernement populaire. L'égoïsme semble s'effacer devant le principe du dévouement à la patrie. Les classes pauvres qui ne possèdent de la patrie qu'elle-même n'ont à lui donner que leur sang. La Convention semble dans ces séances législatives écrire un chapitre de la constitution évangélique de l'avenir. Les taxes sont proportionnées aux richesses. Les indigents sont sacrés. Les infirmes sont soulagés. Les enfants sans parents sont adoptés par la république. La maternité illicite est relevée de la honte qui tue l'enfant en déshonorant la mère. La liberté des consciences est proclamée. La morale universelle est prise pour type des lois. L'esclavage et le commerce des noirs sont abolis. La conscience du genre humain est invoquée comme la loi suprême. Une série de mesures philanthropiques et populaires institue la charité politique en action, comme un traité d'alliance entre le riche et le pauvre. La puissance sociale est également répartie entre tous les citoyens. Des enseignements élémentaires et transcendants aux frais de l'État distribuent comme une dette divine la lumière dans les profondeurs de la population. L'amour du peuple semble se répandre dans tous les ressorts de l'administration. On sent que la Révolution n'a pas été faite pour usurper, mais pour donner le pouvoir, la morale, l'égalité, la justice, le bien-être aux masses. La divinité de l'esprit de la Révolution est là. Esprit de lumière et de charité dans les délibérations de la Convention, esprit exterminateur dans ses actes politiques. On se demande involontairement pourquoi ce contraste entre les lois sociales de la Convention et ses mesures politiques ? entre cette charité et ce bourreau ? entre cette philanthropie et ce sang ? C'est que les lois sociales de la Convention émanaient de ses dogmes, et que ses actes politiques émanaient de ses colères. Les uns étaient ses principes, les autres ses passions.

Fière de l'ère nouvelle qu'elle inaugurait pour le monde, elle voulut que la république française devînt une des dates de l'histoire du genre humain. Elle institua le *calendrier républicain*, comme pour rappeler à jamais aux hommes qu'ils ne furent véritablement hommes que du jour où ils se proclamèrent libres. Elle le fit aussi pour effacer, sur la dénomination des mois et des jours dont le temps se compose, les traces de la religion empreintes sur le calendrier grégorien. Elle le fit encore pour que la division des jours en décades, et non plus en semaines, ne confondît pas plus longtemps le jour initial de la période des jours avec le jour de prière et de repos exclusivement consacré au christianisme. Elle ne voulut pas que l'Église continuât à marquer au peuple les instants de son travail ou de son repos. Elle voulut reconquérir le temps lui-même sur le sacerdoce chrétien, qui avait tout marqué de son signe depuis qu'il s'était emparé de l'empire.

Dans ce système, les noms des jours étaient significatifs de leur place dans l'ordre numérique de la décade républicaine. Ils expliquaient leur ordre par des noms dérivés du latin. C'étaient *primidi*, *duodi*, *tridi*, *quartidi*, *quintidi*, *sextidi*, *septidi*, *octidi*, *nonidi*, *décadi*. Ces significations purement numériques avaient l'avantage de présenter des chiffres à la mémoire, mais ils avaient l'inconvénient de ne pas présenter des images à l'esprit. Les images seules colorent et impriment les noms dans l'imagination du peuple.

Les dénominations des mois, au contraire, empruntées aux caractères des saisons et aux travaux de l'agriculture, étaient significatives comme des peintures, et sonores comme des échos de la vie rurale. C'étaient, pour l'automne : vendémiaire qui vendange les raisins, brumaire qui assombrit le ciel, frimaire qui couvre de frimas les montagnes ; pour l'hiver : nivôse qui blanchit de neige la terre, pluviôse qui l'arrose de pluie, ventôse qui déchaîne les tempêtes ; pour le printemps : germinal qui fait germer les semences, floréal qui fleurit les plantes, prairial qui fauche les prairies ; enfin pour l'été : messidor qui moissonne, thermidor qui échauffe les sillons, fructidor qui mûrit les fruits.

Ainsi tout se rapportait à l'agriculture, le premier et le dernier des arts. Les phases des empires ou les religions des peuples n'étaient plus le type du temps, cette mesure de la vie. Tout remontait à la nature seule. Il en fut de même de l'administration, des finances, de la justice criminelle, du code civil et du code rural. Les hommes spéciaux de la Convention préparèrent les plans de ces législations sur les bases de la philosophie, de la science et de l'égalité, bases jetées par l'Assemblée constituante. Ces pensées, dont s'empara depuis l'esprit organisateur de Napoléon et auxquelles il donna seulement son nom, avaient toutes été conçues, élaborées ou promulguées par la Convention. Napoléon en déroba injustement la gloire. L'histoire ne doit pas sanctionner ces larcins. Elle doit les restituer à la république. Les fruits de la philosophie et de la liberté n'appartiendront jamais au despotisme. Les hommes que Napoléon appela dans ses conseils pour y préparer ses cadres, les Cambacérès, les Sieyès, les Carnot, les Thibaudeau, les Merlin, sortaient tous des comités. Comme des ouvriers infidèles, ils emportaient dans ces ateliers de servitude les outils et les chefs-d'œuvre de la liberté!

XIX

Cependant, tandis que le comité de salut public couvrait les frontières, étouffait la guerre civile dans le sang et méditait des législations humaines et morales, Paris et les départements présentaient le spectacle des saturnales de la liberté.

Le délire et la fureur semblaient avoir saisi le peuple. L'ivresse de la vérité est plus terrible que l'ivresse de l'erreur chez les hommes, parce qu'elle dure plus et qu'elle profane de plus saintes causes. Cette ivresse portait les masses aux plus hideux excès contre les temples, les autels, les images du culte ancien, et même contre les sépulcres des rois.

Des trois institutions que la Révolution voulait d'abord modifier, ensuite détruire, le trône, la noblesse, la religion d'État, il ne restait debout que la religion d'État, parce que, réfugiée dans la conscience et se confondant avec la pensée même, il était impossible aux persécuteurs de la poursuivre jusque-là. La constitution civile du clergé, le serment imposé aux prêtres, ce serment déclaré schisme par la cour de Rome, les rétractations que la masse des prêtres avait faites de ce serment pour rester attachée au centre catholique, l'expulsion de ces prêtres réfractaires de leurs presbytères et de leurs églises, l'installation d'un clergé républicain à la place de ces ministres fidèles à Rome, la persécution contre ces ecclésiastiques rebelles à la loi pour rester obéissants à la foi, leur emprisonnement, leur proscription en masse sur les vaisseaux de la république à Rochefort; toutes ces querelles, toutes ces violences, tous ces exils, toutes ces exécutions, tous ces martyres de prêtres catholiques, avaient balayé en apparence le culte ancien de la surface de la république. Le culte constitutionnel, inconséquence palpable des prêtres assermentés, qui exerçaient un prétendu catholicisme malgré le chef spirituel du catholicisme, n'était plus guère qu'un hochet sacré que la Convention avait laissé au peuple des campagnes pour ne pas rompre trop soudainement les habitudes.

Mais les philosophes impatients de la Convention, des Jacobins, de la commune, s'indignaient de ce simulacre de religion qui survivait aux yeux du peuple à la religion même. Ils brûlaient d'inaugurer à sa place l'adoration abstraite d'un Dieu sans forme, sans dogme et sans culte. La plupart même proclamaient ouvertement l'athéisme comme la seule doctrine digne d'esprits intrépides dans la logique matérialiste du temps. Ils parlaient de vertu, et niaient ce Dieu dont l'existence peut seule donner un sens au mot de vertu. Ils parlaient de liberté, et niaient cette justice éternelle qui peut seule venger l'innocence et punir l'oppression. La multitude grossière s'enivrait de ces théories d'athéisme, et se croyait délivrée de tout devoir en se sentant délivrée de Dieu. Ainsi vont les déplorables oscillations de l'esprit humain de la superstition au néant des croyances, sans pouvoir s'arrêter dans l'équilibre de la raison et de la vérité.

XX

Les meneurs de la commune, et surtout Chaumette et Hébert, encourageaient dans le peuple ces accès d'impiété et ces séditions contre tout culte. « Le peuple, se disaient-ils, ne rentrera jamais dans des temples qu'il aura démolis de ses propres mains. Il ne s'agenouillera jamais devant des autels qu'il aura profanés. Il n'adorera plus des symboles et des images qu'il aura foulés aux pieds sur le pavé de ses églises. Le sacrilége national s'élèvera entre lui et son ancien Dieu. » Ce reste de catholicisme exercé publiquement dans les temples chrétiens les importunait. Ils voulaient le faire disparaître. Ils demandaient d'éclatantes apostasies aux prêtres, et les obtenaient quelquefois. Quelques ecclésiastiques, les uns sous l'empire de la peur, les autres par incrédulité réelle, montaient dans la chaire pour déclarer qu'ils avaient été jusque-là des imposteurs. Des acclamations accueillaient ces transfuges de l'autel. On parodiait dérisoirement les cérémonies jadis sacrées, on revêtait un bœuf ou un âne des ornements pontificaux, on promenait ces scandales dans les rues, on buvait le vin dans le calice, on fermait l'église. On inscrivait sur la porte du lieu des sépultures : *Sommeil éternel*. On apportait aux représentants en mission ou au district les trésors des sacristies, on en faisait des offrandes patriotiques à la nation. Le club s'installait dans les sanctuaires. La chaire évangélique devenait la tribune des orateurs. En peu de mois l'immense matériel du culte catholique, cathédrales, églises, monastères, presbytères, tours, clochers, ministres, cérémonies, avaient disparu.

Les représentants en mission s'étonnaient eux-mêmes dans leurs lettres à la Convention de la facilité avec laquelle tout cet appareil des institutions antiques s'écroulait. « Les religions d'où la puissance de l'État et la richesse des dotations se retirent, disaient-ils, sont promptement en ruine dans les esprits. » Les philosophes de la commune résolurent, au milieu de novembre, d'accélérer ce mouvement dans Paris. Ils savaient que, si le peuple reniait aisément l'esprit de son culte, il ne se désaccoutumait pas si vite des spectacles et des cérémonies qui amusent ses yeux.

Ils voulurent s'emparer de ses temples pour lui offrir un culte nouveau, espèce de paganisme recrépi dont les dogmes n'étaient que des images, dont le culte n'était qu'un cérémonial, et dont la divinité suprême n'était que la raison devenue à elle-même son propre dieu et s'adorant dans ses attributs. Les lois de la Convention, qui continuaient à salarier le culte catholique national, s'opposaient à cette invasion violente de cette religion philosophique de Chaumette dans la cathédrale et dans les églises de Paris. Il fallait faire évacuer ces monuments par une renonciation volontaire de l'évêque constitutionnel et de son clergé. Les cris de mort qui poursuivaient partout les prêtres, leur sang qui coulait à flots sur tous les échafauds de la république, les insultes du peuple à leur costume, les prisons pleines, la guillotine présente, poussaient à cette renonciation du sacerdoce républicain. Il tremblait tous les jours d'être immolé dans l'exercice de ses fonctions. Le principal mobile qui retenait encore une partie de ces prêtres était le salaire attaché à leurs autels. On assura aux principaux d'entre eux un salaire équivalent ou des fonctions plus lucratives dans les administrations civiles et militaires de la république; l'espérance et la menace arrachèrent leur résignation.

L'évêque Gobel, homme faible de caractère, mais sincère dans sa foi, résistait seul. On l'intimida d'un côté, on le rassura de l'autre. On lui dit que la renonciation à l'exercice public de son culte n'était qu'un sacrifice à la nécessité du moment; que cette abdication n'impliquait point une renonciation à son caractère sacerdotal; qu'elle n'était qu'une abdication de ses fonctions publiques, et qu'après son épiscopat déposé il reprendrait, ainsi que son clergé, l'exercice individuel et libre de sa religion. Chaumette, Hébert, Momoro, Anacharsis Clootz et Bourdon de l'Oise obsédèrent ce vieillard jusqu'à ce qu'ils eussent obtenu de lui la démarche qu'ils désiraient. On appela cet acte de Gobel apostasie. Des renseignements certains attestent l'erreur des historiens à cet égard. Gobel se rendit à la séance de la Convention, accompagné de ses grands vicaires. Momoro les présenta et harangua l'Assemblée au nom de la commune : « Vous voyez devant vous, dit-il, des hommes qui viennent se dépouiller du caractère de la superstition. Ce grand exemple sera imité. Bientôt la république n'aura plus d'autre culte que celui de la liberté, de l'égalité, culte pris dans la nature, et qui deviendra la religion universelle. » Gobel, dont les paroles de Momoro faussaient la situation et surprenaient la conscience, frémit, mais n'osa rien démentir. Les tribunes le faisaient trembler. « Citoyens, dit-il en lisant une déclaration préméditée et convenue avec la commune, né plébéien, j'eus de bonne heure dans l'âme les principes de l'égalité. Appelé à l'Assemblée nationale, je reconnus un des premiers la souveraineté du peuple. Sa volonté m'appela au siége épiscopal de Paris. Je n'ai employé l'ascendant que pouvaient me donner mon titre et ma place qu'à augmenter son attachement aux principes éternels de la liberté, de l'égalité, de la morale, base nécessaire de toute constitution vraiment républicaine. Aujourd'hui que la volonté du peuple n'admet d'autre culte public et national que celui de la sainte égalité, parce que le souverain le veut ainsi, je renonce à exercer mes fonctions de ministre du culte catholique. » Les vicaires de Gobel signèrent la même déclaration. Des acclamations unanimes saluèrent ce triomphe. Plusieurs déclarations écrites ou verbales de ce genre suivirent celle du clergé de Paris. Thomas Lindet, évêque d'Évreux, abdiqua en d'autres termes : « La morale que j'ai prêchée, dit-il, est celle de tous les temps. La cause de Dieu ne doit pas être une occasion de guerre entre les hommes. Chaque citoyen doit se regarder comme le prêtre de sa famille. La destruction des fêtes publiques creusera cependant un vide immense dans les habitudes de vos populations : mesurez ce vide, et remplacez ces fêtes par des fêtes purement nationales, qui servent de transition entre le règne de la superstition et celui de la raison. »

Les évêques Gayvernon et Lalande et plusieurs curés firent des déclarations de même nature. L'Assemblée applaudit comme dans la nuit du 4 août, où la noblesse abdiqua ses droits de caste. Au milieu de ces applaudissements, Grégoire, évêque constitutionnel de Blois, entre dans la salle. Il s'informe des causes de ces acclamations. On presse Grégoire d'imiter l'exemple de ses collègues; on le porte à la tribune. « Citoyens, dit-il, j'arrive, et je n'ai que des notions très-vagues sur ce qui se passe en ce moment. On me parle de sacrifices à la patrie? j'y suis habitué; d'attachement à la Révolution? mes preuves sont faites; de revenu attaché aux fonctions d'évêque? je l'abandonne sans regret. S'agit-il de religion, cet article est hors de votre domaine ; vous n'avez pas le droit de l'attaquer. Catholique par conviction et par sentiment, prêtre par choix, nommé évêque par le peuple, ce n'est ni de lui ni de vous que je tiens ma mission. On m'a tourmenté pour accepter le fardeau de l'épiscopat. On me tourmente aujourd'hui pour obtenir de moi une abdication qu'on ne m'arrachera pas. Agissant d'après les principes sacrés qui me sont chers et que je vous défie de me ravir, j'ai tâché de faire du bien dans mon diocèse; je reste évêque pour en faire encore. J'invoque la liberté des cultes ! »

Les murmures et les sourires de pitié accueillirent ce courageux acte de conscience. On accusa Grégoire de vouloir christianiser la liberté. Les huées des tribunes l'accompagnèrent à son banc. Cependant l'estime des hommes dont la philosophie remontait à Dieu le vengea de ces dédains. Robespierre et Danton lui donnèrent des marques d'approbation. Ils s'indignaient en secret des violences du parti d'Hébert contre la conscience. Mais le courant était trop fort pour le briser en ce moment. Il entraînait tout dans la proscription du catholicisme.

Sieyès sortit de son silence pour abdiquer, non ses fonctions, qu'il n'avait jamais exercées, mais son caractère de prêtre. Philosophe de tous les temps, il voulait confesser sa philosophie dans son triomphe, comme il l'avait confessée avant sa victoire sur le catholicisme : « Citoyens, dit-il, mes vœux appelaient depuis longtemps le triomphe de la raison sur la superstition et le fanatisme. Ce jour est arrivé, je m'en réjouis comme du plus grand bienfait de la république. J'ai vécu victime de la superstition, jamais je n'en ai été l'apôtre ni l'instrument. J'ai souffert de l'erreur des autres, personne n'a souffert de la mienne. Nul homme sur la terre ne peut dire avoir été trompé par moi. Beaucoup m'ont dû d'avoir ouvert les yeux à la lumière. Si j'ai été retenu dans les chaînes sacerdotales, c'est par la même force qui comprimait les âmes libres dans les chaînes royales. Le jour de la Révolution les a fait tomber toutes. Je n'ai point de lettres de prêtrise à vous offrir: depuis longtemps je les ai détruites. Mais je dépose l'indemnité qui m'était allouée en remplacement des anciennes dotations ecclésiastiques que je possédais. »

Chaumette s'écria que le jour où la raison reprenait son empire méritait une place à part dans les époques de la Révolution. Il demanda que le comité d'instruction publique donnât dans le nouveau calendrier une place au *jour de la raison.*

XXI

« Citoyens, dit le président de la Convention, parmi les droits naturels de l'homme nous avons placé la liberté de l'exercice des cultes. Sous cette garantie que nous vous devions, vous venez de vous élever à la hauteur où la philosophie vous attendait. Ne vous le dissimulez pas, ces hochets sacerdotaux insultaient à l'Être suprême : il ne veut de culte que celui de la raison. Ce sera désormais la religion nationale ! »

A ces mots le président embrasse l'évêque de Paris. Les prêtres de son cortége, coiffés du bonnet rouge, symbole d'affranchissement, sortent en triomphe de la salle, et se dispersent au bruit des acclamations de la foule dans les Tuileries. Cette abdication du catholicisme extérieur par les prêtres d'une nation entourée depuis tant de siècles de la puissance de ce culte est un des actes les plus caractéristiques de l'esprit de la Révolution. Si l'athéisme n'eût pas été le provocateur de ce dépouillement des sacerdoces salariés ; si la terreur n'avait pas fait violence à la foi ; si la liberté des cultes eût été proclamée par le président de la Convention comme une vérité dans la république, les religions échappaient de la main de l'État pour rentrer dans le domaine de la conscience individuelle et libre, l'ordre religieux de l'avenir était fondé. Mais quand la persécution proclame la liberté, quand la conscience est interrogée en face de l'instrument du supplice, la conscience n'est plus libre, et la liberté elle-même devient tyrannie. L'athéisme avait commandé cet acte, il s'en empara ; il en fit son triomphe scandaleux.

Chaumette, Hébert et leur faction encouragèrent de plus en plus, à partir de ce jour, les profanations et les dévastations des temples, la dispersion des fidèles, l'emprisonnement et le martyre des prêtres qui préféraient la mort à l'apostasie. Les adeptes de la commune voulaient extirper tout ce qui pouvait rappeler la religion et le culte du cœur et du sol de la France. Les cloches, cette voix sonore des temples chrétiens, furent fondues en monnaie ou en canons. Les châsses, les reliquaires, ces apothéoses populaires des apôtres et des saints du catholicisme, furent dépouillés de leurs ornements précieux et jetés à la voirie. Des directoires de département défendirent aux instituteurs de prononcer le nom de Dieu dans leur enseignement aux enfants du peuple. André Dumont, en mission dans les départements du Nord, écrivit à la Convention : « J'arrête les prêtres qui se permettent de célébrer les fêtes et le dimanche. Je fais disparaître les croix et les crucifix. Je suis dans l'ivresse. Partout on ferme les églises, on brûle les confessionnaux et les saints, on fait des *gargousses* de canon avec les livres de liturgie sacrée. Tous les citoyens crient : « Plus de prêtres ! l'Égalité et la Raison ! »

Dans la Vendée, les représentants Lequinio et Laignelot poursuivaient jusqu'aux marchands de cire qui fournissaient les cierges aux cérémonies du culte. « On se débaptise en foule, disaient-ils. Les prêtres brûlent leurs lettres de prêtrise. Le tableau des droits de l'homme remplace sur les autels les tabernacles des ridicules mystères. » A Nantes, des bûchers, dressés sur la place publique, brûlaient les statues, les images, les livres sacrés. Des députations de patriotes venaient à chaque séance de la Convention apporter en tribut les dépouilles des autels. Les villes et les villages voisins de Paris accouraient processionnellement apporter aussi à la Convention, sur des chariots, les reliquaires d'or, les mitres, les calices, les ciboires, les patènes, les chandeliers de leurs églises. Des drapeaux plantés dans ce monceau de dépouilles entassées pêle-mêle portaient pour inscription : *Destruction du fanatisme*. Le peuple se vengeait par des insultes de ce qu'il avait si longtemps adoré. Il confondait Dieu lui-même dans ses ressentiments contre son culte.

La commune voulut remplacer par d'autres spectacles les cérémonies de la religion. Le peuple y courut comme à toutes les nouveautés. La profanation des lieux saints, la parodie des mystères, l'éclat païen des rites, l'attiraient à ces pompes. Il croyait, après tant de siècles, balayer les *ténèbres* de ces voûtes et y faire entrer la lumière, la liberté et la raison. Mais toute sincérité manquait à ces fêtes, toute adoration à ces actes, toute âme à ces cérémonies. Les religions ne naissent pas, sur la place publique, à la voix des législateurs ou des démagogues. La religion de Chaumette et de la commune n'était qu'un opéra dérisoire transporté de la scène dans le tabernacle.

L'inauguration de ce culte eut lieu à la Convention le 9 novembre. Chaumette, accompagné des membres de la commune et escorté d'une foule immense, entra dans la salle aux sons de la musique et aux refrains des hymnes patriotiques. Il tenait par la main une des plus belles courtisanes de Paris. Un long voile bleu couvrait à demi l'idole. Un groupe de prostituées, ses compagnes, marchait sur ses pas. Des hommes de sédition les escortaient. Cette bande impure se répandit confusément dans l'enceinte, et envahit les bancs des députés. Laloi présidait. Chaumette s'avança vers lui, enleva le voile qui couvrait la courtisane, et fit rayonner la beauté aux regards de l'Assemblée. « Mortels, s'écrie-t-il, ne reconnaissez plus d'autre divinité que la Raison ; je viens vous offrir sa plus belle et sa plus pure image. » A ces mots, Chaumette s'incline et semble adorer. Le président, la Convention, le peuple, affectent d'imiter ce geste d'adoration. Une fête en l'honneur de la Raison est décrétée dans la cathédrale de Paris. Des chants et des danses saluèrent ce décret. Quelques membres de la Convention, Armonville, Drouet, Lecarpentier, se mêlèrent eux-mêmes à ces danses. Une grande partie de l'Assemblée se montra froide et dédaigneuse. Satisfaite d'avoir voté ces saturnales, elle les abandonnait au peuple et rougissait d'y participer. Robespierre, assis à côté de Saint-Just, simula la distraction et l'indifférence. Sa figure sévère ne se dérida pas. Il jeta un coup d'œil sur le désordre de la salle, prit des notes et s'entretint avec son voisin. L'avilissement de la Révolution lui semblait le plus grand des crimes. Il méditait déjà de le réprimer. Au moment où l'orgie populaire était le plus applaudie, il se leva, dans une indignation mal contenue, et se retira avec Saint-Just. Il ne voulait pas sanctionner par sa présence ces profanations. Le départ de Robespierre déconcerta Chaumette. Le président leva la séance, et rendit à la décence le temple des lois.

XXII

Le 20 décembre, jour fixé pour l'installation du nouveau culte, la commune, la Convention et les autorités de Paris se rendirent en corps à la cathédrale. Chaumette, assisté de Laïs, acteur de l'Opéra, avait ordonné le plan de la fête. Mademoiselle Maillard, actrice dans tout l'éclat de la jeunesse et du talent, naguère favorite de la reine, toujours adorée du public, avait été contrainte, par les menaces de Chaumette, à jouer le rôle de la divinité du peuple. Elle entra portée sur un palanquin dont le dais était formé de branches de chêne. Des femmes vêtues de blanc et ornées de ceintures tricolores la précédaient. Les sociétés populaires, les sociétés fraternelles de femmes, les comités révolutionnaires, les sections, des groupes de choristes, de chanteurs et de danseurs de l'Opéra entouraient le trône. Les pieds chaussés du cothurne théâtral, les cheveux décorés du bonnet phrygien, le corps à peine vêtu d'une tunique blanche que recouvrait une chlamyde flottante de couleur céleste, la prêtresse fut portée au son des instruments jusqu'au pied de l'autel. Elle s'assit à la place où l'adoration des fidèles cherchait naguère le pain mystique transformé en Dieu. Derrière elle une torche immense signifiait le flambeau de la philosophie destiné à éclairer seul désormais l'enceinte des temples. L'actrice alluma ce flambeau. Chaumette, recevant l'encensoir où brûlait le parfum des mains de deux acolytes, s'agenouilla et encensa. Une statue mutilée de la Vierge gisait à ses pieds. Chaumette apostropha ce marbre et le défia de reprendre sa place dans les respects du peuple. Des danses et des hymnes occupèrent les yeux et les sens des spectateurs. Aucune profanation ne manqua au vieux temple, dont les fondements se confondaient avec les fondements de la religion et de la monarchie. Forcé par la terreur d'être présent à cette fête, l'évêque Gobel assistait, dans une tribune, à la parodie des mystères qu'il célébrait trois jours auparavant sur ce même autel. Enchaîné par la peur, des larmes de honte coulaient des yeux de l'évêque. Le même culte se propagea par imitation dans toutes les églises des départements. La surface légère de la France plie à tous les vents de Paris. Seulement, au lieu de divinités empruntées aux théâtres, les représentants en mission contraignirent de chastes épouses et d'innocentes jeunes filles à s'étaler en spectacle à l'adoration du peuple. Plusieurs rachetèrent à ce prix la vie d'un mari ou d'un père. Le dévouement sanctifiait l'impiété à leurs yeux. Des maris patriotes prostituèrent leurs femmes aux regards. Momoro, membre de la commune et séide d'Hébert, conduisit lui-même le cortége de sa jeune et belle épouse à Saint-Sulpice. Cette femme, dont la pudeur et la piété égalaient la beauté ravissante, pleurait et s'évanouissait de honte sur l'autel. Une jeune fille de seize ans, fille d'un relieur de livres nommé Loiselet, livrée par son père à l'admiration du peuple, mourut de désespoir en dépouillant les parures et les fleurs de son rôle. Les familles cachaient la beauté de leurs filles ou de leurs femmes, pour les dérober aux scandales de ces adorations publiques.

XXIII

La dévastation des sanctuaires et la dispersion des reliques suivirent l'inauguration du culte allégorique de Chaumette. On brûla sur la place de Grève, lieu consacré aux supplices, les restes de sainte Geneviève, patronne populaire de Paris; on jeta les cendres au vent. On poursuivit jusque dans leurs sépulcres les traditions de la religion. On y avait poursuivi déjà les mémoires, les respects de la patrie. La mort même n'avait pas été un asile inviolable pour les restes des rois. Un décret de la Convention avait ordonné, en haine de la royauté, la destruction des tombeaux des rois à Saint-Denis. La commune, exagérant la mesure politique, avait changé ce décret en attentat contre la tombe, contre l'histoire et contre l'humanité. Elle avait ordonné l'exhumation des ossements, la spoliation des linceuls, l'enlèvement et la fonte des cercueils de plomb pour en faire des balles.

Cet ordre sacrilége fut exécuté par les commissaires de la commune avec toutes les circonstances et toutes les dérisions les plus propres à augmenter l'horreur d'un tel acte. Ce peuple, acharné sur ces tombes, semblait exhumer sa propre histoire et la jeter aux vents. La hache brisa les

portes de bronze, présent de Charlemagne à la basilique de
Saint-Denis. Grilles, toitures, statues, tout s'écroula en débris sous le marteau. On souleva les pierres, on viola les
caveaux, on enfonça les cercueils. Une curiosité moqueuse
scruta, sous les bandelettes et les linceuls, les corps embaumés, les chairs consumées, les ossements calcinés, les
crânes vides des rois, des reines, des princes, des ministres, des évêques dont les noms avaient retenti dans le
passé de la France. Pepin, le fondateur de la dynastie carlovingienne et le père de Charlemagne, n'était plus qu'une
pincée de cendre grisâtre qui s'envola au vent. Les têtes
mutilées des Turenne, des Duguesclin, des Louis XII, des
François Ier, roulaient sur le parvis. On marchait sur des
monceaux de sceptres, de couronnes, de crosses pastorales, d'attributs historiques ou religieux. Une immense
tranchée, dont les bords étaient recouverts de chaux vive
pour consumer les cadavres, était ouverte dans un des cimetières extérieurs, appelé le cimetière des Valois. Des
parfums brûlaient dans les souterrains pour purifier l'air.
On entendait après chaque coup de hache les acclamations
des fossoyeurs qui découvraient les restes d'un roi et qui
jouaient avec ses os.

Sous le chœur étaient ensevelis les princes et les princesses de la première race et quelques-uns de la troisième :
Hugues-Capet, Philippe le Hardi, Philippe le Bel. On les
dénuda de leurs lambeaux de soie et on les jeta dans un lit
de chaux.

Henri IV, embaumé avec l'art des Italiens, conservait sa
physionomie historique. Sa poitrine découverte montrait
encore les deux blessures par où sa vie avait coulé. Sa
barbe, parfumée et étalée en éventail comme dans ses

images, attestait le soin qu'il avait de son visage. Sa mémoire, chère au peuple, le protégea un moment contre la profanation. La foule défila en silence pendant deux jours devant ce cadavre encore populaire. Placé dans le chœur au pied de l'autel, il reçut mort les hommages respectueux des mutilateurs de la royauté. Javogues, représentant du peuple, s'indigna de cette superstition posthume. Il s'efforça de démontrer, en quelques mots, au peuple, que ce roi, brave et amoureux, avait été plutôt le séducteur que le serviteur de son peuple. « Il a trompé, dit Javogues, Dieu, ses maîtresses et son peuple; qu'il ne trompe pas la postérité et votre justice ! » On jeta le cadavre d'Henri IV dans la fosse commune.

Ses fils et ses petits-fils, Louis XIII et Louis XIV, l'y suivirent. Louis XIII n'était qu'une momie; Louis XIV, qu'une masse noire et informe d'aromates. Homme disparu, après sa mort, dans ses parfums, comme pendant sa vie dans son orgueil. Le caveau des Bourbons rendit ses sépultures : les reines, les dauphines, les princesses, furent emportées à brassées par les ouvriers et jetées avec leurs entrailles dans le gouffre. Louis XV sortit le dernier du tombeau. L'infection de son règne sembla sortir de son sépulcre. On fut obligé de brûler une masse de poudre pour dissiper l'odeur méphitique du cadavre de ce prince, dont les scandales avaient avili la royauté.

Dans le caveau des Charles, on trouva à côté de Charles V une main de justice et une couronne en or; des quenouilles et des bagues nuptiales dans le cercueil de Jeanne de Bourbon, sa femme.

Le caveau des Valois était vide. La juste haine du peuple y chercha en vain Louis XI. Ce roi s'était fait ensevelir dans un des sanctuaires de la Vierge, qu'il avait si souvent invoquée, même pour l'assister dans ses crimes.

Le corps de Turenne, mutilé par le boulet, fut vénéré par le peuple. On le déroba à l'inhumation. On le conserva neuf ans dans les greniers du Cabinet d'histoire naturelle, au Jardin des Plantes, parmi les restes empaillés des animaux. La tombe militaire des Invalides fut rendue à ce héros par la main d'un soldat comme lui. Duguesclin, Suger, Vendôme, héros, abbés, ministres de la monarchie, furent précipités pêle-mêle dans la terre qui confondait ces souvenirs de gloire avec les souvenirs de servitude.

Dagobert Ier et sa femme Nanthilde reposaient dans le même sépulcre depuis douze siècles. Au squelette de Nanthilde la tête manquait, comme au squelette de plusieurs reines. Le roi Jean ferma cette lugubre procession de morts. Les caveaux étaient vides. On s'aperçut qu'une dépouille manquait : c'était celle d'une jeune princesse, fille de Louis XV, qui avait fui dans un monastère les scandales du trône et qui était morte sous l'habit de carmélite. La vengeance de la Révolution alla chercher ce corps de vierge jusque dans le tombeau du cloître où elle avait fui les grandeurs. On apporta le cercueil à Saint-Denis pour lui faire subir le supplice de l'exhumation et de la voirie. Aucune dépouille ne fut épargnée. Rien de ce qui avait été royal ne fut jugé innocent. Ce brutal instinct révélait dans la Révolution le désir de répudier le long passé de la France. Elle aurait voulu déchirer toutes les pages de son histoire, pour tout dater de la république.

LIVRE CINQUANTE-TROISIÈME

La terreur dans les départements. — Carrier à Nantes. — Fusillades, noyades, mariages républicains. — Il est rappelé à Paris. — Joseph Lebon à Arras et à Cambrai. — Nombreuses exécutions. — Maignet dans le Midi. — Tallien à Bordeaux. — Madame de Fontenay (Thérésa Cabarrus). — Elle adoucit Tallien. — Robespierre le jeune à Vesoul.

I

Paris n'était pas seul en proie à ces dévastations et à cette rage. Les représentants de la Convention et les agents de la commune les promenaient sur toute la surface de la France. Carrier, à Nantes, s'efforçait de dépasser en supplices le nombre et la férocité des supplices de Collot-d'Herbois à Lyon. Carrier cherchait dans le martyrologe des premiers chrétiens et dans la dépravation de l'empire romain des supplices à rajeunir et des raffinements de mort à surpasser. Il inventait des tortures et des obscénités pour assaisonner à son imagination le sang dont il était assouvi. La Convention détournait les yeux. Nantes était un champ de carnage où elle permettait tout comme dans la fureur d'un combat. Le passage de la Loire par les Vendéens, l'insurrection des nobles, des prêtres et des paysans, la prétendue complicité des habitants de Nantes, avaient donné à Carrier un peuple entier à supplicier.

Cet homme n'était pas une opinion, mais un instinct dépravé. Il n'avait point d'idée, mais de la fureur. Le meurtre était sa seule philosophie, le sang sa seule sensualité. A toutes les époques de l'histoire il y a eu de ces hommes de carnage, tantôt sur le trône, tantôt dans le peuple, quelquefois même parmi les ministres des religions. Peu leur importe la cause pour laquelle ils tuent, pourvu qu'ils tuent. Le crime a sa part dans toutes les grandes émotions humaines. Ces hommes sont les représentants du crime de tous les partis. Carrier était né dans ces montagnes de l'Auvergne où les hommes sont forts, durs et âpres comme leur climat. Population isolée par sa race et par ses mœurs au milieu de la France, qui semble avoir dans ses fibres quelque chose du feu et du fer de ses mines et de ses volcans. Carrier, né dans un village, transporté à Aurillac dans l'étude d'un légiste, endurci par la pratique de cette chicane subalterne qui éteint le cœur et qui aigrit la parole des hommes de dispute, était devenu déclamateur et agitateur de son pays. On le choisit, à l'énergie des propos et à la férocité de l'âme, pour l'envoyer à la Convention. On croyait voir en lui un invincible soldat de la Révolution : ce n'était qu'un bourreau. Il avait alors plus de quarante ans. Sans talent à la tribune, il n'avait pas parlé, mais vociféré. Les mesures les plus extrêmes, et entre autres l'établissement du tribunal révolutionnaire, lui avaient arraché quelques phrases d'applaudissements. La Montagne l'avait cru propre à porter la terreur dans les provinces soulevées. On l'avait envoyé à Nantes pour animer l'armée républicaine de son patriotisme. Il avait été lâche au combat, cruel à la vengeance. Après la déroute de l'armée royaliste en décembre 1793, il avait établi à Nantes non son tribunal, mais sa boucherie. Plus de huit mille victimes avaient déjà été fusillées dans les entrepôts de prisonniers, de malades, de femmes et d'enfants que l'armée fugitive laissait sur sa trace. C'était peu pour Carrier. Il se présente, le sabre nu à la main, à la société populaire de Nantes; il harangue le club, il réprimande sa lenteur, il lui signale les négociants et les riches comme la pire espèce d'aristocrates, il demande cinq cents têtes de citoyens. Il écrit au général Haxo que l'intention de la Convention est de dépeupler et d'incendier le pays. Il forme, sous le nom de compagnie de Marat, une bande de stipendiés, soldés à dix francs par jour, pour être les gardes de sa personne et les exécuteurs de ses ordres. Il s'enferme, comme Tibère à Caprée, dans une maison de campagne d'un faubourg de Nantes, et se rend inaccessible pour accroître l'effroi par le mystère. Il ne se laisse approcher que par ses sicaires. Il choisit, parmi les hommes les plus abjects et les plus affamés de la lie de Nantes, les membres des comités révolutionnaires et de la commission militaire chargés de légaliser ses forfaits par une apparence de jugement. Impatient de leurs scrupules, il injurie ces hommes, il les menace de son sabre, il les frappe, il les brise, il les rétablit, il les brise de nouveau, et finit par n'avoir plus d'autre formalité que sa parôle et son geste. Un nommé Lambertye, créé par lui adjudant général, était son instrument. Lambertye portait ses ordres à la commission militaire, commandait les troupes, enrôlait les bourreaux, exécutait les meurtres en masse, partageait les dépouilles. Non content d'avoir fait fusiller sans jugement jusqu'à quatre-vingts victimes à la fois, Carrier donnait ordre au président de la commission militaire de livrer les prisons et les entrepôts à Lambertye pour y accomplir sans contrôle ses exécutions nocturnes. La compagnie de Marat et les détachements de troupes en garnison à Nantes, dirigés par Lambertye, vidèrent ainsi les prisons, pendant que les agents civils du proconsul les remplissaient par leurs délations.

II

La ville et le département n'étaient plus peuplés que de meurtriers et de victimes. Le pillage servait d'incitation au meurtre, le meurtre absolvait le pillage. Tout mouvement de vie avait cessé. Le commerce était supprimé, les négociants emprisonnés, les propriétés séquestrées. La résidence était un piége, la fuite un crime, la richesse une dénonciation. Tous les principaux citoyens, républicains ou royalistes, étaient entassés dans les cachots. Les limiers de Carrier et les satellites de Lambertye amenaient par troupeaux les suspects des villes et des campagnes voisines dans les entrepôts de Nantes. Un seul de ces entrepôts contenait quinze cents femmes et enfants sans lits, sans paille, sans feu, sans couvertures, plongés dans leur infection et abandonnés quelquefois deux jours sans nourriture. On ne vidait ces égouts humains que par des fusillades. Les citoyens ne rachetaient leur vie que par leur fortune; les femmes, par leur prostitution. Celles qui se refusaient à d'infâmes complaisances étaient envoyées, même enceintes, au supplice. Un grand nombre de femmes vendéennes, qui avaient suivi leurs maris au delà de la Loire et qu'on ramassait dans les campagnes, furent fusillées avec l'enfant qu'elles allaient mettre au monde. Les bourreaux appelaient cela frapper le royalisme dans son germe.

Sept cents prêtres subirent le martyre, les uns pour leur foi, les autres pour leur opinion, tous pour leur habit. Les simulacres de jugement étaient trop lents et trop multipliés aux yeux de Carrier. Ils risquaient d'user la complaisance ou d'émouvoir la pitié même de la commission militaire. Ce tribunal commençait à murmurer de sa propre servilité. Carrier appela les membres suspects auprès de lui, les accabla d'invectives, brandit son sabre nu devant leurs yeux, et leur demanda ou les têtes désignées ou leur propre tête. Ses bourreaux tremblaient ou s'indignaient en secret contre lui. Il sentit que son instrument de meurtre s'usait; il en inventa un nouveau.

Le parricide Néron noyant Agrippine dans une galère submergée, pour imputer son crime à la mer, fournit à un des séides de Carrier une idée qu'il adopta comme une providence du crime. La mort par le fer et par le feu faisait du bruit, versait du sang, laissait des cadavres à ensevelir et à compter. Le flot silencieux de la Loire était muet et ne compterait pas. Le fond de la mer saurait seul le nombre des victimes. Carrier fit venir des mariniers aussi impitoyables que lui. Il leur ordonna, sans trop de mystère, de percer de soupapes un certain nombre de barques pontées, de manière à les submerger à volonté avec leurs cargaisons vivantes dans les trajets sur le fleuve qu'il ordonnerait sous prétexte du transport des prisonniers d'un entrepôt à un autre. Un de ces mariniers lui demandait un ordre écrit : « Ne suis-je pas représentant? lui répondit Carrier. Ne dois-tu pas avoir confiance en moi pour les travaux que je te commande? Pas tant de mystère, ajouta-t-il; il faut jeter à l'eau ces cinquante prêtres quand tu seras au milieu du courant. »

III

Ces ordres s'exécutèrent d'abord secrètement et sous la couleur d'accidents de navigation. Mais bientôt ces exécutions navales, dont les flots de la Loire portaient le témoignage jusqu'à son embouchure, devinrent un spectacle pour Carrier et pour ses complaisants. Il acheta un navire de luxe, dont il fit présent à Lambertye, son complice, sous prétexte de surveiller les rives du fleuve. Ce navire, orné de toutes les délicatesses de meubles, pourvu de tous les vins et de tous les mets nécessaires aux festins, devint le théâtre le plus habituel de ces exécutions. Carrier s'y embarquait quelquefois lui-même avec ses exécuteurs et des courtisanes pour faire des promenades sur l'eau. Tandis qu'il se livrait sur le pont aux joies du vin et de l'amour, des victimes, enfouies dans la cale, voyaient, à un signal donné, s'ouvrir les soupapes et les flots de la Loire les ensevelir. Un gémissement étouffé annonçait à l'équipage que des centaines de vies venaient de s'exhaler sous ses pieds. Ils continuaient leur orgie sur ce sépulcre flottant.

Quelquefois Carrier, Lambertye et leurs complices se donnaient les cruelles voluptés du spectacle de l'agonie. Ils faisaient monter sur le pont des couples de victimes de sexe différent. Dépouillés de leurs vêtements, on les attachait, face à face, l'un à l'autre, un prêtre avec une religieuse, un jeune homme avec une jeune fille ; on les suspendait ainsi nus et entrelacés par une corde passée sous les aisselles à la poulie du bâtiment ; on jouissait, avec d'horribles sarcasmes, de cette parodie de l'hymen dans la mort; on les précipitait enfin dans le fleuve. On appelait ce jeu de cannibales les *mariages républicains*.

Les noyades de Nantes durèrent plusieurs mois. Des villages entiers périrent en masse dans des exécutions militaires, dont les auteurs et les exécuteurs eux-mêmes racontaient ainsi les carnages : « Nous avons vu les volontaires, conformément aux ordres de leur chef, se jeter les enfants de main en main, les faire voler de baïonnette en baïonnette, incendier les maisons, éventrer les femmes enceintes et brûler vivants les enfants de quatorze ans. » Ces égorgements ne satisfaisaient pas encore Carrier. La démence égarait sa raison, ses paroles, ses gestes : mais sa démence était encore sanguinaire. Les Nantais, témoins et victimes de ces fureurs, voyant la Convention muette, n'osaient accuser de folie des actes que les satellites de ce proconsul appelaient du patriotisme. Le plus léger murmure était imputé à crime. Carrier, ayant appris que des dénonciations secrètes étaient parties pour le comité de salut public, fit arrêter deux cents des principaux négociants de Nantes, les ensevelit dans les cachots et les fit ensuite traîner lentement, attachés deux à deux, jusqu'à Paris. Un jeune commissaire du comité d'instruction publique, fils d'un représentant nommé Julien, fut envoyé à Nantes par Robespierre pour éclairer les crimes de Carrier. Il informa Robespierre des excès dont Carrier déshonorait la terreur elle-même. Carrier fut rappelé dans les derniers jours de février 1794. Mais la Montagne n'osa ni le désavouer ni le flétrir. Ce fut une des lâchetés les plus justement reprochées à Robespierre que cette impunité de Carrier. Ne pas venger l'humanité de ces attentats, c'était se déclarer ou trop faible pour les punir, ou assez proscripteur pour les accepter.

IV

Joseph Lebon décimait, à Arras et à Cambrai, les départements du Nord et du Pas-de-Calais. Cet homme est un exemple du vertige qui saisit les têtes faibles dans les grandes oscillations d'opinion. Les temps ont leurs crimes comme les hommes. Le sang est contagieux comme l'air. La fièvre des révolutions a ses délires. Lebon en éprouva et en manifesta tous les accès pendant les courtes phases d'une vie de trente ans. Dans un temps calme, il eût laissé la réputation d'un homme de bien; dans des jours sinistres, il laissa le renom d'un proscripteur sans pitié.

Né à Arras, compatriote de Robespierre, Lebon était entré dans l'ordre de l'Oratoire, pépinière des hommes qui se destinaient à l'enseignement public. Rebuté de la règle de cet ordre, Lebon était curé de Vernois, près de Beaune, au commencement de la Révolution. Sa piété, la régularité de ses mœurs, faisaient de Lebon, à cette époque, le modèle des prêtres. Les doctrines philanthropiques de la Révolution se confondaient dans son cœur avec l'esprit de liberté, d'égalité et de charité du christianisme. Il crut voir le siècle rallumer le flambeau des vérités politiques au flambeau de la foi divine. Il se passionna de zèle et d'espérance pour cette religion du peuple qui lui paraissait si semblable à la religion du Christ. Sa foi même le suscita contre sa foi. Il se sépara de Rome pour s'unir à l'église constitutionnelle. Mais quand la philosophie répudia cette église schismatique, Lebon la répudia à son tour. Il se maria. Il revint dans sa patrie. Les gages qu'il avait donnés à la Révolution le firent élever aux emplois publics. L'ascendant de Robespierre et de Saint-Just à Arras le porta à la Convention. Le comité de salut public ne crut pas pouvoir confier à un homme plus sûr la mission de surveiller et de couper les trames contre-révolutionnaires de ces départements, voisins des frontières, asservis au clergé, travaillés par les conspirations de Dumouriez. Lebon s'y montra d'abord indulgent, patient, juste. Il amortit sa main pour comprimer, sans frapper, les ennemis de la Révolution et les suspects. Dénoncé par les Jacobins à cause de sa modération, le comité de salut public l'appela à Paris pour le réprimander de sa mollesse.

Soit que le ton de cette réprimande eût fait pénétrer dans l'âme de Lebon la terreur qu'on lui ordonnait de porter à Arras, soit que le feu de la fureur civique l'eût incendié, il revint un autre homme dans le Nord. Les prisons vides se remplirent à sa voix. Il nomma pour juges et pour jurés les plus féroces républicains des clubs. Il dicta les jugements. Il promena la guillotine de ville en ville. Il honora le bourreau comme le premier magistrat de la liberté. Il le fit manger publiquement à sa table, comme pour réhabiliter la mort. Nobles, prêtres, parents d'émigrés, bourgeois, cultivateurs, domestiques, femmes, vieillards, enfants qui n'avaient pas encore l'âge du crime, étrangers qui ne savaient pas lire même les lois de la patrie : il confondait tout dans les arrêts qu'il commandait à ses sicaires et dont il surveillait lui-même l'exécution. Le sang, dont il avait eu horreur, était devenu de l'eau à ses yeux. Il assistait, du haut d'un balcon de niveau avec la guillotine, aux supplices des condamnés. Il s'efforçait d'apprivoiser les regards mêmes de sa femme à la mort des ennemis du peuple. Il semblait se repentir de son ancienne humanité comme d'une faiblesse. Le seul crime, à ses yeux, était l'indulgence pour les contre-révolutionnaires et surtout pour les prêtres, les complices de sa première foi. Il faisait des entrées triomphales dans les villes, précédé de l'instrument du supplice et accompagné des juges, des délateurs et des bourreaux. Il insultait et destituait les autorités. Il les remplaçait par des dénonciateurs. Il faisait inscrire sur sa porte : « Ceux qui entreront ici pour solliciter la liberté des détenus n'en sortiront que pour marcher à leur place. » Il dépouillait les suspects de leurs biens, les femmes condamnées de leurs bijoux ; il confisquait ces legs du supplice au profit de la république. Il chassait des sociétés populaires les femmes que leur pudeur empêchait de prendre part aux danses patriotiques ordonnées sous peine d'emprisonnement. Il les faisait exposer sur une estrade aux interrogations et aux huées du peuple. Il fit élever ainsi sur ce siége d'infamie une jeune fille de dix-sept ans, sa cousine, qui avait refusé de danser dans ces chœurs civiques. Il l'insulta de sa propre voix, et la menaça de lui faire expier son refus dans les cachots. Il fouillait et frappait de sa propre main des jeunes filles et des femmes qui lisaient des livres aristocratiques. Il faisait condamner et guillotiner des familles entières et tomber vingt têtes à la fois. Il poursuivait la vengeance au delà du supplice.

Le marquis de Vielfort, arraché à sa demeure, où l'on avait trouvé une lettre d'un de ses neveux émigrés, était déjà sur l'échafaud. Lebon reçoit une lettre du comité de salut public qui lui annonçait une victoire des troupes de la république. Il ordonne au bourreau de suspendre le couteau. Il monte sur le balcon du théâtre, de plain-pied avec la guillotine. Il lit au peuple et au condamné le bulletin triomphal, pour ajouter au supplice du vieillard le supplice d'emporter la douleur des victoires de la république.

Une autre fois, il renouvela cette barbare prolongation de torture pour deux jeunes Anglaises qui allaient être suppliciées sous ses yeux. Il fit un long discours au peuple, lut les dépêches de l'armée, et, apostrophant les deux victimes : « Il faut, leur dit-il, que les aristocrates comme vous entendent à leurs derniers moments le triomphe de nos armées ! » Une des deux condamnées, madame Plunket, se tonrnant vers Lebon avec indignation : « Monstre, lui dit-elle, tu crois nous rendre ainsi la mort plus amère, détrompe-toi ! quoique femmes, nous mourrons courageusement ; et toi, tu mourras en lâche ! »

Lebon tremblait de ne pas atteindre encore ainsi la hauteur des pensées de la Convention. « Douceurs de l'amitié ! s'écriait-il en cherchant à se justifier à lui-même ces atrocités, sentiment délicieux de la nature ! spectacle enchanteur d'une famille naissante sous les auspices de l'amour le plus tendre et de l'union la plus parfaite !.je vous ajourne jusqu'à la paix. Le devoir, l'odieux devoir, rien que l'inflexible devoir, voilà ce qu'il faut que je me représente sans cesse. O ma femme ! ô mes enfants ! je suis perdu, je le sais bien, si la république est renversée; je m'expose, même si elle triomphe, à mille ressentiments particuliers ! » Dans cette perplexité, il écrivait au comité de salut public. Le comité répondait : « Continuez votre attitude révolutionnaire. Vos pouvoirs sont illimités. Prenez dans votre énergie toutes les mesures commandées par le salut de la chose publique. L'amnistie est un crime. Les forfaits ne se rachètent point contre une république, ils s'expient sous le glaive. Secouez le glaive et le flambeau sur les traîtres. Marchez toujours, citoyen collègue, sur cette ligne que vous décrivez avec énergie. Le comité applaudit à vos travaux. »

V

Dans le Midi, le proconsul Maignet, né comme Carrier dans les montagnes de l'Auvergne, cédait à l'entraînement sanguinaire des assassins d'Avignon. Il incendia, par ordre du comité de salut public, la petite ville de Bédouin, signalée comme un foyer de royalisme, après en avoir expulsé les habitants. Il provoqua la création d'une commission populaire à Orange, pour épurer le Midi. Dix mille victimes tombèrent bien moins sous la hache de la république que sous la vengeance de leurs ennemis personnels. Dans ce climat de feu, toutes les idées sont des passions, toutes les passions des crimes. Maignet, en écrivant à son collègue Couthon, mêlait des détails familiers et domestiques aux tableaux sinistres qu'il lui faisait de sa mission dans le département de Vaucluse : « J'ai plus de quinze mille citoyens dans les prisons, lui dit-il. Il faudrait faire une revue afin de prendre tous ceux qui doivent payer de leurs têtes leurs crimes ; et comme ce choix ne peut se faire que par le jugement, il faudrait tout envoyer à Paris. Tu vois les dangers, les dépenses, l'impossibilité d'un pareil voyage. D'ailleurs il faut épouvanter, et le coup n'est vraiment effrayant que quand il est porté sous les yeux de ceux qui ont vécu avec les coupables... Ton sucre, ton café, ton huile, ajoutait-il immédiatement, sont en route. Rappelle-moi au souvenir de ta chère femme. Un baiser pour moi à ton petit Hippolyte. »

VI

Le sang paraît plus rouge en contraste avec cette sensibilité de famille et ces détails domestiques. Le système que servaient ces hommes les avait dégradés jusqu'à l'impassibilité. Les crimes, au reste, appelaient les réactions dans ces départements. Royalistes, modérés, patriotes, tous se servaient des mêmes armes. Les opinions devenaient pour tous des haines personnelles et des assassinats. Des hommes masqués, s'étant introduits la nuit dans la maison de campagne d'un des principaux républicains d'Avignon, enchaînèrent ses domestiques, sa femme et ses filles, l'entraînèrent dans sa cave, et le fusillèrent sous les yeux de son jeune fils, qu'ils forcèrent à tenir la lampe pour éclairer leurs coups. Maignet saisit cette occasion de faire arrêter tous les parents d'émigrés, toutes les femmes soupçonnées d'attachement aux proscrits. Le Midi, comprimé par une colonie de Montagnards et par la commission révolutionnaire d'Orange, n'osait plus palpiter sous la main de la Convention.

A Bordeaux, sept cent cinquante têtes de fédéralistes avaient déjà roulé sous le fer de la guillotine. Le triumvirat d'Ysabeau, de Baudot et de Tallien pacifiait la Gironde : Ysabeau, ancien oratorien comme Fouché, homme de vigueur et non de carnage; Baudot, député de Saône-et-Loire, poussant la chaleur républicaine jusqu'à la fièvre, mais non jusqu'à la cruauté; Tallien, jeune, beau, enivré de son crédit, fier de l'amitié de Danton, tantôt terrible et tantôt indulgent, faisant espérer la vengeance aux uns, la pitié aux autres. Tallien croyait sentir en lui de grandes destinées. Il gouvernait Bordeaux en souverain d'une province conquise plutôt qu'en délégué d'une démocratie populaire. Il voulait se faire craindre et adorer tout à la fois. Fils d'un père nourri dans la domesticité d'une famille illustre, élevé lui-même par le patronage de cette famille, Tallien portait dans la république les goûts, les élégances, les orgueils et aussi les corruptions de l'aristocratie.

VII

Au moment où Tallien arrivait à Bordeaux, une jeune Espagnole d'une beauté éclatante, d'une âme tendre, d'une imagination passionnée, s'y trouvait retenue, dans sa route vers l'Espagne, par l'arrestation de son mari. Elle se nommait alors madame de Fontenay. Elle était fille du comte de Cabarrus; le comte de Cabarrus, Français d'origine établi en Espagne, était parvenu, par son génie pour les finances, aux plus hauts emplois de la monarchie sous le règne de Charles III. Sa fille avait à peine quinze ans. Née à Madrid d'une mère valencienne que Cabarrus avait enlevée, le feu du Midi, la langueur du Nord, la grâce de la France réunis dans sa personne, en faisaient la statue vivante de la beauté de tous les climats. C'était une de ces femmes dont les charmes sont des puissances, et dont la nature se sert, comme de Cléopâtre ou de Théodora, pour asservir ceux qui asservissent le monde, et pour tyranniser l'âme des tyrans. Les persécutions que son père avait subies à Madrid pour prix de ses services avaient appris dès l'enfance à la jeune Espagnole à détester le despotisme et à adorer la liberté. Française d'origine, elle l'était devenue de cœur par le patriotisme. La république lui apparaissait comme la Némésis des rois, la providence des peuples, la restauration de la nature et de la vérité.

Aux théâtres, aux revues, aux sociétés populaires, dans les fêtes et dans les cérémonies républicaines, le peuple de Bordeaux la voyait manifester son enthousiasme par sa présence, par son costume et par ses applaudissements. Il croyait voir en elle le génie féminin de la république.

Mais madame de Fontenay avait horreur du sang. Elle ne résistait pas à une larme. Elle croyait que la générosité était l'excuse de la puissance. Le besoin de conquérir une plus grande popularité pour la faire tourner au profit de la miséricorde la porta à paraître quelquefois dans les clubs et à y prendre la parole. Vêtue en amazone, ses cheveux couverts d'un chapeau à panache tricolore, elle y prononça plusieurs discours républicains. L'ivresse du peuple ressemblait à de l'amour.

Le nom de Tallien faisait trembler alors Bordeaux. On parlait du représentant du peuple comme d'un homme implacable. Elle se sentit assez courageuse pour le braver, assez séduisante pour l'attendrir. L'image des femmes antiques qui avaient dompté les proscripteurs pour leur arracher des victimes la tentait. L'ambition de dominer un des hommes qui dominaient en ce moment la république l'enivra.

Elle conquit le représentant du premier regard. Tallien, sous qui tout rampait, rampa à ses pieds. Elle prit dans son âme la place de la république. Il ne désira plus la puissance que pour la lui faire partager, la grandeur que pour l'élever avec lui, la gloire que pour l'en couvrir. Comme tous les hommes chez lesquels la passion va jusqu'au délire, il se glorifia de sa faiblesse. Il jouit de la publicité de ses amours. Il les étalait avec orgueil devant le peuple, avec insolence devant ses collègues. Pendant que les prisons regorgeaient de captifs, que les émissaires des représentants traquaient les suspects dans les campagnes, et que le sang coulait à flots sur l'échafaud, Tallien, ivre de sa passion pour *dona Theresa*, la promenait dans de splendides équipages, aux applaudissements de Bordeaux. Revêtue de légères draperies des statues grecques qui laissaient transpercer la beauté de ses formes, une pique dans une main, l'autre gracieusement appuyée sur l'épaule du proconsul, *dona Theresa* affectait l'attitude de la déesse de la liberté.

Mais elle jouissait davantage d'être en secret la divinité du pardon. Cette femme tenait dans sa main le cœur de celui qui tenait la vie et la mort, elle était suppliée et adorée comme la providence des persécutés. Les supplices ne frappèrent bientôt plus que les hommes signalés par le comité de salut public comme dangereux à la république. Les juges s'adoucissaient à l'exemple du représentant. L'amour d'une femme transformait la terreur, Bordeaux oubliait ses sept cents victimes. Le génie enthousiaste des Bordelais souriait à ce proconsulat oriental de Tallien. Robespierre s'en défiait, mais il n'insistait pas pour le rappeler à Paris. Il l'aimait mieux satrape à Bordeaux que conspirateur à la Convention. Il parlait de Tallien avec mépris : « Ces hommes, disait-il, ne sont bons qu'à rajeunir les vices. Ils inoculent au peuple les mauvaises mœurs de l'aristocratie. Mais patience, nous délivrerons le peuple de ses corrupteurs comme nous l'avons délivré de ses tyrans. »

VIII

Robespierre suivait de l'œil ces proconsuls. Au retour de Fouché de sa mission dans le Midi, il éclata en reproches contre les cruautés du conventionnel : « Croit-il donc, disait-il en parlant de Fouché, que le glaive de la république soit un sceptre, et qu'il ne se retourne pas contre ceux qui le tiennent? » Fouché fit de vaines tentatives pour se rapprocher de Robespierre. Robespierre envoya son frère en mission à Vesoul et à Besançon. Ce jeune homme ne se servit de la toute-puissance que lui donnait son nom que pour modérer ses collègues, réprimer les supplices, ouvrir les prisons. Après un discours de clémence prononcé à la société populaire de Vesoul, il rendit la liberté à huit cents détenus. Cette indulgence ne tarda pas à scandaliser son collègue Bernard de Saintes. Le jeune représentant poursuivit sa mission de clémence. Le président du club de Besançon, noble de naissance, lui ayant parlé un jour en séance de l'illustration de sa famille, appelée à de hautes destinées : « Les services que mon frère a rendus à la Révolution, répondit Robespierre le jeune, sont tout personnels. L'amour du peuple en a été le prix. Je n'ai rien à en revendiquer pour moi-même... Tu parles là, ajouta-t-il, la langue de l'aristocratie. Son temps n'est plus. Ne présides-tu pas cette société, toi qui es né d'un sang aristocratique et qui comptes un frère parmi les traîtres à la patrie ? Si le nom de mon frère me donnait ici un privilége, le nom du tien t'enverrait à la mort ! »

Entouré des parents des détenus, qui lui représentaient les injustices et les tyrannies de ses collègues, mais sans pouvoir hors des limites de la Haute-Saône, Robespierre le jeune leur promit de porter leurs plaintes à la Convention et de rapporter la justice. « Je reviendrai ici avec le rameau d'olivier, ou je mourrai pour vous, leur dit-il, car je vais défendre à la fois ma tête et celle de vos parents. » Ce jeune homme exalté recevait avec le respect d'un fils les oracles et les confidences de son frère. Fanatique des principes de la Révolution, mais rougissant de ses rigueurs et répugnant aux crimes, il portait sur ses traits l'empreinte affaiblie du caractère de Robespierre aîné. Son éloquence était monotone, froide, sans couleur et sans image. On voyait qu'il prenait ses inspirations dans un système plutôt que dans des sentiments. Une teinte mystique était répandue sur son extérieur et sur ses paroles. Il était accompagné, dans ses missions et jusque dans les sociétés populaires, par une jeune femme qui passait pour sa maîtresse, et que ses confidents disaient douée d'un don d'inspiration et de prophétie. Les républicains, lassés d'athéisme, songeaient déjà, dans leurs arrière-pensées, à transformer le principe démocratique en religion, et à diviniser la liberté.

LIVRE CINQUANTE-QUATRIÈME

Saint-Just et Lebas commissaires de la Convention aux armées. — Saint-Just réprime la terreur à Strasbourg. — Lettre intime de Lebas. — La puissance de Robespierre balancée par celle de Danton. — Chaumette et Hébert. — *Le Père Duchesne*. — Clubs de femmes. — Les *tricoteuses* de Robespierre. — La *Société fraternelle*. — La *Société révolutionnaire*. — Rose Lacombe. — Les clubs de femmes fermés par décret de la Convention. — Faction d'Hébert. — *Le Père Duchesne* et *le Vieux Cordelier*. — Camille Desmoulins. — Origine du *Vieux Cordelier*. — Robespierre défend la liberté religieuse aux Jacobins. — Épurations aux Jacobins. — Danton rend compte de ses actions. — Robespierre le défend en le protégeant. — Il attaque Anacharsis Klootz. — Il excuse Camille Desmoulins. — Rapport de Robespierre à la Convention. — Danton deviné par Robespierre. — Fragment du *Vieux Cordelier*. — Tentative de rapprochement entre Hébert et Robespierre. — Proposition d'un triumvirat repoussée. — Politique du comité de salut public. — Danton s'y trompe. — Doctrines professées par Robespierre à la Convention. — Tentative d'insurrection d'Hébert. — — Elle avorte. — Rapport de Saint-Just à la Convention. — Hébert et ses complices sont arrêtés. — Ils sont mis à mort. — Amis de Danton emprisonnés.

I

Pendant les premiers mois de 1794, Saint-Just et Lebas, tantôt réunis, tantôt séparés, tous deux confidents intimes de Robespierre, coururent de l'armée du Nord à l'armée du Rhin, de Lille à Strasbourg, pour réorganiser les armées, surveiller les généraux, activer ou modérer l'esprit public dans les départements menacés. Saint-Just portait non-seulement dans les tribunaux le nerf d'une volonté inflexible, mais il portait sur le champ de bataille l'élan de sa jeunesse et l'exemple d'une intrépidité qui étonnait le soldat. Il ne ménageait pas plus son sang que sa renommée. « Saint-Just, disait son collègue Baudot à son retour des armées, ceint de l'écharpe du représentant, et le chapeau ombragé du panache tricolore, charge à la tête des escadrons républicains, et se jette dans la mêlée, au milieu de la mitraille et de l'arme blanche, avec l'insouciance et la fougue d'un hussard. »

Le jeune représentant eut plusieurs chevaux tués sous lui. Il ne s'arrachait à l'enivrement de la guerre que pour se condamner aux veilles et aux travaux assidus de l'organisateur. Il ne se permettait aucun des délassements dont sa jeunesse aurait pu le rendre avide. Il semblait ne connaître d'autre volupté que le triomphe de sa cause. Ce proconsul de vingt-quatre ans, maître de la vie de milliers de citoyens et de la fortune de tant de familles, qui voyait à ses pieds les femmes et les filles des détenus, montrait l'austérité de Scipion. Il écrivait au milieu du camp, à la sœur de Lebas, des lettres où respirait un chaste attachement. Terrible au combat, impitoyable au conseil, il respectait en lui la Révolution, comme un dogme dont il ne lui était permis de rien sacrifier à des sentiments humains. Également implacable envers ceux qui souillaient la république et envers ceux qui la trahissaient, il envoya à la guillotine le président du tribunal révolutionnaire de Strasbourg, qui avait imité et égalé en Alsace les férocités de

Lebon. La mission de Saint-Just à Strasbourg sauva des milliers de têtes. Dégoûté de la terreur en la contemplant de près, il écrivait à Robespierre: « L'usage de la terreur a blasé le crime, comme les liqueurs fortes blasent le palais. Sans doute il n'est pas temps encore de faire le bien; le bien particulier que l'on fait n'est qu'un palliatif. Il faut attendre un mal général assez grand pour que l'opinion éprouve une réaction. La Révolution doit s'arrêter à la perfection du bonheur et de la liberté publique par les lois. Ses convulsions n'ont pas d'autre objet et doivent renverser tout ce qui s'y oppose. — On parle de la hauteur de la Révolution, écrit-il ailleurs dans une note de ses Méditations intimes. Qui la fixera? Elle est mobile. Il y eut des peuples qui tombèrent de plus haut. »

11

Lebas, son ami et presque partout son collègue, avait été le condisciple de Robespierre. Il s'était dévoué, par un double culte, à ses principes comme révolutionnaire, à sa personne comme ami. Né à Frévent, dans les environs d'Arras, patrie de Robespierre, des talents oratoires signalés dans des causes populaires avaient porté Lebas à la Convention. Il y suivait la pensée de Robespierre comme l'étoile fixe de ses opinions. Probe, modeste, silencieux, sans autre ambition que celle de servir les idées de son maître, il croyait à sa vertu comme à son infaillibilité. Il avait remis sa conscience et ses votes dans ses mains. Des rapports de familiarité et presque de parenté augmentaient encore l'intimité des opinions. Lebas, introduit par Robespierre dans la maison de Duplay, était devenu le commensal de cette famille. Il avait épousé la plus jeune des filles de Duplay. La main qui tirait le sabre à la tête de nos bataillons et qui signait l'emprisonnement ou la liberté de tant de proscrits écrivait à cette femme, rêvant le bonheur domestique sous le même toit où Robespierre rêvait ses théories souillées de sang : « Quand pourrai-je mettre le sceau à une union à laquelle j'attache le bonheur de ma vie ? Oh ! qu'il sera doux le moment où je te reverrai ! Que de cruels sacrifices la patrie me demande par ces absences ! Mais les choses vont si mal ! Il faut ici des députés vraiment patriotes. Hier je fis arrêter deux généraux. En rendant à Paris tous les services dont je suis capable, je jouirais du bonheur d'être près de toi ! Nous serions unis maintenant ! Dis à Robespierre que ma santé ne peut se prêter longtemps au rude métier que je fais ici. Pardonne-moi la brièveté de mes lettres. Il est une heure du matin ; je rentre accablé de fatigue, je vais dormir en rêvant à toi... Quand notre voiture nous emporte et que mon collègue Duquesnoy, épuisé de fatigue, cesse de parler ou s'endort, moi je songe à toi. Toute autre idée, quand je puis arracher ma pensée aux affaires politiques, m'est importune. Maintenant que ma présence n'est plus aussi nécessaire, Couthon n'aura-t-il pas assez d'égards pour son jeune collègue ? Robespierre ne considérera-t-il pas que j'ai assez fait pour abréger le terme de mon sacrifice ? Occupe-toi, chère Élisabeth, de l'arrangement de notre future demeure... J'ai écrit hier à la hâte à Robespierre. Je suis content de Saint-Just. Il a des talents et d'excellentes qualités. Embrasse toute la famille, et Robespierre est du nombre. Saint-Just est aussi impatient que moi de revoir Paris : tu sais pourquoi... Nous sommes allés ce matin, Saint-Just et moi, visiter une de ces plus hautes montagnes au sommet de laquelle est un vieux fort ruiné, placé sur un rocher à pic. Là, nous éprouvâmes tous les deux, en promenant nos regards sur les alentours, un sentiment délicieux. C'est le seul jour où nous ayons eu un moment de repos. J'aurais voulu être à côté de toi, pour partager avec toi l'émotion que je ressentais, et tu es à cent lieues... Nous ne cessons, Saint-Just et moi, de prendre les mesures nécessaires au triomphe de nos armées. Nous courons nuit et jour et nous exerçons la plus infatigable surveillance. Au moment où il s'y attend le moins, tel général nous voit arriver et lui demander compte de sa conduite. Je suis heureux que tu n'aies point de prévention contre Saint-Just. Je lui ai promis un repas de ta main. C'est un excellent homme. Je l'aime et je l'estime tous les jours davantage. La république n'a pas de plus ardent et de plus intelligent défenseur. L'accord le plus parfait règne entre nous. Ce qui me le rend encore plus cher, c'est qu'il me parle souvent de toi, et qu'il me console autant qu'il peut. Il attache, à ce qu'il me semble, un grand prix à notre amitié. Il me dit de temps en temps des choses d'un bien bon cœur. Je vais écrire à Henriette. Je présume que vous vous aimez toujours bien. »

Henriette était la sœur de Lebas, aimée de Saint-Just. L'attachement que Saint-Just témoignait à Lebas était un reflet de celui qu'il éprouvait pour la sœur de son collègue. Mais cette jeune fille, qui lui rendait au commencement le sentiment qu'il ressentait pour elle, ayant hésité ensuite à lui donner sa main, Saint-Just attribua à Lebas cet éloignement. Il se refroidit pour son collègue. Ces deux conventionnels restèrent néanmoins l'un et l'autre attachés à Robespierre. Cette circonstance, dit-on, fut, quelques mois plus tard, le motif de l'absence de Saint-Just du comité de salut public; absence qui affaiblit le parti de Robespierre, et qui causa sa chute et sa mort. Une inclination de cœur contrariée fut pour quelque chose dans l'événement qui entraîna Robespierre et la république.

III

Ces détails intérieurs attestent la simplicité des passions et des intérêts qui s'agitaient autour du maître de la république. Robespierre le jeune, Saint-Just, Couthon, l'Italien Buonarotti, Lebas, quelques jeunes filles naïves dans leur patriotisme, quelques artisans pauvres et probes, quelques sectaires fanatisés par les doctrines démocratiques, étaient toute la cour de Robespierre. La maison d'un ouvrier continuait à être son palais. C'était l'école d'un philosophe au lieu de l'entourage d'un dictateur. Mais ce philosophe avait le peuple indocile pour disciple, et ce peuple avait le glaive à la main. Robespierre lui-même, à cette époque, ne se sentait pas la force d'imposer ses volontés à la Convention. Danton vivait et pouvait le balancer sur la Montagne. Hébert, Pache, Chaumette, Vincent, Ronsin, le bravaient à la commune. Le comité de salut public n'était pas dans sa main. Le tribunal révolutionnaire était un instrument docile à tous les partis. La populace de Paris déchaînée intimidait le véritable peuple. La lie débordait. La liberté était le scandale des républicains eux-mêmes. Ce n'était pas le règne, mais les saturnales de la république.

Hébert et Chaumette fomentaient tous les jours davantage ces excès : l'un dans ses feuilles du *Père Duchesne*, l'autre dans ses discours. Philosophes de l'école de Diderot, ces deux hommes remuaient la crapule du cœur humain. Ils professaient l'athéisme. Le perpétuel dialogue qu'ils entretenaient avec le peuple était assaisonné de jurements et de ces mots impurs qui sont à la langue des hommes ce que les immondices sont à la vue et à l'odorat. Ils infectaient le vocabulaire de la liberté. Le cynisme et la férocité se comprennent. La férocité est le cynisme du cœur. Le bas peuple était fier de voir élever sa trivialité à la dignité de langue politique. Ce travestissement le faisait rire comme la mascarade des mots. La langue avait perdu sa pudeur. Ses nudités ne la faisaient plus rougir. Elle s'en parait comme une prostituée.

IV

Les femmes du peuple avaient été les premières à applaudir au dévergondage d'Hébert. Mirabeau les avait suscitées d'un mot prononcé à Versailles, la veille des journées des 5 et 6 octobre. « Si les femmes ne s'en mêlent, avait-il dit à demi-voix aux émissaires de l'insurrection parisienne, il n'y aura rien de fait. » Il savait que la fureur des femmes, une fois enflammée, s'élève à des excès et à des profanations qui dépassent l'audace des hommes. L'inspiration antique, cette fureur sacrée, bouillonnait surtout dans les sibylles. Les démagogues savaient de plus que les baïonnettes s'émoussent devant des poitrines de femmes, et que ce sont des mains sans armes qui désarment le mieux les soldats. Les femmes de Paris, accourues à la tête des bandes de la capitale, avaient en effet violé les premières le palais du roi, brandi le poignard sur le lit de la reine, et rapporté à Paris, au bout de leurs piques, les têtes des gardes du corps massacrés. Théroigne de Méricourt et ses bandes avaient marché à l'assaut des Tuileries le 20 juin et le 10 août. Terribles pendant le combat, cruelles après la victoire, elles avaient assassiné les vaincus, mutilé les cadavres, égoutté le sang. La Révolution, ses agitations, ses journées, ses jugements, ses supplices, étaient devenus pour ces mégères un spectacle aussi nécessaire que les combats de gladiateurs l'étaient aux patriciennes corrompues de Rome. Honteuses d'être exclues des clubs d'hommes, ces femmes avaient fondé d'abord, sous le nom de *sociétés fraternelles*, puis sous celui de *sociétés de femmes républicaines et révolutionnaires*, des clubs de leur sexe. Il y avait, à côté du lieu de leur réunion, jusqu'à des clubs d'enfants de douze à quinze ans, appelés les *Enfants rouges*, baptême de sang sur la tête de ces précoces républicains. Ces sociétés de femmes avaient des orateurs. La commune de Paris, sur le rapport de Chaumette, avait décrété que ces héroïnes des grandes journées de la Révolution auraient une place d'honneur dans les cérémonies civiques, qu'elles seraient précédées d'une bannière portant pour inscription : *Elles ont balayé les tyrans devant elles!* « Elles assisteront aux fêtes nationales, disait l'arrêté de la commune, avec leurs maris et leurs enfants, et elles y tricoteront. » De là vint ce nom de *tricoteuses de Robespierre*, nom qui flétrit ce signe du travail des mains et du foyer domestique. Chaque jour, des détachements de ces mercenaires, soldés par la commune, se distribuaient aux abords du tribunal, sur la route des charrettes et sur les marches de la guillotine, pour applaudir la mort, insulter les victimes et rassasier leurs yeux de sang. L'antiquité avait des pleureuses à gages, la commune avait des *furies* stipendiées.

V

La *Société fraternelle* de femmes tenait ses séances dans une salle attenante à la salle des Jacobins. Cette réunion était composée de femmes lettrées qui discutaient avec plus de décence les questions sociales analogues à leur sexe, telles que le mariage, la maternité, l'éducation des enfants, les institutions de secours et de soulagements à l'humanité. Elles étaient les philosophes de leur sexe. Robespierre était leur oracle et leur idole. Le caractère utopique et vague de ses institutions était conforme au génie des femmes, plus propre à rêver le bonheur social qu'à formuler le mécanisme des sociétés.

La *Société révolutionnaire* siégeait à Saint-Eustache. Elle était composée de femmes perdues, aventurières de leur sexe, recrutées dans le vice, ou dans les réduits de la misère, ou dans les cabanons de la démence. Le scandale de leurs séances, le tumulte de leurs motions, la bizarrerie de leur éloquence, l'audace de leurs pétitions, importunaient le comité de salut public. Ces femmes venaient dicter des lois sous prétexte de donner des conseils à la Convention. Il était évident que leurs actes leur étaient soufflés par les agitateurs de la commune et des Cordeliers. Elles étaient l'avant-garde d'un nouveau 31 mai. Particulièrement affiliées au club des Cordeliers, abandonné, depuis l'éclipse de Danton, aux plus effrénés démagogues, elles calquaient leurs doctrines agraires sur le club des *Enragés*. Ces trois clubs étaient à la commune ce que les Jacobins étaient à la Convention : tantôt son fouet, tantôt son glaive. Hébert était leur Robespierre; Chaumette était leur Danton.

VI

Une femme jeune, belle, éloquente, si l'on peut donner ce nom à l'inspiration désordonnée de l'âme, présidait ce dernier club. Elle se nommait Rose Lacombe. Fille sans mère, née du hasard dans les coulisses des théâtres de province, elle avait grandi sur les tréteaux subalternes. La vie pour elle n'avait été qu'un mauvais rôle; la parole, qu'une perpétuelle déclamation. Nature mobile et turbulente, l'enthousiasme révolutionnaire l'avait facilement emportée dans son tourbillon. Remarquée, admirée, applaudie dans les premières agitations de Paris, cette grande scène du peuple l'avait dégoûtée de toute autre scène. Comme Collot-d'Herbois, elle avait passé de plain-pied du théâtre à la tribune. Elle portait comme lui, dans les tragédies réelles de la république, les accents et les gestes de son premier métier. Le peuple aime naturellement ces natures déclamatoires. Le gigantesque lui paraît sublime. Plus sensible au bruit qu'à la vérité, ce qui contrefait la nature lui semble la surpasser.

Les femmes du *club révolutionnaire* étaient fières de cette femme qui parlait comme un homme, qui gesticulait comme une actrice et qui éblouissait de beauté. C'était la Pythie des faubourgs. Les créatures perdues qui hantaient ces clubs se glorifiaient d'avoir à leur tête un être que le vice avait marqué de bonne heure du même sceau qu'elles. Une femme pure les aurait humiliées. Rose Lacombe leur paraissait réhabiliter leur profession par l'excès du républicanisme. Elle avait un ascendant tout-puissant sur la commune. Elle gourmandait les députés. Bazire, Chabot, pliaient devant elle. Robespierre seul, parmi les maîtres de l'opinion, lui interdisait sa porte. Elle se faisait ouvrir les prisons; elle dénonçait ou elle absolvait; elle obtenait des emprisonnements ou des grâces. Facilement fléchie par les larmes, elle intercédait souvent pour les accusés.

L'amour l'avait surprise elle-même dans un de ces cachots qu'elle visitait. Frappée de la beauté d'un jeune détenu, neveu du maire de Toulouse et emprisonné avec son oncle, Rose Lacombe avait tout tenté pour sauver son protégé. Elle injuria la Convention. Bazire et Chabot la dénoncèrent aux Cordeliers comme une intrigante qui voulait corrompre le patriotisme. « Elle est dangereuse parce qu'elle est éloquente et belle, dit Bazire. — Elle m'a menacé, si je ne faisais pas mettre en liberté le maire de Toulouse, dit Chabot. Elle m'a avoué que ce n'était pas ce magistrat, mais son neveu qui intéressait son cœur. Moi, qu'on accuse de me laisser dompter par les femmes, j'ai résisté. C'est parce que j'aime les femmes que je ne veux pas qu'elles corrompent et calomnient la vertu! Elles ont osé attaquer jusqu'à Robespierre. » A ces mots, Rose Lacombe se lève dans les tribunes et demande à répondre. Le club s'agite. Les spectateurs se partagent. Les uns veulent qu'elle soit entendue, les autres demandent son expulsion. Le président se couvre. Le club décide qu'il sera fait une adresse au comité de sûreté générale pour demander l'épuration de la Société des femmes révolutionnaires. La Convention n'osa pas encore les dissoudre.

VII

Robespierre s'indigna tout haut de ces orgies d'opinion, où, sous prétexte d'animer le patriotisme, on pervertissait la nature. Chaumette redoutait la colère de Robespierre. Il voulut la conjurer. Il prépara une scène théâtrale, dans laquelle il affecterait l'austérité du tribun des mœurs contre les excès qu'il avait lui-même provoqués. Vers la fin de janvier, une colonne de femmes révolutionnaires recrutées et guidées par Rose Lacombe, coiffées de bonnets rouges et étalant les nudités du costume, força l'entrée du conseil de la commune, et troubla la séance par ses pétitions et par ses cris. Des murmures d'indignation concertés d'avance s'élevèrent dans le sein de l'Assemblée. « Citoyens, s'écria Chaumette, vous faites un grand acte de raison par ces murmures. L'entrée de l'enceinte où délibèrent les magistrats du peuple doit être interdite à ceux qui outragent la nation. — Non, dit un membre du conseil, la loi permet aux femmes d'entrer. — Qu'on lise la loi, reprend Chaumette. La loi ordonne de respecter les mœurs et de les faire respecter. Or, ici je les vois méprisées. Et depuis quand est-il permis aux femmes d'abjurer leur sexe, d'abandonner les soins pieux du ménage, le berceau de leurs enfants, pour venir sur la place publique, dans la tribune aux harangues, à la barre du sénat, dans les rangs de nos armées, usurper des droits que la nature a départis à l'homme? A qui donc la nature a-t-elle confié les soins domestiques? Nous a-t-elle donné des mamelles pour allaiter nos enfants? A-t-elle assoupli nos muscles pour nous rendre propres aux occupations de la maison et du ménage? Non : elle a dit à l'homme : « Sois homme, » et à la femme : « Sois femme, et tu seras la divinité du » sanctuaire intérieur! » Femmes imprudentes, qui voulez devenir hommes! n'êtes-vous pas assez bien partagées? Vous dominez sur tous nos sens! Votre despotisme est celui de l'amour, et par conséquent celui de la nature. » A ces mots, les femmes enlèvent de leur front le bonnet rouge.

« Rappelez-vous, continue Chaumette, ces femmes perverses qui ont excité tant de troubles dans la république ; cette femme hautaine d'un époux perfide, la citoyenne Roland, qui se crut capable de gouverner la nation et qui courut à sa perte ; cette femme homme, l'impudente Olympe de Gouges, qui fonda la première des sociétés de femmes et marcha à la mort pour ses crimes. Les femmes ne sont quelque chose que quand les hommes ne sont rien : témoin Jeanne d'Arc, qui ne fut grande que parce que Charles VII était moins qu'un homme ! »

Les femmes se retirèrent, en apparence convaincues par l'allocution de Chaumette. Rose Lacombe n'en continua pas moins, à l'instigation d'Hébert, à agiter la lie de son sexe. Des groupes de femmes vêtues de pantalons rouges et les cheveux décorés de cocardes insultèrent et fustigèrent, dans les lieux publics, d'innocentes jeunes filles surprises par elles sans les signes extérieurs du patriotisme.

Amar, provoqué par Robespierre, prit la parole à ce sujet à la Convention. « Je vous dénonce, dit-il, un rassemblement de plus de six mille femmes soi-disant Jacobines et membres d'une prétendue Société révolutionnaire. La nature, par la différence de force et de conformation, leur a donné d'autres devoirs. La pudeur, qui leur interdit la publicité, leur fait une loi de rester dans l'intérieur de la famille. » La Convention enfin adopta ces principes, et ferma les clubs de femmes. Rose Lacombe rentra dans l'obscurité et dans l'écume d'où la passion révolutionnaire l'avait un moment soulevée. Hébert et son parti furent désarmés de ces bandes, qu'ils exerçaient à des rassemblements d'abord suppliants, puis impérieux contre la Convention.

VIII

Le parti d'Hébert à la commune aspirait ouvertement à continuer et à dépasser le parti de Marat. Il commençait à inquiéter le comité de salut public, et à lasser Robespierre et Danton. Hébert, maître de la commune par Pache, par Payan, par Chaumette; maître du peuple par les chefs subalternes des émeutes; maître de l'armée révolutionnaire par Ronsin; maître du club des Cordeliers par ses orateurs nouveaux, au nombre desquels se signalait le jeune Vincent, secrétaire général du ministère de la guerre; maître enfin des soulèvements les plus tumultueux de la multitude par son journal *le Père Duchesne,* dans lequel il soufflait le feu d'une perpétuelle sédition, Hébert attaquait timidement Robespierre, ouvertement Danton. Ces deux grandes popularités sapées, Hébert comptait imposer facilement à la Convention sa démagogie. L'idéal de ce parti n'était ni la liberté ni la patrie : c'était la subversion totale de toutes les idées, de toutes les religions, de toutes les pudeurs, de toutes les institutions sur lesquelles l'ordre social avait été fondé jusque-là ; la tyrannie absolue et sanguinaire du seul peuple de Paris sur le reste de la nation; la décapitation en masse de toutes les classes nobles, riches, lettrées, morales, qui avaient dominé par les rangs, les lumières et les préjugés; la suppression de la représentation nationale; enfin l'établissement pour tout gouvernement d'une dictature absolue comme le peuple et irresponsable comme le destin.

Chacun des principaux membres de cette faction, Hébert, Chaumette, Vincent, Momoro, Ronsin, s'arrogeait, dans sa pensée, cette magistrature suprême. En attendant, elle était dévolue au maire Pache, caractère abstrait, mystérieux, taciturne, dont l'extérieur avait une analogie terrible avec la toute-puissance vengeresse, implacable et muette qu'il s'agissait de personnifier en lui.

La soif insatiable de sang qui depuis cinq mois ne s'assouvissait pas de supplices, les émeutes incessantes contre les riches et les négociants, les cris contre les accapareurs, les folies du maximum commandées à la Convention, les démolitions, les exhumations, les violations des sépultures, les apostasies imposées à Gobel et à son clergé sous peine de mort, la proscription de cent mille prêtres poursuivis, incarcérés, martyrisés pour leur foi, la profanation des églises, les parodies des cultes, les proclamations d'athéisme, les honneurs rendus à l'immoralité, enfin le catéchisme crapuleux et sanguinaire dont le *Père Duchesne* jetait, chaque matin, les feuilles au peuple, étaient les symptômes qui révélaient à Robespierre et à Danton les plans ou les délires de cette faction. Mais, couverte par la commune, cette faction pouvait tout braver. Danton, presque toujours retiré dans une maison de campagne qu'il venait d'acheter à Sèvres, abandonnait la tribune des Cordeliers à ses ennemis et sa popularité à elle-même. Il ne paraissait plus que rarement aux Jacobins; non plus comme autrefois pour tout écraser ou pour tout entraîner, mais pour se justifier et pour se plaindre. Entouré d'une petite cour d'hommes suspects que sa fortune avait attachés à lui;

il semblait épier, dans l'inaction, une défaillance du gouvernement pour s'en emparer. Il affectait une grande insouciance du pouvoir, un grand dédain des partis. Le triumvirat subalterne d'Hébert, de Chaumette et de Ronsin lui paraissait trop imperceptible pour mériter un de ses regards. D'ailleurs, il voyait avec une secrète joie dans ce triumvirat un moyen de contre-balancer au besoin la fortune toujours ascendante de Robespierre. Danton se bornait donc à se défendre des morsures d'Hébert et de sa meute, qui ne cessaient de vociférer contre lui.

Cet acharnement impolitique du parti d'Hébert contre Danton, au moment où ce parti voulait dépopulariser Robespierre et dompter le comité de salut public, avait sa source dans une rivalité de journalistes entre Hébert et Camille Desmoulins. Le *Père Duchesne,* descendu plus bas dans la boue que son rival, ne cessait d'éclabousser Camille Desmoulins. Celui-ci répondait à Hébert par des pamphlets où l'injure était gravée au fer rouge sur le front de ses ennemis.

IX

Muet depuis la mort des Girondins, Camille Desmoulins venait de reprendre la plume et de publier quelques feuilles, dignes à la fois de Tacite et d'Aristophane, contre les excès de la terreur et contre les doctrines d'Hébert. Il essayait de prendre le crime en ridicule, mais la mort ne rit pas. La publication de ces feuilles détachées avait été à la fois, comme tous les actes de Camille Desmoulins, une boutade de colère et une caresse secrète à deux grandes popularités. En voici l'origine.

Un des premiers soirs du mois de décembre, Danton, Souberbielle, juré du tribunal révolutionnaire, et Camille Desmoulins sortirent ensemble du palais de justice. La journée avait été sanglante. Quinze têtes avaient roulé le matin sur la place de la Révolution ; vingt-sept avaient été jugées à mort dans la séance, et dans ce nombre les têtes les plus hautes de l'ancienne magistrature de Paris. Ces trois hommes, le front abattu, le cœur serré par les impressions sinistres du spectacle qu'ils venaient d'avoir sous les yeux, marchaient en silence. La nuit, qui donne de la force aux réflexions et qui laisse échapper les secrets de l'âme, était sombre et froide. Arrivé sur le Pont-Neuf, Danton, se tournant soudainement vers Souberbielle : « Sais-tu bien, lui dit-il, que du train dont on y va il n'y aura bientôt plus de sûreté pour personne ? Les meilleurs patriotes sont confondus, sans choix, avec les traîtres. Le sang versé par les généraux sur le champ de bataille ne les dispense pas d'en verser le reste sur l'échafaud. Je suis las de vivre. Tiens, regarde ! la rivière semble rouler du sang ! — C'est vrai, dit Souberbielle, le ciel est rouge, il y a bien d'autres pluies de sang derrière ces nuages ! Ces hommes-là avaient demandé des juges inflexibles, et ils ne veulent plus que des bourreaux complaisants. Quand je refuse une tête innocente à leur couteau, ils appellent ma conscience scrupule. Mais que puis-je, moi ? continua Souberbielle avec abattement. Je ne suis qu'un patriote obscur. Ah ! si j'étais Danton ! — Danton dort, tais-toi ! répondit le rival de Robespierre à Souberbielle. Il se réveillera quand il en sera temps. Tout cela commence à me faire horreur. Je suis un homme de révolution, je ne suis pas un homme de carnage. Mais toi, poursuivit Danton en s'adressant à Camille Desmoulins, pourquoi gardes-tu le silence? — J'en suis las, du silence, répondit Camille, la main me pèse, j'ai quelquefois envie d'aiguiser ma plume en stylet et d'en poignarder ces misérables. Qu'ils y prennent garde! Mon encre est plus indélébile que leur sang. Elle tache pour l'immortalité! — Bravo! Camille! reprit Danton; commence dès demain. C'est toi qui as lancé la Révolution, c'est à toi de l'enrayer. Sois tranquille, continua Danton d'une voix plus sourde, cette main t'aidera. Tu sais si elle est forte! » Les trois amis se séparèrent à la porte de Danton.

Le lendemain, Camille Desmoulins avait écrit le premier numéro du *Vieux Cordelier*. Après l'avoir lu à Danton, Camille le porta à Robespierre. Il savait qu'une attaque contre les *Enragés* ne déplairait pas au chef des Jacobins, qui abhorrait secrètement Hébert. Il y avait une prudence cachée dans la témérité de Camille Desmoulins, et de l'adulation jusque dans son courage. Robespierre, encore indécis sur les dispositions des Jacobins et de la Montagne, n'approuva ni ne blâma Camille Desmoulins. Il garda dans ses paroles la liberté qu'il voulait garder dans ses actes. Mais l'écrivain entrevit la pensée de Robespierre sous sa réserve; il comprit que, si on n'encourageait pas son audace, elle serait du moins pardonnée.

X

Mais si Robespierre hésitait à attaquer la terreur, de peur de flétrir et de désarmer le comité de salut public, il n'avait pas hésité, dès le mois de novembre précédent, à combattre, seul et corps à corps, ceux qui dépravaient la Révolution et voulaient changer les cultes en athéisme. Plus assidu que jamais aux Jacobins, malgré la fièvre lente dont il était consumé, il les retenait seul sur la pente où la commune et les Cordeliers voulaient tout entraîner. Il attendait depuis longtemps une occasion de laver ses mains des immoralités et des impiétés de Chaumette et d'Hébert. Hébert, encouragé par la complicité d'une partie de la Montagne, ne tarda pas à offrir cette occasion à Robespierre. Il fit défiler dans l'enceinte de la Convention une de ces processions d'hommes et de femmes revêtus des dépouilles des églises. Le lendemain, il s'était présenté en force aux Jacobins pour y renouveler les mêmes scènes et pour les entraîner. Il osa, dans son discours, diriger des allusions transparentes contre leur chef. « La politique de tous les tyrans, dit Hébert, est de diviser pour régner. Celle des patriotes comme nous est de se rallier pour écraser les tyrans. Déjà je vous ai avertis que des intrigants cherchaient à nous envenimer les uns contre les autres. On cite des expressions de Robespierre contre moi. On me demande tous les jours comment je ne suis pas encore arrêté. Je ré-

ponds : « Est-ce qu'il y aurait encore une commission des
» Douze ? » Cependant je ne méprise pas trop ces rumeurs.
Quelquefois avant d'opprimer on veut pressentir l'opinion
publique. Robespierre devait, disait-on, me dénoncer à la
Convention. Je devais être arrêté avec Pache. On disait
aussi que Danton avait émigré, chargé des dépouilles du
peuple, et qu'il était en Suisse. Je l'ai rencontré ce matin
aux Tuileries. Puisqu'il est à Paris, il faut qu'il vienne s'expliquer fraternellement aux Jacobins. Tous les patriotes se
doivent à eux-mêmes de démentir les bruits injurieux qui
courent sur eux. Il faut suivre rigoureusement les procès
des complices de Brissot. Quand on a jugé le scélérat, il
fallait juger ses complices ; quand on a jugé Capet, il fallait
juger sa race ! » Momoro demanda l'extermination de tous
les prêtres.

A cette motion, Robespierre, qui épiait le moment
d'une explication avec Hébert, et qui la voyait ajournée
par l'espèce d'appel à la concorde de ce chef de la commune, se hâta de la ressaisir. « J'avais cru, dit-il en se
levant, que Momoro traiterait la question présentée par
Hébert à l'attention de l'Assemblée. Il ne l'a pas même
abordée. Il nous reste donc à chercher les véritables causes
des maux qui affligent la patrie. Est-il vrai que nos plus
dangereux ennemis soient les restes impurs de la race de
nos tyrans, ces captifs dont le nom sert encore de prétexte
aux rebelles et aux puissances étrangères? Je vote en mon
cœur pour que la race des tyrans disparaisse de la terre;
mais puis-je m'aveugler sur la situation de mon pays jusqu'au point de croire que la mort de la sœur de Capet suffira pour éteindre le foyer des conspirations qui nous déchirent? Est-il vrai que la principale cause de nos maux soit

dans le fanatisme? Le fanatisme, il expire; je pourrais même dire qu'il est mort! Vous craignez, dites-vous, les prêtres! et ils s'empressent d'abdiquer leurs titres pour les échanger contre ceux de municipaux, d'administrateurs, et même de présidents des sociétés populaires. Non, ce n'est pas le fanatisme qui doit être aujourd'hui le principal objet de nos inquiétudes. Cinq ans d'une révolution qui a frappé sur les prêtres déposent de son impuissance. Je ne vois qu'un seul moyen de le réveiller parmi nous, c'est d'affecter de croire à sa force. Le fanatisme est un animal féroce et capricieux. Il fuyait devant la raison : poursuivez-le avec de grands cris, il reviendra sur ses pas.

» Et quel autre effet peut produire ce zèle exagéré et fastueux avec lequel on s'acharne depuis quelque temps contre lui? De quel droit des hommes inconnus jusqu'ici dans la carrière de la Révolution viendraient-ils chercher dans ces persécutions les moyens d'usurper une fausse popularité, d'entraîner les patriotes à de fausses mesures, de jeter parmi nous le trouble et la discorde? De quel droit viendraient-ils inquiéter la liberté des cultes au nom de la liberté même, et attaquer le fanatisme par un fanatisme nouveau? De quel droit feraient-ils dégénérer les hommages solennels rendus à la vérité pure en des farces ridicules. Pourquoi leur permettrait-on de se jouer ainsi de la dignité du peuple et d'attacher les grelots de la folie au sceptre même de la philosophie? On a supposé qu'en accueillant les offrandes civiques des églises la Convention avait proscrit le culte catholique? Non, la Convention n'a point fait cet acte téméraire, la Convention ne le fera jamais. Son intention est de maintenir la liberté des cultes qu'elle a proclamée, et de réprimer en même temps tous ceux qui en abuseraient pour troubler l'ordre public. Elle ne permettra pas qu'on persécute les ministres paisibles du culte. On a dénoncé des prêtres pour avoir dit la messe. Ils la diront plus longtemps si on les empêche de la dire. Celui qui veut empêcher de dire la messe est plus fanatique que celui qui la dit.

» Il est des hommes qui veulent aller plus loin, qui, sous prétexte de détruire la superstition, veulent faire une espèce de religion de l'athéisme lui-même. La Convention nationale abhorre un pareil système. La Convention n'est point un faiseur de livres, un auteur de systèmes métaphysiques ; c'est un corps politique et populaire, chargé de faire respecter non-seulement les droits, mais le caractère du peuple français. Ce n'est point en vain qu'elle a proclamé la déclaration des droits de l'homme en présence de l'Être suprême ! L'athéisme est aristocratique. L'idée d'un grand Être qui veille sur l'innocence opprimée et qui punit le crime triomphant est toute populaire. »

Des applaudissements se font entendre parmi les Jacobins de la classe indigente. Robespierre reprend : « Le peuple, les malheureux m'applaudissent ; si je trouvais des censeurs ici, ce serait parmi les riches et parmi les coupables. Je n'ai pas cessé un jour d'être attaché depuis mon enfance aux idées morales et politiques que je viens de vous exposer. Si Dieu n'existait pas, il faudrait l'inventer... Je parle dans une tribune, continua-t-il, où un impudent Girondin osa me faire un crime d'avoir prononcé le mot de Providence ; et dans quel temps ? lorsque, le cœur ulcéré de tous les crimes dont nous étions les témoins et les victimes, lorsque, versant des larmes amères sur le peuple éternellement trahi, éternellement opprimé, je cherchais à m'élever au-dessus de la tourbe des conspirateurs dont j'étais environné, en invoquant contre eux la vengeance céleste à défaut de la foudre populaire. Ah! tant qu'il existera des tyrannies, quelle est l'âme énergique et vertueuse qui n'appellerait point en secret de leur triomphe sacrilége à cette justice éternelle qui semble avoir écrit dans tous les cœurs l'arrêt de mort de tous les tyrans? Il me semble, à moi, que le dernier martyr de la liberté exhalerait son âme avec un sentiment plus doux en se reposant sur cette idée consolatrice. Ce sentiment est celui de l'Europe et de l'univers, c'est celui du peuple français. Ne voyez-vous pas le piége que vous tendent les ennemis cachés de la république et les émissaires des tyrans étrangers? Les misérables veulent justifier ainsi les calomnies grossières dont l'Europe reconnaît l'impudence, et repousser de vous, par les préventions et par les opinions irréligieuses, ceux que la morale et l'intérêt commun attiraient à la cause sublime et sainte que nous défendons. »

Robespierre demanda l'expulsion de Proly, de Dubuisson, de Pereyra. L'épuration générale de la société des Jacobins fut décrétée. Robespierre, écouté d'abord avec étonnement, puis avec froideur, avait foudroyé Hébert et Chaumette en foudroyant l'athéisme. Il avait puisé sa force dans cet instinct éternel de l'âme humaine qui atteste un Dieu. En dévoilant Dieu, Robespierre se créait à lui-même et à la Révolution une conscience et un juge. S'il eût été un scélérat vulgaire, il aurait cherché à aveugler ce peuple à la lumière divine, au lieu de la raviver en lui. Il joua dans ce discours sa popularité contre sa profession de foi.

Le parti d'Hébert, vaincu ce jour-là aux Jacobins, se vengea à la commune par des actes de persécution plus intolérants contre la liberté des cultes. Danton parla à la Convention contre ces persécuteurs ; mais il parla en politique qui veut qu'on respecte une habitude sacrée du peuple, et non en philosophe qui adore le premier la plus haute idée de l'esprit humain. Ce rapport, cependant, dans une animadversion commune contre Hébert et Chaumette, rapprocha pour un moment Robespierre et Danton.

Le premier continua à rallier les Jacobins contre les énergumènes de la commune. Il dénonça les intrigants et les exagérés. « Dans le mouvement subit et extraordinaire où nous sommes, dit-il, nous prendrons tout ce que le peuple peut avouer et nous rejetterons tous les excès par lesquels nos ennemis veulent déshonorer notre cause. On veut nous agiter par des querelles religieuses, nous les étoufferons. Nous confondrons l'athéisme, nous respecterons les croyances sincères. » Hébert, intimidé par le courage de Robespierre, se démentit lui-même, et feignit, pour un moment, de réprouver les persécutions et les scandales dont il avait été le promoteur. Chaumette s'empressa de faire les mêmes palinodies au conseil de la commune. Le comité de salut public profita de cette terreur des Hébertistes pour proclamer, par la bouche de Robespierre, les principes du gouvernement dans une réponse aux manifestes des rois ligués contre la république.

XI

Les épurations continuèrent aux Jacobins, ainsi qu'il avait été décidé dans la séance précédente. Chaque membre, cité tour à tour à la tribune, eut à subir un examen public de ses opinions et de sa vie.

Le 3 décembre, au moment où Danton parut pour rendre compte de ses actions, un murmure d'animadversion courut dans la salle. L'écho de sa mauvaise renommée montait à lui jusqu'à la tribune. Danton se troubla un moment, puis reprenant l'assurance du désespoir et s'armant de l'imperturbabilité d'une vertu qu'il n'avait pas : « J'ai entendu des rumeurs, dit-il. Déjà des dénonciations graves ont circulé contre moi. Je demande enfin à me justifier devant le peuple. Je somme tous ceux qui ont pu concevoir des soupçons contre moi de préciser leurs accusations, car je veux leur répondre en public. J'ai éprouvé une sorte de défaveur en paraissant à la tribune. Ai-je donc perdu ces traits qui caractérisent la figure d'un homme libre ? Ne suis-je plus ce même Danton qui s'est trouvé à côté de vous dans tous les moments de crise ? Ne suis-je plus celui que vous avez souvent embrassé comme votre ami et qui doit mourir avec vous ? J'ai été un des plus intrépides défenseurs de Marat. J'invoque l'ombre de l'*ami du peuple !* Vous serez étonnés, quand je vous ferai connaître ma conduite privée, de voir que la fortune colossale que mes ennemis me prêtent se réduit à la petite portion de bien que j'ai toujours possédée. Je défie les malveillants de fournir contre moi la preuve d'aucun crime. Tous leurs efforts ne pourront m'ébranler. Je veux rester debout avec le peuple. Vous me jugerez en sa présence. Je ne déchirerai pas plus une page de mon histoire que vous ne déchirerez les pages de la vôtre, qui doit immortaliser les fastes de la liberté! »

Après cet exorde qui brisait pour ainsi dire le sceau longtemps fermé de son âme, Danton s'abandonna à une improvisation si accumulée et si rapide que la plume des auditeurs fut impuissante à la suivre et à la noter. Il passa sa vie en revue et se fit un piédestal de ses actes révolutionnaires, sur lequel il défia ses calomniateurs de l'ébranler. Il finit par demander la nomination de douze commissaires pour examiner sa conduite. Le silence accueillit cette supplication. On voyait que le peuple, ému de son éloquence, croyait plus à son génie qu'à sa conscience.

Robespierre pouvait d'un mot précipiter ou relever Danton. Il sentait qu'il avait besoin de cet homme pour contrebalancer la popularité d'Hébert. Il voulut en le sauvant lui montrer qu'il pouvait le perdre. Il monta à la tribune, non pas avec la lenteur réfléchie qu'il mettait ordinairement lorsqu'il voulait prendre la parole, mais avec la précipitation d'un homme qui va parer un coup déjà levé : « Danton, lui dit-il en l'apostrophant d'une voix sévère, tu demandes qu'on précise les griefs portés contre toi. Personne n'élève la voix, eh bien! je vais le faire, moi! Danton, tu es accusé d'avoir émigré. On a dit que tu avais passé en Suisse; que ta maladie était feinte pour cacher au peuple ta fuite. On a dit que ton ambition était d'être régent sous Louis XVII; qu'à une certaine époque tout a été préparé pour proclamer ta dictature ; que tu étais le chef de la conspiration ; que ni Pitt, ni Cobourg, ni l'Angleterre, ni l'Autriche, ni la Prusse n'étaient nos plus dangereux ennemis, mais que c'était toi, toi seul ; que la Montagne était pleine de tes complices ; en un mot, qu'il fallait t'égorger !

» La Convention, poursuivit Robespierre, sait que j'étais divisé d'opinion avec Danton ; que, dans le temps des trahisons de Dumouriez, mes soupçons avaient devancé les siens. Je lui reprochai alors de n'être pas assez irrité contre ce monstre ; je lui reprochai de n'avoir pas poursuivi Brissot et ses complices avec assez de véhémence. Je jure que ce sont là les seuls reproches que je lui fais !... Danton ! ne sais-tu pas, poursuivit l'orateur d'une voix presque attendrie, que plus un homme a de courage et de patriotisme, plus les ennemis de la chose publique s'acharnent à sa perte ! Les ennemis de la patrie semblent m'accabler d'éloges exclusivement, mais je les répudie. Croit-on que sous ces éloges je ne vois pas le couteau avec lequel on a voulu égorger la patrie ? La cause des patriotes est solidaire. Je me trompe peut-être sur Danton, mais vu dans sa famille il ne mérite que des éloges. Sous le rapport politique, je l'ai observé. Une différence d'opinion entre lui et moi me le faisait épier avec soin, quelquefois même avec colère. Danton veut qu'on le juge, il a raison. Qu'on me juge aussi ! Qu'ils se présentent, ces hommes qui se prétendent plus patriotes que nous ! »

XII

Ce témoignage sauva Danton, mais il ne lui fit pas recouvrer son crédit perdu. C'est ce que voulait Robespierre. Il lui fallait Danton comme protégé, non comme égal. Il avait besoin de cette voix dans la Montagne pour foudroyer la commune. La commune soumise, Danton, subalternisé aux Jacobins, serait forcé de servir ou de craindre. Robespierre n'usa point des mêmes ménagements ni des mêmes artifices envers les autres membres exagérés ou corrompus de la Convention qui dominaient aux Jacobins et aux Cordeliers. Le tour d'Anacharsis Klootz, l'*orateur du genre humain*, étant venu : « Pouvons-nous regarder comme patriote, s'écria-t-il, un baron allemand? comme démocrate un homme qui a cent mille livres de rente? comme républicain un homme qui ne fréquente que les banquiers étrangers et les contre-révolutionnaires ennemis de la France? Klootz! tu passes ta vie avec les agents et les espions des puissances étrangères (Proly, Dubuisson, Pereyra), tu es un traître comme eux, il faut te surveiller. Citoyens! vous l'avez vu tantôt aux pieds du tyran et de sa cour, tantôt aux genoux du peuple. Il a courtisé Brissot, Dumouriez, la Gironde. Il voulait que la France attaquât l'univers! Il a publié un pamphlet intitulé : *Ni Marat ni Roland*. Il y donnait un soufflet à Roland, mais il en donnait un plus outrageant à la Montagne.

Ses opinions extravagantes, son obstination à parler d'une république universelle, à nous inspirer la rage des conquêtes, étaient autant de piéges tendus à la république pour lui donner tous les peuples et tous les éléments pour ennemis. Il a fomenté le mouvement contre le culte. Nous connaissons, Klootz! tes visites nocturnes chez Gobel, l'évêque de Paris. Nous savons que là, couvert des ombres de la nuit, tu as préparé avec Gobel cette mascarade philosophique. Citoyens, regardez-vous comme patriote un étranger qui veut être plus démocrate que les Français, et que l'on vit tantôt au-dessous, tantôt au-dessus de la Montagne? car jamais Klootz ne fut avec la Montagne. Hélas! malheureux patriotes, que pouvons-nous faire, environnés d'ennemis qui se mêlent pour nous combattre dans nos rangs? Ils se couvrent d'un masque, ils nous déchirent, et nous sentons les coups sans voir la main. C'en est fait de nous, notre mission est finie! Nos ennemis, feignant de dépasser la hauteur de la Montagne, nous prennent par derrière pour nous porter des coups plus mortels!... » Puis s'attendrissant jusqu'aux larmes et parodiant les paroles du Christ à son agonie : « Veillons, dit-il, car la mort de la patrie n'est pas éloignée! »

L'infortuné Klootz, courbant la tête, au pied de la tribune, sous le geste de Robespierre, n'osa tenter de soulever le poids de réprobation qui l'écrasait. Fanatique sincère et dévoué à la république, Klootz n'était cependant coupable que de liaisons avec les hommes corrompus de la Convention, tels que Fabre et Chabot, et avec les démagogues matérialistes du parti d'Hébert. Il l'était surtout, aux yeux de Robespierre, de la proclamation de la république universelle, qui menaçait tous les trônes et toutes les nationalités. Robespierre, qui avait toujours voulu la paix avec les étrangers, la voulait encore. En sacrifiant Klootz comme un insensé, comme un athée, il croyait enlever une pierre de scandale entre l'Europe et la république française. Robespierre ne voulait de conquêtes que par les idées.

L'indulgence politique dont il avait couvert Danton s'étendit à Fabre d'Églantine, poëte et courtisan du peuple, dont la fortune subite faisait suspecter la probité.

Camille Desmoulins, autre client de Danton, eut besoin aussi d'être excusé sur la pitié qu'il avait montrée au tribunal révolutionnaire au moment de la condamnation des Girondins. « Il est vrai, dit Camille Desmoulins, que j'ai eu un mouvement de sensibilité dans le jugement des vingt et un. Mais ceux qui me le reprochent étaient loin de se trouver dans la même position que moi. Je chéris la république, mais je me suis trompé sur beaucoup d'hommes, tels que Mirabeau, Lameth, que je croyais de vrais défenseurs du peuple, et qui ont fini par le trahir. Une fatalité bien marquée a voulu que de soixante personnes qui ont signé mon contrat de mariage, il ne me restât plus que deux amis vivants, Robespierre et Danton ! Tous les autres sont en fuite ou guillotinés. De ce nombre étaient sept des vingt et un. J'ai toujours été le premier à dénoncer mes propres amis, toutes les fois que j'ai vu qu'ils agissaient mal. J'ai étouffé la voix de l'amitié que m'avaient inspirée de grands talents. »

Cette excuse, balbutiée timidement par Camille Desmoulins, n'apaisa pas les rumeurs des Jacobins. Robespierre se leva pour les calmer. Il aimait et il méprisait ce jeune homme, emporté comme une femme et mobile comme un enfant. « Il faut, dit Robespierre, considérer Camille Desmoulins avec ses vertus et ses faiblesses. Quelquefois timide et confiant, souvent courageux, toujours républicain, on l'a vu tour à tour l'ami de Mirabeau, de Lameth, de Dillon, mais on l'a vu aussi briser les idoles qu'il avait encensées. Je l'engage à poursuivre sa carrière, mais je l'engage aussi à n'être plus si versatile, et à tâcher de ne plus se tromper sur les hommes qui jouent un grand rôle sur la scène politique ! » Cette amnistie de Robespierre ferma la bouche aux amis d'Hébert, qui voulaient frapper Camille Desmoulins. Nul n'osait proscrire celui que Robespierre excusait.

XIII

Cependant Vincent, Héron, Ronsin, Maillard, principaux chefs des Cordeliers, furent arrêtés par ordre du comité de salut public, sur une dénonciation de Fabre d'Églantine, puis rendus à la liberté sur un rapport de Robespierre. Uniquement occupé en apparence d'assurer la prédominance du gouvernement sur tous les partis, Robespierre lut à la Convention, le 25 décembre, un rapport sur les principes du gouvernement révolutionnaire. Ce rapport jetait la lumière sur ses plans et sur ceux du comité. « La théorie du gouvernement révolutionnaire, y disait-il, est aussi neuve que la Révolution qui l'a enfantée. Le but du gouvernement constitutionnel est de conserver la république; celui du gouvernement révolutionnaire est de la fonder.

» La Révolution est la guerre de la liberté contre ses ennemis. La constitution est le régime de la liberté victorieuse et paisible.

» Le gouvernement révolutionnaire doit aux bons citoyens toute la protection nationale. Il doit aux ennemis du peuple la mort.

» Il doit voguer entre deux écueils : la faiblesse et la témérité, le modérantisme et l'excès.

» Son pouvoir doit être immense. Le jour où il tombera dans des mains impures ou perfides, la liberté sera perdue.

» La fondation de la république française n'est point un jeu d'enfants : malheur à nous si nous brisons le faisceau au lieu de le resserrer! Immolons à cette œuvre nos amours-propres. Scipion, après avoir vaincu Annibal et Carthage, se fit une gloire de servir sous les ordres de son ennemi. Si parmi nous les fonctions du gouvernement révolutionnaire sont des objets d'ambition, au lieu d'être des devoirs pénibles, la république est déjà perdue.

» A peine avons-nous réprimé les excès faussement philosophiques contre les cultes, à peine avons-nous prononcé ici le nom d'*ultrarévolutionnaires*, que les partisans de la royauté ont voulu l'appliquer aux patriotes ardents qui avaient commis de bonne foi quelques erreurs de zèle. Ils cherchent des chefs au milieu de vous. Leur espérance est de vous mettre aux prises les uns avec les autres. Cette lutte funeste vengerait les aristocrates et les Girondins. Il faut confondre leurs espérances en faisant juger leurs complices. »

Ce rapport à deux tranchants, évidemment dirigé contre les Hébertistes, qui accusaient le comité de salut public de faiblesse, et contre les Dantonistes, qui l'accusaient d'excès de rigueur, se terminait par un décret ordonnant le prompt jugement de Dietrich, maire de Strasbourg, de Custine, fils du général, et d'un certain nombre de généraux accusés de complicité avec l'étranger. C'étaient des victimes presque toutes innocentes, immolées à la paix entre les trois partis; du sang jeté à l'anarchie dans la Convention pour l'apaiser. Ce sacrifice n'apaisa rien.

XIV

Les querelles de Camille Desmoulins et d'Hébert, dans leurs feuilles, entretenaient la discorde. Des symptômes muets révélaient aux yeux de Robespierre et du comité les sourds murmures de Danton. L'abdication et le silence de cet orateur inquiétaient le comité de salut public. Depuis son retour d'Arcis-sur-Aube, son repos était contre nature. Son humanité était suspecte. Le sang de septembre, qui tachait encore ses mains, n'avait pas rendu vraisemblable tant de pitié dans l'âme de Danton. On voyait dans son indulgence affectée un calcul plus qu'un sentiment. Ce calcul était une menace contre les hommes qui maniaient l'arme des supplices. Danton, en affectant de se séparer d'eux, leur semblait épier l'heure d'un retour de l'opinion publique pour retourner cette arme contre eux, leur imputer le sang, leur reprocher les victimes, profiter des ressentiments qu'ils auraient assumés, et s'emparer de la Révolution, leur ouvrage, en les jetant aux vengeances du peuple.

Ces soupçons de Robespierre et du comité contre Danton étaient justifiés par sa nature, par sa situation et par sa profonde politique. Ils l'étaient aussi par la trempe de son âme, passant, avec l'inconséquence d'une sensation, de l'emportement du terroriste à la générosité et à l'attendrissement. Les crimes et les vertus de Danton se réunissaient donc en ce moment pour le perdre. Le faste de sa vie oisive et voluptueuse à Sèvres, quand la république était en feu et quand le sang coulait de toutes ses veines; enfin la fortune inexplicable qu'on lui attribuait, comparée à l'indigence de Robespierre, achevaient de le désigner aux soupçons. Les témérités de la plume de Camille Desmoulins retombaient sur Danton. On ne croyait pas ce jeune et léger pamphlétaire capable de tout oser s'il ne s'était senti adossé à un colosse. Ses audaces de style passaient pour les inspirations de son patron.

Camille Desmoulins avait voulu flatter Robespierre en dirigeant le *Vieux Cordelier* contre Hébert et son parti; mais il se trouvait ainsi avoir offensé ce rival ombrageux de Danton. Étrange erreur d'une adulation qui se trompe d'heure, et qui blesse en voulant caresser! Tout le nœud du drame qui va se dérouler est dans ce malentendu d'un pamphlétaire. Sa plume inconsidérée, en voulant tuer ses ennemis, avança l'heure de ses amis et la sienne. Son impatience d'importance et de renommée le précipita à sa perte. Sa mort fut une étourderie comme sa vie, mais au moins ce fut une étourderie honnête, quelquefois sublime, et qui rachetait en apparence bien des prostitutions et bien des lâchetés du talent.

XV

Le 15 frimaire (5 décembre), Camille Desmoulins commençait dans son premier numéro du *Vieux Cordelier* par flatter Robespierre.

« La victoire est restée aux Jacobins, écrivait-il en racontant la justification de Danton, parce qu'au milieu de tant de ruines de réputations colossales de civisme, celle de Robespierre est debout. Déjà fort du terrain gagné pendant la maladie et l'absence de Danton, le parti de ses accusateurs, au milieu des endroits les plus touchants, les plus convaincants de sa justification, huait, secouait la tête et souriait de pitié comme au discours d'un homme condamné par tous les suffrages. Nous avons vaincu cependant, parce que, après les discours foudroyants de Robespierre, dont il semble que le talent grandisse avec les périls de la république, et l'impression profonde qu'il avait laissée dans les âmes, il était impossible d'oser élever la voix contre Danton, sans donner, pour ainsi dire, une quittance publique des guinées de Pitt. »

Il affectait plus loin le culte de Marat, pour se couvrir de cette renommée posthume contre ceux qui lui reprocheraient la faiblesse :

« Depuis la mort de ce patriote éclairé et à grand caractère que j'osais appeler, il y a trois ans, le *divin* Marat, c'est la seule marche que tiennent les ennemis de la république. Et j'en atteste soixante de mes collègues, combien de fois j'ai gémi dans leur sein des funestes succès de cette marche! Enfin Robespierre, dans un premier discours dont la Convention a décrété l'envoi à toute l'Europe, a soulevé le voile. Il convenait à son courage et à sa popularité d'y glisser adroitement, comme il a fait, le grand mot, le mot salutaire : que Pitt a changé de batteries ; qu'il a entrepris de faire par l'exagération ce qu'il n'avait pu faire par le modérantisme, et qu'il y avait des hommes politiquement contre-révolutionnaires qui travaillaient à former, comme Roland, l'esprit public, et à fausser l'opinion en sens contraire, mais à un autre extrême également fatal à la liberté. Depuis, dans deux discours non moins éloquents aux Jacobins, Robespierre s'est prononcé avec plus de véhémence encore contre les intrigants qui, par des louanges perfides et exclusives, se flattaient de le détacher de tous ses vieux compagnons d'armes et du bataillon sacré des Cordeliers, avec lequel il avait si souvent battu l'armée royale. A la honte des prêtres, il a défendu le Dieu qu'ils abandonnaient lâchement! »

Là, Camille Desmoulins faisait refléter le génie de Tacite sur les forfaits modernes; le français sous sa plume devint concis et lapidaire comme le latin :

« Après le siége de Pérouse, disent les historiens, malgré la capitulation, la réponse d'Auguste fut : « Il vous faut » tous périr! » Trois cents des principaux citoyens furent conduits à l'autel de Jules César, et là égorgés le jour des ides de mars; après quoi, le reste des habitants fut passé pêle-mêle au fil de l'épée, et la ville, une des plus belles

de l'Italie, réduite en cendres et autant effacée qu'Herculanum de la surface de la terre. « Il y avait anciennement à
» Rome, dit Tacite, une loi qui spécifiait les crimes d'État
» et de lèse-majesté, et portait peine capitale. Ces crimes
» de lèse-majesté, sous la république, se réduisaient à
» quatre sortes : Si une armée avait été abandonnée dans
» un pays ennemi ; si l'on avait excité des séditions ; si les
» membres des corps constitués avaient mal administré les
» affaires, les deniers publics ; si la majesté du peuple romain avait été avilie. Les empereurs n'eurent besoin que
» de quelques articles additionnels à cette loi pour envelop-
» per et les citoyens et les cités entières dans la proscrip-
» tion. Dès que des propos furent devenus des crimes d'État,
» il n'y eut qu'un pas pour changer en crimes les simples
» regards, la tristesse, la compassion, les soupirs, le silence
» même. Bientôt ce fut un crime de lèse-majesté ou de
» contre-révolution à la ville de Murcia d'avoir élevé un
» monument à ses habitants morts au siège de Modène en
» combattant sous Auguste ; mais parce qu'alors Auguste
» combattait avec Brutus, Murcia eut le sort de Pérouse.

» Crime de contre-révolution à Libon Drusus d'avoir de-
» mandé aux diseurs de bonne aventure s'il ne posséderait
» pas un jour de grandes richesses. Crime de contre-révo-
» lution au journaliste Cremutius Cordus d'avoir appelé
» Brutus et Cassius les derniers des Romains. Crime de
» contre-révolution à un des descendants de Cassius d'avoir
» chez lui un portrait de son bisaïeul. Crime de contre-ré-
» volution à Mamercus Scaurus d'avoir fait une tragédie où
» il y avait tel vers auquel on pouvait donner deux sens.
» Crime de contre-révolution à Torquatus Silanus de faire
» de la dépense. Crime de contre-révolution à Pétréius d'a-

» voir eu un songe sur Claude. Crime de contre-révolution
» à Appius Silanus de ce que sa femme avait eu un songe
» sur lui. Crime de contre-révolution à Pomponius parce
» qu'un ami de Séjan était venu chercher un asile dans une
» de ses maisons de campagne. Crime de contre-révolution
» de se plaindre des malheurs du temps, car c'était faire le
» procès du gouvernement. Crime de contre-révolution de
» ne pas invoquer le génie de Caligula : pour y avoir man-
» qué, grand nombre de citoyens furent déchirés de coups,
» condamnés aux mines ou aux bêtes, quelques-uns même
» sciés par le milieu du corps. Crime de contre-révolution
» à la mère du consul Fabius Géminus d'avoir pleuré la
» mort funeste de son fils.

» Il fallait montrer de la joie de la mort de son ami, de
» son parent, si l'on ne voulait s'exposer à périr soi-même.
» Sous Néron, plusieurs dont il avait fait mourir les pro-
» ches allaient en rendre grâces aux dieux ; ils illuminaient.
» Du moins il fallait avoir un air de contentement, un air
» ouvert et calme. On avait peur que la peur même ne rendît
» coupable. Tout donnait de l'ombrage au tyran. Un citoyen
» avait-il de la popularité : c'était un rival du prince qui
» pouvait susciter une guerre civile. Suspect.

» Fuyait-on, au contraire, la popularité et se tenait-on à
» l'écart : cette vie retirée vous avait donné de la considé-
» ration. Suspect.

» Étiez-vous pauvre : il faut surveiller de plus près cet
» homme. Il n'y a personne d'entreprenant comme celui
» qui n'a rien. Suspect.

» Étiez-vous d'un caractère sombre, mélancolique, ou
» négligemment vêtu : ce qui vous affligeait, c'est que les
» affaires publiques allaient bien... Suspect.

» Était-il vertueux et austère dans ses mœurs, bon : nou-
» veau Brutus, qui prétendait, par sa pâleur, faire la cen-
» sure d'une cour aimable et bien frisée. Suspect.

» Était-ce un philosophe, un orateur ou un poëte : il lui
» convenait bien d'avoir plus de renommée que ceux qui
» gouvernaient ! Pouvait-on souffrir qu'on fît plus d'atten-
» tion à l'auteur qu'à l'empereur dans sa loge grillée ? Sus-
» pect.

» Enfin, s'était-on acquis de la réputation à la guerre :
» on n'en était que plus dangereux par son talent. Il y a de
» la ressource avec un général inepte. S'il est traître, il ne
» peut pas si bien livrer une armée à l'ennemi qu'il n'en
» revienne quelqu'un. Mais un officier du mérite de Corbu-
» lon ou d'Agricola, s'il trahissait, il n'en sauverait pas un
» seul. Le mieux est de s'en défaire. Au moins ne pouvez-
» vous vous dispenser de l'éloigner promptement de l'ar-
» mée. Suspect.

» On peut croire que c'était bien pis si on était petit-fils
» ou allié d'Auguste : on pouvait avoir des prétentions au
» trône. Suspect.

» C'est ainsi qu'il n'était pas possible d'avoir aucune
» qualité, à moins qu'on n'en eût fait un instrument de la
» tyrannie, sans éveiller la jalousie du despote et sans
» s'exposer à une perte certaine. C'était un crime d'avoir
» une grande place ou d'en donner sa démission. Mais
» le plus grand de tous les crimes était d'être incorrup-
» tible.

» L'un était frappé à cause de son nom ou de celui de ses
» ancêtres ; un autre à cause de sa belle maison d'Albe ;
» Valérius Asiaticus à cause que ses jardins avaient plu à
» l'impératrice ; Italicus à cause que son visage lui avait

» déplu; et une multitude sans qu'on eût pu deviner la
» cause. Toranius, le tuteur, le vieil ami d'Auguste, était
» proscrit par son pupille sans qu'on sût pourquoi, sinon
» qu'il était homme de probité et qu'il aimait sa patrie. Ni
» la préture ni son innocence ne purent garantir Quintus
» Gélius des mains sanglantes de l'exécuteur; cet Auguste
» dont on a tant vanté la clémence lui arrachait les yeux de
» sa propre main. On était trahi et poignardé par ses es-
» claves, ses ennemis; et si l'on n'avait point d'ennemis, on
» trouvait pour assassin un hôte, un ami, un fils. En un
» mot, sous ces règnes, la mort naturelle d'un homme cé-
» lèbre ou seulement en place était si rare, que cela était
» mis dans les gazettes comme un événement et transmis
» par l'historien à la mémoire des siècles. Sous ce consulat,
» dit notre annaliste, il y eut un pontife, Pison, qui mourut
» dans son lit, ce qui parut tenir du prodige. »

» Tels accusateurs, tels juges. Les tribunaux, protecteurs
de la vie et de la propriété, étaient devenus des boucheries,
où ce qui portait le nom de supplice et de confiscation n'é-
tait que vol et assassinat. S'il n'y avait pas moyen d'envoyer un homme au tribunal, on avait recours à l'assassinat
et au poison. Céler Ælius, la fameuse Locuste, le médecin
Anicetus étaient des empoisonneurs de profession, patentés,
voyageant à la suite de la cour, et une espèce de grands
officiers de la couronne. Quand ces demi-mesures ne suffi-
saient pas, le tyran recourait à une proscription générale.
C'est ainsi que Caracalla, après avoir tué de sa propre main
Géta, déclarait ennemis de la république tous ses amis et
partisans, au nombre de vingt mille; et Tibère, ennemi de
la république, tuait tous les amis et partisans de Séjan, au
nombre de trente mille. C'est ainsi que Sylla, dans un seul

jour, avait interdit le feu et l'eau à soixante-dix mille Romains. Si un empereur avait eu une garde prétorienne de tigres et de panthères, ils n'eussent pas mis plus de personnes en pièces que les délateurs, les affranchis, les empoisonneurs et les coupe-jarrets de César; car la cruauté causée par la faim cesse avec la faim, au lieu que celle causée par la crainte, la cupidité et les soupçons des tyrans, n'a point de bornes. Jusqu'à quel degré d'avilissement et de bassesse l'espèce humaine ne peut-elle pas descendre, quand on pense que Rome a souffert le gouvernement d'un monstre qui se plaignait que son règne ne fût point signalé par quelque calamité, peste, famine, tremblement de terre; qui enviait à Auguste d'avoir eu sous son règne une armée taillée en pièces, et au règne de Tibère les désastres de l'amphithéâtre de Fidènes, où il avait péri cinquante mille personnes ; et, pour tout dire en un mot, qui souhaitait que le peuple romain n'eût qu'une seule tête pour le mettre en masse à la fenêtre ! »

XVI

Ici il s'élevait à la philosophie de Fénelon pour donner à la Révolution le faux coloris d'une religion politique :

« Ceux-là pensent apparemment que la liberté, comme l'enfance, a besoin de passer par les cris et les pleurs pour arriver à l'âge mur. Il est au contraire de la nature de la liberté que pour en jouir il suffit de la désirer. Un peuple est libre du moment où il veut l'être. La liberté n'a ni vieillesse ni enfance; elle n'a qu'un âge, celui de la force et de la vigueur : autrement ceux qui se font tuer pour la république seraient aussi stupides que ces fanatiques de la Vendée, qui se font tuer pour des délices de paradis dont ils ne jouiront point. Quand nous aurons péri dans le combat, ressusciterons-nous aussi dans trois jours comme ces paysans stupides? Non, cette liberté que j'adore n'est point le Dieu inconnu. Nous combattons pour défendre des biens dont elle met sur-le-champ en possession ceux qui l'invoquent. Ces biens sont la déclaration des droits, la douceur des maximes républicaines, la fraternité, la sainte égalité, l'inviolabilité des principes : voilà les traces des pas de la déesse.

» O mes chers concitoyens, serions-nous donc avilis à ce point que de nous prosterner devant de telles divinités? Non. La liberté, cette liberté descendue du ciel, ce n'est point une nymphe de l'Opéra, ce n'est point un bonnet rouge, une chemise sale ou des haillons; la liberté, c'est le bonheur, c'est la raison, c'est l'égalité, c'est la justice, c'est votre sublime constitution. Voulez-vous que je la reconnaisse, que je tombe à ses pieds, que je verse tout mon sang pour elle? Ouvrez les prisons à ces deux cent mille citoyens que vous appelez suspects; car dans la déclaration des droits il n'y a point de maisons de suspicion, il n'y a que des maisons d'arrêt. Le soupçon n'a pas de prison, mais l'accusateur public. Il n'y a point de gens suspects, il n'y a que des prévenus de délits prévus par la loi; et ne croyez pas que cette mesure serait funeste à la république, ce serait la mesure la plus révolutionnaire que vous eussiez jamais prise. Vous voulez exterminer tous vos ennemis par la guillotine ; mais y eut-il jamais plus grande folie ! Pouvez-vous en faire périr un seul à l'échafaud sans vous faire des ennemis de sa famille et de ses amis ? Croyez-vous que ce soient ces femmes, ces vieillards, ces cacochymes, ces égoïstes, ces traînards de la Révolution que vous enfermez qui sont dangereux ? De vos ennemis, il n'est resté parmi vous que les lâches et les malades ; les braves et les forts ont émigré, ils ont péri à Lyon ou dans la Vendée. Tout le reste ne mérite pas votre colère. Cette multitude de Feuillants, de rentiers, de boutiquiers que vous incarcérez dans le duel entre la monarchie et la république, n'a ressemblé qu'à ce peuple de Rome dont Tacite peint l'indifférence dans le combat entre Vitellius et Vespasien. »

XVII

Le mot de *comité de clémence* qu'il avait jeté dans l'opinion flattait d'ailleurs la générosité des vainqueurs, en consolant la misère et la faiblesse des vaincus.

« Que de bénédictions s'élèveraient alors de toutes parts ! Je pense bien différemment de ceux qui vous disent qu'il faut laisser la terreur à l'ordre du jour. Je suis certain, au contraire, que la liberté serait consolidée et l'Europe vaincue si vous aviez un comité de clémence. C'est ce comité qui finirait la Révolution, car la clémence est une mesure révolutionnaire, et la plus efficace de toutes quand elle est distribuée avec sagesse. Que les imbéciles et les fripons m'appellent modéré, s'ils le veulent. Je ne rougis point de n'être pas plus enragé que Marcus Brutus. Or, voici ce que Brutus écrivait : « Vous feriez mieux, mon cher » Cicéron, de mettre de la vigueur à couper court aux » guerres civiles qu'à exercer votre colère à poursuivre vos » ressentiments contre des vaincus. » On sait que Thrasybule, après s'être emparé d'Athènes, à la tête des bannis, et avoir condamné à mort ceux des trente tyrans qui n'avaient point péri les armes à la main, usa d'une indulgence extrême à l'égard du reste des citoyens, et même fit proclamer une amnistie générale. Dira-t-on que Thrasybule et Brutus étaient des Feuillants, des Brissotins? Je consens à passer pour modéré comme ces grands hommes. »

Puis revenant au comité de clémence :

« A ce mot de comité de clémence, quel patriote ne sent pas ses entrailles émues ? car le patriotisme est la plénitude de toutes les vertus, et ne peut pas conséquemment exister là où il n'y a ni humanité ni philanthropie, mais une âme aride et desséchée par l'égoïsme. O mon cher Robespierre, c'est à toi que j'adresse ici la parole : car j'ai vu le moment où Pitt n'avait plus que toi à vaincre, où sans toi le navire Argo périssait, la république entrait dans le chaos, et la société des Jacobins et la Montagne devenaient une tour de Babel; Robespierre, toi dont la postérité relira les discours éloquents, souviens-toi de ces leçons de l'histoire et de la philosophie, que l'amour est plus fort, plus durable que la crainte ; que l'admiration et la religion attirent des bienfaits ; que les actes de clémence sont l'échelle du mensonge, comme nous disait Tertullien, par laquelle les membres du comité de salut public se sont élevés jusqu'au ciel, et qu'on n'y monta jamais sur des marches ensanglantées ! Déjà tu viens de t'approcher beaucoup de cette idée dans la mesure que tu as fait décréter aujourd'hui dans la séance du décadi 30 frimaire. Il est vrai que c'est plutôt un comité de justice qui a été proposé ; cependant pourquoi la clémence serait-elle devenue un crime dans la république ? »

Enfin il osait s'adresser à Barère, secrétaire du comité de salut public.

« Les modérés, les aristocrates, dit Barère, ne se rencontrent plus sans se demander : *Avez-vous vu le vieux Cordelier ?* Moi ! le patron des aristocrates, des modérés ! Que le vaisseau de la république, qui court entre les deux écueils dont j'ai parlé, s'approche trop de celui du modérantisme, on verra si j'aiderai à la manœuvre, on verra si je suis un modéré ! J'ai été révolutionnaire avant vous tous; j'ai été plus, j'ai été un brigand, et je m'en suis fait gloire, lorsque, dans la nuit du 12 au 13 juillet 1789, moi et le général Danican, nous faisions ouvrir les boutiques d'arquebusiers pour armer le premier bataillon des sans-culottes. Alors j'avais l'audace de la Révolution. Aujourd'hui, député à l'Assemblée nationale, l'audace qui me convient est celle de la raison, celle de dire mon opinion avec franchise.

» Mais, ô mes collègues, je vous dirai comme Brutus à Cicéron : Nous craignons trop la mort, l'exil et la pauvreté : *Nimium timemus mortem et exilium et paupertatem.* Cette vie mérite-t-elle donc qu'un représentant la prolonge aux dépens de l'honneur ? Il n'est aucun de nous qui ne soit parvenu au sommet de la montagne de la vie. Il ne nous reste plus qu'à la descendre à travers mille précipices inévitables, même pour l'homme le plus obscur. Cette descenté ne nous ouvrira aucun passage, aucun site qui ne se soit offert mille fois plus délicieux à ce Salomon qui disait au milieu de ses sept cents femmes et en foulant tout ce mobilier de bonheur : « J'ai trouvé que les morts sont plus » heureux que les vivants, et que le plus heureux est celui » qui n'est jamais né. »

XVIII

Hébert, stigmatisé dans ces feuilles, poussa des cris de douleur et de rage sous le stylet de Camille Desmoulins. Il ne cessait de provoquer son expulsion des Jacobins, et de le dénoncer aux Cordeliers comme un stipendié de la superstition et de l'aristocratie. Barère, de son côté, fulminait contre Camille Desmoulins dans le comité de salut public et à la tribune de la Convention. Il l'accusait de flétrir le patriotisme, et de comparer l'énergie pénible des fondateurs de la liberté à la cruauté des tyrans. Camille, désavoué aussi par Danton et grondé par Robespierre, commença à sentir qu'il avait mis sa main entre deux colosses qui allaient l'écraser dans leur choc. Mais rougissant de reculer devant l'opinion publique qui encourageait ces premiers appels de clémence, il aggrava son crime dans de nouvelles feuilles qui redoublaient à la fois d'éloquence et d'invectives contre les Jacobins.

Hébert, Ronsin, Vincent, Momoro, Chaumette, manquant de résolution au moment de la lutte, s'efforçaient, comme Camille Desmoulins, de désintéresser Robespierre ou de le fléchir par des adulations. La femme d'Hébert, religieuse affranchie du cloître par la Révolution, mais digne d'un autre époux, fréquentait la maison de Duplay. Robespierre éprouvait pour cette femme l'estime et le respect qu'il refusait à Hébert. Elle tenta de le rapprocher de son mari. Invitée à un dîner chez Duplay, elle s'efforça d'écarter les soupçons que Robespierre nourrissait contre la faction des Cordeliers. Dans la soirée, Robespierre, s'entr'ouvrant à Hébert, insinua que la concentration du pouvoir dans un triumvirat composé de Danton, d'Hébert et de lui, resserrerait peut-être le faisceau de la république prêt à se briser. Hébert répondit qu'il se sentait incapable d'un autre rôle que celui d'Aristophane du peuple. Robespierre le regarda avec défiance. La femme d'Hébert dit en sortant à son mari qu'une telle insinuation reçue et repoussée était un danger mortel pour lui. « Rassure-toi, dit Hébert, je ne crains pas plus Robespierre que Danton. Qu'ils viennent, s'ils l'osent, me chercher au milieu de ma commune. »

Tour à tour tremblant ou téméraire, Hébert ne parlait pas avec moins de défi de Danton et de ses amis dans sa feuille et à la tribune des Cordeliers. Les applaudissements de la populace, l'audace de Vincent, les armes de Ronsin, les bandes mal licenciées de Maillard, rassuraient Hébert. Il décriait ouvertement le comité de salut public. Le gouvernement n'avait que le choix de frapper ce factieux ou d'être frappé par lui. La Convention était menacée d'un nouveau 31 mai. Il demandait l'arrestation et le supplice des soixante-treize députés complices des Girondins. Vincent affichait aux Cordeliers des placards où il disait qu'il fallait réduire à quinze cents âmes la population de cinquante mille âmes de Lyon, et charger le Rhône d'ensevelir les cadavres. Chaumette faisait affluer à la commune des pétitionnaires des sections demandant ouvertement l'expulsion d'une partie gangrenée de la Convention. Le comité de salut public connaissait, par ses agents secrets, les trames anarchiques de Ronsin. Il était temps de les couper. Il fallait profiter du moment où ces mêmes conspirateurs menaçaient Danton. Tel fut le motif des ménagements et des indulgences de Robespierre aux Jacobins à l'égard de Danton et de Camille Desmoulins. Résolu à perdre les deux factions, le comité de salut public se gardait de les attaquer le même jour. Il fallait laisser l'espérance à l'un pour écraser plus facilement l'autre. Le secret de cette politique du comité ne transpira pas. Danton, si clairvoyant, s'y trompa lui-même. Il prit la longanimité de Robespierre pour une alliance; c'était un piége : il y tomba. C'est ce que révéla quelques jours après ce cri de son orgueil humilié : « Mourir n'est rien, mais mourir dupe de Robespierre ! »

XIX

Les Jacobins étaient pour le comité de salut public l'instrument de la défaite ou de la victoire. Robespierre se chargea de les rallier à la Convention. Il se multiplia, il épuisa ses forces pour occuper sans cesse la tribune, et pour exercer sur eux la fascination de son nom. Cette tribune devint le seul point sonore de la république. La Convention affectait de parler peu depuis qu'elle exerçait le pouvoir suprême. La souveraineté n'a pas besoin de parler, elle frappe. La Convention craignait de plus de se diviser par des discussions devant ses ennemis. Sa dignité et sa force étaient dans son silence. L'opinion ne grondait ou n'éclatait plus qu'aux Jacobins. Robespierre ne manquait aucune occasion d'y flétrir ou d'y menacer les Hébertistes.

« Que ceux, s'écria-t-il un jour en regardant le groupe formé par Ronsin, Vincent et les Cordeliers, que ceux qui désireraient que la Convention fût dégradée voient ici le présage de leur ruine ! qu'ils entendent l'oracle de leur mort certaine ! ils seront exterminés ! »

Camille Desmoulins avait été ajourné à la séance des Jacobins du 7 janvier pour justifier ses insinuations sanglantes contre la terreur. Il se présenta déjà vaincu et balbutia des excuses. « Tenez, citoyens, dit-il, je ne sais plus où j'en suis. De toutes parts on m'accuse, on me calomnie. J'ai cru longtemps aux accusations contre le comité de salut public. Collot-d'Herbois m'a assuré que ces accusations étaient un roman. J'y perds la tête. Est-ce un crime à vos yeux d'avoir été trompé ? — Expliquez-vous sur le *Vieux Cordelier*, » lui crie une voix. Camille balbutie. Robespierre le regarde d'un œil sévère : « Il y a quelque temps, dit-il, que je pris la défense de Camille Desmoulins accusé par les Jacobins. L'amitié me permettait quelques réflexions atténuantes sur son caractère. Mais aujourd'hui je suis forcé de tenir un langage bien différent. Il avait promis d'abjurer ses hérésies politiques qui couvrent les pages du *Vieux Cordelier*. Enflé par le débit prodigieux de son pamphlet, et par les éloges perfides que les aristocrates lui prodiguent, il n'a pas abandonné le sentier que l'erreur lui trace. Ses écrits sont dangereux. Ils alimentent l'espoir de nos ennemis. Ils caressent la malignité publique. Il est admirateur des anciens. Les écrits immortels des Cicéron et des Démosthène font ses délices. Il aime les philippiques. C'est un enfant égaré par de mauvaises compagnies. Il faut sévir contre ses écrits, que Brissot lui-même n'aurait pas désavoués, et conserver sa personne. Je demande qu'on brûle ses numéros.

» — Brûler n'est pas répondre ! s'écrie l'imprudent pamphlétaire.

» — Comment oser, reprit Robespierre, justifier des pages qui font les délices de l'aristocratie ? Apprends, Camille, que si tu n'étais pas Camille on ne pourrait avoir tant d'indulgence pour toi.

» — Tu me condamnes ici, répliqua Camille Desmoulins, mais ne suis-je pas allé chez toi ? Ne t'ai-je pas lu mes feuilles en te conjurant, au nom de l'amitié, de m'éclairer de tes conseils et de me tracer ma route ?

» — Tu ne m'as montré qu'une partie de tes feuilles, lui répondit sévèrement Robespierre : comme je n'épouse aucune querelle, je n'ai pas voulu lire les autres. On aurait dit que je les avais dictées.

» — Citoyens, dit à son tour Danton, Camille Desmoulins ne doit pas s'effrayer des leçons un peu sévères que Robespierre lui donne. Que la justice et le sang-froid président toujours à vos décisions ! En condamnant Camille, prenez garde de porter un coup funeste à la liberté de la presse ! »

XX

Ces luttes, préludes de luttes plus terribles, n'empêchaient pas Robespierre de dicter ses doctrines à la Convention. « Mettons l'univers dans les confidences de nos secrets politiques, dit-il dans son rapport du 5 février sur l'esprit du gouvernement républicain. Quel est notre but? Le règne de cette justice éternelle dont les lois ont été écrites non sur le marbre et la pierre, mais dans le cœur de tous les hommes, même de l'esclave qui les oublie et du tyran qui les nie. Nous voulons substituer dans notre pays la morale à l'égoïsme, la probité à l'honneur, les devoirs aux bienséances, la raison aux préjugés, c'est-à-dire toutes les vertus et tous les miracles de la république à tous les vices et à tous les mensonges de la monarchie. Le gouvernement démocratique et républicain peut seul réaliser ces prodiges; mais la démocratie n'est pas un état où le peuple, continuellement assemblé, règle par lui-même toutes les affaires publiques, encore moins celui où cent mille fractions du peuple, par des mesures soudaines, isolées, contradictoires, décideraient du sort de la société tout entière. Un tel gouvernement, s'il a jamais existé, ne pourrait exister que pour ramener le peuple au despotisme. La démocratie est un état où le peuple souverain, soumis à des lois qui sont son ouvrage, fait par ses délégués tout ce qu'il ne peut faire par lui-même.

» Non-seulement la vertu est l'âme de la démocratie, mais elle ne peut exister que dans ce gouvernement. Dans la monarchie, je ne connais qu'un individu qui peut aimer la patrie : c'est le monarque; car il est le seul qui ait une patrie. N'est-il pas seul à la place du peuple? Les Français sont le premier peuple du monde qui ait établi la vraie démocratie, en appelant tous les hommes à l'égalité et à la plénitude du droit des citoyens; et c'est pour cela qu'il triomphera de tous les tyrans! Nous ne prétendons pas jeter la république française dans le moule de Sparte. Mais les orages grondent et nous assiégent encore. Si le ressort du gouvernement populaire, dans le calme, est la vertu, dans les révolutions c'est à la fois la vertu et la terreur. La terreur n'est autre chose que la justice prompte, sévère, inflexible. Elle est donc une émanation de la vertu. Le gouvernement actuel est le despotisme de la liberté contre la tyrannie, pour fonder la république. La nature impose à tout être physique et moral la loi de sa propre conservation. Que la tyrannie règne un seul jour, le lendemain il n'existera plus un patriote! « Grâce pour les royalistes! » nous crie-t-on. Non, grâce pour l'innocence, grâce pour les faibles, grâce pour les malheureux, grâce pour l'humanité! Les conspirateurs ne sont plus des citoyens, ce sont des ennemis. On se plaint de la détention des ennemis de la république. On cherche des exemples dans l'histoire des tyrans. On nous accuse de précipiter les jugements, de violer les formes. A Rome, quand le consul découvrit la conjuration et l'étouffa au même instant par la mort des complices de Catilina, il fut accusé d'avoir violé les formes... par qui? Par l'ambitieux César, qui voulait grossir son parti de la horde des conjurés! »

Cette allusion à Danton et à ses complices fit frissonner la Convention et pâlir Danton lui-même.

« Deux factions nous travaillent, poursuivit Robespierre : l'une nous pousse à la faiblesse, l'autre à l'excès; l'une veut ériger la liberté en bacchante, l'autre en prostituée. Des intrigants subalternes, souvent même de bons citoyens abusés, se rangent à l'un ou l'autre parti. Mais les chefs appartiennent à la cause des rois. Les uns s'appellent les modérés; les autres sont les faux révolutionnaires. Voulez-vous contenir les séditieux? Les premiers vous rappellent la clémence de César! Ils découvrent qu'un tel a été noble quand il servait la république, ils ne s'en souviennent plus quand il la trahit. Les autres imitent et surpassent les folies des Héliogabale et des Caligula. Mais l'écume impure que l'Océan repousse sur ses rivages le rend-elle moins imposant? »

XXI

Ce rapport fut le tocsin de la Convention contre les Hébertistes et les Dantonistes. Le comité de salut public fit arrêter Grammont, Duret et Lapalus, amis de Vincent et de Ronsin, accusés par Couthon d'avoir déshonoré la terreur elle-même par des spoliations et des supplices qui changeaient le patriotisme en brigandage, et la justice nationale en égorgements.

Les Hébertistes tremblèrent. Robespierre, les prenant

corps à corps aux Jacobins, pulvérisa toutes leurs motions et expulsa tous leurs agents. Réfugiés aux Cordeliers, ils passèrent de la colère à la plainte et de la menace aux supplications. Saint-Just, chargé par Robespierre de commenter ses principes de gouvernement dans des rapports où la parole avait le tranchant du fer et la concision du commandement, lut à la Convention ces oracles. Le premier de ces rapports concernait les détenus : « Vous avez voulu une république, disait Saint-Just; si vous ne voulez pas en même temps ce qui la constitue, elle ensevelira le peuple sous ses débris ! »

Ces démonstrations de sévérité de Saint-Just firent croire aux partisans d'Hébert que le comité de salut public tremblait devant eux et affectait leur langage pour amortir leur opposition. Couthon était retenu dans son lit par un redoublement de ses infirmités. Une maladie d'épuisement de Robespierre, qui le tenait depuis quelques jours éloigné du comité, les encourageait à tout oser. Le 5 mars, Hébert, provoqué par Ronsin et Vincent, proclama aux Cordeliers la nécessité d'une insurrection. A ce mot, les visages pâlirent. Les clubistes s'évadèrent un à un. Vincent essaya en vain de rassurer les faibles et de retenir les transfuges. En vain il couvrit la statue de la Liberté d'un crêpe noir. Une seule section, celle de l'Unité, où dominait Vincent, vint fraterniser avec eux. La masse des sections resta immobile. Le plus grand nombre, en apprenant la maladie de Robespierre, témoigna son inquiétude et ses alarmes sur une vie qui était à leurs yeux la vie même de la république. Les sections nommèrent des députations pour aller s'informer de l'état de Robespierre et leur rendre compte de sa maladie. Ce concours spontané du peuple à la porte d'un simple citoyen donna à Robespierre le sentiment de sa force.

On admirait, mais on n'honorait pas ainsi Danton. « Je suis un exemple de la justice du peuple, propre à encourager ses vrais serviteurs! dit Robespierre à Duplay, qui lui annonçait ces députations. Depuis cinq ans il ne m'a pas abandonné un seul jour à mes ennemis. Il irait me chercher, dans ses périls, jusque dans la mort. Puissé-je n'être pas un jour un exemple de sa versatilité! »

XXII

Collot-d'Herbois fut chargé par le comité de salut public de remplacer Robespierre à la séance des Jacobins. Il y parla vaguement de l'agitation du peuple. Il conjura les bons citoyens de rester calmes et attachés au centre du gouvernement. Complice en espérance du mouvement d'Hébert si ce mouvement avait grandi, Collot-d'Herbois l'étouffait parce qu'il avait avorté. Fouquier-Tinville fut appelé à la Convention pour y rendre compte des dispositions du peuple. Le 13 mars, Saint-Just fit un rapport foudroyant contre les prétendues factions de l'étranger. Il y impliqua Chabot, Fabre d'Églantine, Ronsin, Vincent, Hébert, Momoro, Ducroquet, le colonel Saumur et quelques autres intrigants obscurs de la faction des Cordeliers. Il affecta de les confondre avec les royalistes : « Où donc, dit-il, est la roche Tarpéienne? Ceux-là se sont trompés qui attendent de la Révolution le privilége d'être à leur tour aussi pervers que la noblesse et que les riches de la monarchie. Une charrue, un champ, une chaumière à l'abri du fisc, une famille à l'abri de la lubricité d'un brigand, voilà le bonheur. Que voulez-vous, vous qui courez les places publiques pour vous faire regarder et pour faire dire de vous : « Voilà un tel qui parle, voilà un tel qui » passe! » vous voulez quitter le métier de votre père pour devenir un homme influent et insolent en détail. Savez-vous quel est le dernier parti de la monarchie? C'est la classe qui ne fait rien, qui ne peut se passer de luxe et de folie, qui, ne pensant à rien, pense à mal, qui promène l'ennui, la fureur des jouissances et le dégoût de la vie commune, qui se demande : « Que dit-on de nouveau? » qui fait des suppositions, qui prétend deviner le gouvernement, toujours prête à changer de parti par curiosité. Ce sont des hommes qu'il faut réprimer. Il y a une autre classe corrompue, ce sont les fonctionnaires. Le lendemain du jour où un homme est dans un emploi public, il met un palais en réquisition; il a des valets. Sa femme a des bijoux. Le mari est monté du parterre aux loges brillantes du spectacle. Ils ne sont point assouvis; il faut une révolte pour leur procurer d'autres luxes.

» Comme l'amour de la fortune, l'amour de la renommée fait beaucoup de martyrs. Il est tel homme qui, comme Érostrate, brûlerait plutôt le temple de la Liberté que de ne point faire parler de lui. De là ces orages si soudainement formés. L'un est le meilleur et le plus utile des patriotes. Il prétend que la Révolution est faite, et qu'il faut donner une amnistie à tous les scélérats. Cette proposition officielle est recueillie par tous les intéressés, et voilà un héros. Précisez donc aux autorités des bornes, poursuit Saint-Just, car l'esprit humain a les siennes; le monde aussi a les siennes, au delà desquelles est la mort et le néant. La sagesse elle-même a les siennes. Au delà de la liberté est l'esclavage, comme au delà de la nature est le chaos. Ces temps difficiles passeront. Voyez-vous la tombe de ceux qui conspiraient hier? Des mesures sont déjà prises pour s'assurer des coupables. Ils sont cernés. »

Le moment approchait. Dans la nuit suivante, Ronsin, général de l'armée révolutionnaire; Hébert, Vincent, Momoro, Ducroquet, Cook, banquier hollandais; Saumur, colonel d'infanterie et gouverneur de Pondichéry; Leclerc, Pereyra, Anacharsis Klootz, Défieux, Dubuisson, Proly, furent arrêtés et conduits à la Conciergerie. Ils tombèrent en criminels vulgaires, et non en conjurés politiques. Accueillis par des applaudissements ironiques et par des huées de mépris dans les prisons qu'ils avaient encombrées de victimes, ils n'eurent ni les consolations de la pitié ni la décence du malheur. Ils se lamentèrent, ils versèrent des larmes. Un espion de Robespierre, emprisonné comme leur complice, afin de révéler leurs confidences, raconte ainsi leur attitude, dans les rapports secrets du comité de salut public : « Ronsin seul a paru ferme. Comme il voyait écrire Momoro : Qu'est-ce que tu écris là? lui a-t-il dit. Tout cela est inutile. Ceci est un procès politique. Vous avez parlé aux Cordeliers lorsqu'il fallait agir. Cependant, soyez tranquilles, ajouta-t-il en s'adressant à Hébert et à Vincent, le peuple et le temps nous vengeront. J'ai un enfant que j'ai adopté. Je lui ai inculqué les principes d'une liberté illimitée. Quand il sera grand, il n'oubliera pas la mort injuste de son père. Il poignardera ceux qui nous auront fait mourir. Il ne faut pour cela qu'un couteau. Il faut mourir. »

XXIII

Les Hébertistes marchèrent à la mort, le matin du 24 mars 1794, dans cinq charrettes. La foule ne les honora pas même de son attention. Seulement, lorsqu'on vit passer la dernière charrette, qui portait Anacharsis Klootz, Vincent, Ronsin et enfin Hébert, des hommes apostés, portant au bout d'un bâton des fourneaux allumés, symboles parlants des *fourneaux* de charbonnier du *Père Duchesne*, les approchèrent du visage d'Hébert, et l'insultèrent des mêmes railleries dont il avait insulté tant de victimes. Hébert paraissait insensible. Vincent pleurait. Anacharsis Klootz conservait seul sur ses traits le calme imperturbable de son système. Inattentif au bruit de la foule, il prêchait le matérialisme à ses compagnons d'échafaud jusqu'au bord du néant.

Ainsi finit ce parti, plus digne du nom de bande que de celui de faction. L'estime de Robespierre pour Pache le fit excepter de cette proscription. Robespierre ne trouva le maire de Paris ni assez pervers ni assez audacieux pour inquiéter le gouvernement. Le conseil de la commune décimé, Pache n'était plus à l'hôtel de ville qu'une idole sans bras, propre à assurer l'obéissance du peuple à la Convention. Bientôt après on arrêta Chaumette, l'évêque Gobel, Hérault de Séchelles et Simon, son collègue dans sa mission en Savoie. On enlevait ainsi, un à un, tous les appuis qui pouvaient rester à Danton. Danton ne voyait rien, ou, dans l'impuissance de rien empêcher, il affectait de ne rien voir.

Robespierre, enfermé dans sa retraite depuis son triomphe sur les Hébertistes, poursuivit le plan d'épuration de la république. Il écrivit de sa propre main un projet de rapport sur l'affaire de Chabot, rapport trouvé inachevé dans ses papiers. Ce rapport, qui transformait de misérables intrigues en conspiration, faisait de Chabot un conjuré. Ce n'était qu'une âme vulgaire. La sombre imagination de Robespierre grossissait tout. Sa politique, d'accord avec ses ombrages, croyait à la nécessité d'entretenir une grande terreur dans la Convention pour la disposer aux grands sacrifices et pour lui arracher Danton lui-même, ce favori de la Montagne.

« Les représentants du peuple, disait Robespierre dans ce rapport, ne peuvent trouver la paix que dans le tombeau; les traîtres meurent, mais la trahison survit. » Après ce cri de découragement, il sondait les misères de la patrie, les faiblesses de la Convention, les corruptions de beaucoup de ses membres; il les attribuait toutes à un plan soufflé par l'étranger pour séduire et égarer la république, pour la ramener, par les vices, par les désordres et par la trahison, à la royauté. Il racontait ensuite comment Chabot, ou séduit ou complice, avait épousé la sœur du banquier autrichien Frey et reçu en dot deux cent mille francs; comment il avait été chargé de corrompre à prix d'or le député qui devait faire le rapport sur la compagnie des

Indes, pour favoriser les intérêts de ces spéculateurs étrangers ; comment enfin Chabot était venu dénoncer tardivement cette manœuvre, dont il était l'agent, au comité de sûreté générale. Ce rapport fut interrompu par la maladie ; mais Fabre d'Églantine, Bazire et Chabot, emprisonnés par ordre du comité comme corrompus ou comme corrupteurs, entrèrent dans les cachots. Les noms de ces trois députés, qu'on savait liés intimement avec Danton, semblaient indiquer à l'opinion publique que les alentours de Danton n'étaient pas purs, que ses amis n'étaient pas inviolables, et que les conspirations remontaient peut-être jusqu'à lui.

LIVRE CINQUANTE-CINQUIÈME

Robespierre, Danton. — Leur entrevue. — Saint-Just chez Robespierre. — Inaction de Danton. — Séance secrète des trois comités. — Discours de Saint-Just. — Il demande l'arrestation de Danton et de ses complices. — Danton, Camille Desmoulins, Philippeaux, Lacroix, Westermann sont arrêtés. — Leur arrivée au Luxembourg. — Séance de la Convention. — Discours de Legendre. — Réponse de Robespierre. — Rapport de Saint-Just. — Projet de décret contre Danton et ses complices. — Vote unanime. — Danton dans sa prison. — Camille Desmoulins. — Sa femme. — Procès des accusés. — Leur condamnation. — Leur exécution. — Jugement sur Danton.

I

Cependant Robespierre hésitait encore à frapper Danton. Son indécision et celle de Saint-Just et de Couthon, qu'il dominait, laissaient flotter la mort invisible sur la tête de cet ancien rival. Robespierre ne l'estimait pas, mais il ne le haïssait pas, et il avait cessé de le craindre. Si cet homme eût été plus incorruptible, Robespierre l'aurait volontiers associé à l'empire. Cet Antoine aurait complété ce Lépide. Danton était précisément doué par la nature des facultés qui manquaient à Robespierre : la justesse du coup d'œil et l'élan de l'inspiration. L'un était la pensée, l'autre la main d'une révolution. Le courage civil était plus obstiné chez Robespierre; le courage physique, plus prompt et plus instinctif chez Danton. Ces deux hommes réunis eussent été le corps et l'âme de la république. Mais la pensée de Robespierre répugnait à l'alliage impur du matérialisme de Danton. « Mésallier sa pensée, ce n'est pas la fortifier, disait-il, c'est la corrompre. La vertu vaincue, mais pure, est plus forte que le vice triomphant. »

Une vive anxiété l'agita pendant les jours et les nuits qui précédèrent sa résolution. On l'entendit souvent s'écrier : « Ah! si Danton était honnête homme! s'il était vraiment républicain!... Que je voudrais avoir la lanterne du philosophe grec, dit-il une fois, pour lire dans le cœur de Danton, et pour savoir s'il est plus ami qu'ennemi de la république! »

Les Jacobins hésitaient moins dans leurs soupçons. Danton n'était à leurs yeux que la statue d'argile du peuple, qui fondrait aux premières averses. Il fallait, disaient-ils, enlever ce faux dieu à la multitude, pour lui faire adorer la pure vertu révolutionnaire. Ce Périclès d'Athènes corrompue ne convenait pas à Sparte.

Robespierre l'avouait, mais il tremblait de conclure. Il se demandait intérieurement si la popularité puissante de Danton sur la Montagne ne s'égarerait pas après sa mort sur quelques têtes subalternes aussi vicieuses, mais moins puissantes et plus perfides que celle de Danton; s'il ne valait pas mieux balancer avec lui l'ascendant sur la Convention que de livrer cet ascendant au hasard d'autres popularités ; si, le vicieux mort, le vice mourrait avec lui dans la république ; si, dans les grands assauts que le gouvernement aurait à soutenir contre les factions qui se multipliaient, la présence, la voix, l'énergie de Danton ne manqueraient pas à la patrie et à lui-même ; si ce sang enfin du second des révolutionnaires qu'il allait répandre ne donnerait pas à quelque hardi scélérat la soif du sang du premier ; si la tombe de son collègue immolé ne serait pas sans cesse ouverte, comme un piége, au pied de la tribune, où il rencontrait déjà la tombe de Vergniaud ; si c'était d'un bon exemple pour l'avenir et d'un bon augure pour sa propre fortune de creuser ainsi le sépulcre au milieu de la Convention, et de se faire un marchepied des cadavres de ses rivaux.

Enfin la nature, qui était vaincue, mais non totalement étouffée dans le cœur de Robespierre, se révoltait intérieurement en lui contre les cruelles exigences de sa politique. Danton était son rival, il est vrai, mais il était le plus ancien et le plus illustre compagnon de sa carrière révolutionnaire. Depuis cinq ans de luttes, de défaites, de victoires, ils n'avaient cessé de combattre ensemble pour renverser la royauté, sauver le sol, fonder la république. Leurs âmes, leur parole, leurs veilles, leurs sueurs, s'étaient confondues dans les travaux, dans les dangers, dans les fondements de la Révolution. Ils s'asseyaient sur les mêmes bancs. Ils se rencontraient dans les mêmes clubs. Ils ne s'étaient jamais froissés. Ils avaient toujours eu, affecté du moins, l'un pour l'autre, l'estime et l'admiration qui touchent les cœurs ; ils s'étaient défendus mutuellement contre des ennemis communs. La place était assez vaste pour deux grandes ambitions diverses dans la république.

Et puis Danton était jeune, père d'enfants bientôt orphelins, épris d'une nouvelle épouse qu'il préférait à la toute-puissance et qui amortissait son ambition.

Couthon, Lebas, Saint-Just, étaient les témoins et les confidents des irrésolutions de Robespierre. Il semblait vouloir que la violence morale lui arrachât un consentement qui ne pouvait sortir de sa bouche. Un soir même, il rentra chez lui avec un visage rayonnant de la sérénité d'un homme qui a accompli une résolution magnanime : « Je leur ai arraché une grande proie, dit-il à Souberbielle, peut-être un grand criminel ; mais je suis le juré du peuple comme toi, ma conscience n'était pas assez éclairée. » Souberbielle comprit plus tard qu'il s'agissait de Danton.

II

Danton, comme on l'a vu, s'était retiré volontairement du comité de salut public, soit pour amortir l'envie qui commençait à le trouver trop grand, soit pour jouir en paix de ce loisir qui lui était plus cher que l'ambition. L'amour, l'étude, l'amitié, quelques rares travaux pour la Convention, quelques intrigues languissantes et quelques perspectives trop dévoilées de rentrée au pouvoir occupaient ses jours. Il réunissait souvent à Sèvres ses amis

Philippeaux, Legendre, Lacroix, Fabre d'Églantine, Camille Desmoulins, Bazire, Westermann et quelques politiques de la Montagne. Ces hommes, qui n'étaient que de joyeux convives, passaient pour des conspirateurs. Danton, peu sobre de propos, s'épanchait en critiques amères et sanglantes du gouvernement. Trop timide pour un homme qui veut renverser une dictature, trop hardi pour un homme qui ne veut pas encore l'attaquer, il affectait le ton d'un conspirateur patient qui a en main la force de tout détruire et qui veut bien ne pas en user. Il avait l'air de laisser aller le comité de salut public seulement pour faire l'épreuve de son insuffisance, et jusqu'au point où il lui conviendrait de l'arrêter. « La France croit pouvoir se passer de moi, nous verrons, » disait-il souvent.

Il ne ménageait pas Robespierre, qui lui avait toujours paru un métaphysicien drapé dans sa vertu, embarrassé dans ses systèmes, et maintenant *embourbé dans le sang*. « Danton, lui dit un jour Fabre d'Églantine, sais-tu de quoi on t'accuse? On dit que tu n'as lancé le char de la Révolution que pour t'enrichir, tandis que Robespierre est resté pauvre au milieu des trésors de la monarchie renversée à ses pieds. — Eh bien, lui répondit Danton, sais-tu ce que cela prouve? C'est que j'aime l'or et que Robespierre aime le sang! Robespierre, ajoutait-il, a peur de l'argent parce qu'il tache les mains. » On disait que Danton avait fait allouer des fonds considérables par la Convention au comité de salut public, afin de ternir l'incorruptibilité de Robespierre des soupçons qui planaient sur lui-même. Lacroix et lui avaient rapporté, disait-on, de riches dépouilles de leurs missions en Belgique. Ne voulant pas les posséder sous leurs noms, ils les avaient prêtées, ajoutait-on, à une ancienne directrice des théâtres de la cour, mademoiselle Montansier. Celle-ci les avait employées, sous son nom, mais à leur profit, à construire la salle de l'Opéra. On croyait savoir aussi que quelques-uns des diamants volés dans le garde-meuble de la couronne étaient restés entre les mains d'un agent de Danton. Depuis que le comité de salut public gouvernait par la main du bourreau, Danton affectait l'horreur du sang et s'efforçait de donner à son parti le nom de parti de la clémence. Après avoir cherché la popularité dans la rigueur, il voulait la poursuivre dans la magnanimité. Il faisait des signes d'intelligence aux victimes et se posait en vengeur à venir. Il soufflait à Camille Desmoulins ses philippiques contre la terreur et ses allusions contre Robespierre. Il faisait de l'humanité une faction. Cette faction était une accusation permanente contre le comité de salut public, et surtout contre Collot-d'Herbois, Billaud-Varennes et Barère, inspirateurs ou instruments du terrorisme. Du moment où un régime pareil avait un accusateur dans un homme comme Danton, ce régime était menacé. Sous ce gouvernement, dont la seule force était de rester impitoyable, tout appel à la pitié était un appel à l'insurrection.

III

L'imminence d'un choc entre Robespierre et Danton était évidente aux yeux des Montagnards intelligents. Forcés de se décider entre ces deux hommes, leur cœur était pour Danton, leur logique pour Robespierre. Ils adoraient le premier, dont la voix les avait si souvent électrisés du feu de son patriotisme; ils craignaient le second plus qu'ils ne l'aimaient. Son caractère concentré, son extérieur froid, sa parole impérieuse, repoussaient la familiarité et déconcertaient l'affection. C'était un homme qu'il fallait voir en perspective, à distance, pour moins le craindre et moins le haïr. Le peuple en masse pouvait se passionner pour cette idole. Ses collègues n'osaient pas l'aimer. Mais les députés patriotes de la Montagne ne se dissimulaient pas que, si Danton était le patriote selon leur cœur, Robespierre était le législateur selon leurs vues, et que, Robespierre de moins, la république serait une dictature sans unité et un orage sans direction. Lui seul avait les secrets de la route, et marquait à la démocratie le port fuyant toujours auquel ils espéraient arriver sur cette mer de sang. Les Montagnards ne pouvaient donc se décider à perdre un de ces deux hommes; mais, s'il fallait choisir, ils suivraient Robespierre en pleurant Danton. Ils espéraient encore pouvoir les conserver tous deux.

Des négociateurs officieux s'efforcèrent d'amener entre eux une explication. Robespierre ne s'y refusa pas. Il désirait encore sincèrement trouver Danton assez innocent pour ne pas avoir à le perdre. Une entrevue fut acceptée par les deux chefs. Elle eut lieu dans un dîner à Charenton, chez Panis, leur ami commun. Les convives, en petit nombre et animés d'un ardent désir de prévenir ce grand déchirement de la république, écartèrent avec soin des premiers entretiens tous les textes de division qui pouvaient réveiller l'aigreur. Ils y réussirent. Le commencement du repas fut cordial. Danton fut ouvert. Robespierre fut serein. On augura bien de ce rapprochement sans choc entre deux hommes dont les dispositions personnelles pouvaient amortir le combat entre deux partis.

Cependant à la fin du dîner, soit que le présomptueux Danton vît dans la présence de Robespierre un symptôme de faiblesse, soit que l'indiscrétion du vin déliât sa langue, soit que son orgueil ne pût cacher le mépris qu'il portait à Robespierre et à ses amis, tout changea d'aspect. Un dialogue d'abord pénible, puis amer, et à la fin menaçant, s'établit entre les deux interlocuteurs. « Nous tenons à nous deux la paix ou la guerre pour la république, dit Danton ; malheur à celui qui la déclarera! Je suis pour la paix, je désire la concorde, mais je ne donnerai pas ma tête aux trente tyrans. — Qu'appelez-vous tyrans? dit Robespierre. Il n'y a sous la république d'autre tyrannie que celle de la patrie. — La patrie! s'écria Danton, est-elle dans un conciliabule de dictateurs dont les uns ont soif de mon sang, dont les autres n'ont pas la force de le refuser? — Vous vous trompez, répondit Robespierre, le comité n'a soif que de justice et ne surveille que les mauvais citoyens. Mais sont-ils de bons citoyens ceux qui veulent désarmer la république au milieu du combat, et qui se parent des grâces de l'indulgence quand nous acceptons pour eux l'odieux et la responsabilité de la rigueur? — Est-ce une allusion? dit Danton. — Non, c'est une accusation ! dit Robespierre. — Vos amis veulent ma mort. — Les vôtres veulent la mort de la république. » On s'interposa entre eux. On les ramena à la modération et presque à la bienveillance. « Nonseulement, dit Robespierre, le comité de salut public ne veut pas votre tête, mais il désire ardemment fortifier le gouvernement du plus haut ascendant de la Montagne. Serais-je ici si je voulais votre tête? Offrirais-je ma main à celui dont je méditerais l'assassinat? On sème la calomnie entre nous. Danton, prenez-y garde! en prenant ses amis pour ses ennemis, on les force quelquefois à le devenir. Voyons; ne pouvons-nous pas nous entendre? Le pouvoir a-t-il besoin ou non d'être terrible quand les dangers sont extrêmes? — Oui, dit Danton, mais il ne doit pas être implacable. La colère du peuple est un mouvement. Vos échafauds sont un système. Le tribunal révolutionnaire que j'ai inventé était un rempart; vous en faites une boucherie. Vous frappez sans choix! — Septembre ne choisissait pas, dit en ricanant Robespierre. — Septembre, reprit Danton, fut un instinct irréfléchi, un crime anonyme que personne n'absout, mais que personne ne peut punir dans le peuple. Le comité de salut public verse le sang goutte à goutte, comme pour entretenir l'horreur et l'habitude des supplices. — Il y a des gens, répondit Robespierre, qui aiment mieux le verser en masse. — Vous faites mourir autant d'innocents que de coupables. — Est-il mort un seul homme sans jugement? A-t-on frappé une seule tête qui ne fût proscrite par la loi? » Danton, à ces mots, laissa échapper un éclat de rire amer et provoquant de ses lèvres. « Des innocents! des innocents! s'écria-t-il, devant ce comité qui a dit au boulet de choisir à Lyon, et à la Loire de choisir à Nantes! Tu plaisantes, Robespierre! vous prenez pour crime la haine qu'on vous porte! vous déclarez coupables tous vos ennemis! — Non! dit Robespierre, et la preuve, c'est que tu vis! »

A ces mots, Robespierre se leva et sortit avec les signes visibles de l'impatience et de la colère. Il garda un silence absolu pendant le trajet de Charenton à la rue Saint-Honoré. Arrivé à la porte de sa maison : « Tu le vois, dit-il à l'ami qui l'accompagnait, il n'y a pas moyen de ramener cet homme au gouvernement. Il veut se repopulariser aux dépens de la république. Dedans il la corrompt, dehors il la menace. Nous ne sommes pas assez forts pour mépriser Danton, nous sommes trop courageux pour le craindre; nous voulions la paix, il veut la guerre, il l'aura ! »

A peine rentré dans sa chambre, Robespierre envoya chercher Saint-Just. Ils restèrent enfermés une partie de la nuit, et pendant de longues heures les deux jours suivants. On croit qu'ils préparèrent et combinèrent, dans ces longs entretiens, les rapports et les discours qui allaient éclater contre Danton et ses amis.

IV

Danton passa ces deux jours à Sèvres, sans paraître prévoir ou sans vouloir conjurer l'orage dont il était environné. En vain Legendre, Lacroix, le jeune Rousselin, Camille Desmoulins, Westermann, le supplièrent de prendre garde à sa destinée et de prévenir le comité de salut public ou par la fuite ou par l'audace. « La Montagne est à toi, lui disait Legendre. — Les troupes sont à toi, lui disait Westermann. — Le sentiment public est à nous, lui disait Rousselin. La pitié publique deviendra de l'indignation à ta voix. » Danton souriait d'indifférence et d'orgueil. « Il n'est pas temps, répondait-il, et puis il faudrait du sang, je suis las de sang. J'ai assez de la vie, je ne voudrais pas la payer à ce prix. J'aime mieux être guillotiné que guillotineur. D'ailleurs ils n'oseront s'attaquer à moi, je suis plus fort qu'eux ! »

Il le disait plus qu'il ne le pensait peut-être. Il affectait la confiance pour justifier l'inaction. Mais au fond il n'agissait pas, parce qu'il ne pouvait plus agir. Danton était une force immense ; mais cette force n'avait plus de point d'appui pour poser son levier et soulever la république. Était-ce sur les Jacobins ? il les avait livrés à Robespierre ; était-ce sur les Cordeliers ? il les avait abandonnés à Hébert ; était-ce sur la Convention ? il l'avait, en se retirant, asservie au comité de salut public. Il était cerné et désarmé de toutes parts. Il n'avait pour force que les plus tièdes et les plus inactifs des sentiments publics : la pitié et la peur. Il ne pouvait faire appel qu'à un murmure vague encore de l'opinion. Et puis l'homme de septembre était-il bien l'homme de la clémence ? Une révolution d'humanité pouvait-elle se personnifier dans un Marius ? Avait-il le droit de soulever la conscience publique avec des mains teintes de sang ? Ne l'écraserait-on pas sous son passé ? Ne le convaincrait-on pas de son mensonge ? Il le sentait sans se l'avouer. Il s'endormait dans une sécurité feinte. Il s'enveloppait de sa popularité évanouie comme d'une inviolabilité pour motiver son sommeil.

Saint-Just, Robespierre, Barère, le comité, ne s'y trompaient pas. Ils savaient qu'une surprise de l'éloquence de Danton pouvait ébranler la Convention, et reconquérir un ascendant mal éteint sur la Montagne. Ils voulaient désarmer le géant avant de le combattre. Le hasard d'une séance leur parut trop grand pour être affronté. Aucune voix alors, pas même celle de Robespierre, n'avait l'entraînement de la voix de Danton. Le silence était plus prudent et le mystère plus sûr. Ils agirent comme le sénat de Venise, et non comme les comices de Rome : le cachot au lieu de la tribune.

V

Le comité de salut public convoqua dans la nuit du 30 au 31 mars, à une séance secrète, les membres du comité de sûreté générale et les membres du comité de législation. Nul ne se doutait du complot terrible auquel on l'associait à son insu. Danton comptait des amis dans ces deux comités, amis faibles qui trembleraient de déclarer innocent celui que Robespierre trouverait coupable. Les visages étaient mornes, les regards s'évitaient, aucune conversation familière ne précéda la délibération. Saint-Just, d'un accent plus tranchant et d'une voix plus métallique qu'à l'ordinaire, commença par demander qu'un silence d'État couvrît la délibération qui allait s'ouvrir et la résolution quelconque qu'on allait prendre. Il dit ensuite, sans paraître lui-même ému de la grandeur de sa proposition : « Que la république était minée sous la Convention même ; qu'un homme longtemps utile, maintenant dangereux, toujours égoïste, avait affecté de se séparer des comités de

gouvernement, afin de séparer sa cause de celle de ses
collègues, et de leur imputer ensuite à crime le salut de la
patrie; que cet homme, nourri de complots, gorgé de richesses, convaincu de trahisons d'abord avec la cour, puis
avec Dumouriez, puis avec la Gironde, enfin avec les endormeurs de la Révolution, tramait maintenant la plus
dangereuse de toutes, la trahison de la clémence! Que,
sous cette hypocrisie d'humanité, il pervertissait l'opinion,
grossissait les murmures, aigrissait les esprits, fomentait
la division dans la représentation nationale, entretenait
l'espoir de la Vendée, correspondait peut-être avec les tyrans exilés; qu'il ralliait autour de lui, dans une apparente
inaction, tous les hommes vicieux, faibles ou versatiles de
la république; qu'il leur dictait leur rôle, et leur soufflait
leurs invectives contre les salutaires rigueurs des comités;
que c'en était fait de la Révolution si les services passés et
douteux de cet homme le couvraient, aux yeux des patriotes purs, contre ses crimes présents et surtout contre
ses crimes futurs; que la pire des contre-révolutions serait
celle qu'on aurait la perfidie de faire accomplir par le
peuple lui-même; que le pire des gouvernements serait
une république tombée entre les mains des plus corrompus
des faux démagogues; que cet homme était à lui seul la
contre-révolution par le peuple!... Cet homme, vous l'avez
déjà tous nommé, dit-il après un moment de silence, c'est
Danton! Ses crimes sont écrits dans le silence même que
vous gardez à son nom! S'il était pur, vos murmures m'auraient déjà confondu. Nul ne le croit innocent. Tous le
croient dangereux. Ayons le courage de nos convictions.
Ayons l'inflexibilité de nos devoirs! Je demande que Danton et ses principaux complices, Lacroix, Philippeaux et

Camille Desmoulins, soient arrêtés dans la nuit et traduits au tribunal révolutionnaire ! »

On regarda Robespierre. Robespierre, qui s'était soulevé d'indignation la première fois que Billaud-Varennes avait proposé l'arrestation de Danton, se tut cette fois. On comprit que Saint-Just avait parlé pour deux. Nul n'osait paraître indécis où Robespierre paraissait décidé. Barère et ses collègues signèrent l'ordre. Le silence se commandait assez de lui-même. Une indiscrétion eût été une complicité, la complicité c'était la mort.

Cependant un employé subalterne des bureaux du comité, nommé Paris, avait entendu quelques mots du discours de Saint-Just à travers les fentes de la porte. Il courut chez Danton, il lui dit que son nom, plusieurs fois prononcé dans la réunion des trois conseils, devait faire craindre une résolution sinistre contre lui. Il lui offrit un asile sûr où il pouvait laisser passer l'orage. La jeune épouse de Danton, éclairée par sa tendresse, se jeta, tout en larmes, aux pieds de son mari, et le conjura par son amour et par celui de ses enfants d'écouter cet avertissement de la destinée et de s'abriter quelques jours contre ses ennemis. Soit incrédulité à cet avis, soit humiliation d'éviter la mort, soit lassitude de vivre dans ces transes que César trouvait pires que la mort même, Danton s'y refusa : « Ils délibéreront longtemps avant de frapper un homme tel que moi, dit-il, ils délibéreront toujours, et c'est moi qui les surprendrai. » Il congédia Paris. Il lut quelques pages, et il s'endormit. A six heures du matin, les gendarmes frappèrent à sa porte et lui présentèrent l'ordre du comité. « Ils osent donc ! dit-il en froissant l'ordre dans sa main, eh bien, ils sont plus hardis que je ne le supposais ! » Il s'habilla, il embrassa convulsivement sa femme, la rassura sur son sort, la conjura de vivre, et suivit les gendarmes, qui le conduisirent à la prison du Luxembourg.

A la même heure on arrachait Camille Desmoulins des bras de Lucile. « Je vais aux cachots, dit-il en sortant, pour avoir plaint les victimes; si je meurs, mon seul regret sera de n'avoir pu les sauver ! »

Philippeaux, Lacroix et Westermann entraient au même moment au Luxembourg. Hérault de Séchelles, Fabre d'Églantine, Chabot, de Launay, y étaient déjà. Le nom de Danton étonna la prison. Les détenus de toutes les factions, et surtout les royalistes, se pressèrent en foule pour contempler cette grande dérision de la république. Cette moquerie du sort était le sentiment qui semblait humilier le plus Danton, et qu'il s'efforçait d'écarter de lui avec le plus de sollicitude : « Eh bien, oui, dit-il en relevant la tête et en affectant de faux éclats de rire qui juraient avec sa situation, c'est Danton ! Regardez-le bien ! Le tour est bien joué, je l'avoue. Je n'aurais jamais cru que Robespierre m'escamoterait ainsi ! Il faut savoir applaudir à ses ennemis quand ils se conduisent en hommes d'État ! Au reste, il a bien fait, ajouta-t-il en s'adressant aux royalistes qui l'entouraient, quelques jours plus tard je vous délivrais tous. J'entre ici pour avoir voulu finir vos misères et vos captivités. » Il cherchait par ce discours à amortir l'horreur qu'inspirait son nom et à se concilier l'intérêt même de ses victimes. Sa feinte bonhomie captait tous les cœurs. Les royalistes en étaient réduits à n'avoir de choix et de préférence qu'entre leurs ennemis.

VI

On jeta Danton et son ami Lacroix dans le même cachot. « Nous, arrêtés ! s'écriait Lacroix, qui jamais eût osé le prévoir ? — Moi, lui dit Danton. — Quoi ! tu le savais, et tu n'as pas agi ? reprit Lacroix. — Leur lâcheté m'a rassuré, répliqua Danton. J'ai été trompé par leurs bassesses ! » Il demanda, vers le milieu du jour, à se promener comme les autres détenus dans les corridors. Les geôliers n'osèrent refuser quelques pas dans la prison à l'homme qui commandait la veille à la Convention. Hérault de Séchelles accourut à lui et l'embrassa. Danton affecta l'insouciance et la gaieté. « Quand les hommes font des sottises, dit-il en haussant les épaules à Hérault de Séchelles, il faut savoir en rire. » Puis apercevant Thomas Payne, il s'approcha de lui et lui dit avec tristesse : « Ce que tu as fait pour ton pays d'adoption, j'ai tenté de le faire pour le mien. J'ai été moins heureux que toi, mais non plus coupable. » Il revint ensuite vers un groupe de ses amis qui se lamentaient sur leur sort, et s'adressant à Camille Desmoulins, qui se frappait la tête contre les murs : « A quoi bon ces larmes ? lui dit-il. Puisqu'on nous envoie à l'échafaud, marchons-y gaiement. »

On ne laissa pas longtemps aux accusés la consolation de s'entretenir ensemble. L'ordre arriva de les enfermer dans des cachots séparés. Celui de Danton était voisin de ceux de Lacroix et de Camille Desmoulins. Constamment collé aux barreaux de sa fenêtre, Danton ne cessait de parler à ses amis à haute voix, pour être entendu des prisonniers qui habitaient les autres étages ou qui se promenaient dans les cours. Son courage avait besoin de spectateurs. Sa fenêtre était sa tribune. Il était en scène jusque dans le cachot. La fièvre de son âme se révélait dans les pulsations de sa pensée et dans l'agitation de ses discours. Homme de tumulte, il n'était pas de ces natures qui recueillent leur force dans le silence et qui n'ont besoin que de leur conscience pour témoin. Il lui fallait une infortune bruyante et la popularité du malheur. Sa loquacité importunait la prison.

VII

Le bruit de l'arrestation de Danton et de ses complices se répandit, avec le jour, dans Paris. Nul ne voulait croire à cet excès de témérité du comité de salut public. Danton arrêté paraissait le sacrilége de la Révolution. Cependant cette témérité même donnait le sentiment d'une force immense dans ceux qui l'avaient montrée. On ne savait s'il fallait murmurer ou applaudir. On se taisait en attendant l'explication.

La Convention se réunit lentement. De sourds chuchotements annonçaient que ses membres se communiquaient à demi-voix les récits, les conjectures et les impressions des événements de la nuit. Les pensées étaient scellées sur les fronts. Mais chacun se demandait intérieurement s'il restait quelque sécurité et quelque indépendance devant un pouvoir occulte qui osait faire disparaître Danton. Les membres du comité de salut public n'étaient pas encore à leurs bancs. Comme des souverains qui font attendre, ils laissaient évaporer l'impression avant de l'affronter.

Legendre paraît. C'était l'ami le plus courageux de Danton. Lui-même, Danton subalterne, tantôt agitateur, tantôt modérateur du peuple, d'où il était sorti, il se croyait son courage parce qu'il avait son emportement. Au bruit de l'arrestation de son ami, Legendre se sentit menacé. Il osa concevoir une pensée généreuse, celle de citer la tyrannie à la barre de la Convention. Sa figure bouleversée annonçait la lutte qui se passait dans son âme entre le courage et la crainte, entre l'amitié qui le provoquait et la servilité qui se taisait autour de lui. Legendre monta précipitamment les marches de la tribune.

« Citoyens, dit-il, quatre membres de cette assemblée ont été arrêtés cette nuit. Danton en est un. J'ignore le nom des autres. Qu'importe les noms s'ils sont coupables ? mais je viens demander qu'ils soient entendus, jugés, condamnés ou absous par vous. Citoyens, je ne suis que le fruit du génie de la liberté, je ne suis uniquement que son ouvrage, et je ne développerai qu'avec une grande simplicité ma proposition. N'attendez de moi que l'explosion d'un sentiment. Citoyens, je le déclare, je crois Danton aussi pur que moi, et personne ici n'a jamais suspecté ma probité !... » A ces mots, un murmure de défaveur révèle la mauvaise renommée de Danton. Legendre commence à se troubler. Le silence pourtant se rétablit à la voix du président. Legendre reprend :

« Je n'apostropherai aucun membre du comité de salut public, mais j'ai le droit de craindre que des haines personnelles n'arrachent à la liberté des hommes qui lui ont rendu les plus grands et les plus utiles services. Il m'appartient de vous dire cela de l'homme qui en 1792 fit lever la France entière par les mesures énergiques dont il se servit pour ébranler le peuple ; de l'homme qui fit décréter la peine de mort contre quiconque ne donnerait pas ses armes ou qui ne les tournerait pas contre l'ennemi. Non, je ne puis, je l'avoue, le croire coupable, et ici je veux rappeler le serment réciproque que nous fîmes en 1790 ; serment qui engagea celui de nous deux qui verrait l'autre faiblir ou survivre à son attachement à la cause du peuple, à le poignarder à l'instant : serment dont j'aime à me souvenir aujourd'hui ! Je le répète, je crois Danton aussi pur que moi. Il est dans les fers depuis cette nuit. On a craint sans doute que sa voix ne confondît ses accusateurs. Je demande en conséquence qu'avant que vous entendiez aucun rapport, les détenus soient mandés et entendus par nous. »

VIII

Robespierre était perdu au premier acte de sa tyrannie, s'il ne fût arrivé à la séance au moment où Legendre parlait. La stupeur de l'Assemblée, se changeant en indignation à la voix de Legendre, était prête à citer Danton comme un témoin vivant de l'audace du comité. L'âme de Danton, retrempée dans le cachot et dans la colère, pouvait avoir ces explosions qui emportent les tyrannies. L'Assemblée n'eût pas résisté au spectacle de Danton captif, montrant ses bras enchaînés à ses collègues, adjurant ses amis et écrasant ses accusateurs. Robespierre sentit le danger avec l'instinct du moment que donnent l'habitude des assemblées populaires et la volonté de vaincre. Il s'élança à la tribune en faisant résonner fortement ses pas sur les marches, comme un homme qui assure sa base.

« Citoyens, dit-il, à ce trouble depuis longtemps inconnu qui règne dans cette assemblée, aux agitations qu'ont produites les premières paroles de celui qui a parlé avant le dernier préopinant, il est aisé de s'apercevoir en effet qu'il s'agit ici d'un grand intérêt ; qu'il s'agit de savoir si quelques hommes aujourd'hui doivent l'emporter sur la patrie. Quel est donc ce changement qui paraît se manifester dans les principes des membres de cette assemblée, de ceux surtout qui siégent dans un côté qui s'honore d'avoir été l'asile des plus intrépides défenseurs de la liberté? Pourquoi? parce qu'il s'agit aujourd'hui de savoir si l'intérêt de quelques hypocrites ambitieux doit l'emporter sur l'intérêt du peuple français. (Applaudissements.) Eh quoi! n'avons-nous donc fait tant de sacrifices héroïques, au nombre desquels il faut compter ces actes d'une sévérité douloureuse, n'avons-nous fait ces sacrifices que pour retourner sous le joug de quelques intrigants qui prétendaient dominer? Que m'importent, à moi, les beaux discours, les éloges qu'on se donne à soi-même et à ses amis? Une trop longue et trop pénible expérience nous a appris le cas que nous devions faire de semblables formules oratoires. On ne demande plus ce qu'un homme et ses amis se vantent d'avoir fait dans telle époque, dans telle circonstance particulière de la Révolution ; on demande ce qu'ils ont fait dans tout le cours de leur carrière politique. (On applaudit.) Legendre paraît ignorer les noms de ceux qui sont arrêtés ; toute la Convention les sait. Son ami Lacroix est du nombre de ces détenus. Pourquoi feint-il de l'ignorer? Parce qu'il sait bien qu'on ne peut pas, sans impudeur, défendre Lacroix. Il a parlé de Danton parce qu'il croit sans doute qu'à ce nom est attaché un privilége. Non, nous n'en voulons point, de priviléges ; non, nous n'en voulons point, d'idoles ! (On applaudit à plusieurs reprises.) Nous verrons dans ce jour si la Convention saura briser une prétendue idole pourrie depuis longtemps, ou si dans sa chute elle écrasera la Convention et le peuple français. Ce qu'on a dit de Danton ne pouvait-il pas s'appliquer à Brissot, à Pétion, à Chabot, à Hébert même, et à tant d'autres qui ont rempli la France du bruit fastueux de leur patriotisme trompeur? Quel privilége aurait-il donc ? En quoi Danton est-il supérieur à ses collègues? à Chabot, à Fabre d'Églantine, son ami et son confident, dont il a été l'ardent défenseur? en quoi est-il supérieur à ses concitoyens ? Est-ce parce que quelques individus trompés et d'autres qui ne l'étaient pas se sont groupés autour de lui pour marcher à sa suite à la fortune et au pouvoir? Plus il a trompé les patriotes qui avaient eu confiance en lui, plus il doit éprouver la sévérité des amis de la liberté.

» Citoyens, c'est ici le moment de dire la vérité. Je ne reconnais à tout ce qu'on a dit que le présage sinistre de la ruine de la liberté et de la décadence des principes. Quels sont, en effet, ces hommes qui sacrifient à des liaisons personnelles, à la crainte peut-être, les intérêts de la patrie? qui, au moment où l'égalité triomphe, osent tenter de l'anéantir dans cette enceinte? Qu'avez-vous fait que vous n'ayez fait librement, qui n'ait sauvé la république, qui n'ait été approuvé par la France entière? On veut vous faire craindre que le peuple ne périsse victime des comités qui ont obtenu la confiance publique, qui sont émanés de la Convention nationale et qu'on veut en séparer; car tous ceux qui défendent sa dignité sont voués à la calomnie. On craint que les détenus ne soient opprimés; on se défie donc de la justice nationale, des hommes qui ont obtenu la confiance de la Convention nationale! On se défie de la Convention qui leur a donné cette confiance, de l'opinion publique qui l'a sanctionnée! Je dis que quiconque tremble en ce moment est coupable, car jamais l'innocence ne redoute la surveillance publique. (On applaudit.)

» Et à moi aussi on a voulu inspirer des terreurs, on a voulu me faire croire qu'en approchant de Danton le danger pourrait arriver jusqu'à moi. On me l'a présenté comme un homme à qui je devais m'accoler, comme un bouclier qui pourrait me défendre, comme un rempart qui, une fois renversé, me laisserait exposé aux traits de mes ennemis. On m'a écrit. Les amis de Danton m'ont fait parvenir des lettres. Ils m'ont obsédé de leurs discours. Ils ont cru que le souvenir d'une ancienne liaison, qu'une foi antique dans de fausses vertus me détermineraient à ralentir mon zèle et ma passion pour la liberté. Eh bien, je déclare qu'aucun de ces motifs n'a effleuré mon âme de la plus légère impression; je déclare que s'il était vrai que les dangers de

Danton dussent devenir les miens, que s'ils avaient fait faire à l'aristocratie un pas de plus pour m'atteindre, je ne regarderais pas cette circonstance comme une calamité publique. Que m'importe le danger ? ma vie est à la patrie, mon cœur est exempt de crainte, et si je mourais, ce serait sans reproche et sans ignominie. (On applaudit à plusieurs reprises.) Je n'ai vu dans les flatteries qui m'ont été faites, dans les caresses de ceux qui environnaient Danton, que des signes certains de la terreur qu'ils avaient conçue avant même qu'ils fussent menacés.

» Et moi aussi j'ai été ami de Pétion ; dès qu'il s'est démasqué, je l'ai abandonné. J'ai eu aussi des liaisons avec Roland ; il a trahi, et je l'ai dénoncé. Danton veut prendre leur place, il n'est plus, à mes yeux, qu'un ennemi de la patrie. (Applaudissements.) C'est ici sans doute qu'il nous faut quelque courage et quelque grandeur d'âme. Les âmes vulgaires ou les hommes coupables craignent toujours de voir tomber leur semblable, parce que, n'ayant plus devant eux une barrière de coupables, ils restent plus exposés au jour de la vérité. Mais s'il existe des âmes vulgaires, il en est d'héroïques dans cette assemblée, puisqu'elle dirige les destinées de la terre et qu'elle anéantit toutes les factions.

» Le nombre des coupables n'est pas si grand ! »

IX

Ce discours avait du moins la grandeur de la haine. Robespierre, s'il eût affecté l'hypocrisie dont on l'accusait, pouvait s'effacer et se taire, et laisser à un comité anonyme la responsabilité, l'odieux et le danger de l'acte. Il se présenta seul pour couvrir le comité et pour lutter corps à corps avec la puissante renommée de Danton. Son discours étouffa les murmures et les velléités d'indépendance de la Montagne. On sentit la supériorité. On feignit la conviction. Legendre, dont le courage fondait aux interpellations et au coup d'œil menaçant de Robespierre, tremblait à chaque mot que la conclusion de l'orateur ne fût un acte d'accusation contre lui-même. Il se hâta de fléchir celui qu'il venait d'affronter. Il balbutia quelques phrases entrecoupées par l'effroi, et conjura Robespierre de ne pas le croire capable de sacrifier la liberté à un homme. Jamais le cœur ne faillit plus à l'ami et la langue à l'orateur. Legendre s'écroula tout entier devant l'Assemblée. La tentative des amis de Danton s'écroula avec Legendre.

Saint-Just parut alors à la tribune. Son assurance et son impassibilité extérieure donnaient à l'arbitraire l'apparence de la justice intrépide. Saint-Just prononça d'une voix grave et monotone, comme une réflexion parlée, le rapport prémédité entre Robespierre et lui sur les conspirations qui assiégeaient la république. Il y joignit la prétendue conspiration de Danton, en ayant soin d'établir une corrélation entre tous les conspirateurs, afin que le royalisme des émigrés, l'anarchisme d'Hébert, la vénalité de Chabot, la corruption de Fabre, le modérantisme d'Hérault de Séchelles, reflétassent tous sur Danton. On voyait bien que l'accusateur lui-même ne croyait pas à l'accusation, que Danton n'était dans sa pensée que la victime responsable de tous les maux de la république, et qu'au fond le rapport de Saint-Just se bornait pour toute preuve à dire à la Convention : « Livrez-nous cet homme, car il est le grand suspect de la liberté. »

« Citoyens, dit Saint-Just, la Révolution est dans le peuple et non point dans la renommée de quelques personnages. Il y a quelque chose de terrible dans l'amour sacré de la patrie ; il est tellement exclusif qu'il immole tout, sans pitié, sans frayeur, sans respect humain, à l'intérêt public. Il précipite Manlius ; il entraîne Régulus à Carthage, jette un Romain dans un abîme et met Marat au Panthéon.

» Vos comités de salut public et de sûreté générale, pleins de ce sentiment, m'ont chargé de vous demander justice, au nom de la patrie, contre des hommes qui trahissent depuis longtemps la cause populaire.

» Puisse cet exemple être le dernier que vous donnerez de votre inflexibilité envers vous-mêmes !

» Nous avons passé par tous les orages qui accompagnent ordinairement les vastes desseins. Une révolution est une entreprise héroïque dont les auteurs marchent entre le supplice et l'immortalité. »

Passant ensuite en revue tous les partis depuis Mirabeau jusqu'à Chabot, Saint-Just s'écria : « Danton, tu répondras à la justice inévitable, inflexible. Voyons ta conduite passée, et montrons que, depuis le premier jour, complice de tous les attentats, tu fus toujours contraire au parti de la liberté, et que tu conspirais avec Mirabeau et Dumouriez, avec Hébert, avec Hérault de Séchelles !

» Danton, tu as servi la tyrannie ; tu fus, il est vrai, opposé à La Fayette : mais Mirabeau, d'Orléans, Dumouriez, lui furent opposés de même. Oserais-tu nier d'avoir été vendu aux trois hommes les plus violents conspirateurs contre la liberté ? Ce fut par la protection de Mirabeau que tu fus nommé administrateur du département de Paris, dans le temps où l'assemblée électorale était décidément royaliste. Tous les amis de Mirabeau se vantaient hautement qu'ils t'avaient fermé la bouche. Aussi, tant qu'a vécu ce personnage affreux, tu es resté muet.

» Dans les premiers éclairs de la Révolution, tu montras à la cour un front menaçant ; tu parlais contre elle avec véhémence. Mirabeau, qui méditait un changement de dynastie, sentit le prix de ton audace. Il te saisit. Tu t'écartas dès lors des principes sévères, et l'on n'entendit plus parler de toi jusqu'au massacre du Champ de Mars. Alors tu appuyas aux Jacobins la motion de Laclos, qui fut un prétexte funeste et payé par la cour pour déployer le drapeau rouge et essayer la tyrannie. Les patriotes, qui n'étaient pas initiés dans ce complot, avaient combattu inutilement ton opinion sanguinaire. Tu contribuas à rédiger avec Brissot la pétition du Champ de Mars, et vous échappâtes à la fureur de La Fayette, qui fit massacrer deux mille patriotes. Brissot erra depuis paisiblement dans Paris, et toi tu fus couler d'heureux jours à Arcis-sur-Aube ; si toutefois celui qui a conspiré contre sa patrie pouvait être heureux !

» Le calme de ta retraite à Arcis-sur-Aube se conçoit-il, toi, l'un des auteurs de la pétition? Tandis que ceux qui l'avaient signée avaient été les uns chargés de fers, les autres massacrés, Brissot et toi étiez-vous donc des objets de reconnaissance pour la tyrannie, puisque vous n'étiez point pour elle des objets de haine et de terreur?

» Que dirai-je de ton lâche et constant abandon de la cause publique au milieu des crises, où tu prenais toujours le parti de la retraite?

» Mirabeau mort, tu conspiras avec les Lameth et tu les soutins. Tu restas neutre pendant l'Assemblée législative, et tu t'es tu dans la lutte pénible des Jacobins avec Brissot et la faction de la Gironde. Tu appuyas d'abord leur opinion sur la guerre. Pressé ensuite par les reproches des meilleurs citoyens, tu déclaras que tu observais les deux partis, et tu te renfermas dans le silence.

» Danton, tu eus, après le 10 août, une conférence avec Dumouriez où vous vous jurâtes une amitié à toute épreuve et où vous unîtes votre fortune.

» C'est toi qui, au retour de la Belgique, osas parler des vices et des crimes de Dumouriez avec la même admiration qu'on eût parlé des vertus de Caton.

» Quelle conduite tins-tu dans le comité de défense générale? Tu y recevais les complices de Guadet et de Brissot. Tu disais à Brissot : « Vous avez de l'esprit, mais vous avez » des prétentions. » Voilà ton indignation contre les ennemis de la patrie.

» Dans le même temps, tu te déclarais pour des principes modérés, et tes formes robustes semblaient déguiser la faiblesse de tes conseils. Tu disais que des maximes sévères feraient trop d'ennemis à la république. Conciliateur banal, tous tes exordes à la tribune commençaient comme le tonnerre, et tu finissais par faire transiger la vérité et le mensonge.

» Tu t'accommodais de tout. Brissot et ses complices sortaient toujours contents d'avec toi. A la tribune, quand ton silence était accusé, tu leur donnais des avis salutaires pour qu'ils dissimulassent davantage. Tu les menaçais sans indignation, mais avec une bonté paternelle ; et tu leur donnais plutôt des conseils pour corrompre la liberté, pour se sauver, pour mieux nous tromper, que tu n'en donnais au parti républicain pour les perdre. « La haine, disais-tu, » est insupportable à mon cœur. » Mais n'es-tu pas criminel et responsable de n'avoir point haï les ennemis de la patrie?

» Tu vis avec horreur la révolution du 31 mai.

» Mauvais citoyen, tu as conspiré ; faux ami, tu disais, il y a deux jours, du mal de Camille Desmoulins, instrument que tu as perdu, et tu lui prêtais des vices honteux. Méchant homme, tu as comparé l'opinion publique à une femme de mauvaise vie ; tu as dit que l'honneur était ridicule, que la gloire et la postérité étaient une sottise. Ces maximes devaient te concilier l'aristocratie. Elles étaient celles de Catilina. Si Fabre est innocent, si d'Orléans, si Dumouriez furent innocents, tu l'es sans doute. J'en ai trop dit. Tu répondras à la justice. »

Passant de Danton à ses complices, Saint-Just les signala en masse à la sévérité de la Convention :

« Je suis convaincu, dit-il, que cette faction des indulgents est liée à toutes les autres ; qu'elle fut hypocrite dans tous les temps. Elle a tout fait pour détruire la république en amollissant toutes les idées de liberté.

» Camille Desmoulins, qui fut d'abord dupe et finit par

être complice, fut, comme Philippeaux, un instrument de Fabre et de Danton. Celui-ci raconta, comme une preuve de la bonhomie de Fabre, que, se trouvant chez Desmoulins au moment où il lisait à quelqu'un l'écrit dans lequel il demandait un comité de clémence pour l'aristocratie et appelait la Convention la cour de Tibère, Fabre se mit à pleurer. Le crocodile pleure aussi !...

» Toutes les réputations qui se sont écroulées étaient des réputations usurpées. Ceux qui nous reprochent notre sévérité aimeraient mieux que nous fussions injustes. Peu importe que le temps ait conduit des vanités diverses à l'échafaud, au cimetière, au néant, pourvu que la liberté reste; on apprendra à devenir modeste, on s'élancera vers la solide gloire et le solide bien, qui est la probité obscure.

» Les jours du crime sont passés. Malheur à ceux qui soutiendraient sa cause ! Que tout ce qui fut criminel périsse ! On ne fait point des républiques avec des ménagements, mais avec la rigueur farouche, la rigueur inflexible envers tous ceux qui ont trahi. Que les complices se dénoncent en se rangeant du parti des forfaits. Ce que nous avons dit ne sera jamais perdu sur la terre. On peut arracher à la vie les hommes qui, comme nous, ont tout osé pour la vérité, on ne peut point leur arracher leurs cœurs, ni le tombeau hospitalier sous lequel ils se dérobent à l'esclavage et à la honte de voir triompher les méchants.

» Voici le projet de décret :
« La Convention nationale, après avoir entendu le rap-
» port des comités de sûreté générale et de salut public,
» décrète d'accusation Camille Desmoulins, Hérault, Dan-
» ton, Philippeaux, Lacroix, prévenus de complicité avec
» d'Orléans et Dumouriez, avec Fabre d'Églantine et les

» ennemis de la république ; d'avoir trempé dans la conspi-
» ration tendant à rétablir la monarchie, à détruire la re-
» présentation nationale et le gouvernement républicain.
» En conséquence, elle ordonne leur mise en jugement avec
» Fabre d'Églantine. »

X

Pas une voix ne s'éleva contre ces conclusions. Le vote fut aussi unanime que l'effroi. La renommée, la liberté, la vie et la mort des représentants furent livrées d'acclamation au comité de salut public.

Fouquier-Tinville fut appelé au comité et chargé de traduire promptement les Dantonistes au tribunal révolutionnaire. Souple et tranchant comme la lame dans la main, Fouquier n'eut qu'à rédiger en acte d'accusation le rapport de Saint-Just.

Cependant le comité, vainqueur à la Convention par la voix de Robespierre et de Saint-Just, s'étonnait de la popularité inquiétante qui suivait Danton dans les fers. Il voulait surprendre le peuple par la grandeur de la victime et par la promptitude du coup. On transporta la nuit les accusés à la Conciergerie. Danton, en entrant sous ce portique de l'échafaud, sentit s'abattre son ostentation d'insouciance. Son visage devint sombre comme le séjour. Par un hasard ou par une dérision, on assigna aux Dantonistes pour cachot le cachot des Girondins. C'était à la fois une vengeance et une prophétie. Danton y reconnut le doigt d'une justice divine que ses malheurs commençaient à lui dévoiler. « C'est à pareil jour, s'écria-t-il en y entrant, que j'ai fait instituer le tribunal révolutionnaire ; j'en demande pardon à Dieu et aux hommes. Mon but était de prévenir un nouveau septembre, et non de déchaîner ce fléau sur l'humanité. »

Mais bientôt Danton se calmait et feignait le désintéressement de son propre sort. On le vit plaisanter à travers les grilles avec les autres prisonniers. Il faisait en termes grotesques le portrait des membres du comité. « La république les écrasera, disait-il. Si je pouvais laisser mes jambes au paralytique Couthon et ma virilité à l'impuissant Robespierre, cela pourrait encore marcher quelque temps. Quant à moi, ajoutait-il, je ne regrette pas le pouvoir ; car, dans les révolutions, la victoire reste aux plus scélérats. »

On voyait à ces paroles que les révolutions n'avaient jamais été pour lui que des luttes d'ambition et non des triomphes d'idées.

D'autres fois il faisait des retours philosophiques sur les agitations de sa vie et sur l'inanité de l'ambition : « Il vaudrait mieux, disait-il, être un pauvre pêcheur que de gouverner les hommes ! » Revenant avec complaisance sur les jours heureux de sa dernière retraite à Arcis-sur-Aube, il parlait des spectacles et des loisirs des champs, de la sérénité que le contact de la nature répand dans le cœur de l'homme, de la félicité domestique, de l'amour brûlant dans son cœur pour une femme qui lui faisait oublier jusqu'à la patrie ! Il s'attendrissait sur la captivité de tant de mères, d'épouses, d'innocentes jeunes filles enfermées à la Conciergerie. Il feignait d'avoir ignoré cet abus et cet excès de l'ombrageux pouvoir de la Convention. « Quoi ! dit une de ces prisonnières à Lacroix, qui se promenait avec Danton, vous ne saviez pas que des milliers de détenues peuplaient les prisons, vous n'aviez jamais rencontré ces charretées de condamnées allant au supplice? — Non, dit Lacroix, je ne me suis jamais rencontré sur leur chemin; je n'ai jamais vu couler ce sang, il m'eût fait horreur. Danton et moi, nous voulions une république sans ilotes. »

XI

Ainsi se passèrent les deux jours qui précédèrent le procès. Danton était respecté. On plaignait Lacroix, Bazire, Camille Desmoulins. Hérault de Séchelles avait la sérénité d'un juste qui a pesé sa vie et sa mort, et qui se glorifie du martyre pour la liberté. Jeune, riche, éloquent, aristocrate de naissance, un des plus beaux parmi les hommes de son temps, Hérault de Séchelles laissait cependant après lui un amour qui devait ajouter au déchirement de son âme. Pendant sa mission en Savoie, il s'était attaché à une jeune femme d'une grande naissance et d'une rare beauté. Elle avait été pour Hérault de Séchelles à Chambéry ce que Thérésa Cabarrus était pour Tallien à Bordeaux. Elle languissait et pleurait maintenant aux portes de la prison, sans pouvoir fléchir Robespierre.

Fabre d'Églantine, consolé quelquefois par les visites de sa femme, était consumé par la maladie.

Chabot, seul, abandonné de tous, couvert de ridicule et de mépris par les autres détenus, ne pouvait supporter ce supplice d'infamie. Il n'avait pas même la gloire qu'il avait tant ambitionnée dans la mort. Il mourait sous les huées. Il se procura du poison. Il le but. Il ne put supporter les douleurs de l'agonie. Il appela par ses gémissements les gardiens dans son cachot. On le rappela à la vie pour le conserver au supplice.

XII

Camille Desmoulins inspirait le sentiment de compassion qu'on éprouve pour la faiblesse. Léger et capricieux même dans ses colères, le sourire avait été toujours près de l'imprécation sur ses lèvres. Les haines qu'il avait inspirées étaient légères comme lui. Elles ne résistaient pas à ses larmes. Il ne cessait d'en répandre en invoquant tout haut le nom de sa femme, la belle Lucile. Cette jeune femme désespérée, privée en cinq jours de son père et de son mari, rôdait sans cesse autour du Luxembourg, pour apercevoir Camille ou pour être aperçue de loin par lui. Les gestes étaient leur seul moyen d'entretien à travers l'espace. Leur séparation avait été aussi déchirante qu'imprévue.

Lucile était fille de madame Duplessis, une des plus belles personnes de son temps, et de M. Duplessis, ancien commis des finances, zélé patriote. Un long attachement, une pénible attente de plusieurs années, avaient précédé l'union des jeunes époux. Ce jardin du Luxembourg, où pleuraient maintenant les deux amants, avait été précisément le site de leur première rencontre, de leurs entrevues et de leurs amours. Brissot, Danton et Robespierre, familiers alors de la maison Duplessis, avaient signé comme témoins et comme amis le contrat de mariage. De ces hommes séparés maintenant par les factions et par l'échafaud, l'un était l'occasion, l'autre l'instrument des malheurs et du veuvage prochain de la jeune épouse.

La nuit du 30 au 31 mars, au moment où il reposait dans les bras de sa femme, le bruit d'une crosse de fusil résonnant sur le seuil de sa porte éveille en sursaut Camille Desmoulins. « On vient m'arrêter ! » s'écrie-t-il. Il échappe aux embrassements de sa femme et va ouvrir aux soldats. On lui présente l'ordre ; il le lit, le froisse avec colère dans ses doigts : « Voilà donc la récompense de la première voix de la Révolution ! » s'écrie-t-il. Il presse sa femme une dernière fois sur son cœur, il embrasse son enfant endormi dans son berceau, et suit ses gardes au Luxembourg. Il ne savait rien encore ni de son crime ni de ses complices. Jeté au milieu de la nuit dans un cachot, il entend, à travers les fentes du mur, la voix connue d'un homme qui poussait de douloureux gémissements. « Est-ce toi, Fabre ? lui crie-t-il. — Oui, lui répond le malade ; mais est-ce bien toi, Camille ? Toi ici ! toi, l'ami de Danton et de Robespierre ! La contre-révolution est-elle donc accomplie ? » Fabre d'Églantine et Camille Desmoulins s'entretinrent jusqu'au jour sans pouvoir deviner l'énigme de leur situation. L'âme molle du pamphlétaire n'était pas de trempe à supporter sans se briser les secousses tragiques des révolutions. Au lieu de se roidir, il s'attendrissait. Il laissait trop d'amour et trop de félicité derrière lui pour ne pas rejeter ses regards vers la vie. Sa femme ne pouvait croire à une séparation éternelle. « Hélas! s'écriait-elle devant ceux qui voulaient la consoler, je pleure comme une femme parce qu'il souffre, parce qu'ils le laissent manquer de tout, parce qu'il ne nous voit pas; mais j'aurai le courage d'un homme, je le sauverai. Pourquoi m'ont-ils laissée libre, moi? Croient-ils que je n'oserai élever la voix? Ont-ils compté sur mon silence? J'irai aux Jacobins, j'irai chez Robespierre. Il fut notre hôte, notre ami, le confident de nos sentiments républicains. Sa main a uni nos deux mains! Il nous servit de père, il ne peut être notre assassin! »

Quand elle apprit que Danton était emprisonné avec son mari, elle courut, tout en pleurs, chez madame Danton. Madame Danton, âgée alors de dix-sept ans, portait dans son sein un premier fruit de son mariage qu'elle mit au jour un mois après la mort de son mari. Lucile Desmoulins se précipita dans les bras de sa jeune amie, et la conjura de venir avec elle chez Robespierre, pour se jeter ensemble à ses pieds et lui arracher la vie de leurs époux. Madame Danton confondit ses larmes avec celles de Lucile, mais elle se refusa à toute démarche qui pourrait avilir en elle le nom qu'elle portait. « Je suivrai Danton à l'échafaud, dit-elle, mais je n'humilierai pas sa mémoire devant son ennemi. S'il devait la vie au pardon de Robespierre, il ne me pardonnerait ni dans ce monde ni dans l'autre. Il m'a légué en partant son honneur, je dois le lui rapporter intact. » Lucile, désespérée, courut seule à la porte du comité de salut public. Elle fut repoussée. Trouvant Robespierre inaccessible, elle lui écrivit. Voici sa lettre :

« Est-ce bien toi qui nous accuses de projets de trahison

envers la patrie, toi qui as déjà tant profité des efforts que nous avons faits uniquement pour elle? Camille a vu naître ton orgueil, et il a pressenti la marche que tu voulais suivre ; mais il s'est rappelé votre ancienne amitié, et il a reculé devant l'idée d'accuser un ami, un compagnon de ses travaux. Cette main qui a pressé la tienne a quitté la plume avant le temps, lorsqu'elle ne pouvait plus la tenir pour tracer ton éloge ; et toi tu l'envoies à la mort ! Tu as donc compris son silence ? Il doit t'en remercier.

» Mais, Robespierre, pourras-tu bien accomplir les funestes projets que t'ont inspirés sans doute les âmes viles qui t'entourent ? As-tu oublié ces liaisons que Camille ne se rappelle jamais sans attendrissement, toi qui fis des vœux pour notre union, qui joignis nos mains dans les tiennes, toi qui as souri à mon fils et que ses mains enfantines ont caressé tant de fois ? Pourras-tu donc rejeter ma prière, mépriser mes larmes, fouler aux pieds la justice ? Car, tu le sais toi-même, nous ne méritons pas le sort qu'on nous prépare, et tu peux le changer. S'il nous frappe, c'est que tu l'auras ordonné. Mais quel est donc le crime de mon Camille ?

» Je n'ai pas sa plume pour le défendre. Mais la voix des bons citoyens et ton cœur, s'il est sensible, seront pour moi. Crois-tu que l'on prendra confiance en toi en te voyant immoler tes amis ? Crois-tu que l'on bénira celui qui ne se soucie ni des larmes de la veuve ni de la mort de l'orphelin ? Si j'étais la femme de Saint-Just, je lui dirais : « La » cause de Camille est la tienne, celle de tous les amis de » Robespierre. » Le pauvre Camille, dans la simplicité de son cœur, qu'il était loin de se douter du sort qui l'attend aujourd'hui ! Il croyait travailler à ta gloire en te signalant ce qui manque encore à notre république. On l'a sans doute calomnié près de toi, Robespierre ; car tu ne saurais le croire coupable. Songe qu'il ne t'a jamais demandé la mort de personne ! qu'il n'a jamais voulu nuire par ta puissance, et que tu étais son plus ancien, son meilleur ami ! Et tu vas nous tuer tous deux ! Car le frapper, lui, c'est me tuer, moi !... »

Elle n'acheva pas. La lettre, confiée à sa mère, ne parvint pas à Robespierre.

XIII

En entrant à la prison du Luxembourg, Camille Desmoulins avait obtenu, de la complaisance d'un visiteur, les moyens rares et secrets de communiquer avec sa femme.

Il écrivit sa première lettre.

« Ma destinée ramène dans ma prison mes yeux sur ce jardin où je passai huit années de ma vie à te voir ; un coin de vue sur le Luxembourg me rappelle une foule de souvenirs de nos amours. Je suis au secret, mais jamais je n'ai été, par la pensée, par l'imagination, presque par le toucher, plus près de toi, de ta mère, de mon petit Horace. Je ne t'écris ce premier billet que pour te demander des choses de première nécessité ; mais je vais passer tout le temps de ma prison à t'écrire, car je n'ai pas besoin de prendre ma plume pour autre chose et pour ma défense.

Ma justification est tout entière dans mes huit volumes républicains. C'est un bon oreiller sur lequel ma conscience s'endort dans l'attente du tribunal et de la postérité. Je me jette à tes genoux, j'étends les bras pour t'embrasser, je ne trouve plus... (Ici on remarque la trace d'une larme). Envoie-moi le verre où il y a un *C.* et un *D.*, nos deux noms ; un livre que j'ai acheté il y a quelques jours, et dans lequel il y a des pages en blanc mises exprès pour recevoir des notes. Ce livre roule sur l'immortalité de l'âme. J'ai besoin de me persuader qu'il y a un Dieu plus juste que les hommes, et que je ne puis manquer de te revoir. Ne t'affecte pas trop de mes idées, ma chère amie. Je ne désespère pas encore des hommes. Oui, ma bien-aimée, nous pourrons nous revoir encore dans le jardin du Luxembourg. Mais envoie-moi ce livre. Adieu, Lucile ! adieu, Horace (c'était son fils) ! Je ne puis pas vous embrasser, mais aux larmes que je verse il me semble vous tenir encore contre mon sein... (Ici se trouve la trace d'une seconde larme.)

» Ton Camille. »

Une heure après le prisonnier reprenait la plume :

« Le ciel a eu pitié de mon innocence, écrivait-il à sa femme ; il m'a envoyé dans le sommeil un songe où je vous ai vus tous. Envoie-moi de tes cheveux et ton portrait, oh ! je t'en prie ; car je pense uniquement à toi, et jamais à l'affaire qui m'a amené ici et que je ne puis deviner. »

XIV

Le lendemain, Camille Desmoulins écrivit à sa femme une dernière lettre avant d'être transféré à la Conciergerie. C'était le testament de son cœur, qui se donnait à l'amour avant de s'éteindre sous la main du bourreau. Voici cette lettre :

« Duodi, germinal, cinq heures du matin.

» Le sommeil bienfaisant a suspendu mes maux. On est libre quand on dort. On n'a point le sentiment de sa captivité. Le ciel a eu pitié de moi. Il n'y a qu'un moment, je te voyais en songe, je vous embrassais tour à tour, ta mère, Horace, tous ! Je me suis retrouvé dans mon cachot. Il faisait un peu de jour. Ne pouvant plus te voir et entendre tes réponses, car toi et ta mère vous me parliez, je me suis levé au moins pour te parler et t'écrire. Mais ouvrant mes fenêtres, la pensée de ma solitude, les affreux barreaux, les verrous qui me séparent de toi ont vaincu toute ma fermeté d'âme. J'ai fondu en larmes ou plutôt j'ai sangloté en criant dans mon tombeau : « Lucile ! Lucile ! ô ma chère » Lucile ! où es-tu ? » (Ici on remarque la trace d'une larme.)

» Hier au soir, j'ai eu un pareil moment, et mon cœur s'est également fendu quand j'ai aperçu dans le jardin ta mère. Un mouvement machinal m'a jeté à genoux contre les barreaux, j'ai joint les mains comme implorant sa pitié, elle qui gémit, j'en suis sûr, dans ton sein. J'ai vu hier sa douleur à son mouchoir et à son voile qu'elle a baissé, ne pouvant tenir à ce spectacle. Quand vous viendrez, qu'elle s'asseye un peu plus près avec toi, afin que je vous voie mieux. Il n'y a pas de danger, à ce qu'il me semble. Mais surtout, je t'en conjure par nos amours éternelles, envoie-moi ton portrait; que ton peintre ait compassion de moi, qui ne souffre que pour avoir eu trop compassion des autres; qu'il te donne deux séances par jour. Dans l'horreur de ma prison, ce sera pour moi une fête, un jour d'ivresse et de ravissement que celui où je recevrai ce portrait. En attendant, envoie-moi de tes cheveux, que je les mette contre mon cœur. Ma chère Lucile! me voilà revenu au temps de mes premières amours, où quelqu'un m'intéressait par cela seul qu'il sortait de chez toi. Hier, quand le citoyen qui t'a porté ma lettre fut revenu : « Eh bien, vous » l'avez vue? » lui dis-je, et je me surprenais à le regarder comme s'il fût resté sur ses habits, sur toute sa personne, quelque chose de ta présence, quelque chose de toi. C'est une âme charitable, puisqu'il t'a remis ma lettre sans retard. Je le verrai, à ce qu'il paraît, deux fois par jour, le matin et le soir. Ce messager de mes douleurs me devient aussi cher que l'aurait été autrefois le messager de mes plaisirs.

» J'ai découvert une fente dans mon appartement; j'ai appliqué mon oreille, j'ai entendu gémir; j'ai hasardé quelques paroles, j'ai entendu la voix d'un malade qui souffrait; il m'a demandé mon nom, je le lui ai dit : « O mon » Dieu! » s'est-il écrié à ce nom en retombant sur le lit,

d'où il s'était levé; et j'ai reconnu distinctement la voix de Fabre d'Églantine. « Oui, je suis Fabre, m'a-t-il dit, mais
» toi ici ! La contre-révolution est donc faite ? »

» Nous n'osons cependant nous parler, de peur que la haine ne nous envie cette faible consolation, et que, si on venait à nous entendre, nous ne fussions séparés et resserrés plus étroitement; car il a une chambre à feu, et la mienne serait assez belle si un cachot pouvait l'être. Mais tu n'imagines pas ce que c'est que d'être au secret sans savoir pour quelle raison, sans avoir été interrogé, sans recevoir un seul journal ! C'est vivre et être mort tout ensemble; c'est n'exister que pour sentir qu'on est dans un cercueil ! Et c'est Robespierre qui a signé l'ordre de mon enprisonnement ! Et c'est la république, après tout ce que j'ai fait pour elle ! C'est là le prix que je reçois de tant de vertus et de sacrifices ! Moi qui me suis dévoué depuis cinq ans à tant de haines et de périls pour la république, moi qui ai conservé ma pauvreté au milieu de la Révolution, moi qui n'ai de pardon à demander qu'à toi seule au monde, et à qui tu l'as accordé parce que tu sais que mon cœur, malgré ses faiblesses, n'est pas indigne de toi; c'est moi que des hommes qui se disaient mes amis, qui se disent républicains, jettent dans un cachot, au secret, comme si j'étais un conspirateur ! Socrate but la ciguë, mais au moins il voyait dans sa prison ses amis et sa femme.

» Combien il est plus dur d'être séparé de toi ! Le plus grand criminel serait trop puni s'il était arraché à une Lucile autrement que par la mort, qui ne fait sentir au moins qu'un moment la douleur d'une telle séparation. On m'appelle...

» Dans ce moment, les commissaires du tribunal révolutionnaire viennent m'interroger..... Il ne me fut fait que cette question : Si j'avais conspiré contre la république. Quelle dérision! Et peut-on insulter ainsi au républicanisme le plus pur ! Je vois le sort qui m'attend. Adieu, Lucile, dis adieu à mon père. Mes derniers moments ne te déshonoreront point. Je meurs à trente-quatre ans. Je vois bien que la puissance enivre presque tous les hommes, que tous disent comme Denys de Syracuse : « La tyrannie est une » belle épitaphe ! » Mais console-toi, l'épitaphe de ton pauvre Camille est plus glorieuse : c'est celle des Brutus et des Caton les tyrannicides. O ma chère Lucile ! j'étais né pour faire des vers, pour défendre les malheureux, pour te rendre heureuse, et pour composer avec ta mère, mon père et quelques personnes selon notre cœur, un Otaïti. J'avais rêvé une république que tout le monde eût adorée. Je n'ai pu croire que les hommes fussent si féroces et si injustes. Je ne me dissimule point que je meurs victime de mon amitié pour Danton. Je remercie mes assassins de me faire mourir avec lui et Philippeaux. Pardon, ma chère amie, ma véritable vie, que j'ai perdue du moment qu'on nous a séparés ! je m'occupe de ma mémoire ; je devrais bien plutôt m'occuper de te la faire oublier, ma Lucile ! Je t'en conjure, ne m'appelle point par tes cris ; ils me déchireraient au fond du tombeau. Vis pour notre enfant ! Parlelui de moi ; tu lui diras, ce qu'il ne peut pas entendre, que je l'aurais bien aimé ! Malgré mon supplice, je crois qu'il y a un Dieu. Mon sang effacera mes fautes, les faiblesses de l'humanité ; et ce que j'ai eu de bon, mes vertus, mon amour de la liberté, Dieu le récompensera. Je te reverrai un jour, ô Lucile ! Sensible comme je l'étais, la mort qui me délivre de la vue de tant de crimes est-elle un si grand malheur? Adieu, ma vie, mon âme, ma divinité sur la terre! Adieu, Lucile! ma Lucile! ma chère Lucile! Adieu, Horace! Annette, Adèle! Adieu, mon père! Je sens fuir devant moi le rivage de la vie. Je vois encore Lucile! je la vois, ma bien-aimée! Ma Lucile! mes mains liées t'embrassent et ma tête séparée repose encore sur toi ses yeux mourants. »

XV

Le procès s'ouvrit le 2 avril. Tous les jurés, choisis par Fouquier-Tinville et présidés par Hermann, étaient des visages connus des accusés. Fouquier-Tinville lui-même, parent de Camille Desmoulins, devait au crédit de ce jeune patron son emploi d'accusateur public. Mais l'œil du comité planait sur tous ces hommes et plongeait dans toutes ces consciences. On n'attendait pas d'eux la justice, mais la mort.

Cependant le peuple, qui adorait encore Danton, assiégeait le palais de justice. La foule débordait jusque sur les quais environnants pour assister au triomphe du grand patriote. Danton parut avec une dignité un peu théâtrale devant les juges. Le président lui ayant demandé son nom, son âge, sa demeure : « Je suis Danton, répondit-il, assez connu dans la Révolution. J'ai trente-cinq ans. Ma demeure sera bientôt le néant, et mon nom vivra dans le panthéon de l'histoire.

» — Et moi, dit Camille Desmoulins, j'ai trente-trois ans, l'âge fatal aux révolutionnaires, l'âge du sans-culotte Jésus quand il mourut. »

Fouquier ayant fait asseoir sur les mêmes bancs Chabot, Fabre d'Églantine et les intrigants leurs complices, Danton et ses amis se levèrent et s'écartèrent, indignés qu'on les confondît dans un même procès avec des hommes notés d'infamie. On commença par ceux-ci. Fabre d'Églantine se défendit avec l'habileté d'un homme consommé dans l'art de colorer la parole. Le témoignage de Cambon, probité antique, ne laissa aucun doute sur le fait qu'on imputait à ces accusés d'avoir dénaturé et falsifié un décret de finances. Le jeune et infortuné Bazire n'avait d'autre tort que son amitié pour Chabot, et le silence qu'il avait gardé pour ne pas perdre son ami. Confident involontaire, Bazire mourut pour n'avoir pas consenti à se faire délateur.

XVI

Hérault de Séchelles fut interrogé avant Danton. Il répondit en homme qui méprise la vie autant que l'accusation, et qui accepte le jugement de l'avenir. Hermann appela ensuite Danton. Il lui reprocha ses liaisons avec Dumouriez et ses complicités occultes pour rétablir la royauté en corrompant l'armée et en l'entraînant contre Paris. Danton, se levant avec une indignation feinte : « Les lâches qui me calomnient, répondit-il en donnant à sa viox un éclat qui la portait en intention jusqu'au comité de salut public, oseraient-ils m'attaquer en face? Qu'ils se montrent, et bientôt je les couvrirai eux-mêmes de l'ignominie qui les caractérise! Au reste, poursuivit-il avec un désordre et une précipitation de paroles qui attestaient le bouillonnement de ses idées, je l'ai dit, je le répète : mon domicile est bientôt dans le néant et mon nom au Panthéon. Ma tête est là, elle répond de tout... La vie m'est à charge, il me tarde d'en être délivré!... Les hommes de ma trempe sont impayables... C'est sur leur front qu'est imprimé en caractères ineffaçables le sceau de la liberté, le génie républicain... et c'est moi qu'on accuse d'avoir rampé au pied des cours! d'avoir conspiré avec Mirabeau, avec Dumouriez!... Saint-Just! tu répondras des calomnies lancées contre le meilleur ami du peuple. En lisant cette liste d'horreurs, je sens toute mon existence frémir! » Ces phrases, évidemment préparées et retrouvées en lambeaux décousus dans une mémoire et dans une conscience troublées, révélaient plus d'orgueil que d'innocence. Le président fit observer à l'accusé que Marat, accusé comme lui, s'était défendu autrement, et avait réfuté par des preuves froidement discutées l'accusation.

« Eh bien, reprit Danton, je vais donc descendre à ma justification. » Puis, échappant aussitôt par de nouvelles explosions à sa défense raisonnée : « Moi, s'écria-t-il, vendu à Mirabeau, à d'Orléans, à Dumouriez!... Mais tout le monde sait que j'ai combattu Mirabeau, que j'ai défendu Marat! Ne me suis-je pas montré lorsqu'on voulait nous soustraire le tyran en l'enlevant pour le mener à Saint-Cloud? N'ai-je point fait afficher aux Cordeliers la nécessité de s'engager!... J'ai toute la plénitude de ma tête lorsque je provoque mes accusateurs, lorsque je demande à me mesurer avec eux ! Qu'on me les produise, et je les replonge dans le néant d'où ils n'auraient jamais dû sortir ! Vils imposteurs, paraissez, et je vais vous arracher le masque qui vous dérobe à la vindicte publique ! » Le président le rappela encore à la décence et à la modestie de l'accusé. « Un accusé comme moi, répliqua Danton, qui connaît les mots et les choses, répond devant le jury, mais ne lui parle pas. On m'accuse de m'être retiré à Arcis-sur-Aube. Je réponds que j'ai déclaré à cette époque que le peuple français serait victorieux ou que je ne serais plus ! Il me faut, ai-je ajouté, des lauriers ou la mort ! Où sont donc les hommes de qui Danton a emprunté de l'énergie ? Depuis deux jours le tribunal connaît Danton. Demain, j'espère m'endormir dans le sein de la gloire !... Pétion, reprit-il aussitôt, comme un homme qui s'égare et qui revient sur ses pas, Pétion sortant de la commune vint aux Cordeliers. Il nous dit que le tocsin devait sonner à minuit, et que le lendemain devait être le tombeau de la tyrannie. On m'a déposé, quand j'étais ministre, cinquante millions, je l'avoue. J'offre d'en rendre un fidèle compte. C'était pour donner de l'impulsion à la Révolution. Il est vrai que Dumouriez a essayé de me ranger de son parti, qu'il chercha à flatter mon ambition en me proposant le ministère ; mais je lui déclarai ne vouloir occuper de pareille place qu'au bruit du canon. On me parle aussi de Westermann, mais je n'ai jamais eu rien de commun avec lui. Je sais qu'à la journée du 10 août Westermann sortit des Tuileries tout couvert du sang des royalistes, et moi je disais qu'avec dix-sept mille hommes disposés comme j'en aurais donné le plan, on aurait pu sauver la patrie... »

Les paroles de Danton se pressaient si confusément sur ses lèvres, qu'elles paraissaient l'étouffer sous la masse et sous l'incohérence de ses idées. La véritable éloquence d'un accusé, le sang-froid de la vérité et l'accent de la conscience, lui manquaient. Il cherchait à y suppléer par le mouvement et par le bruit; il s'élevait jusqu'à la fièvre, jamais jusqu'à la véritable indignation. Les mouvements convulsifs de son visage, sa parole saccadée, son geste théâtral, l'écume qui tachait ses lèvres, le souffle qui manquait à sa respiration, attestaient l'impuissance où il était de parler plus longtemps. Les juges, épouvantés ou attendris, lui témoignèrent quelque intérêt, et lui dirent qu'il avait besoin de repos. Il se tut.

On passa à Camille Desmoulins, accusé d'avoir persiflé la justice du peuple en la comparant aux crimes des tyrans. « Je n'ai pu, dit-il, me défendre qu'avec une arme bien affilée contre mes ennemis, et j'ai prouvé plus d'une fois le dévouement de toute ma vie à la Révolution. »

Lacroix interrogé sur sa mission en Belgique et sur la disparition d'une voiture qui contenait quatre cent mille livres d'objets précieux : « Nous avions, dit-il, Danton et moi, acheté du linge pour l'usage des représentants du peuple. Nous avions une voiture d'argenterie qui a été pillée dans un village. » Il revendiqua la part principale dans la journée du 31 mai.

XVII

Cette première séance inquiéta le comité de salut public. Danton, rassuré par l'intérêt que le peuple lui témoignait, ressembla moins à un accusé qu'à un factieux qui jette à la foule le signal de l'insurrection. Les fenêtres du tribunal étaient ouvertes. Danton entendait le murmure sourd de la multitude autour des murs. Il parlait d'un accent à être entendu hors de l'enceinte. Il poussait par moments de tels rugissements, que sa voix parvenait au delà de la Seine, jusqu'aux curieux qui encombraient le quai de la Ferraille. Les mots qu'il prononçait circulaient de bouche en bouche dans les groupes. Le tocsin de l'insurrection semblait battre dans sa poitrine, son geste écrasait les juges, les jurés, l'auditoire ; la sonnette du président Hermann ne cessait de s'agiter pour imposer silence. « N'entends-tu pas la sonnette ? lui dit-il une fois. — Président, lui répondit Danton, la voix d'un homme qui défend sa vie doit vaincre le bruit de ta sonnette. »

A travers une lucarne de l'imprimerie du tribunal qui ouvrait sur le lieu des séances, plusieurs membres des comités assistaient invisibles à ce drame. Hermann et Fouquier-Tinville paraissaient déconcertés. La faveur publique revenait à Danton. Il le sentait et redoublait d'insolence. Les membres du comité firent signe au président de clore ce dangereux dialogue entre lui et les accusés.

A la séance suivante les accusés, et Lacroix surtout, demandèrent avec force que les membres des comités fussent appelés comme témoins. Fouquier-Tinville éluda la demande. Le président procéda à l'interrogatoire de Philippeaux, qui démontra son innocence avec force et dignité. « Il vous est permis de me faire périr, dit-il, mais je vous défends de m'outrager. » Westerman répondit en soldat qui ne défend pas sa vie, mais son honneur. Après l'interrogatoire de quelques accusés d'un rang secondaire, le président se hâta de lever la séance.

On ramena les accusés dans leur cachot. Le comité de salut public, alarmé, n'osait ni supporter un plus long procès, ni l'interrompre. La loi exigeait que les débats durassent au moins trois jours. La séance du lendemain pouvait être l'acquittement et le triomphe des Dantonistes. Une circonstance fatale servit l'impatience du comité.

Les détenus du Luxembourg, pleins de confiance dans la popularité de Danton, résolurent de profiter de l'émotion causée par son procès pour conspirer un mouvement dans le peuple, abattre la tyrannie et échapper à la mort. Une conférence nocturne eut lieu, dans la chambre du général Dillon, entre Chaumette et quelques-uns des principaux prisonniers. Ils s'étaient concertés avec quelques hommes du dehors. La femme de Camille Desmoulins devait se jeter au milieu du peuple, soulever la multitude par sa beauté, par sa douleur et par sa voix, et l'entraîner contre la Convention. Antonelle, ancien président du tribunal révolutionnaire, était informé du complot.

Un prisonnier nommé Laflotte le révéla. Le 5 avril, Saint-Just se hâta de convoquer la Convention. Billaud-Varennes lut la lettre de Laflotte; la Convention décréta que tout prévenu de conspiration qui aurait insulté à la justice nationale serait mis à l'instant hors des débats et privé de son droit de défense. Vadier, Amar et Vouland, membres des comités, courent à l'instant porter à Fouquier-Tinville le décret ou plutôt l'arrêt de mort des accusés. Fouquier lit ce décret devant les juges. Danton s'était levé pour continuer sa défense : « Peuple ! s'écriait-il au public qui murmurait autour de lui, taisez-vous ! vous me jugerez quand j'aurai tout dit. Ma voix ne doit pas seulement être entendue de vous, mais de toute la France. Je prends à témoin l'auditoire que nous n'avons pas insulté le tribunal. » L'auditoire confirme par ses applaudissements l'assertion de Danton. La foule indignée s'agite et se presse comme pour enlever les accusés. Si la femme de Camille Desmoulins n'eût pas été arrêtée dans la nuit, si elle eût donné par sa présence une voix et une passion de plus à ce tumulte, les acccusés étaient sauvés et le comité vaincu.

Mais tout se calma faute d'impulsion. Le président refusa la parole à Camille Desmoulins, qui se levait pour lire la défense qu'il avait préparée. Camille, indigné, se rassit; et, déchirant l'écrit qu'il tenait à la main, il en jeta les morceaux sur le parquet. Mais bientôt, comme s'il se fût ravisé, il les ramassa et, les roulant en boulettes de papier entre ses doigts, il se mit à les lancer à la tête de Fouquier-Tinvillle. Danton se baissa et en fit autant : non, comme on l'a cru jusqu'ici, par un jeu cynique et puéril, indigne de l'homme et du moment, mais par le geste significatif et tragique d'un accusé que l'on désarme des moyens de prouver son innocence, et qui jette dans un accès d'indignation, avec les débris déchirés de sa défense, son sang et celui de ses coaccusés au visage de ses juges, comme une vengeance ou comme une malédiction.

Ces fragments de la défense de Camille Desmoulins, recueillis après la séance sur le parquet du tribunal par un des amis de Danton, furent remis à madame Duplessis, belle-mère de Camille Desmoulins, et recomposés dans leur entier par cette femme pour crier vengeance ou compassion à la postérité.

Danton essaya en vain de protester encore. « Un jour, s'écria-t-il, un jour la vérité sera connue ; je vois de grands malheurs fondre sur la France. Voilà la dictature ! » Puis, apercevant au fond d'un couloir Amar et Vouland, deux affidés de Robespierre, qui épiaient la scène : « Voyez, dit-il en les montrant du poing, voyez ces lâches assassins ; ils ne nous quitteront qu'à la mort. — Les scélérats, s'écria Camille Desmoulins, non contents de m'égorger, moi, ils veulent encore égorger ma femme ! »

Le tribunal leva la séance. Le lendemain, les trois jours étant écoulés, on déclara les débats fermés. Camille Desmoulins, se cramponnant à son banc, ne put être emporté que de vive force.

Les jurés se rassemblent. Ils délibèrent longtemps. Ils communiquent pendant la délibération avec les ennemis des accusés. Une anxiété terrible pesait sur leur conscience. Aucun d'eux ne croyait au crime de Danton ; tous croyaient à ses vices et à sa puissance. La majorité semblait indécise. Des colloques sinistres s'établissaient entre eux pour s'arracher les uns aux autres la vie ou la mort de ces hommes. Souberbielle, ancien ami des accusés, hésitait entre tous. Il aimait Danton ; il craignait Robespierre ; il adorait par-dessus tout la république.

Dans l'agitation de ses pensées, il se promenait à pas interrompus dans un corridor qui précédait la salle des délibérations. Un des collègues de Souberbielle, Topino-Lebrun, l'aborde. « Eh bien, Souberbielle, lui dit Lebrun, que fais-tu là ? — Je médite sur l'acte terrible qu'on veut obtenir de nous, répond Souberbielle. — Et moi, j'ai médité, reprend le juré. — Qu'as-tu décidé ? lui demande Souberbielle. — Je me suis dit, réplique le juré : « Ceci » n'est pas un procès, c'est une mesure. Les circonstances » nous ont portés à une de ces hauteurs où la justice s'éva- » nouit pour ne plus laisser dominer que la politique. » Nous ne sommes plus des jurés, nous sommes des » hommes d'État. » — Mais, dit Souberbielle, y a-t-il deux justices : une pour le vulgaire des hommes, une autre pour les hommes supérieurs ? Et l'innocence en bas deviendrait-elle crime en haut ! — Bah ! dit le juré, il ne s'agit pas de ces arguties, mais de bon sens et de patriotisme. Nous sommes où nous sommes. La république est à une de ces extrémités où le jugement n'est pas une justice, mais un choix. Danton et Robespierre ne peuvent plus s'accorder. Il faut pour sauver la patrie que l'un des deux périsse ! Eh bien, interroge-toi en bon patriote et réponds-toi en conscience : lequel crois-tu le plus indispensable en ce moment à la république, de Robespierre ou de Danton ? — Robespierre ! répond sans hésiter Souberbielle. — Eh bien, tu as jugé, » reprend Topino-Lebrun, et il s'éloigne.

XVIII

Rentrés dans leur cachot pour attendre l'heure du supplice, les condamnés dépouillèrent les rôles d'apparat qu'ils avaient pris en public et se dévoilèrent devant la mort. Hérault de Séchelles fut impassible comme ces Romains dont il avait l'image dans le cœur. Élève de Jean-Jacques Rousseau, il tira de sa poche un volume de ce philosophe, en lut quelques pages, et se félicita de sortir d'un monde dont il avait combattu les préjugés et les superstitions pour y faire prévaloir la nature et la raison : « O mon maître, s'écria-t-il en fermant le livre, tu as souffert pour la vérité, et je vais mourir pour elle. Tu as le génie, j'ai le martyre; tu es un plus grand homme, mais lequel est le plus philosophe de nous deux? » C'était la même pensée que le jeune représentant du peuple avait fait graver en quelques vers au-dessus de la porte de la petite maison habitée par Jean-Jacques Rousseau et par madame de Warens, dans le vallon des Charmettes, auprès de Chambéry, et qu'on y lit encore.

Cette image de la nature, de la solitude et de l'amour se présentait la dernière à l'esprit d'Hérault de Séchelles au moment de quitter la vie. Aucune larme n'amollit sa constance, aucune affectation de fermeté ne la roidit.

Westermann était intrépide. Philippeaux souriait comme une conscience qui se confie à ses bonnes actions. Camille

Desmoulins voulut lire Young et Hervey, ces deux poëtes de l'agonie : « Tu veux donc mourir deux fois ! » lui dit en plaisantant Westermann. Mais le livre tombait à chaque instant des mains de Camille. Il revenait sans cesse à l'image de sa femme adorée et captive, de son enfant orphelin, de sa belle-mère abandonnée : « O ma Lucile ! ô mon Horace ! s'écriait-il en fondant en larmes, que vont-ils devenir ? »

Danton simulait l'insouciance ; il lançait des mots après lui, pour se survivre, comme des médailles à son effigie jetées des bords de la tombe à la postérité : « Ils croient pouvoir se passer de moi, dit-il, ils se trompent. J'étais l'homme d'État de l'Europe. Ils ne se doutent pas du vide que laisse cette tête, disait-il en pressant ses joues dans les deux paumes de ses larges mains. Quant à moi, je m'en ris, ajoutait-il en termes cyniques. J'ai bien joui de mon moment d'existence ; j'ai bien fait du bruit sur la terre ; j'ai bien savouré ma vie ; allons dormir ! » Et il faisait de la tête et du bras le geste d'un homme qui va reposer son front sur l'oreiller.

XIX

Le même jour, à quatre heures, les valets du bourreau vinrent lier les mains des condamnés et couper leurs cheveux. Ils s'y prêtèrent sans résistance et en assaisonnant de sarcasmes la toilette funèbre : « C'est bien bon pour ces imbéciles qui vont nous regarder dans la rue, dit Danton. Nous paraîtrons autrement devant la postérité. » Il ne montra d'autre culte que celui de la renommée, et ne parut désirer de survivre que dans sa mémoire. Son immortalité, c'était le bruit de son nom.

Camille Desmoulins ne pouvait croire que Robespierre laissât exécuter un homme comme lui. Il espéra jusqu'au dernier moment dans un retour de l'amitié. Il n'avait parlé de lui qu'avec ménagement et respect depuis son emprisonnement. Il ne lui avait adressé que des plaintes, aucune de ces injures sur lesquelles l'orgueil ne revient pas. Quand les exécuteurs voulurent saisir Camille pour le lier comme les autres, il lutta en désespéré contre ces préparatifs qui ne lui laissaient plus de doute sur la mort. Ses imprécations et ses fureurs firent ressembler un moment le cachot à une boucherie. Il fallut l'abattre pour l'enchaîner et pour lui couper les cheveux. Dompté et lié, il supplia Danton de lui mettre dans la main une boucle de la chevelure de Lucile, qu'il portait sous ses habits, afin de presser quelque chose d'elle en mourant. Danton lui rendit ce pieux office, et se laissa lier sans résistance.

Une seule charrette contenait les quatorze condamnés. Le peuple se montrait Danton ; il se respectait lui-même dans sa victime. Quelque chose faisait ressembler ce supplice à un suicide du peuple. Un petit nombre d'hommes en haillons et de femmes salariées suivaient les roues en couvrant les condamnés d'imprécations et de huées. Camille Desmoulins ne cessait de vociférer et de parler à cette multitude. « Généreux peuple, malheureux peuple, criait-il, on te trompe, on te perd, on immole tes meilleurs amis ! Reconnaissez-moi, sauvez-moi ! Je suis Camille Desmoulins! C'est moi qui vous ai appelés aux armes le 14 juillet! C'est moi qui vous ai donné cette cocarde nationale! » En parlant ainsi et en s'efforçant de gesticuler des épaules et de rompre ses liens, il avait tellement déchiré son habit et sa chemise que son buste grêle et osseux apparaissait presque nu au-dessus de la charrette. Depuis le convoi de madame du Barry, on n'avait pas entendu de tels cris ni contemplé de telles convulsions dans l'agonie. La foule y répondait par des insultes. Danton, assis à côté de Camille Desmoulins, faisait rasseoir son jeune compagnon, et lui reprochait ce vain étalage de supplications et de désespoir : « Reste donc tranquille, lui disait-il sévèrement, et laisse là cette vile canaille! » Quant à lui, il écrasait la multitude, non de paroles, mais d'indifférence et de mépris. En passant sous les fenêtres de la maison qu'habitait Robespierre, la foule redoubla ses invectives, comme pour faire hommage à son idole du supplice de son rival. Les volets de la maison de Duplay se fermaient à l'heure où les charrettes passaient habituellement dans la rue. Ces cris firent pâlir Robespierre. Il s'éloigna des appartements d'où l'on pouvait les entendre. Confus de tant d'implacabilité, humilié de tant de sang, qui rejaillissait si souvent et si justement sur lui, il sentit le regret ou la honte. « Ce pauvre Camille, dit-il, que n'ai-je pu le sauver! Mais il a voulu se perdre! Quant à Danton, ajouta-t-il, je sais bien qu'il me fraye la route ; mais il faut qu'innocents ou coupables nous donnions tous nos têtes à la république. La Révolution reconnaîtra les siens de l'autre côté de l'échafaud. » Il feignit de gémir sur ce qu'il appelait les cruelles exigences de la patrie.

XX

Hérault de Séchelles descendit le premier de la charrette. Avec l'élan et le sang-froid d'une amitié qui pousse le cœur vers le cœur, il approcha son visage de celui de Danton pour l'embrasser. Le bourreau les sépara. « Barbare! dit Danton à l'exécuteur, tu n'empêcheras pas du moins nos têtes de se baiser tout à l'heure dans le panier. »

Camille Desmoulins monta ensuite. Il avait repris son calme au dernier moment. Il roulait entre ses doigts les cheveux de sa femme, comme si sa main eût voulu se dégager pour porter cette relique à ses lèvres. Il s'approcha de l'instrument de mort, regarda froidement le couteau ruisselant du sang de son ami; puis se tournant vers le peuple et levant les yeux au ciel : « Voilà donc, s'écria-t-il, la fin du premier apôtre de la liberté? Les monstres qui m'assassinent ne me survivront pas longtemps. Fais remettre ces cheveux à ma belle-mère, » dit-il ensuite à l'exécuteur. Ce furent ses derniers mots. Sa tête roula.

Danton monta après tous les autres. Jamais il n'était monté plus superbe et plus imposant à la tribune. Il se carrait sur l'échafaud et semblait y prendre la mesure de son piédestal. Il regardait à droite et à gauche le peuple d'un regard de pitié. Il semblait lui dire par son attitude : « Regarde-moi bien, tu n'en verras pas qui me ressemblent. »
La nature cependant fondit un instant cet orgueil. Un cri

d'homme arraché par le souvenir de sa jeune femme échappa au mourant : « O ma bien-aimée, s'écria-t-il les yeux humides, je ne te verrai donc plus ! » Puis, comme se reprochant ce retour vers l'existence : « Allons, Danton, se dit-il à haute voix, point de faiblesse ! » Et se tournant vers le bourreau : « Tu montreras ma tête au peuple, lui dit-il avec autorité, elle en vaut bien la peine. » Sa tête tomba. L'exécuteur, obéissant à sa dernière pensée, la ramassa dans le panier et la promena autour de l'échafaud. La foule battit des mains. Ainsi finissent ses favoris.

Ainsi mourut en scène devant le peuple cet homme pour qui l'échafaud était encore un théâtre, et qui avait voulu mourir applaudi à la fin du drame tragique de sa vie, comme il l'avait été au commencement et au milieu. Il ne lui manqua rien d'un grand homme, excepté la vertu. Il en eut la nature, le génie, l'extérieur, la destinée, la mort; il n'en eut pas la conscience. Il joua le grand homme, il ne le fut pas. Il n'y a pas de grandeur dans un rôle; il n'y a de grandeur que dans la foi. Danton eut le sentiment, souvent la passion de la liberté, il n'en eut pas la foi, car il ne professait intérieurement d'autre culte que celui de la renommée.

La Révolution était un instinct chez lui, non une religion. Il la servit comme le vent sert la tempête, en soulevant l'écume et en jouant avec les flots. Il ne comprit d'elle que son mouvement, non sa direction. Il en eut l'ivresse plus que l'amour. Il représente les masses et non les supériorités de l'époque. Il montra en lui l'agitation, la force, la férocité, la générosité tour à tour de ces masses. Homme de tempérament plus que de pensée, élément plus qu'intelligence, il fut homme d'État, cependant, plus qu'aucun de ceux qui essayèrent de manier les choses et les hommes dans ce temps d'utopies. Plus que Mirabeau lui-même, si l'on entend par homme d'État un homme qui comprend le mécanisme du gouvernement, indépendamment de son idéal, il avait l'instinct politique. Il avait puisé dans Machiavel ces maximes qui enseignent tout ce qu'on peut faire supporter de pouvoir ou de tyrannie aux États. Il connaissait les faiblesses et les vices des peuples, il ne connaissait pas leurs vertus. Il ne soupçonnait pas ce qui fait la sainteté des gouvernements; car il ne voyait pas Dieu dans les hommes, mais le hasard. C'était un de ces admirateurs de la *fortune antique,* qui n'adorait en elle que la divinité du succès. Il sentait sa valeur comme homme d'État avec d'autant plus de complaisance que la démocratie était plus au-dessous de lui. Il s'admirait comme un géant au milieu de ces nains du peuple. Il étalait sa supériorité comme un parvenu du génie. Il s'étonnait de lui-même. Il écrasait les autres. Il se proclamait la seule tête de la république. Après avoir caressé la popularité, il la bravait comme une bête féroce qu'il défiait de le dévorer. Il avait le vice audacieux comme le front. Il avait poussé le défi politique jusqu'au crime aux journées de septembre. Il avait défié le remords; mais il avait été vaincu. Il en était obsédé. Ce sang le suivait à la trace. Une secrète horreur se mêlait à l'admiration qu'il inspirait. Il ressentait lui-même cette horreur, et il aurait voulu se séparer de son passé. Nature inculte, il avait eu des accès d'humanité comme il en avait eu de fureur. Il avait les vices bas, mais les passions généreuses; en un mot, il avait un cœur. Ce cœur, vers la fin, revenait au bien par la sensibilité, par la pitié et par l'amour. Il méritait à la fois d'être maudit et d'être plaint. C'était le colosse de la Révolution, la tête d'or, la poitrine de chair, le torse d'airain, les pieds de boue. Lui abattu, la cime de la Convention parut moins haute. Il en était le nuage, l'éclair et la foudre. En le perdant, la Montagne perdait son sommet.

LIVRE CINQUANTE-SIXIÈME

Recrudescence de la terreur. — Le général Dillon, Chaumette, l'évêque Gobel, la veuve d'Hébert, Lucile Desmoulins. — Lettre de madame Duplessis à Robespierre. — Domination du comité de salut public. — Saint-Just à l'armée. — Forces et plan des coalisés en 1794. — Forces des armées françaises. — Pichegru. — Souham. — Moreau. — Victoire de Turcoing. — Marceau. — Duhesme. — Kléber. — Bernadotte. — Jourdan, général en chef. — Lefebvre. — Macdonald. — Prise de Charleroi. — Bataille de Fleurus. — Lefebvre et Championnet. — Ballon d'observation. — L'invasion de la Hollande résolue. — Indécision de la cour de Vienne. — Hoche. — Landau débloqué. — Les Autrichiens repassent le Rhin. — Les Prussiens se retirent à Mayence. — Arrestation de Hoche. Il est ramené à Paris. — Les frontières garanties. — Dumas. — Masséna et Sérurier. — Bonaparte. — Augereau. — Pérignon. — Dugommier. — La flotte de Brest. — Son insubordination. — L'amiral Morard de Galles remplacé par Villaret-Joyeuse. — La flotte française rencontre la flotte anglaise. — Combat du 1ᵉʳ juin 1794. — Le vaisseau *le Vengeur*. — La flotte française rentre à Brest. — Le *Chant du départ*. — La terreur et les exécutions redoublent. — Les insulteuses publiques. — Le fils de Custine condamné et exécuté. — Suicide de Clavière. — Sa femme s'empoisonne. — Exécution de Lamourette, évêque de Lyon. — Condorcet. — Sa retraite. — Sa fuite. — Son arrestation. — Il s'empoisonne. — Louvet. — Laréveillière-Lépeaux. — M. de Malesherbes et sa famille, Luckner,

Duval-Duprémenil, et les plus grands noms de la monarchie envoyés à l'échafaud. — Fournées de la guillotine. — Les jeunes filles de Verdun. — Les religieuses de Montmartre. — La guillotine transportée de la place Louis XV à la barrière du Trône. — L'abbé de Fénelon exécuté à quatre-vingt-neuf ans. — Paroles de Collot-d'Herbois à Fouquier-Tinville.

I

A peine Danton était-il mort, que la terreur sembla se ranimer des efforts mêmes qu'il avait faits pour l'adoucir. Vingt-sept accusés de tous rangs, de toutes opinions, de tous sexes, accolés pêle-mêle dans la prison du Luxembourg, sous prétexte de conspiration, furent conduits au tribunal révolutionnaire. On y voyait le général Arthur Dillon, Chaumette, les aides de camp de Ronsin, le général Beysser, l'évêque de Paris Gobel, les deux comédiens Grammont, le père et le fils, Lapalus, la veuve d'Hébert, enfin la femme de Camille Desmoulins. Leur crime commun se bornait à quelques aspirations imprudentes vers leur délivrance ou vers la délivrance de ceux qui leur étaient chers. Leur crime réel était l'inquiétude que l'émotion du peuple, à la voix de Danton, avait donnée la veille aux maîtres de la Convention. On voulait jeter le sang à grands flots sur la cendre du tribun pour l'éteindre.

Presque tous furent condamnés. La jeune religieuse qui portait le nom d'Hébert ne se dissimulait pas son sort. Elle ne désirait pas prolonger une vie flétrie dans le monde par le nom qu'elle portait, combattue entre l'horreur et l'amour pour la mémoire de son mari, malheureuse partout. « Je n'ai dû à la Révolution qu'un éclair de liberté et de bonheur, disait-elle à sa compagne de douleur, Lucile Desmoulins ; il est affreux d'aimer un homme que tout le monde abhorre. Sa mémoire ne me sera pas pardonnée ; je mourrai pour expier peut-être les excès que j'ai le plus déplorés. — Vous, madame, ajoutait-elle, vous êtes heureuse. Aucune charge ne s'élève contre vous. Vous ne serez pas enlevée à vos enfants, vous vivrez ! » Lucile Desmoulins n'acceptait pas cette espérance. Elle avait appris par la mort de son mari ce que valait l'amitié de Robespierre. « Les lâches me tueront comme lui, répondit-elle à sa compagne d'échafaud ; mais ils ne savent pas ce que le sang d'une femme fait monter d'indignation dans l'âme d'un peuple ! N'est-ce pas le sang d'une femme qui a chassé pour toujours les Tarquins et les décemvirs de Rome ? Qu'ils me tuent, et que la tyrannie tombe avec moi ! »

Ces deux veuves de deux hommes qui s'entre-déchiraient peu de jours auparavant, et dont l'acharnement l'un contre l'autre avait amené la perte commune, offraient une des plus cruelles dérisions de la destinée. Elles avaient peut-être applaudi, quelques mois auparavant, à l'immolation de la reine et à la mort de madame Roland. Elles comprenaient maintenant la misère par leurs propres cœurs. Les fautes et les vengeances se touchaient dans ces catastrophes de la terreur où les jours faisaient l'œuvre des années.

En vain la mère de Lucile, la belle et infortunée madame Duplessis, s'adressait à tous les amis de Robespierre pour réveiller en lui un souvenir de leurs anciennes relations. Toutes les portes se fermaient au nom des parents de Camille et de Danton. « Robespierre, écrivait-elle enfin, ce n'est donc pas assez d'avoir assassiné ton meilleur ami, tu veux encore le sang de sa femme, de ma fille !... Ton monstre de Fouquier-Tinville vient d'ordonner de la mener à l'échafaud. Deux heures encore, et elle n'existera plus. Robespierre, si tu n'es pas un tigre à face humaine, si le sang de Camille ne t'a pas enivré au point de perdre tout à fait la raison, si tu te rappelles encore nos soirées d'intimité, si tu te rappelles les caresses que tu prodiguais au petit Horace, que tu te plaisais à tenir sur tes genoux, si tu te rappelles que tu devais être mon gendre, épargne une victime innocente ! Mais si ta fureur est celle du lion, viens nous prendre aussi, moi, Adèle (son autre fille) et Horace ; viens nous déchirer de tes mains encore fumantes du sang de Camille. Viens, viens, et qu'un seul tombeau nous réunisse ! »

II

Cette lettre resta sans réponse. Robespierre, à qui ses concessions fatales à une popularité qu'il aurait dû mille fois répudier à ce prix ne laissaient plus ni mémoire, ni indulgence, ni pitié, ou ne la reçut pas, ou feignit de l'ignorer. Il se tut. Lucile, assise à côté de madame Hébert dans la charrette des suppliciés, fut conduite à l'échafaud le 13 avril. Plus heureuse que sa compagne, écrasée d'humiliations et baissant le front sous le nom d'Hébert, madame Desmoulins pouvait du moins lever la tête et dire au peuple qu'elle mourait pour avoir inspiré à son mari l'indulgence. Sa taille élancée, son visage plus enfantin encore que ses années, la pâleur luttant sur ses joues avec la fraîcheur de la jeunesse, son mari qu'elle invoquait, sa mère et son enfant qu'elle appelait, ses regrets de la vie, interrompus par ses élans d'amour vers la mort qui allait la rejoindre à son Camille, attendrissaient tous les regards. Moins sévère que madame Roland, elle inspirait plus d'intérêt. Elle ne mourait pas pour la gloire, mais pour son amour. Ce n'était pas l'opinion, c'était la nature que la mort frappait en elle. Elle fut pleurée. Ce fut peut-être la victime la plus vengée quelques mois plus tard. Ce sang de femme décolorait l'autre. Il rangeait tout un sexe contre les assassins de la jeunesse, de l'innocence et de l'amour. La mort de Lucile était la page la plus éloquente du *Vieux Cordelier*.

III

Les comités tremblèrent. Ils redoutaient dans Paris et dans les départements le contre-coup de la mort de Danton. Son supplice était un coup d'État. Comment serait-il accepté? Les comités ne connaissaient pas assez la servilité de la peur. Leur succès dépassa leur confiance. Un seul cri d'adulation parut s'élever vers eux de tous les clubs de la république. La mémoire de Danton n'eut plus d'amis.

Legendre lui-même racheta par plus de bassesse la velléité d'indépendance qu'il avait osé montrer. Il obséda Robespierre de ses repentirs. « J'ai été l'ami de Danton tant que je l'ai cru pur, disait-il ; maintenant, il n'y a pas dans la république un homme plus convaincu que moi de ses crimes. »

Le comité de salut public, dominant désormais à l'intérieur, reporta toute son attention vers les frontières.

Saint-Just, le bras de Robespierre, repartit pour l'armée. L'ouverture de la campagne de 1794 y rappelait l'œil et la main de la Convention. Les coalisés, s'observant toujours entre eux d'un regard jaloux, et comptant sur les divisions intestines de la France, n'avaient rien tenté pendant l'hiver. Ils s'étaient concentrés dans leurs positions et avaient accumulé leurs forces. Leur plan consistait à marcher en masse sur Landrecies et de là sur Paris, par Laon. Leurs armées se composaient, au mois de mars, de soixante mille hommes, Autrichiens ou émigrés, sur le Rhin, sous le commandement du duc de Saxe-Teschen ; de soixante-cinq mille Prussiens autour de Mayence, dans le Luxembourg et sur la Sambre, commandés par Beaulieu, Blankeinstein et le prince de Kaunitz ; enfin de cent vingt mille hommes des différents contingents de la coalition, sous les ordres du prince de Cobourg et de Clairfayt, manœuvrant entre le Quesnoy et l'Escaut.

L'armée française se décomposait en armée du Haut-Rhin : soixante mille hommes ; armée de la Moselle : cinquante mille ; armée des Ardennes : trente mille ; armée du Nord : cent cinquante mille. Les hostilités commencèrent par une marche des alliés sur Landrecies. Ce mouvement fit reculer l'armée républicaine. L'ennemi opéra l'investissement de Landrecies. Notre centre, ainsi refoulé, laissait nos deux ailes découvertes et sans liaison avec le corps principal. Pichegru, n'ayant pu rétablir son centre dans une première attaque, et convaincu qu'il ne réussirait pas par une action directe à débloquer Landrecies, résolut d'opérer une diversion téméraire en envahissant la Flandre maritime, et en rappelant ainsi de son côté les forces principales de l'ennemi. Son génie réfléchi, associé au génie de Carnot, voyait la guerre d'ensemble, et suivait, sur le vaste horizon d'une carte de l'Europe, l'effet d'une opération sur une autre. Il avait de plus en lui le feu qui allume au moment prémédité la résolution froidement prise.

Il fit masquer son mouvement par une attaque générale de toute la ligne française, propre à rappeler les forces des coalisés loin du bord de la mer, où il voulait passer en les tournant. Ces attaques brillantes, mais sans résultat, n'empêchèrent pas les coalisés de bombarder Landrecies et de s'emparer de cette clef de nos provinces.

Pendant ces combats, les généraux Souham et Moreau passèrent la Lys et le canal de Loo avec cinquante mille combattants, surprirent Clairfayt et lui enlevèrent Courtray et Menin. Pichegru, se prévalant de ces premiers succès, ne craignit pas de découvrir entièrement la route de Paris, en lançant tous ses corps d'armée pour appuyer Moreau et Souham. Si Cobourg ose pénétrer en France, pensait Pichegru, il se trouvera entre Paris et une armée française de cent vingt mille hommes, qui le coupera de la Flandre et de l'Allemagne.

Cette témérité réussit. Le défi ne fut pas accepté par le prince de Cobourg. Il fit faire volte-face à son armée pour suivre Pichegru et pour l'envelopper dans ses conquêtes.

IV

Un seul conseil de guerre tenu à Tournay et auquel assista l'empereur arrêta un nouveau plan de campagne, qu'on appela le plan de destruction de l'armée française. L'armée entourée et détruite, les coalisés se flattaient que le sol de la France, épuisé de patriotisme et de sang, n'en enfanterait pas d'autre, et que les bras de la Révolution coupés, on pourrait la frapper au cœur. Ils s'avancèrent sur six colonnes contre l'armée du Nord, qu'ils devaient rencontrer entre Menin et Courtray. Pichegru était absent et visitait en ce moment ses corps sur la Sambre. Moreau et Souham déjouèrent les plans des coalisés et combattirent réunis les différentes colonnes séparées, dont ils prévinrent ainsi la jonction. Le 18 mai, ils remportèrent la victoire de Turcoing, et changèrent en déroute, à Waterlos, la marche de l'armée anglaise. Le duc d'York, qui commandait cette armée, ne dut son salut qu'à la vitesse de son cheval. Trois mille prisonniers et soixante pièces de canon restèrent comme dépouilles aux républicains. Cette victoire à nombre si inégal doubla, par l'enthousiasme, la valeur de nos soldats. Pichegru arriva le lendemain pour en recueillir les fruits. Ils lui furent disputés avec acharnement dans un combat de quinze heures, où le nom de Macdonald commença à s'illustrer parmi les noms de Moreau, de Hoche et de Pichegru, de Marceau et de Vandamme.

Moreau, chargé du siége d'Ypres, repoussa Clairfayt, qui venait secourir la ville à la tête de trente mille soldats. Il prit la place après plusieurs assauts obstinés, et y fit six mille prisonniers.

V

Pendant ces opérations, Carnot avait les yeux sur la Sambre, tant de fois passée et repassée, et qui ressemblait à la limite fatale disputée entre la coalition et la république. Carnot y avait envoyé Jourdan, injustement destitué de son commandement de l'armée du Nord, et nommé alors par lui général de l'armée de Sambre-et-Meuse. Jourdan ne savait se venger de sa patrie ingrate qu'en la couvrant de son épée et de son génie. Saint-Just et Lebas, présents au milieu des faibles corps qui couvraient cette rivière, ne cessaient de les jeter de l'autre côté pour lancer la guerre sur le sol ennemi. Jourdan, arrivant avec cinquante mille hommes de l'armée des Ardennes, résolut de passer la Sambre à la voix de ces représentants. Marceau et Duhesme avaient refoulé les Autrichiens à Thuin et à Lobbes. Ils favorisaient ainsi le passage de la Sambre par l'armée qui les suivait. Mais, abandonnés par les troupes du général Desjardins, que des dispositions mal combinées retinrent, ils avaient repassé la rivière pour se rallier au corps principal. L'impatient Saint-Just montra de nouveau la Sambre ou la mort aux généraux Charbonnier et Desjardins. Ils s'élancèrent, le 20 mai, au delà du fleuve. Campés sur la rive étrangère et adossés à la Sambre, Charbonnier et Desjardins détachèrent Kléber et Marceau, sur un ordre du conseil de guerre, pour aller ravitailler l'armée du côté de France. Attaqués, pendant ce démembrement imprudent, par les Autrichiens, les Français furent jetés dans le fleuve, et ne durent leur salut qu'au retour de Kléber et à la valeur de Bernadotte, rappelés par le bruit du canon. La Sambre, teinte du sang français, roula encore une fois entre l'ennemi et nous.

En vain Jourdan approchait. L'ardeur de Saint-Just ne voulait pas l'attendre. « Charleroi, Charleroi ! répétait-il sans cesse aux généraux, comme Caton aux Romains, dans le conseil de guerre; arrangez-vous comme vous voudrez, mais il faut une victoire à la république. »

Kléber repassa le 26 mai, attendit trois heures, sous la mitraille de vingt bouches à feu, les colonnes qui devaient le suivre. Écrasé enfin par de nouvelles batteries qui déchiraient les deux flancs de son avant-garde, il fallut se replier. Le 29, Saint-Just fit passer Marceau et Duhesme. Leurs têtes de colonnes, se heurtant contre trente-cinq mille hommes du prince d'Orange, repassent en débris. Enfin Jourdan arrive au milieu de ces inutiles assauts. Saint-Just proclame à l'instant Jourdan général de l'armée de Sambre-et-Meuse et du Nord tout à la fois. Il lui adjuge tous les généraux et tous les corps. Il lui donne la dictature de la campagne. Jourdan apporte à l'instinct militaire de Saint-Just la science du général et le nombre des bataillons. Il passe une sixième fois la Sambre, et marche sur Charleroi, entouré de quatre-vingt mille combattants.

Jourdan commençait à bombarder la ville et plaçait ses corps d'armée dans la prévision d'une prochaine bataille, quand, attaqué à l'improviste, sans munitions, sans batteries, sans appui, sans liaison établie avec lui-même, foudroyé par la masse de trois armées ennemies, il fut obligé, malgré les prodiges d'intelligence et de valeur de Kléber, de Marceau, de Duhesme, de Lefebvre et de Macdonald, de se replier précipitamment sur le vallon de la Sambre et de se couvrir de nouveau de ses eaux. Saint-Just, irrité, quoique témoin de l'intrépidité des troupes et de l'obéissance des généraux, trembla que la nouvelle de ce revers ne dépopularisât le comité et Robespierre. Il avait combattu lui-même en soldat, mais la gloire n'était rien sans le triomphe. La victoire pour Saint-Just était de la politique. Son champ de bataille était à Paris. Il ne trouvait rien d'impossible de ce qui était nécessaire à la république. Carnot ne cessait de lui écrire : « Une victoire sur la Sambre ou l'anarchie à Paris. »

Enfin le 18 juin, Jourdan, ayant réuni en deux jours ses parcs d'artillerie, ses renforts et ses munitions, profita de la confiance qu'avait donnée au prince de Cobourg son succès pour repasser la Sambre et s'avancer sur Charleroi. Le prince de Cobourg avait détaché la plus grande partie de ses bataillons et de ses escadrons pour aller fortifier Clairfayt contre Pichegru. Jourdan investit Charleroi, retrancha les villages qui couvraient le front de son camp et surtout Fleurus. Au centre de sa ligne, il arma une redoute de dix-huit pièces de gros calibre et éteignit le feu de Charleroi. Cette place se rendit le jour même. La garnison sortit avec armes et bagages. Au moment où elle évacuait la place en défilant devant le représentant du peuple, le bruit du canon, qui grondait dans le lointain, annonçait à Charleroi un secours tardif et à Jourdan une bataille prochaine.

VI

C'était le prince de Cobourg qui s'approchait et qui, faisant sa jonction avec le prince d'Orange, commençait à canonner les avant-postes de l'armée française. Jourdan avait disposé ses troupes en croissant; ses deux ailes s'appuyaient à la Sambre, qu'elles ne pouvaient repasser, et n'avaient ainsi d'option qu'entre la victoire et l'abîme. Marceau, Lefebvre, Championnet, Kléber, commandaient ces différents corps, et datèrent de cette bataille la première gloire de leurs noms; des retranchements liés par de fortes redoutes et défendus par des troupes d'élite couvraient les deux extrémités avancées de nos ailes et tout le centre de la position.

Le prince de Cobourg renouvela dans cette occasion l'éternelle routine de la vieille guerre en disséminant ses forces et ses attaques. Il divisa ses quatre-vingt mille hommes en cinq colonnes qui s'avancèrent en demi-cercle pour aborder l'armée française sur tous les points à la fois. Le prince d'Orange, le général Quasnodowich, le prince de Kaunitz, l'archiduc Charles, frère de l'empereur, et le général Beaulieu, commandaient chacun une de ces colonnes d'attaque. Ces colonnes s'avancèrent toutes, après des succès et des revers momentanés, contre les troupes républicaines. Championnet, un moment enfoncé, se retira derrière des retranchements. L'espace que Championnet laissait vide, inondé soudain d'une nombreuse cavalerie autrichienne, devint le centre du champ de bataille.

Le sort du combat que livraient contre ces masses Lefebvre et Championnet restait voilé à Jourdan sous des nuages de fumée. On vit s'élever en ce moment au-dessus de ce nuage un ballon qui portait des officiers de l'état-major français. Carnot avait voulu appliquer à l'art de la guerre l'invention jusqu'alors stérile de l'aérostat. Ce point d'observation mobile, planant au-dessus des camps et bravant les boulets, devait éclairer le génie du général en chef. Les Autrichiens dirigèrent des projectiles contre le ballon et le forcèrent de s'élever, pour les éviter, à une grande hauteur. Les officiers qui le montaient reconnurent néanmoins la situation périlleuse de Championnet, et redescendirent pour en informer Jourdan. Ce général se porta à l'instant avec ses réserves, composées de six bataillons et de six escadrons, au secours de Championnet, et rentra avec lui, au pas de charge et sur des monceaux de cadavres, dans les positions abandonnées. La grande redoute reconquise laboura de boulets les profondes lignes autrichiennes. La cavalerie française s'élança au galop dans ces brèches, les élargit à coups de sabre, et enleva cinquante pièces d'artillerie. Mais au moment où Jourdan perçait ce centre ennemi, le prince de Lambesc, à la tête des carabiniers et des cuirassiers impériaux réunis, fondit sur la cavalerie française et lui enleva sa victoire et ses dépouilles. Nous commencions à plier, quand le prince de Cobourg, apercevant le drapeau tricolore qui flottait sur les remparts de Charleroi, et voyant ainsi le fruit de la journée et de la campagne enlevé à l'armée coalisée, fit sonner la retraite, et, en livrant le champ de bataille, livra ainsi le nom de Fleurus et l'honneur de la victoire à Jourdan.

VII

Vingt mille cadavres couvraient ce champ de bataille. Cette victoire nous donna de nouveau la Belgique, et ne tarda pas à faire rentrer sous les lois de la Convention les villes françaises un moment envahies par l'étranger. Carnot et Saint-Just résolurent de réunir l'armée du Nord à l'armée de Sambre-et-Meuse, de lancer Pichegru à la conquête de la Hollande, de séparer Clairfayt du duc d'York, de couper ainsi en tronçons la grande armée de la coalition, de faire soulever les provinces du Rhin et des Pays-Bas sous leurs pieds, de profiter de l'hésitation de la Prusse, de détacher l'Autriche du faisceau de nos ennemis, et d'écouter les propositions pacifiques que l'empereur commençait à faire à Robespierre. Le caractère patient de Robespierre avait en effet vivement frappé l'imagination des hommes d'État de la cour de Vienne. Lassé d'efforts inutiles, effrayé de la prépondérance de la Prusse, inquiet de l'inaction de la Russie, impatient des exigences de Pitt, le cabinet autrichien méditait une défection. L'anarchie seule et l'instabilité du gouvernement révolutionnaire empêchaient l'empereur de traiter. Il attendait pour se dévoiler que l'avénement de Robespierre à la dictature, rendant l'unité au gouvernement, donnât un centre aux négociations et une garantie à la paix.

VIII

Le seul danger réel de la république dans les derniers mois de la campagne précédente avait été le blocus de Landau et l'occupation des lignes de Weissembourg, ces portes de nos vallées du Rhin et des Vosges. Le comité de salut public résolut alors de faire des efforts désespérés pour reconquérir cette position et pour débloquer Landau. Landau ou la mort fut le mot d'ordre des trois armées du Rhin, des Ardennes et de la Moselle. Des levées en masse et l'élan unanime des populations belliqueuses de l'Alsace, des Vosges, du Jura, fortifièrent rapidement ces trois armées. Pichegru commandait à cette époque l'armée du Rhin. Son caractère rude et son extérieur républicain avaient conquis à ce général la confiance de Robespierre, de Saint-Just et de Lebas. Ces hommes ombrageux voyaient dans Pichegru un homme d'une vertu et d'une modestie antiques, capable de sauver la république, incapable de songer à la dominer. L'âme ambitieuse de Pichegru voilait sous une dissimulation profonde les pensées de domination qui couvaient déjà sous son génie.

Le commandement de l'armée de la Moselle, destinée à opérer sa jonction avec celle de Pichegru en franchissant les Vosges, fut donné par Carnot au jeune général Hoche, que ses exploits à l'armée du Nord avaient signalé à la république. A vingt-six ans, Hoche, avec la fougue de son âge, avait la maturité des vieux généraux. Le feu de la Révolution brûlait son âme. Il ne voyait dans la gloire que la splendeur de la liberté. Il saisit le commandement comme on accepte un devoir. Il donna dans son cœur sa vie à la république en retour de l'honneur qu'elle lui décernait. Les soldats, qui voyaient en lui jusqu'à quel rang un soldat pouvait monter, ratifièrent d'acclamation le choix du comité. Il trempa en peu de jours l'âme de son armée au feu qui embrasait la sienne. Il s'élança avec trente mille hommes au sommet des Vosges, combattit avec bonheur d'abord, puis avec des revers à Kaiserslautern ; se replia, fut honoré dans sa défaite même par les représentants témoins de sa jeunesse et de sa valeur, reçut des renforts des Ardennes, reprit son élan, se jeta sur Werdt pour reprendre et écraser Wurmser, étonna ce général autrichien, refoula son aile droite, emporta ses positions, fit prisonnier un corps considérable, et opéra sa jonction avec l'armée du Rhin.

Baudot et Lebas, frappés de la décision et du bonheur des mouvements de Hoche, lui décernèrent, aux dépens de Pichegru, le commandement des deux armées réunies. Hoche attaqua à la fois les Prussiens massés autour de Weissembourg et les Autrichiens campés en avant de la Lauter, entre Weissembourg et le Rhin. Desaix et Michaud, ses lieutenants, s'élancèrent sur ces lignes, les enfoncèrent, et entrèrent victorieux dans Weissembourg. Landau fut débloqué le 28 décembre 1793. Les Autrichiens repassèrent le Rhin. Les Prussiens se retirèrent à Mayence. Le vieux duc de Brunswick, qui les commandait, déposa le commandement, humilié d'avoir été défait par un général de vingt-six ans.

IX

Mais depuis ces exploits, qui avaient purgé le sol de la république et mis deux armées dans les mains d'un adolescent, l'envie s'était attachée au général Hoche. Saint-Just et Robespierre, jaloux de son ascendant sur les troupes, et cédant aux insinuations de Pichegru, l'avaient fait enlever, comme Custine, au milieu de son camp. Envoyé de là à l'armée des Alpes, Hoche fut arrêté de nouveau à son arrivée à Nice. On le ramena à Paris. Il fut emprisonné aux Carmes. Quelques jours après, un ordre plus sévère le fit transporter à la Conciergerie, les mains liées comme un vil criminel. Il y languissait depuis cinq mois à l'époque où nous touchons dans ce récit. L'homme qui avait sauvé la république et qui n'avait d'autre crime que sa gloire attendait tous les jours le supplice pour prix des services rendus à sa patrie. Hoche, marié seulement depuis quelques mois avec une jeune femme de seize ans qu'il avait épousée sans autre dot que son amour et sa beauté, ne correspondait avec elle que par des billets laconiques soustraits à la surveillance de ses gardiens. Il vivait du pain de la prison. Il était obligé de faire vendre son cheval de bataille pour soutenir sa vie. Il supportait cette privation, cette indigence, cette perspective du supplice, sans blasphémer, même intérieurement, la république. « Dans les républiques, écrivait-il à sa femme, le général trop aimé des soldats qu'il commande est toujours justement suspect à ceux qui gouvernent, tu le sais ; il est certain que la liberté pourrait courir des dangers par l'ambition d'un tel homme, s'il était ambitieux. Mais moi !... N'importe, mon exemple pourra servir la chose publique. Après avoir sauvé Rome, Cincinnatus revint labourer son champ. Je suis loin d'égaler un si grand homme, mais comme lui j'aime ma patrie ; et je ne demanderais qu'à rentrer dans les rangs d'où le hasard et mon travail m'ont fait sortir trop tôt pour ma tranquillité !... »

« Si tu lis, écrit-il ailleurs, l'histoire des républiques antiques, tu verras la méchanceté des hommes tourmenter tous ceux qui comme moi ont bien servi leur pays !... »

Ces lettres confidentielles de Hoche sont pleines du sentiment de l'antiquité. Dans un temps où l'impiété philosophique, jointe à la légèreté soldatesque, effaçait partout de la langue et du cœur le sentiment religieux, on est étonné d'y voir un jeune héros de la république élever sans cesse sa pensée au ciel, invoquer la Providence, et parler avec un accent profond à sa femme et à ses amis de ce *grand Être* qui le protège dans ses périls et auquel il rapporte son héroïsme comme à la source de tout dévouement.

Ces mois de prison et cette ombre de l'échafaud mûrissaient dans Hoche le héros qui devait bientôt étouffer la guerre civile par la générosité autant que par la force.

X

Après les quartiers d'hiver de 1793 à 1794, nos autres frontières présentaient la même sécurité que celles du Rhin. En Savoie le général Dumas s'emparait des hauteurs des Alpes, et menaçait, du sommet du Saint-Bernard et du mont Cénis, les Piémontais, alliés de l'Autriche. Le comité de salut public méditait l'invasion de l'Italie. Masséna et Sérurier nous en ouvraient pas à pas l'accès du côté de Nice. Bonaparte, qui n'était encore que chef de bataillon dans cette armée, envoyait des plans à Carnot et à Barras. Ces plans révélaient dans le jeune officier inconnu le génie futur de l'invasion.

Dans la Vendée, les colonnes incendiaires des républicains portaient partout la flamme et la mort. Le général en chef d'Elbée tombait en leur pouvoir et mourait fusillé à Nantes.

Aux Pyrénées, l'armée espagnole, privée par la mort de ses deux généraux Ricardos et Oreilly, se couvrait de la rivière de Tech contre les attaques d'Augereau, de Pérignon et de Dugommier. Le vieux général Dagobert, impatient de l'inaction où il était réduit en Cerdagne, envahissait la Catalogne, triomphait à Montello, et expirait de fatigue à la Seu-d'Urgel, à l'âge de soixante-dix-huit ans. Après avoir frappé sur ses conquêtes de riches contributions qu'il avait versées dans la caisse de l'armée, Dagobert mourait sans autre richesse que son uniforme et sa solde. Les officiers et les soldats de son armée étaient obligés de se cotiser pour faire les frais de ses humbles mais glorieuses funérailles. Le général espagnol la Union, chassé de position en position jusqu'à la cime des Pyrénées, abandonnait toutes les vallées et se retirait sous le canon de Figuières.

Le roi d'Espagne proposait la paix, ne demandant pour conditions que la liberté des deux enfants de Louis XVI et un apanage médiocre pour le Dauphin dans les provinces limitrophes de l'Espagne. Le comité de salut public écrivait au représentant du peuple qui lui avait communiqué ces ouvertures : « C'est au canon de répondre ; avancez et frappez ! » Dugommier, obéissant à cet ordre, tombait victorieux, la tête fracassée par un obus : « Cachez ma mort aux soldats, dit-il à ses deux fils et aux officiers qui le relevaient, afin que la victoire console au moins mon dernier soupir. » Pérignon, nommé par les représentants général en chef à la place de Dugommier, achevait la victoire.

Les généraux Bon, Verdier, Chabert, enlevaient des colonnes et abordaient à la baïonnette le camp ennemi. La mort du général en chef espagnol, tué dans une redoute, et celle de trois autres de ses généraux vengeaient la mort de Dugommier et entraînaient la déroute de l'armée ennemie. Dix mille Espagnols étaient faits prisonniers. Figuières tombait entre les mains d'Augereau et de Victor. La frontière était affranchie, et reculait partout devant la constance et l'élan de nos bataillons. L'obstination de Robespierre, le génie de Carnot, l'inflexibilité de Saint-Just, avaient reporté la guerre sur la terre ennemie.

XI

Sur l'Océan, la république maintenait sinon sa puissance, du moins son héroïsme. Sur la mer, la guerre n'est pas seulement du courage et du nombre : l'homme ne suffit pas; il faut le bois, le bronze, les agrès, la manœuvre, la discipline; on improvise une armée, on crée lentement les flottes et les hommes capables de les monter. Notre marine, épuisée d'officiers par l'émigration, de vaisseaux par notre désastre de Toulon, venait d'être encore travaillée par l'insurrection. La flotte de Brest, commandée par l'amiral Morard de Galles, croisant devant les côtes de Bretagne, manquant de vivres, de munitions, de confiance, s'était soulevée contre ses officiers et les avait forcés de rentrer à Brest, sous prétexte qu'on ne la tenait éloignée de ce port que pour le livrer aux Anglais comme Toulon.

Le comité de salut public envoya trois commissaires à Brest : Prieur de la Marne, Treilhard et Jean-Bon Saint-André. Ces commissaires feignirent de donner raison aux matelots et de rechercher dans les commandants de la flotte des conspirations imaginaires. Ils établirent la terreur sur la flotte comme elle sévissait sur la terre. La destitution, la prison, la mort, décimèrent les officiers. Morard de Galles fut remplacé par Villaret-Joyeuse, simple capitaine de vaisseau élevé par l'insubordination au rang de chef d'escadre. Les vaisseaux révoltés reçurent des chefs et jusqu'à des noms nouveaux empruntés aux grandes circonstances de la Révolution.

Cependant deux cents bâtiments chargés de grains étaient attendus d'Amérique sur les côtes de l'Océan. Villaret-Joyeuse reçut ordre de faire sortir de nouveau la flotte, de la tenir à une certaine hauteur en mer, pour protéger l'entrée de ces deux cents voiles dans les eaux françaises, et d'exercer les équipages, en attendant, aux grandes manœuvres. Notre flotte comptait vingt-huit vaisseaux de ligne, restes imposants de nos armements d'Amérique et des Indes. Villaret-Joyeuse et Jean-Bon Saint-André montaient le vaisseau de cent trente canons *la Montagne*. A peine la flotte, majestueuse de nombre, d'élan et de patriotisme, s'était-elle élevée en mer sur trois colonnes, qu'elle fut aperçue par l'amiral Howe, qui croisait avec trente-trois vaisseaux anglais sur les côtes de Normandie et de Bretagne. L'amiral français voulait éviter le combat, conformément aux ordres qu'il avait reçus de protéger avant tout les arrivages de grains sur notre littoral affamé. L'enthousiasme des marins, encouragé par l'élan révolutionnaire de Jean-Bon Saint-André, força la main à Villaret-Joyeuse. La flotte vogua d'elle-même au combat par cette impulsion populaire qui entraînait alors nos bataillons.

Les Anglais feignirent d'abord de l'éviter. Ils amorçaient l'impéritie de nos représentants. Villaret-Joyeuse, de son côté, ne voulait pour sa flotte que l'honneur du feu sans le danger d'une bataille navale. Il espérait satisfaire par quelques bordées la soif de gloire de Jean-Bon Saint-André. Les deux arrière-gardes furent seules engagées. Le vaisseau français *le Révolutionnaire* n'échappa qu'en débris, et flottant à peine, à trois vaisseaux anglais, et rentra démâté à Rochefort. La nuit sépara les deux flottes. Le jour suivant les découvrit de nouveau l'une à l'autre. Trois vaisseaux anglais, lancés au centre de la ligne française, s'attachèrent comme des brûlots au vaisseau *le Vengeur*, et incendièrent ses agrès. Le combat général allait s'engager, quand une brume épaisse tomba sur l'Océan et ensevelit pendant deux jours les deux flottes dans une nuit qui rendait toute manœuvre impossible. Mais pendant cette obscurité l'amiral Howe avait manœuvré inaperçu et placé la flotte française sous le vent, avantage immense qui permit à l'escadre favorisée d'accroître sa force et sa mobilité de toute la force et de toute la mobilité d'un élément.

XII

C'était au lever du jour, le 1ᵉʳ juin 1794. Le ciel était net, le soleil éclatant, la lame houleuse, mais maniable, la valeur égale des deux côtés; plus désespérée chez les Français, plus confiante et plus calme chez les Anglais. Des cris de : « Vive la République ! » et de: « Vive la Grande-Bretagne ! » partirent des deux bords. Le vent roula d'une flotte à l'autre, avec les vagues, les échos des airs patriotiques des deux nations.

L'amiral anglais, au lieu d'aborder en face la ligne française, obliqua sur elle et, la coupant en deux tronçons, sépara notre gauche et la foudroya de tous ses canons, pendant que notre droite, ayant le vent contre elle, assistait immobile à l'incendie de ses vaisseaux. Jamais, dit-on, une telle ardeur de mort n'emporta les uns contre les autres les vaisseaux des deux peuples rivaux. Les bois et la voile semblaient palpiter de la même impatience de choc que les marins. Ils se heurtaient comme des béliers, rapprochés et séparés tour à tour par quelques courtes vagues. Quatre mille pièces de canon, se répondant des ponts opposés, vomissaient la mitraille à portée de pistolet. Les mâts étaient hachés. Les voiles étaient en feu. Les ponts étaient jonchés de membres et de débris d'agrès. Howe, monté sur le vaisseau *la Reine Charlotte*, combattit en personne, comme dans un grand duel, le vaisseau amiral français *la Montagne*. Le vaisseau *le Jacobin*, par une fausse manœuvre, avait troué notre ligne et découvert ce bâtiment. La gauche française était broyée sans être vaincue. Elle avait inscrit sur ses pavillons : « La victoire ou la mort ! » Le centre avait peu souffert. La nuit tomba sur ce carnage et l'interrompit.

Six vaisseaux républicains étaient séparés de la flotte et cernés par les vaisseaux de Howe. Le jour devait éclairer leur reddition ou leur incendie. L'amiral français voulait les sauver ou s'incendier avec eux. La réflexion avait modéré le représentant du peuple Jean-Bon Saint-André. La flotte avait assez fait pour sa gloire. La victoire disputée était déjà un triomphe pour la république. Le représentant ordonna la retraite. On l'accusa de lâcheté, on voulut le jeter à la mer. Le vaisseau *la Montagne* n'était plus qu'un volcan éteint. Ce vaisseau avait reçu trois cents boulets dans ses flancs. Tous ses officiers étaient blessés ou morts. Un tiers à peine de son équipage survivait. L'amiral avait eu son banc de quart emporté sous lui. Tous ses canonniers étaient couchés sur leurs pièces. Il en était ainsi de tous les vaisseaux engagés.

Le vaisseau *le Vengeur*, entouré par trois vaisseaux ennemis, combattait encore, son capitaine coupé en deux, ses officiers mutilés, ses marins décimés par la mitraille, ses mâts écroulés, ses voiles en cendres. Les vaisseaux anglais s'en écartaient comme d'un cadavre dont les dernières convulsions pouvaient être dangereuses, mais qui ne pouvait plus échapper à la mort. L'équipage, enivré de sang et de poudre, poussa l'orgueil du pavillon jusqu'au suicide en masse. Il cloua le pavillon sur le tronçon d'un mât, refusa toute composition, et attendit que la vague qui remplissait la cale de minute en minute le fît sombrer sous son feu. A mesure que le vaisseau se submerge étage par étage, l'intrépide équipage lâche la bordée de tous les canons de la batterie que la mer allait recouvrir. Cette batterie éteinte, l'équipage remonte à la batterie supérieure et la décharge sur l'ennemi. Enfin, quand les lames balayent déjà le pont, la dernière bordée éclate encore au niveau de la mer, et l'équipage s'enfonce avec le vaisseau aux cris de : « Vive la République ! »

Les Anglais, consternés d'admiration, couvrirent la mer de leurs embarcations, et en sauvèrent une grande partie. Le fils de l'illustre président Dupaty, qui servait sur le *Vengeur*, fut recueilli et sauvé ainsi. L'escadre rentra à Brest comme un blessé victorieux. La Convention décréta qu'elle avait bien mérité de la patrie. Elle ordonna qu'un modèle du *Vengeur*, statue navale du bâtiment submergé, serait suspendu aux voûtes du Panthéon. Les poëtes Joseph

Chénier et Lebrun l'immortalisèrent dans leurs strophes. Le naufrage héroïque du *Vengeur* devint un des chants populaires de la patrie. Ce fut pour nos marins la *Marseillaise* de la mer.

XIII

Ainsi la république triomphait ou s'illustrait partout. La Convention appelait tous les arts et tous les génies à célébrer ces premiers triomphes. Comme les périls de 1793 avaient eu leur Tyrtée dans Rouget de Lisle, les victoires de 1794 avaient le leur dans J. Chénier et dans Lebrun. Ce fut alors que Chénier composa le *Chant du départ*, dont les notes respiraient le triomphe comme celles de la *Marseillaise* respiraient la fureur. Voici ce chant :

UN DÉPUTÉ DU PEUPLE.

La Victoire en chantant nous ouvre la barrière,
    La Liberté guide nos pas ;
Et du nord au midi la trompette guerrière
    A sonné l'heure des combats.
    Tremblez, ennemis de la France,
    Rois ivres de sang et d'orgueil,
    Le peuple souverain s'avance ;
    Tyrans, descendez au cercueil !

    La république nous appelle,
    Sachons vaincre, sachons périr ;
    Un Français doit vivre pour elle,
    Pour elle un Français doit mourir !

CHŒUR DES GUERRIERS.

La république, etc.

UNE MÈRE DE FAMILLE.

De nos yeux maternels ne craignez pas les larmes.
Loin de nous les lâches douleurs !
Nous devons triompher quand vous prenez les armes :
C'est aux rois à verser des pleurs.
Nous vous avons donné la vie,
Guerriers, elle n'est plus à vous :
Tous vos jours sont à la patrie,
Elle est votre mère avant nous.

CHŒUR DES MÈRES DE FAMILLE.

La république, etc.

L'horizon s'éclaircissait sur toutes nos frontières pendant qu'il s'assombrissait tous les jours davantage à Paris. Le sang des victimes se mêlait au sang des défenseurs de la patrie.

XIV

Plus le comité de salut public avait été terrible envers le parti d'Hébert et de Danton, plus il se montrait implacable envers les suspects de toute opinion. La terreur seule pouvait, dans ses idées, servir d'excuse à la terreur. Après avoir frappé les fondateurs de la république, il fallait qu'on la crût inexorable envers ses ennemis. Le seul ressort de gouvernement était la guillotine. On ne laissait le pouvoir au comité qu'à la condition de concéder la mort au peuple. La terreur immolait sans choix, sans justice, sans pitié, les têtes les plus hautes comme les plus obscures. Le niveau de la guillotine s'était abaissé. Elle fauchait indifféremment tous les rangs. La philosophie de Robespierre devenait un meurtre en permanence. L'abîme l'entraînait. Terrible leçon à qui fait un premier pas au delà de sa conscience et de la justice !

Le comité de salut public ne s'était réservé dans la distribution des jugements et des supplices qu'une sorte de fonction mécanique, réduite à une sinistre formalité. Il dénonçait rarement lui-même, si ce n'est dans ces grandes occurrences où les procès prenaient la couleur et la gravité de crimes d'État. Le comité recevait les dénonciations de Paris, des représentants en mission, des clubs, des départements. Il jetait un coup d'œil sur ces dénonciations ou s'en fiait au rapport d'un de ses membres, et il renvoyait les accusés au tribunal révolutionnaire. Les accusés s'accumulaient ainsi dans les dix-huit prisons de Paris. Les noms, les pièces, les délations, encombraient le greffe de *Fabricius* et les cartons de Fouquier-Tinville. Chaque soir l'accusateur public se rendait au comité pour demander des ordres. Si le comité voulait une proscription d'urgence, il remettait à Fouquier-Tinville la liste des accusés dont il fallait précipiter le jugement. Si le comité n'avait sous la main aucune tête d'élite à frapper, il laissait Fouquier-Tinville épuiser dans leur ordre, au hasard, les innombrables listes d'accusation dont il était débordé. L'accusateur public s'entendait avec le président du tribunal. Il associait ensemble par masse et par analogie d'accusation les détenus quelquefois les plus étrangers les uns aux autres. Il rédigeait et soutenait l'accusation. Il pourvoyait à l'exécution immédiate des jugements.

Ce mécanisme de meurtre marchait tout seul. Les charrettes, proportionnées au nombre présumé des condamnés, stationnaient à heure fixe dans les cours du palais de justice. Les *insulteuses* publiques entouraient les roues. Les exécuteurs buvaient dans les guichets. Le peuple se pressait dans les rues à l'heure des convois. La guillotine attendait. La mort avait sa routine tracée comme l'habitude. Elle était devenue une fonction de la journée.

Depuis les derniers jours du mois de novembre 1793 jusqu'au mois de juillet 1794, le calendrier de la France était marqué de plusieurs têtes tombées par jour. Le nombre s'accroissait de semaine en semaine. A la fin de mai on ne compta plus.

XV

Le fils de Custine, âgé de vingt-quatre ans, emprisonné pour avoir pleuré son père, avait été jeté au cachot en attendant son jugement. Sa jeunesse, sa beauté, les larmes de sa femme, qui le visitait librement, avaient attendri la fille d'un geôlier. Cette jeune complice avait procuré à Custine des habits de femme, sous lesquels il devait s'évader à la chute du jour. Trente mille francs en or déjà comptés par madame de Custine aux instruments de l'évasion, une voiture prête, un asile sûr, rendaient la fuite certaine. Le jour était venu, l'heure avait sonné. Custine apprend qu'un décret de la Convention condamne à mort ceux qui auraient favorisé la fuite d'un prisonnier. Il dépouille son déguisement déjà revêtu. Il résiste aux étreintes de sa femme, aux supplications de la jeune fille, qui jure de les suivre et de se dévouer à la mort, s'il le faut, pour lui. Rien ne peut le vaincre. Il reste. Il est jugé. Il passe la dernière nuit de sa vie dans le cachot commun des condamnés, tendrement occupé à sécher les larmes de sa femme et à la rattacher à la vie pour l'enfant de leurs amours. La première lueur du jour fait évanouir la jeune femme. On profite de cet évanouissement pour l'emporter. Custine marche au supplice, et meurt victime de son amour filial, de sa générosité et de son nom.

Clavière, informé dans son cachot du suicide de Roland son ami, s'entretint philosophiquement le soir, avec ses compagnons de captivité, à la lueur d'une lampe, des conjectures ou des certitudes de l'immortalité. Il passe en revue les moyens les plus sûrs et les plus prompts d'échapper volontairement à la mort des suppliciés, afin de conserver un héritage à ses enfants. Il cherche avec la pointe de son couteau sur sa poitrine la place où le cœur palpite, pour ne pas se tromper de coup; il rentre calme dans sa chambre. Le lendemain les guichetiers trouvent Clavière endormi dans son sang, la main sur son poignard, le poignard dans le cœur. Sa femme, Genevoise comme lui, apprend la mort de son mari et s'empoisonne, après avoir sauvé un reste de fortune et assuré une autre famille à ses enfants.

L'évêque de Lyon, Lamourette, proscrit par les révolutionnaires pour avoir voulu conserver à la Révolution sa conscience, convertit dans sa prison les impies à Dieu et les infortunés à l'espérance. « Non, mes amis, s'écria-t-il la veille de sa mort en se frappant le front, on ne peut tuer la pensée, et la pensée c'est tout l'homme !... Qu'est-ce que la guillotine ? » disait-il encore en badinant avec le supplice. Une chiquenaude sur le cou ! » Le dernier soupir de cet homme de bien fut un soupir de paix.

Il ne restait plus que deux Girondins, échappés, pendant six mois, aux proscriptions de la Montagne : c'étaient Louvet et Condorcet.

XVI

Condorcet, le lendemain du 31 mai, attend les gendarmes qui doivent le garder chez lui. Les Montagnards hésitent un moment devant ce grand nom. Ils craignent de déshonorer la Révolution en proscrivant le philosophe. Les Jacobins reprochent aux Montagnards leur faiblesse. Plus l'homme est grand, plus le conspirateur est dangereux. Le respect est un préjugé. Les plus hautes têtes doivent tomber les premières. Condorcet, fléchi par les larmes de sa femme, est entraîné par un ami, M. Pinel, vers un asile sûr, le numéro 21 de la rue Servandoni, dans un de ces quartiers obscurs de Paris cachés sous l'ombre des hautes murailles et des tours de Saint-Sulpice. Là, une veuve pauvre, vouée aux malheureux, madame Vernet, possède une petite maison dont elle loue les appartements à quelques locataires paisibles, inconnus comme elle. M. Pinel conduit Condorcet dans cette demeure à la chute du jour. Il veut dire à madame Vernet le nom de l'ami qu'il confie à son hospitalité. « Non, répond cette femme généreuse à M. Pinel, je ne veux pas savoir son nom; je sais son malheur, c'est assez ! Je le sauverai pour Dieu et pour vous, et non pour son nom. Sa retraite en sera plus sûre et mon dévouement plus désintéressé. »

Condorcet s'enferme avec quelques livres et avec ses pensées dans une chambre haute du dernier étage. Il prend un nom imaginaire. Il ne sort jamais. Il n'ouvre sa fenêtre que la nuit. Il ne descend que pour prendre ses repas, comme un convive de famille, à la table de son hôtesse. Un jour il croit reconnaître sur l'escalier un Conventionnel du parti de la Montagne, nommé Marcos. « Je suis perdu, dit-il à madame Vernet, il y a un Montagnard logé dans votre maison. Laissez-moi fuir, car je suis Condorcet. — Restez, lui répond la femme intrépide. Je connais Marcos, je réponds de lui. Je vais l'enchaîner par mon propre salut. Je vais lui dire : « Condorcet est ici, il est » proscrit, je le sais, je lui donne asile. S'il est découvert, » je périrai avec lui. Un seul homme connaît ce secret; s'il » est révélé, si Condorcet est guillotiné, son sang et le » mien retomberont sur vous seul. » Le Conventionnel fut discret. Tous les jours le proscripteur et le proscrit se rencontraient sur l'escalier et passaient en affectant de ne pas se connaître.

Condorcet resta dans cet asile ignoré pendant l'automne et l'hiver de 1793, et pendant les premiers mois du printemps de 1794. Il écrivit, au bruit des démences et des fureurs de la liberté, son livre *De la perfectibilité du genre humain*. L'espérance du philosophe survivait en lui au désespoir du citoyen. Il savait que les passions sont passagères et que la raison est éternelle. Il la confessait comme l'astronome confesse l'astre jusque dans son éclipse. Sa solitude était consolée par ses travaux; elle l'était surtout par les visites assidues de sa jeune épouse, dont l'éclatante beauté et l'âme éloquente avaient fait l'enivrement de sa jeunesse et l'attrait de sa maison. Elle appartenait à la famille de Grouchy. Tombée, depuis la chute de sa famille et depuis la proscription de son mari, du luxe dans l'indigence, cette jeune femme gagnait sa vie en faisant les portraits des personnages célèbres de la Terreur. Ces parvenus de la liberté jouissaient de faire reproduire leur image par la main d'une aristocrate. La nuit venue, madame de Condorcet se glissait inaperçue dans les ruelles sombres qui conduisaient à la maison de son mari, et lui donnait dans le mystère des heures de consolation et de bonheur. Heures d'autant plus douces qu'elles étaient dérobées à la mort.

Condorcet aurait été heureux et sauvé s'il eût su attendre. Mais l'impatience de son imagination ardente l'usait et le perdit. Il fut saisi, au retour du printemps et à la réverbération du soleil d'avril contre les murs de sa chambre, d'un tel besoin de liberté et de mouvement, d'une telle passion de revoir la nature et le ciel, que madame Vernet fut obligée de le garder comme un véritable prisonnier, de peur qu'il n'échappât à sa bienfaisante surveillance. Il ne parlait que du bonheur de parcourir les champs, de s'asseoir à l'ombre d'un arbre, d'écouter le chant des oiseaux, le bruit des feuilles, la fuite de l'eau. La première verdure des arbres du Luxembourg, qu'il entrevit de sa fenêtre, porta cette soif d'air et de mouvement jusqu'au délire. Dans les premiers jours d'avril, Condorcet put croire que ses ennemis connaissaient sa retraite; il ne voulut pas entraîner sa généreuse hôtesse dans sa ruine; il résolut de fuir en trompant sa surveillance.

XVII

Le 5 avril, à dix heures du matin, Condorcet descend, sous prétexte de prendre son repas, dans la salle commune. Cette salle basse était rapprochée de la porte de la rue. A peine assis, il feint d'avoir oublié un livre dans sa chambre. Madame Vernet lui offre sans soupçon d'aller lui chercher le volume. Condorcet accepte. Il profite de l'absence de son hôtesse pour s'élancer hors du seuil.

A quelques pas de la maison, Condorcet rencontre dans la rue de Vaugirard un commensal de son hôtesse nommé Sarro. Ce jeune homme, tremblant pour le fugitif, l'accompagne. Ils passent ensemble la barrière, s'embrassent, se séparent. Condorcet erre tout le jour dans les environs de Paris. Il jouit avec ivresse de son imprudente liberté. La nuit venue, Condorcet alla frapper à la porte d'une maison de campagne où M. et madame Suard, ses amis, vivaient retirés dans le village de Fontenay-aux-Roses. On lui ouvrit. Nul ne sait ce qui se passa dans cette entrevue nocturne entre le proscrit mendiant un asile et des amis tremblant d'appeler la mort sur leur demeure en y dérobant un accusé. Les uns disent que l'amitié fut timide ; les autres, que Condorcet se refusa généreusement aux instances, de peur de traîner avec lui son malheur et *son crime* sur le seuil qu'il aurait habité. Quoi qu'il en soit, après un court entretien à voix basse, il ressortit par une porte dérobée du parc au milieu de la nuit.

On assure qu'il revint quelques heures après, et qu'il trouva fermée au verrou cette même porte qu'il devait retrouver ouverte. Conjecture que repoussent ou qu'autorisent également le caractère généreux de Suard et la tendresse d'une épouse alarmée qui tremble pour son mari. Calomnie de l'amitié peut-être, qui attrista jusqu'à la fin la vie de ceux sur qui on jeta la responsabilité du lendemain.

XVIII

La nuit couvrit les pas et les irrésolutions de Condorcet. Le lendemain il erra au hasard. Le surlendemain, vers le soir, un homme harassé de fatigue, les pieds boueux, le visage hâve, l'œil égaré, la barbe longue, entra dans un cabaret de Clamart. Sa veste d'ouvrier, son bonnet de laine, ses souliers ferrés, contrastaient avec la délicatesse de ses mains et la blancheur de sa peau. Il demanda des œufs et du pain, et mangea avec une avidité qui attestait une longue abstinence. Interrogé par l'hôte sur sa profession, il répondit qu'il était le domestique d'un maître qui venait de mourir. Pour confirmer cette assertion, il tira de sa poche un portefeuille qui renfermait de faux papiers. L'élégance du portefeuille, qui jurait avec la prétendue domesticité et avec l'indigence des habits, dénonça Condorcet. Des membres du comité révolutionnaire, attablés dans la salle commune, l'arrêtèrent comme suspect et voulurent le faire conduire à la prison de Bourg-la-Reine. Blessé au pied par les longues marches de la veille et de la nuit précédente, épuisé de forces, Condorcet tombait à chaque pas dans des évanouissements : les paysans qui l'escortaient furent obligés de le hisser sur le cheval d'un pauvre vigneron qui passait sur la route. Jeté dans la prison de Bourg-la-Reine, il avala du poison qu'il portait toujours sur lui.

Bientôt il s'engourdit dans un sommeil glacé qui lui déroba sa propre mort et enleva une tête au bourreau. Les gardes nationaux qui veillaient à la porte, et qui n'avaient entendu aucun bruit dans le cachot, ne trouvèrent qu'un cadavre à la place de leur prisonnier. Ainsi mourut ce Sénèque moderne. Placé entre les deux camps pour combattre le vieux monde et pour modérer le nouveau, il périt dans leur choc sans s'étonner et sans gémir.

XIX

Le jour même où Condorcet expirait à Bourg-la-Reine, Louvet entrait à Paris. Après s'être séparé à Saint-Émilion, au milieu de la nuit, de Barbaroux, de Buzot et de Pétion, à la porte de cette femme cruelle qui avait refusé une goutte d'eau à un mourant, Louvet avait marché toute la nuit. Au point du jour il avait franchi, avant l'heure du réveil des habitants, le village de Monpont, frontière extrême de la Gironde. Hors du département suspect, la surveillance était moins active. Couvert de l'uniforme de volontaire, affectant le jacobinisme d'attitude et de propos, blessé à la jambe, empruntant pour faire route les voitures chargées de paille et de foin qui portaient les réquisitions dans les villes, Louvet parvint, à force de déguisements et de ruses, à s'approcher de Paris. Il y entra enfin grâce au dévouement d'un guide fidèle; il y brava, dans le sein du mystère et de l'amour, les ressentiments de Robespierre. Chaque jour, en lui apportant le nombre des morts, lui faisait goûter la vie comme on goûte la dernière heure de félicité qui va finir.

Laréveillère-Lépeaux, député girondin comme Louvet, était du petit nombre de ceux qui échappaient dans l'ombre à la guillotine. La Révolution avait trouvé Laréveillère jurisconsulte à Mortagne, sa patrie, dans le bas Poitou. Les principes nouveaux avaient été pour lui non une fureur, mais une religion. Élève des philosophes, sa philosophie n'était pas, comme celle de Diderot, un ricanement amer contre les institutions et les dogmes; elle était un ardent amour de la lumière et une aspiration passionnée de l'humanité à Dieu. Ces doctrines avaient attaché Laréveillère-Lépeaux aux Girondins, parce qu'ils étaient moins sanguinaires que les Montagnards. Dénoncé le lendemain de leur chute comme leur complice, une voix s'était écriée avec mépris du haut de la Montagne : « Laissez-le *mourir tout seul*. Il n'a pas deux jours de vie. » Laréveillère en effet était alors mourant. Cette voix l'avait sauvé. Mais bientôt, proscrit avec les soixante-treize députés suspects de regrets pour la Gironde, il avait fui sous des déguisements divers et par des lieux inconnus. Bosc, l'ami de madame Roland, et Laréveillère s'étaient d'abord réfugiés dans une chaumière abandonnée de la forêt de Montmorency. Ils y passèrent l'hiver. Ni l'un ni l'autre n'avait emporté d'argent. Ils vécurent de pommes de terre et de colimaçons. Une poule et un coq étaient toute leur richesse. Un jour, exténués de privations et de faim, ils résolurent de tuer la poule. Un oiseau de proie plus affamé qu'eux fond sur la poule, la tue et l'enlève.

Quand les administrateurs de Seine-et-Oise venaient chasser dans la forêt, Laréveillère et Bosc s'enfouissaient sous des meules de foin ou sous des monceaux de feuilles sèches. Soupçonnés par les gardes, ils se séparèrent. Chacun d'eux alla mendier au hasard un autre asile. Laréveillère s'achemine vers le Nord. Là, un ami non suspect lui avait offert dans d'autres temps l'hospitalité. Vêtu de haillons, les pieds nus, le visage creusé par l'insomnie et par la fatigue, le proscrit rencontra sur le grand chemin le représentant du peuple Bouchotte, traîné par quatre chevaux, sa voiture couverte de lauriers et de drapeaux tricolores, lui-même coiffé du bonnet rouge. Laréveillère tremble d'avoir été reconnu. Il s'écarte dans les champs. Un berger partage avec lui ses aliments et sa cabane roulante. Le lendemain un pauvre paysan lui donne un pain qu'il portait dans les champs à son fils. Aux portes de la petite ville de Roye, voisine de Buire, le fugitif rencontre une foule de peuple. On rapportait à la ville, sur un brancard, un proscrit comme lui qui s'était suicidé sur le grand chemin. Cet augure glace son courage. Laréveillère erre, la nuit, dans les champs labourés, le jour dans les bois. Il arrive enfin mourant à la porte de son ami. Reçu comme un frère, caché, soigné, guéri par les soins d'une famille généreuse, il passe les mauvais jours, sous un nom supposé, et se livre en paix à sa passion pour l'étude des plantes. C'est là qu'inspiré par cette Divinité qui se dévoile et qui parle dans les merveilles de la végétation, Laréveillère entrevit une religion simple et pastorale, dont il fut plus tard non l'inventeur, mais l'apôtre, sous le nom de *théophilanthropie*. Cette philosophie pieuse, composée de deux dogmes élémentaires extraits de l'Évangile, l'amour de Dieu et l'amour des hommes, fut prêchée d'abord par H. Haüy, frère de l'abbé Haüy, célèbre naturaliste.

Cette religion qui emprunta son nom à Laréveillère, lui fut reprochée comme un ridicule. Proclamer la Divinité au milieu du matérialisme, la morale au pied des échafauds, l'amour au sein des discordes civiles, ne motivait pas ce mépris. Rien de ce qui cherche à relever l'humanité vers Dieu ne doit être rabattu par la dérision. Toutes les pensées religieuses, même quand elles sont incomplètes et qu'elles avortent dans le temps, ont leur immortalité dans leur nature. Le nom de Laréveillère-Lépeaux restera honoré par la pensée qu'il éleva à Dieu du sein des théories du néant.

XX

Un autre philosophe, M. de Malesherbes, eut les mêmes malheurs et plus de gloire. Il scella sa vie par sa mort. Sa longue et modeste vertu fut couronnée par le supplice. Depuis l'acte de fidélité suprême qu'il avait accompli en défendant Louis XVI devant la Convention, M. de Malesherbes s'était retiré à la campagne. Il y vivait en patriarche au milieu de ses enfants et de ses petits-enfants. Sa vertu était une conspiration contre le temps. On l'enleva le 22 avril, ainsi que M. de Rosambo son gendre, ses deux petites-filles et leurs maris. L'un d'eux était M. de Chateaubriand, frère aîné de celui qui devait rendre à son nom plus de lustre qu'on ne lui ravissait de sang! Ils furent tous jetés dans la prison de Port-Libre, et conduits par groupes au tribunal. M. de Malesherbes avait appris à mourir au Temple. Il mourut sans s'indigner contre ses assassins. Il prit le temps et la justice des hommes en patience et en espérance. Prêt à monter au tribunal, il fit un faux pas sur le seuil de la prison : « Mauvais augure, dit-il; un Romain rentrerait à la maison ! » Les prisonniers de la Conciergerie lui demandèrent sa bénédiction, comme celle de l'honneur antique qui allait remonter au ciel avec lui. Il la leur donna en souriant. « Surtout ne me plaignez pas, dit-il. J'ai été disgracié pour avoir voulu devancer la Révolution par des réformes populaires. Je vais mourir pour avoir été fidèle à l'amitié de mon roi. Je meurs en paix avec le passé et avec l'avenir. » Sa famille entière le suivit en peu de jours à l'échafaud.

Pendant que le généreux vieillard allait à la mort pour avoir défendu son maître, Cléry languissait emprisonné à la Force pour l'avoir servi et consolé dans sa captivité. Il démentait ainsi par le long supplice qu'il avait accepté au Temple, et par la cruelle détention qu'il subissait comme royaliste, les doutes sur son dévouement à la royauté; doutes contre lesquels la vie entière de ce modèle des serviteurs des rois détrônés proteste, et que sa famille a toujours énergiquement repoussés de sa mémoire et de son nom.

Duval-Dépréménil, un des premiers tribuns du parlement, et Chapelier, le rapporteur de la première constitution, périrent avec M. de Malesherbes. En montant dans la charrette qui allait les conduire à la guillotine : « Ce peuple va nous donner tout à l'heure un problème embarrassant à résoudre, dit Chapelier à Dépréménil. — Et lequel? dit Dépréménil. — Celui de savoir auquel de nous deux s'adresseront ses malédictions et ses huées. — A tous deux, » répondit Dépréménil. Le vieux Luckner, oublié longtemps dans les cachots; le député Mazuyer, accusé du crime d'avoir fait sauver Pétion et Lanjuinais, et Thouret, un des réformateurs les plus éclairés de nos codes; les suivirent à l'échafaud. Mais déjà on ne jugeait plus qu'en masse, par classe, par rang, par fonction, par génération, par famille. Tous les membres du parlement de Paris, tous les receveurs généraux des finances, toute la noblesse de France, toute la magistrature, tout le clergé, étaient arrachés à leurs châteaux, à leurs autels, à leurs retraites, entassés dans les prisons de Paris, extraits tour à tour de leurs cachots, traduits au tribunal par catégories à la fois, et traînés de là à l'échafaud.

Plus de huit mille suspects encombraient ces seules prisons de Paris, un mois avant la mort de Danton. En une seule nuit, on y jeta trois cents familles du faubourg Saint-Germain, tous les grands noms de la France historique, militaire, parlementaire, épiscopale. On ne se donnait pas l'embarras de leur inventer un crime. Leur nom suffisait, leurs richesses les dénonçaient, leur rang les livrait. On était coupable par quartier, par rang, par fortune, par parenté, par famille, par religion, par opinion, par sentiments présumés; ou plutôt il n'y avait plus ni innocents ni coupables, il n'y avait plus que des proscripteurs et des proscrits. Ni l'âge, ni le sexe, ni la vieillesse, ni l'enfance, ni les infirmités qui rendaient toute criminalité matériellement impossible, ne sauvaient de l'accusation et de la condamnation. Les vieillards paralytiques suivaient leurs fils, les enfants leurs pères, les femmes leurs maris, les filles leurs mères. Celui-ci mourait pour son nom, celui-là pour sa fortune, tel pour avoir manifesté une opinion, tel pour son silence, tel pour avoir servi la royauté, tel pour avoir embrassé avec ostentation la république, tel pour n'avoir pas adoré Marat, tel pour avoir regretté les Girondins, tel pour avoir applaudi aux excès d'Hébert, tel pour avoir souri à la clémence de Danton, tel pour avoir émigré, tel pour être resté dans sa demeure, tel pour avoir affamé le peuple en ne dépensant pas son revenu, tel pour avoir affiché un luxe qui insultait à la misère publique. Raisons, soupçons, prétextes contradictoires, tout était bon. Il suffisait de trouver des délateurs dans sa section, et la loi les encourageait en leur donnant une part dans les confiscations. Le peuple, à la fois dénonciateur, juge et héritier des victimes, croyait s'enrichir des biens confisqués. Quand les prétextes de mort manquaient aux proscripteurs, ils épiaient des conspirations vraies ou simulées dans les prisons. Des espions déguisés sous l'apparence de détenus provoquaient des confidences, des soupirs vers la liberté, des plans d'évasion entre les prisonniers, les inventaient quelquefois, puis les révélaient à Fouquier-Tinville. Ils inscrivaient sur leurs listes de délation des centaines de noms de suspects qui apprenaient leurs crimes par leurs accusations. C'est ce qu'on appelait les *fournées* de la guillotine. Elles faisaient du vide dans les cachots; elles donnaient au peuple l'émotion feinte d'un grand forfait puni, d'un grand péril évité par la vigilance et par la sévérité de la république. Elles entretenaient la terreur, elles imposaient le silence au murmure. Chaque jour le nombre de charrettes employées à conduire les condamnés à l'échafaud s'augmentait. A quatre heures, elles roulaient, plus ou moins chargées, par le pont au Change et la rue Saint-Honoré, vers la place de la Révolution. On prolongeait leur route pour prolonger le spectacle au peuple, le supplice aux victimes.

Ces chars funèbres rassemblaient souvent le mari et la femme, le père et le fils, la mère et les filles. Ces visages éplorés qui se contemplaient mutuellement avec la tendresse suprême du dernier regard, ces têtes de jeunes filles appuyées sur les genoux de leurs mères, ces fronts de femmes tombant, comme pour y trouver de la force, sur l'épaule de leurs maris, ces cœurs se pressant contre d'autres cœurs qui allaient cesser de battre, ces cheveux blancs, ces cheveux blonds coupés par les mêmes ciseaux, ces têtes vénérables, ces têtes charmantes, tout à l'heure fauchées par le même glaive, la marche lente du cortége, le bruit monotone des roues, les sabres des gendarmes formant une haie de fer autour des charrettes, les sanglots étouffés, les huées de la populace, cette vengeance froide et périodique qui s'allumait et qui s'éteignait à heure fixe dans les rues où passait le cortége, imprimaient à ces immolations quelque chose de plus sinistre que l'assassinat, car c'était l'assassinat donné en spectacle et en jouissance à tout un peuple.

Ainsi moururent, décimées dans leur élite, toutes les classes de la population, noblesse, Église, bourgeoisie, magistrature, commerce, peuple même ; ainsi moururent tous les grands et obscurs citoyens qui représentaient en France les rangs, les professions, les lumières, les situations, les richesses, les industries, les opinions, les sentiments proscrits par la sanguinaire régénération de la terreur. Ainsi tombèrent, une à une, quatre mille têtes en quelques mois, parmi lesquelles les Montmorency, les Noailles, les La Rochefoucauld, les Mailly, les Mouchy, les Lavoisier, les Nicolaï, les Sombreuil, les Brancas, les Broglie, les Boisgelin, les Beauvilliers, les Maillé, les Montalembert, les Roquelaure, les Roucher, les Chénier, les Gramont, les Duchâtelet, les Clermont-Tonnerre, les Thiard, les Moncrif, les Molé-Champlatreux. La démocratie se faisait place avec le fer ; mais, en se faisant place, elle faisait horreur à l'humanité.

XXI

Le passage régulier de ces processions de l'échafaud, après avoir été longtemps un spectacle et une sorte d'illustration sinistre pour les rues qu'elles empruntaient, et surtout pour la rue Saint-Honoré, était devenu un supplice et une espèce de diffamation pour ces quartiers. Les passants les évitaient. Les fenêtres, les magasins, les boutiques, se fermaient à l'approche des convois. Les vociférations de la foule allaient menacer jusque dans leurs foyers les citoyens qui habitaient ces rues, et effrayer les enfants dans les bras de leurs mères. Les locataires abandonnaient leurs domiciles. Les propriétaires commençaient à se plaindre, dans des pétitions à la commune, de ce qu'on avait fait de leurs maisons des loges privilégiées du supplice. Le sang de deux ou trois mille victimes, ruisselant depuis le printemps sur le pavé de la place de la Révolution comme dans un abattoir d'hommes, tachait la boue et infectait l'air. Les Tuileries et les Champs-Élysées étaient désertés par la foule des promeneurs. Les miasmes de la mort corrompaient l'ombre de leurs arbres.

Deux exécutions, plus sinistres et plus solennelles que les autres, achevèrent de soulever l'indignation de ces quartiers contre l'emplacement de la guillotine. Au moment de la prise de Verdun par le roi de Prusse, en 1791, la ville avait fêté l'entrée de ces libérateurs de Louis XVI. Les habitants conduisirent leurs filles à un bal, ceux-là par opinion, ceux-ci par peur. Après la délivrance de Verdun, la république se souvint des joies dont ces enfants avaient été les décorations et non les coupables. Amenées à Paris et traduites au tribunal, leur âge, leur beauté, leur obéissance à leurs parents, l'ancienneté de l'injure, les triomphes vengeurs de la république, ne furent pas comptés pour excuse. Elles furent envoyées à la mort pour le crime de leurs pères. La plus jeune avait dix-huit ans. Elles étaient toutes vêtues de robes blanches. La charrette qui les portait ressemblait à une corbeille de lis dont les têtes flottent au mouvement du bras. Les bourreaux attendris pleuraient avec elles.

XXII

Le peuple s'étonnait de sa propre rigueur. Le lendemain, les charrettes, plus nombreuses, charrièrent au supplice toutes les religieuses de l'abbaye de Montmartre. L'abbesse était madame de Montmorency. Ces pauvres filles de tout âge, depuis la tendre jeunesse jusqu'aux cheveux blancs, jetées encore enfants dans les monastères, n'avaient pour crimes que la volonté de leurs parents et la fidélité à leurs vœux. Groupées autour de leur abbesse, elles entonnèrent de leurs voix féminines les chants sacrés en montant sur les charrettes, et les psalmodièrent en chœur jusqu'à l'échafaud. Comme les Girondins avaient chanté l'hymne de leur propre mort, ces filles chantèrent, jusqu'à la dernière voix, l'hymne de leur martyre. Ces voix troublèrent comme un remords le cœur du peuple. L'enfance, la beauté, la religion, immolées à la fois dans ces deux exécutions, forcèrent la multitude à détourner les yeux.

La commune craignit de fatiguer le patriotisme de ces quartiers opulents. Elle se confia davantage à l'implacabilité des faubourgs. Elle choisit le faubourg Saint-Antoine, sol natal de la révolution du 14 juillet, et fit élever la guillotine à la barrière du Trône. Moins inquiets de froisser la pitié du peuple de ce faubourg, les proscripteurs inaugurèrent ce nouveau calvaire par des exécutions plus nombreuses. La file des convois s'allongeait de plusieurs charrettes tous les jours. Une fois elles portaient, avec quarante-cinq magistrats de Paris, trente-trois membres du parlement de Toulouse; une autre fois vingt-sept négociants de Sedan; souvent soixante et jusqu'à quatre-vingts condamnés.

Une des charrettes parut dans les derniers temps escortée par de pauvres enfants en haillons. Ces enfants semblaient bénir et pleurer un père. Le vieillard assis sur la charrette était l'abbé de Fénelon, petit neveu de l'auteur de *Télémaque,* ce germe chrétien d'une révolution égarée qui buvait aujourd'hui le sang de sa famille. L'abbé de Fénélon avait institué à Paris une œuvre de miséricorde en faveur de ces enfants nomades qui viennent tous les hivers des montagnes de la Savoie gagner leur vie en France dans la domesticité banale des grandes villes. Ces enfants, apprenant que leur providence allait leur être enlevée, se transportèrent en masse le matin à la Convention pour implorer l'humanité des représentants et la grâce de la vertu.

Leur jeunesse, leur langage, leurs larmes, attendrirent la Convention : « Êtes-vous donc des enfants vous-mêmes, s'écria l'impitoyable Billaud-Varennes, pour vous laisser influencer par des pleurs ? Transigez une fois avec la justice, et demain les aristocrates vous massacreront sans pitié ! »

XXIII

Ce même Billaud-Varennes, qui refusait ainsi la pitié à des orphelins, eut besoin plus tard, dans son exil à Cayenne, de la pitié d'une esclave noire. La Convention n'osa pas mollir. L'abbé de Fénelon marcha à la mort escorté de ses bienfaits. Il avait quatre-vingt-neuf ans. Il fallut l'aider à monter les degrés de la guillotine. Debout sur l'échafaud, il pria le bourreau de lui délier les mains pour faire le geste du dernier embrassement à ces pauvres petits. Le bourreau ému obéit. L'abbé de Fénelon étend ses mains. Les Savoyards tombent à genoux. Ils inclinent leurs têtes nues sous la bénédiction du mourant. Le peuple atterré les imite. Les larmes coulent. Les sanglots éclatent. Le supplice devient comme un saint sacrifice.

Le faubourg Saint-Antoine s'indigna à son tour d'avoir été choisi pour la ville de la mort. Le sol repoussait le bourreau. Mais les proscripteurs ne trouvaient pas la mort assez prompte.

XXIV

Un soir, Fouquier-Tinville fut appelé au comité de salut public. « Le peuple, lui dit Collot, commence à se blaser. Il faut réveiller ses sensations par de plus imposants spectacles. Arrange-toi pour qu'il tombe maintenant cent cinquante têtes par jour. — En revenant de là, dit dans son interrogatoire l'obéissant Fouquier-Tinville, mon esprit était tellement troublé d'horreur, que la rivière, comme à Danton, me parut rouler du sang. » Dans le cimetière de Mousseaux une vaste fosse, toujours ouverte et dont les bords étaient encombrés de tonneaux de chaux, recevait pêle-mêle chaque jour les têtes et les troncs des décapités. Véritable égout de sang, à l'entrée duquel on avait gravé l'inscription du néant : DORMIR ; comme si les bourreaux eussent voulu se rassurer eux-mêmes, en affirmant que les victimes ne se réveilleraient jamais.

LIVRE CINQUANTE-SEPTIÈME

Aspect des prisons. — Roucher, André Chénier. — Les Carmes. — Mesdames d'Aiguillon, de Beauharnais, de Cabarrus. — Le Temple. — Madame Elisabeth. — Madame Royale. — Le Dauphin. — Madame Élisabeth au tribunal révolutionnaire. — Elle est condamnée à mort. — Son exécution. — Robespierre domine à la commune et à la Convention. — Ses hésitations. — Ses amis, Saint-Just, Couthon, Lebas. — Ses ennemis secrets. — Dissensions dans les comités. — Discours de Robespierre à la Convention sur l'existence de Dieu et l'immortalité de l'âme. — Décret. — Les restes mortels de Jean-Jacques Rousseau au Panthéon.

I

Le caractère des peuples survit même à leurs révolutions. La certitude de mourir ne répandait pas l'horreur dans l'intérieur des prisons de Paris. La sensation de la mort s'était émoussée, à force de se renouveler dans les âmes. Chaque jour d'oubli était une fête de la vie qu'on se hâtait de consacrer au plaisir. L'insouciance de sa propre destinée élevait les détenus jusqu'à l'apparence du stoïcisme. La légèreté du caractère imitait l'intrépidité. Des sociétés, des amitiés, des amours se nouaient pour une heure entre les prisonniers des deux sexes. On prodiguait à la distraction et aux affections des moments dévoués à la mort. Les entretiens, les rendez-vous, les correspondances mystérieuses, les jeux de théâtre imités dans les cachots, la musique, les vers, la danse, se continuaient jusqu'aux dernières heures. On venait arracher l'un au jeu, il laissait ses cartes à l'autre ; celui-ci à la table, il achevait de vider son verre ; ceux-là aux embrassements d'une femme ou d'une amante, et ils épuisaient le dernier regard et le dernier serrement de main. Jamais le génie à la fois intrépide et voluptueux de la jeunesse française n'avait joué de si près avec le danger. Le supplice rendait cette jeunesse sublime, sans avoir pu la rendre sérieuse. Cependant la religion, cette visiteuse des infortunés, consolait le plus grand nombre. Des prêtres emprisonnés, ou introduits sous des déguisements, célébraient les mystères du culte, rendus plus touchants par la similitude du sacrifice. La poésie, ce soupir articulé de l'âme, notait pour l'immortalité les dernières palpitations du cœur des poëtes.

M. de Montjourdain, commandant de bataillon de la garde nationale, adressa, la veille de sa mort, les strophes suivantes à la jeune femme qu'il allait laisser veuve :

> L'heure approche où je vais mourir ;
> L'heure sonne et la mort m'appelle ;
> Je n'ai point de lâche soupir,
> Je ne fuirai point devant elle.
> Demain mes yeux inanimés
> Ne s'ouvriront plus sur tes charmes ;
> Tes beaux yeux à l'amour fermés
> Demain seront noyés de larmes.

> Si dix ans j'ai fait ton bonheur,
> Garde de briser mon ouvrage;
> Donne un moment à la douleur,
> Consacre au bonheur ton jeune âge.
> Qu'un heureux époux à son tour
> Vienne rendre à ma douce amie
> Des jours de paix, des nuits d'amour,
> Je ne regrette plus la vie.
>
> Si le coup qui m'attend demain
> N'enlève pas ma pauvre mère,
> Si l'âge, l'ennui, le chagrin,
> N'accablent pas mon pauvre père,
> Ne les fuis pas dans ta douleur,
> Reste à leur sort toujours unie;
> Qu'ils me retrouvent dans ton cœur,
> Ils aimeront encor la vie.

L'auteur du *poëme des Mois*, Roucher, posait devant un peintre au moment où l'on vint lui apporter l'ordre de comparaître au tribunal. Un tel ordre équivalait à une condamnation. Roucher n'était coupable que de son mérite, qui avait jeté de l'éclat sur la modération de ses principes. Il savait que la démagogie ne pardonnait pas même à l'aristocratie du talent. Il supplia les guichetiers d'attendre que son portrait, destiné à sa femme et à ses enfants, fût achevé. Pendant que le peintre donnait les derniers coups de pinceau, il écrivit lui-même sur ses genoux l'inscription suivante pour expliquer à l'avenir la mélancolie de ses traits :

> Ne vous étonnez pas, objets chéris et doux,
> Si quelque air de tristesse obscurcit mon visage :
> Quand un crayon savant dessinait cette image,
> On dressait l'échafaud, et je pensais à vous.

II

André Chénier, âme romaine, imagination attique, que son courageux patriotisme avait enlevé à la poésie pour le jeter dans la politique, avait été emprisonné comme Girondin. Les rêves de sa belle imagination avaient trouvé leur réalité dans mademoiselle de Coigny, fille de la duchesse de Fleury, enfermée dans la même prison. André Chénier rendait à cette jeune captive un culte d'enthousiasme et de respect, attendri encore par l'ombre sinistre de la mort précoce qui couvrait déjà ces demeures. Il lui adressait ces vers immortels, le plus mélodieux soupir qui soit jamais sorti des fentes d'un cachot. C'est la jeune fille qui parle et qui se plaint dans la langue de Jephté.

LA JEUNE CAPTIVE

Saint-Lazare.

L'épi naissant mûrit de la faux respecté ;
Sans crainte du pressoir, le pampre tout l'été
 Boit les doux présents de l'aurore,
Et moi, comme lui belle et jeune comme lui,
Quoi que l'heure présente ait de trouble et d'ennui,
 Je ne veux pas mourir encore !

Qu'un stoïque aux yeux secs vole embrasser la mort,
Moi je pleure et j'espère. Au noir souffle du nord
    Je plie et relève ma tête.
S'il est des jours amers, il en est de si doux !
Hélas ! quel miel jamais n'a laissé de dégoûts ?
    Quelle mer n'a point de tempête ?

L'illusion féconde habite dans mon sein ;
D'une prison sur moi les murs pèsent en vain,
    J'ai les ailes de l'espérance.
Échappée au réseau de l'oiseleur cruel,
Plus vive, plus heureuse, aux campagnes du ciel
    Philomèle chante et s'élance !

Est-ce à moi de mourir ? Tranquille je m'endors
Et tranquille je veille, et ma veille aux remords
    Ni mon sommeil ne sont en proie.
Ma bienvenue au jour me rit dans tous les yeux.
Sur des fronts abattus, mon aspect dans ces lieux
    Ranime presque de la joie.

Mon beau voyage enfin est si loin de sa fin !
Je pars, et des ormeaux qui bordent le chemin
    J'ai passé les premiers à peine.
Au banquet de la vie à peine commencé,
Un instant seulement mes lèvres ont pressé
    La coupe, en mes mains encor pleine.

Je ne suis qu'au printemps, je veux voir la moisson ;
Et comme le soleil, de saison en saison,
    Je veux achever mon année.
Brillante sur ma tige, et l'honneur du jardin,
Je n'ai vu luire encor que les feux du matin ;
    Je veux achever ma journée.

O mort, tu peux attendre, éloigne, éloigne-toi :
Va consoler les cœurs que la honte, l'effroi,
    Le pâle désespoir dévore.

Pour moi Palès encore a des asiles verts,
Les amours des baisers, les muses des concerts :
　　Je ne veux pas mourir encore.

Ainsi, triste et captif, ma lyre toutefois
S'éveillait, écoutant ces plaintes, cette voix,
　　Ces vœux d'une jeune captive ;
Et secouant le joug de mes jours languissants,
Aux douces lois des vers je pliais les accents
　　De sa bouche aimable et naïve.

III

Aux Carmes, un cachot étroit et sombre, dans lequel on descendait par deux marches et qui ouvrait, par une lucarne grillée, sur le jardin de l'ancien monastère, renfermait trois femmes jetées de la plus haute fortune dans la même prison. Jamais la sculpture n'avait réuni dans un pareil groupe des visages, des charmes, des formes plus propres à attendrir les bourreaux. L'une était madame d'Aiguillon, femme d'un nom illustre, le sang de sa famille fumait encore sur l'échafaud ; l'autre, Joséphine Tascher, veuve du général Beauharnais, récemment immolé pour avoir été malheureux à l'armée du Rhin ; la dernière et la plus belle de toutes était cette jeune Thérésa Cabarrus, aimée de Tallien, coupable d'avoir amolli le républicanisme du représentant à Bordeaux et d'avoir soustrait tant de victimes à la proscription. Le comité de salut public venait de l'arracher à la protection du proconsul, sans pitié pour ses murmures, et de la jeter dans les cachots, toute suspecte encore de son influence sur Tallien. Une tendre amitié unissait deux de ces femmes entre elles, bien qu'elles se fussent disputé souvent l'admiration publique et celle des chefs de l'armée ou de la Convention. L'une était prédestinée au trône, où l'amour du jeune Bonaparte devait l'élever; l'autre était prédestinée à renverser la république en inspirant à Tallien le courage d'attaquer les comités dans la personne de Robespierre.

Un seul matelas étendu sur le pavé, dans une niche au fond du cachot, servait de couche aux trois captives. Elles s'y consumaient de souvenirs, d'impatience et de soif de vivre; elles écrivaient avec la pointe de leurs ciseaux, avec les dents de leurs peignes, sur le plâtre de leurs cloisons, des chiffres, des initiales, des noms regrettés ou implorés, des aspirations amères à la liberté perdue. On lit encore aujourd'hui ces inscriptions. Ici : « Liberté, quand cesseras-tu d'être un vain mot? » Ailleurs : « Voilà aujourd'hui quarante-sept jours que nous sommes enfermées. » Plus loin : « On nous dit que nous sortirons demain. » Sur une autre face : « Vain espoir ! » Un peu plus bas trois signatures réunies : « Citoyenne *Tallien*, citoyenne *Beauharnais*, citoyenne d'*Aiguillon*. »

L'image de la mort présente à leurs yeux n'épargnait ni leurs regards ni leur imagination. Leur cachot était une des cellules où les assassins de septembre avaient massacré le plus de prêtres. Deux des égorgeurs, lassés de meurtres, s'étaient reposés un moment, et avaient appuyé leurs sabres contre la muraille, pour reprendre des forces. Le profil de ces deux sabres, depuis la poignée jusqu'à l'extrémité de la lame, s'était imprimé en silhouettes de sang sur l'enduit humide, et s'y dessinait comme ces glaives de feu que les anges exterminateurs brandissent dans leurs mains autour des tabernacles. On y suit encore de l'œil leurs contours aussi nettement tracés et aussi frais d'empreinte que si cette trace ne devait plus sécher. Jamais la jeunesse, la beauté, l'amour et la mort n'avaient été groupés dans un tel cadre de sang.

IV

Mais il y avait une prison dans Paris où ne pénétraient depuis huit mois ni le bruit du dehors, ni les consolations de l'amitié, ni les images de l'amour, ni les derniers sourires de la vie : tombe scellée avant la mort. C'était le Temple. Depuis l'heure où ses portes s'étaient ouvertes pour laisser marcher la reine à l'échafaud, huit mois s'étaient écoulés. Le Dauphin était déjà à cette époque remis aux mains du féroce Simon. Cet enfant profané, perverti et hébété par les rudesses et par le cynisme de Simon, n'avait plus de communication avec sa sœur et avec sa tante. Elles l'apercevaient seulement, de temps en temps, à travers les créneaux de la tour, lorsqu'elles y respiraient l'air. Elles entendaient avec horreur le pauvre petit chanter, sans les comprendre, les chants impurs que

Simon lui enseignait contre sa propre mère et contre sa famille.

Madame Élisabeth, instruite par quelques demi-mots du procès et de la mort de Marie-Antoinette, n'avait pas révélé toute la vérité à sa nièce. Elle laissait flotter son ignorance dans ce doute qui suppose les pires catastrophes, mais qui ne ferme pas le cœur à toute espérance. Resserrées dans une captivité plus étroite et plus morne, privées de mouvement, de livres, de feu, presque d'aliments, par les agents de jour en jour plus subalternes de la commune, les princesses avaient passé l'automne et l'hiver sans rien connaître des mouvements extérieurs ou intérieurs de la république. Une nouvelle visite de quatre municipaux, délégués par le conseil, et des perquisitions plus sévères leur apprirent que leur sort allait être plus rigoureux. On leur enleva leur papier, sous prétexte qu'elles faisaient de faux assignats. On les priva même des jeux de cartes et des jeux d'échecs qui avaient abrégé leurs longues soirées d'hiver, parce que ces jeux rappelaient les noms de roi et de reine proscrits par la république.

Le 19 janvier, avant-veille de l'anniversaire de la mort du roi, on séquestra entièrement le Dauphin, comme une bête fauve, dans une chambre haute de la tour, où personne ne pénétrait plus. Simon seul lui jetait, en entr'ouvrant la porte, ses aliments. Une cruche d'eau, rarement renouvelée, était son breuvage. Il ne sortait plus de son lit, qui n'était jamais remué. Ses draps, sa chemise, ses chaussures, ne furent pas renouvelés pendant plus d'un an. Sa fenêtre, fermée par un cadenas, ne s'ouvrait plus à l'air extérieur. Il respirait continuellement sa propre infection. Il n'avait ni livre, ni jouet, ni outils pour occuper ses mains. Ses facultés actives, refoulées en lui par l'oisiveté et la solitude, se dépravaient. Ses membres se nouaient. Son intelligence s'asphyxiait sous la continuité de sa terreur. Simon semblait avoir reçu l'ordre d'éprouver jusqu'à quel degré d'abrutissement et de misère on pouvait faire descendre le fils d'un roi.

V

Les prisonnières ne cessaient de gémir et de pleurer sur cet enfant. On ne répondait à leurs interrogations que par des injures. Le tutoiement, commandé par l'autorité révolutionnaire d'Hébert et de Chaumette, fut une de celles qui les révoltèrent le plus. On affectait de l'employer toutes les fois qu'on leur adressait la parole. Pendant le carême, on ne leur apporta que des aliments gras, pour les forcer à violer les préceptes de la religion proscrite. Elles ne mangèrent pendant quarante jours que du pain et du lait réservés par elles sur le superflu de leur déjeuner. On les priva de chandelles aux premiers jours du printemps par économie nationale. Elles étaient forcées de se coucher à la chute du jour ou de veiller dans les ténèbres. Cette âpre captivité n'altérait néanmoins ni la beauté naissante de la jeune princesse ni la sérénité d'humeur de sa tante. La nature et la jeunesse triomphaient, dans l'une, de la persécution; la religion triomphait, dans l'autre, de l'infortune. Leur tendresse mutuelle, leurs entretiens, leurs souffrances senties et compaties en commun, leur inspiraient une patience qui ressemblait presque à la paix.

On a vu qu'Hébert, pour jeter un gage de plus à la populace, avait demandé le jugement des princesses, et que Robespierre avait repoussé cette motion. Mais après le supplice d'Hébert, supplice qui faisait soupçonner Robespierre de tendance à la modération, les membres des deux comités de salut public et de sûreté générale voulurent prouver au peuple qu'ils égalaient au moins en inflexibilité contre les idoles du royalisme le parti d'Hébert. Robespierre, Couthon, Saint-Just, feignirent le même rigorisme qu'ils avaient flétri quelques jours auparavant dans leurs ennemis. Ils sauvèrent seulement la jeune princesse et son frère. L'ordre de juger madame Élisabeth fut un défi de cruauté sans excuse entre les hommes dominants à qui serait le plus implacable contre le sang de Bourbon.

VI

Le 9 mai, au moment où les princesses, à demi déshabillées, priaient au pied de leurs lits avant le sommeil, elles entendirent frapper à la porte de leurs chambres des coups si violents et si répétés que la porte trembla sur ses gonds. Madame Élisabeth se hâta de se vêtir et d'ouvrir. « Descends à l'instant, citoyenne! lui dirent les porte-clefs. — Et ma nièce? leur répondit la princesse. — On s'en occupera plus tard. » La princesse, entrevoyant son sort,

se précipita vers sa nièce, et l'enveloppa dans ses bras, comme pour la disputer à cette séparation. Madame Royale pleurait et tremblait. « Tranquillise-toi, mon enfant! lui dit sa tante; je vais remonter sans doute dans un instant.
— Non, citoyenne, reprirent rudement les geôliers, tu ne remonteras pas; prends ton bonnet et descends. » Comme elle retardait par ses protestations et par ses embrassements l'exécution de leur ordre, ces hommes l'accablèrent d'invectives et d'apostrophes injurieuses. Elle fit en peu de mots ses derniers adieux et ses pieuses recommandations à sa nièce. Elle invoqua, pour donner plus d'autorité à ses paroles, la mémoire du roi et de la reine. Elle inonda de larmes le visage de la jeune fille, et sortit en se retournant pour la bénir une dernière fois. Descendue aux guichets, elle y trouva les commissaires. Ils la fouillèrent de nouveau. On la fit monter dans une voiture, qui la conduisit à la Conciergerie.

Il était minuit. On eût dit que le jour n'avait pas assez d'heures pour l'impatience du tribunal. Le vice-président attendait Madame Élisabeth et l'interrogea sans témoin. On lui laissa prendre ensuite quelques heures de sommeil sur la même couche où Marie-Antoinette avait endormi son agonie. Le lendemain on la conduisit au tribunal, accompagnée de vingt-quatre accusés de tout âge et de tout sexe, choisis pour inspirer au peuple le souvenir et le ressentiment de la cour. De ce nombre étaient mesdames de Sénozan, de Montmorency, de Canisy, de Montmorin, le fils de madame de Montmorin, âgé de dix-huit ans, M. de Loménie, ancien ministre de la guerre, et un vieux courtisan de Versailles, le comte de Sourdeval. « De quoi se plaindrait-elle? dit l'accusateur public en voyant ce cortége de femmes des noms les plus illustres groupé autour de la sœur de Louis XVI. En se voyant au pied de la guillotine entourée de cette fidèle noblesse, elle pourra se croire encore à Versailles. »

VII

Les accusations furent dérisoires, les réponses dédaigneuses. « Vous appelez mon frère un tyran, dit la sœur de Louis XVI à l'accusateur et aux juges; s'il eût été ce que vous dites, vous ne seriez pas où vous êtes ni moi devant vous! » Elle entendit son arrêt sans étonnement et sans douleur. Elle demanda pour toute grâce un prêtre fidèle à sa foi pour sceller sa mort du pardon divin. Cette consolation lui fut refusée. Elle y suppléa par la prière et par le sacrifice de sa vie. Longtemps avant l'heure du supplice, elle entra dans le cachot commun pour encourager ses compagnes. Elle présida avec une sollicitude touchante à la toilette funèbre des femmes qui allaient mourir avec elle. Sa dernière pensée fut un scrupule de pudeur. Elle donna la moitié de son fichu à une jeune condamnée, et le noua de ses propres mains pour que la chasteté ne fût pas profanée même dans la mort.

On coupa ensuite ses longs cheveux blonds, qui tombèrent à ses pieds, comme la couronne de sa jeunesse. Les femmes de sa suite funèbre et les exécuteurs eux-mêmes se les partagèrent. On lui lia les mains. On la fit monter après toutes sur le dernier banc de la charrette qui fermait le cortége. On voulut que son supplice fût multiplié par les vingt-deux coups qui tomberaient sur ces têtes d'aristocrates. Le peuple rassemblé pour insulter resta muet sur son passage. La beauté de la princesse transfigurée par la paix intérieure, son innocence de tout ce qui avait dépopularisé la cour, sa jeunesse sacrifiée à l'amitié qu'elle portait à son frère, son dévouement volontaire au cachot et à l'échafaud de sa famille, en faisaient la plus pure victime de la royauté. Il était glorieux à la famille royale d'offrir cette victime sans tache, impie au peuple de la demander. Un remords secret mordait tous les cœurs. Le bourreau allait donner en elle des reliques au trône et une sainte à la royauté. Ses compagnes la vénéraient déjà avant le ciel. Fières de mourir avec l'innocence, elles s'approchèrent toutes humblement de la princesse avant de monter, une à une, sur l'échafaud, et lui demandèrent la consolation de l'embrasser. Les exécuteurs n'osèrent refuser à des femmes ce qu'ils avaient refusé à Hérault de Séchelles et à Danton. La princesse embrassa toutes les condamnées à mesure qu'elles montaient à l'échelle. Après ce baise-main funèbre, elle livra sa tête au couteau. Chaste au milieu des séductions de la beauté et de la jeunesse, pieuse et pure dans une cour légère, humble dans les grandeurs, patiente dans les cachots, fière devant le supplice, Madame Élisabeth laissa par sa vie et par sa mort un modèle d'innocence sur les marches du trône, un exemple à l'amitié, une admiration au monde, un opprobre éternel à la république.

VIII

Parmi les condamnées qui furent exécutées avec Madame Élisabeth, il y avait la sœur de M. de Malesherbes. Le nombre et la barbarie des supplices, l'innocence des victimes, le partage des dépouilles, la dérision des jugements, les ruisseaux de sang, les monceaux de cadavres, transformaient la nation en bourreau et le gouvernement en machine de meurtre. Gouverner n'était plus que frapper. La France présentait le spectacle d'un peuple décimé par lui-même. Le gouvernement n'osait se dessaisir de la guillotine, de peur qu'on ne la tournât contre lui-même. Il ne conservait quelques jours de pouvoir qu'en s'abritant sous un perpétuel échafaud. Un tel gouvernement ne pouvait subsister plus longtemps. C'était un long assassinat. Le crime n'est pas durable dans la nature. On ne fonde pas la fureur, la vengeance, la spoliation, l'impiété, l'égorgement. On les traverse, on en rougit, et on secoue la honte de ses pieds. Tel est l'ordre divin des sociétés humaines. La Révolution, armée pour détruire d'antiques et d'odieuses inégalités et pour marcher en ordre à la fraternité démocratique, ne pouvait pas se dénaturer impunément elle-même, et se changer en sanguinaire oppression. Après avoir renversé le trône, elle devait chercher enfin un autre pouvoir régulier dans le peuple, et l'organiser par des institutions et non par des proscriptions. La terreur n'était pas le pouvoir, c'était la tyrannie. La tyrannie ne pouvait pas être le gouvernement de la liberté.

Ces pensées fermentaient dans la tête de Robespierre. Il brisait son front contre le problème du pouvoir à fonder pour la république.

Ce problème s'était posé de lui-même, à chaque phase de la Révolution, devant tous les hommes réfléchis. Ils avaient tous succombé en essayant de le résoudre. Mirabeau, après avoir descendu le trône au niveau de la nation et brisé le sceptre, était mort à propos en rêvant de chimériques et puériles reconstructions. L'Assemblée constituante s'était engloutie dans sa constitution de 1791 en imaginant un vain équilibre. Les Girondins avaient été écrasés sous le fardeau d'une république mal assise qu'ils voulaient soutenir avec des lois faibles. Hébert et Ronsin étaient morts pour avoir inventé, à l'imitation de Marat, une dictature du peuple personnifié dans un bourreau suprême. Danton avait péri pour avoir cherché la puissance dans le sang et puis dans un vain repentir. Robespierre, héritier à son tour de toutes ces tentatives impuissantes et de toutes ces renommées détruites, se demandait ce qu'il allait faire de son omnipotence d'opinion, et quel gouvernement il donnerait à la démocratie. Aurait-il le génie de l'inventer et la puissance de l'asseoir, ou succomberait-il, comme tous les autres, en essayant de transformer l'anarchie en unité et la violence en loi? Ne serait-il que l'idole sinistre, ou serait-il organisateur de la Révolution? Telle était la question que l'Europe entière se posait en le regardant et qu'il se posait à lui-même. Trois mois allaient y répondre.

IX

La mort d'Hébert avait rendu Robespierre maître de la commune. La mort de Danton l'avait rendu arbitre de la Convention. La persévérance de ses doctrines lui assujettissait les Jacobins. Son talent, grandi par des études obstinées et par cinq années passées presque entièrement à la tribune, donnait à sa pensée et à sa parole une force et une autorité qu'on ne contestait plus. Aucune éloquence ne pouvait désormais balancer la sienne. Il était l'unique voix grave de la république. Les Jacobins et la Convention n'écoutaient plus que lui. Bien qu'il n'eût et qu'il n'affectât pas encore la domination absolue dans le comité de salut public, l'opinion de la France lui décernait là dictature. Ses collègues s'en indignaient tout bas, mais feignaient de la lui décerner d'eux-mêmes. La Convention simulait l'enthousiasme pour déguiser l'asservissement. Les Cordeliers étaient dispersés. Leurs débris vaincus se réfugiaient aux Jacobins. La commune, entièrement subordonnée aux agents du parti de Robespierre, lui répondait des sections; les sections, du peuple; Hanriot, de la garde nationale. Robespierre ne régnait pas, mais son nom régnait. Il n'avait qu'à réaliser son règne et organiser sa dictature. Mais à ce dernier pas il hésitait.

Les motifs de cette hésitation étaient dans l'âme de Robespierre vertu et vice tout à la fois. « Que me proposet-on aujourd'hui? répondait-il à ses confidents. De me mettre moi-même à la place des tyrans que nous avons détruits, et de rétablir dans ma personne, au nom du peuple, la tyrannie renversée.

» Le danger de la dictature n'est pas tant dans le dictateur que dans l'institution elle-même. Cette magistrature est celle du désespoir des nations. Fondée contre la tyrannie, elle se change involontairement en tyrannie permanente. Elle sauve un jour pour perdre un siècle. Périsse le jour, et que l'avenir soit préservé ! Les nations ont leur enfance, la liberté a son berceau. Il faut surveiller cette enfance de la liberté, mais non l'asservir. L'unité est nécessaire à la république, j'en conviens : placez cette unité dans une institution et non dans un homme, et que, l'homme mort, l'unité revive dans un autre, à condition que cette unité ne se perpétue pas longtemps au pouvoir et que ce premier magistrat redescende promptement au rang de simple citoyen. Quelques hommes sont utiles, aucun n'est nécessaire. Le peuple seul est immortel. »

Ainsi parlait Robespierre à ses confidents. Ses manuscrits attestent qu'il se parlait ainsi à lui-même. Son refus du pouvoir suprême était sincère dans les motifs qu'il alléguait. Mais il y avait d'autres motifs qui lui faisaient répugner à saisir seul le gouvernement. Ces motifs, il ne les avouait pas encore. C'est qu'il était arrivé au bout de ses pensées et qu'il ne savait, en réalité, quelle forme il convenait de donner aux institutions révolutionnaires. Homme d'idées plus qu'homme d'action, Robespierre avait le sentiment de la Révolution plus qu'il n'en avait la formule politique. L'âme des institutions de l'avenir était dans ses rêves, le mécanisme d'un gouvernement populaire lui manquait. Ses théories, toutes empruntées aux livres, étaient brillantes et vagues comme des perspectives, nuageuses comme des lointains. Il les regardait toujours, il s'en éblouissait, il ne les touchait jamais avec la main ferme et précise de la pratique. Il ignorait que la liberté elle-même doit se protéger par un pouvoir fort, et que ce pouvoir a besoin de tête pour vouloir et de membres pour exécuter. Il croyait que les mots sans cesse répétés de liberté, d'égalité, de désintéressement, de dévouement, de vertu, étaient à eux seuls un gouvernement. Il prenait la philosophie pour la politique. Il s'indignait de ses mécomptes. Il attribuait sans cesse aux complots de l'aristocratie ou de la démagogie ses déceptions. Il croyait qu'en supprimant de la société des aristocrates et des démagogues il supprimerait les vices de l'humanité et les obstacles au jeu des institutions. Il avait pris le peuple en illusion au lieu de le prendre au sérieux. Il s'irritait de le trouver souvent si faible, si lâche, si cruel, si ignorant, si versatile, si indigne du rang que la nature lui assigne. Il s'irritait, il s'aigrissait, il chargeait l'échafaud de lui faire raison des difficultés. Puis il s'indignait des excès de l'échafaud lui-même ; il revenait aux mots de justice et d'humanité. Il se rejetait de nouveau aux supplices. Il invoquait la vertu, et il suscitait la mort, flottant tantôt sur les nuages et tantôt dans le sang. Il désespérait des hommes ; il s'effrayait de lui-même : « La mort ! toujours la mort ! s'écriait-il souvent dans l'intimité, et les scélérats la rejettent sur moi ! Quelle mémoire je laisserai si cela dure ! La vie me pèse. » Une fois enfin la vérité se fit jour. Il s'écria avec le geste du découragement de soi-même : « Non ! je ne suis pas fait pour gouverner, je suis fait pour combattre les ennemis du peuple. »

X

Saint-Just, son seul confident, venait alors plusieurs fois par jour s'enfermer avec Robespierre. Il essayait de persuader à son maître une politique moins vague et des desseins plus précis.

Saint-Just, quoique jeune, avait de la maturité dans le caractère. Il était né tyran. Il avait l'insolence du gouvernement même avant d'en avoir la force. Il ne donnait à la parole que les formes du commandement. Il était laconique comme la volonté. Ses missions dans les camps et l'impérieux usage qu'il avait fait de son autorité sur les généraux au milieu de leur armée avaient appris à Saint-Just combien les hommes fléchissent aisément sous la main d'un seul. Sa bravoure et son habitude du feu lui avaient donné l'attitude d'un tribun militaire aussi prêt à exécuter qu'à concevoir un coup de main. Robespierre était le seul homme devant lequel Saint-Just s'inclinât comme devant la pensée supérieure et régulatrice de la république. Aussi, tout en accusant sa lenteur, respectait-il ses irrésolutions et se dévouait-il lui-même à sa chute. Tomber avec Robespierre lui paraissait tomber avec la cause même de la Révolution. Disciple impatient, mais toujours disciple, il pressait l'oracle, il ne le violentait pas.

Couthon, Lebas, Coffinhal, Buonarotti, étaient fréquemment admis à ces conférences. Ils sentaient comme Saint-

Just que l'heure de la crise était arrivée, et que, si la république avait horreur d'un tyran, elle avait besoin d'un pouvoir moins flottant et moins irresponsable que celui des comités. « L'opinion s'est faite homme en toi, disait Buonarotti à Robespierre. Si tu te récuses, ce n'est pas toi que tu trahis, c'est le peuple lui-même. Si tu t'arrêtes en ayant le peuple derrière toi et après l'avoir lancé toi-même, il te passera sur le corps et il ira chercher pour conducteurs ces scélérats qui le précipiteront dans l'anarchie. » Ainsi que dans toutes les crises où Robespierre s'était fié au temps et à la fortune plus qu'à la résolution, il prit le parti de se laisser faire violence par le moment, croyant que l'oracle était dans la circonstance, et se fiant à la fatalité, cette superstition des hommes irrésolus.

XI

Il fut cependant convenu entre lui et ses amis que la république avait besoin d'institutions, qu'il fallait au-dessus des comités un directeur suprême des ressorts du pouvoir exécutif; et que, si les Jacobins, la Convention et le peuple se décidaient à donner une tête au gouvernement, Robespierre se dévouerait à cette magistrature temporaire. On convint en outre de la nécessité d'arracher promptement le pouvoir aux membres des comités; de surveiller et d'épurer les Jacobins, point d'appui indispensable pour remuer la Convention; de s'emparer du conseil général de la commune, qui avait à sa disposition l'insurrection; de rester maître par Hanriot de la force de Paris; de caresser par Saint-Just et Lebas l'opinion des camps; de rappeler successivement des départements les députés en mission dont on n'était pas sûr; d'éloigner de la Convention ou de perdre dans l'esprit du peuple ceux qu'on soupçonnait d'ambitieux desseins; enfin de préparer d'avance à Robespierre une arme légale si arbitraire, si absolue et si terrible, qu'il n'eût rien à demander de plus quand il serait élevé à la magistrature suprême, pour faire plier toutes les têtes sous la loi de l'unité et sous le niveau de la mort. Robespierre se réservait toutefois de n'agir que par la force de l'opinion, de ne point avoir recours à l'insurrection, de respecter la souveraineté nationale dans son centre, et de n'accepter de titre et de pouvoir que ceux qui lui seraient imposés par la représentation nationale. Couthon fut chargé de préparer un décret qui donnait la dictature aux comités. Cette dictature une fois votée par la Convention, on l'arrachait des mains des comités, et on la retournerait au besoin contre eux. C'est ce décret inexpliqué qu'on appela quelques jours plus tard le décret du 22 prairial. Saint-Just suspendit de quelques jours son départ pour l'armée du Rhin, afin de lancer auparavant dans le comité et dans la Convention quelques-uns de ces axiomes qui tombent de haut dans la pensée d'une assemblée, qui font présumer la profondeur des desseins, et qui préparent les imaginations à l'inconnu.

XII

La circonstance était extrême, le pas glissant. La mort de Danton avait décapité la Montagne. Les Montagnards s'étonnaient encore d'avoir pu se laisser enlever par un coup de main si subit, si hardi et si imprévu, un homme qui tenait à eux par toutes ses racines, et dont l'absence les livrait sans âme, sans voix et sans bras, à la toute-puissance des comités. Robespierre avait conquis par ce coup d'État une autorité et un respect qui allaient chez les conventionnels jusqu'au tremblement, mais aussi jusqu'à la haine. L'homme qui avait annulé et tué Danton pouvait tout oser et tout faire. On avait cru jusqu'alors au désintéressement, on croyait maintenant à l'ambition de Robespierre. Le soupçon seul de cette ambition était une force pour lui. Il y a des vices que la lâcheté des hommes respecte plus que la vertu. Du moment que Robespierre se préparait à régner, on se préparait à obéir. Les esclaves ne manquent jamais aux tyrans, ni les encouragements à la tyrannie. La Montagne feignait en masse l'idolâtrie de Robespierre.

Cependant ce culte apparent était mêlé au fond de crainte et de colère. Les nombreux amis de Danton éprouvaient une honte secrète de l'avoir abandonné. Le nom de Danton était un remords pour eux. Sa place restée vide sur la Montagne, et que personne n'osait occuper, les accusait.

Il leur semblait à chaque instant qu'il allait se lever de ce banc muet pour leur reprocher leur bassesse et leur servilité. Son souvenir leur était importun jusqu'à ce qu'ils l'eussent vengé.

Mais, à l'exception de quelques regards d'intelligence et de quelques demi-mots échangés, nul n'osait confier à son voisin ses murmures intérieurs. Robespierre en était réduit à chercher sur les physionomies la faveur ou la haine qu'on lui portait. Pour découvrir une opposition, il fallait interpréter les visages.

XIII

Parmi ces figures significatives qui inquiétaient ou qui offensaient les regards de Robespierre, on comptait Legendre, couvert cependant du masque de la complaisance; Léonard Bourdon, qui déguisait mal le ressentiment; Bourdon (de l'Oise), trop intempérant de paroles pour le mutisme de la servitude; Collot-d'Herbois, trop déclamateur pour supporter la supériorité du talent; Barère, dont la physionomie ambiguë laissait le soupçon même indécis; Sieyès, qui avait étendu sur son visage la nuit de son âme pour qu'on n'y pût lire que l'insensibilité d'un automate; Barras, qui simulait l'impartialité; Fréron, qui cachait les larmes dont son cœur était inondé depuis le supplice de Lucile Desmoulins; Tallien, déguisant mal une tristesse sinistre depuis l'emprisonnement de Thérésa Cabarrus, qui portait son nom, dans les cachots des Carmes; Carnot, dont le front austère et martial dédaignait de feindre; Vadier, tantôt caressant, tantôt agressif; Louis (du Bas-Rhin), montrant le courage de ses violences; Billaud-Varennes, figure de Brutus épiant un César; son visage pâle et allongé, son front plissé, ses lèvres minces, son regard acéré et jaillissant comme d'une embûche, révélaient une nature embarrassante à connaître, difficile à plier, impossible à dompter; enfin Courtois, député de l'Aube, ami de Danton, n'ayant jamais applaudi ses crimes, mais n'ayant jamais trahi son souvenir; honnête homme dont le républicanisme probe n'avait pas endurci le cœur.

Quelques amis de Marat et d'Hébert, des députés tels que Carrier, Fouché et d'autres conventionnels rappelés de leurs missions, pour obéir à la clameur publique contre leurs atrocités, se groupaient ou s'asseyaient mécontents dans les rangs de la Montagne. La Plaine, composée des restes des Girondins, plus souple et plus servile que jamais depuis qu'on l'avait décimée, se taisait, votait et admirait. Mais dans un moment où le nom seul de faction était un crime, nul ne s'avouait d'un parti. Tous ces hommes jouaient l'enthousiasme ou la dissimulation de l'enthousiasme, et formaient l'unanimité apparente; tous aspiraient à se confondre, de peur d'être remarqués. L'isolement aurait ressemblé à de l'opposition, l'opposition au complot.

XIV

Dans l'intérieur des deux grands comités, les partis, se touchant de plus près, se caractérisaient mieux, sans s'avouer davantage. Vadier, Amar, Jagot, Louis (du Bas-Rhin), David, Lebas, Lavicomterie, Moïse Bayle, Élie Lacoste, Dubarran, composaient le comité de sûreté générale. Hommes subalternes par le talent, ils n'imprimaient aucun mouvement, ils suivaient tous les mouvements. Ils ne commencèrent à rivaliser d'attributions avec le comité de salut public qu'au moment où les divisions de ce comité suprême forcèrent tantôt Billaud-Varennes et ses amis, tantôt Robespierre et les siens, à provoquer la réunion des deux conseils, pour y faire prononcer une majorité. Presque tous ces membres du comité de sûreté générale témoignaient un respect absolu pour les opinions de Robespierre. Cependant quelques-uns se souvenaient avec amertume de Danton, quelques autres d'Hébert; d'autres enfin, comme Amar, Jagot, Louis (du Bas-Rhin), Vadier, tentaient de se donner une importance personnelle et de lutter avec le comité de salut public. David et Lebas y représentaient uniquement les volontés du dominateur des Jacobins; le premier par servilité, le second par sentiment et par conviction.

XV

Au comité de salut public, centre et foyer du gouvernement, l'absence de plusieurs représentants en mission laissait les délibérations et le pouvoir osciller entre un petit nombre de membres qui résumaient la république. C'étaient alors Robespierre, Couthon, Saint-Just, Billaud-Varennes, Barère, Collot-d'Herbois, Carnot, Prieur et Robert Lindet.

Robespierre, Couthon et Saint-Just étaient les hommes politiques ; Billaud-Varennes, Barère et Collot-d'Herbois, les révolutionnaires. Carnot, Prieur et Robert Lindet étaient les administrateurs du comité. Les premiers gouvernaient, les seconds frappaient, les troisièmes servaient la république.

Entre le parti de Robespierre et celui de Billaud-Varennes, des dissentiments sourds, mais profonds, commençaient à éclater. Carnot, Robert Lindet, Prieur, s'efforçaient d'étouffer ces dissensions dans le mystère de leurs séances, de peur d'encourager au dehors des factions fatales au salut commun. Quelquefois ces trois décemvirs se réunissaient à Robespierre, plus souvent à Billaud-Varennes et à Barère. L'orgueil solitaire de Robespierre, l'âpreté de Couthon, le dogmatisme de Saint-Just, offensaient ces conventionnels et les rejetaient involontairement, par la répulsion des caractères, dans une apathie muette qui ressemblait à de l'opposition. Quand Robespierre était absent, on prononçait le mot de tyran. Il abusait, disait-on, tour à tour de la parole ou du silence ; il commandait comme un maître ou il se taisait comme un supérieur qui dédaigne de discuter ; il laissait au comité la responsabilité de ses actes, après les avoir inspirés ; il se réservait de blâmer aux Jacobins ce qu'il avait consenti aux Tuileries ; il jouait la modération, il affichait la clémence ; il s'efforçait de rejeter tout l'odieux du gouvernement sur ses collègues ; il les diffamait par son isolement ; il usurpait seul toutes les popularités ; il entravait la guerre dans les mains de Carnot ; il souriait avec mépris, sur son banc, des fanfaronnades militaires de Barère ; il ne déguisait pas des arrière-pensées qui portaient plus loin que sa juste influence dans le comité ; il prenait dans les séances une contenance qui trahissait le dédain ou la majesté d'un despote. Aucune familiarité n'adoucissait son autorité ; il arrivait tard ; il entrait d'un pas négligent ; il s'asseyait sans parler ; il baissait les yeux sur la table ; il appuyait son front dans ses mains ; il défendait à ses lèvres d'exprimer ni approbation ni blâme ; il feignait habituellement la distraction, quelquefois le sommeil, pour motiver l'indifférence ou l'impassibilité.

Tels étaient les reproches qui couraient, à voix basse, contre Robespierre, dans les comités.

XVI

A la commune, il régnait en souverain par Fleuriot-Lescot et par Payan, l'un maire de Paris, l'autre agent national. Le tribunal révolutionnaire lui était dévoué par Dumas, par Hermann, par Souberbielle, par Duplay et par tous les jurés, hommes choisis dans la classe du peuple où le nom de Robespierre était divinisé.

XVII

Aux Jacobins, Robespierre régnait par lui-même. Dédaigneux au comité, négligent à la Convention, il était assidu, infatigable, éloquent, caressant, terrible chaque soir aux séances de cette société. Là était son empire. Il le consolidait en l'exerçant. Il accoutumait l'opinion à lui obéir, pour préparer la république à se remettre volontairement dans sa main. Il commença, peu de jours après le supplice de Danton, à exercer la souveraineté à leur tribune.

Dufourny, président habituel des Jacobins depuis plusieurs années, avait osé quelquefois interrompre l'orateur ou le contredire au milieu de ses discours. Il avait de plus murmuré contre le rapport de Saint-Just et contre la proscription des Dantonistes. Attaqué par Vadier, Dufourny essaya de se justifier. Robespierre, laissant déborder le flot de ressentiments qu'il accumulait depuis quelque temps contre lui : « Rappelle-toi, dit-il à Dufourny, que Chabot et Ronsin furent impudents un jour comme toi, et que l'impudence est sur le front le cachet du crime ! — Le mien, c'est le calme, répondit Dufourny. — Le calme ! répliqua Robespierre. Non, le calme n'est pas dans ton âme. Je prendrai toutes tes paroles, pour te dévoiler aux yeux du peuple. Le calme ! les conjurés l'invoquent toujours, mais ils ne l'ont pas. Quoi ! ils osent plaindre Danton, Lacroix et leurs complices, quand les crimes de ces hommes sont écrits avec notre sang, quand la Belgique fume encore de leurs trahisons ! Tu crois nous égarer par tes intentions perfides ! Tu n'y réussiras pas. Tu fus l'ami de Fabre d'Églantine ! » Après cette apostrophe, Robespierre fit de Dufourny le portrait d'un intrigant, d'un ambitieux, d'un mendiant de popularité, et demanda qu'il fût chassé. Dufourny, confondu par une colère qui était alors le pressentiment du supplice, se repentit de n'avoir pas deviné plus tôt la puissance et la haine de Robespierre. Il fut traduit au comité de sûreté générale.

XVIII

Saint-Just élevait de jour en jour davantage son rôle dans la Convention. Il prétendait grandir l'âme de la république à la proportion d'une complète régénération de la société. Ses maximes avaient le dogmatisme et presque l'autorité d'un révélateur. On croyait voir dans cet homme, si jeune, si beau, si inspiré, le précurseur de l'âge nouveau. « Il faut, dit-il dans son rapport du 15 avril sur la police générale, faire une cité nouvelle. Il faut faire comprendre que le gouvernement révolutionnaire n'est ni l'état de conquête ni l'état de guerre, mais le passage du mal au bien, de la corruption à la probité, des mauvaises maximes aux maximes honnêtes. Un révolutionnaire est inflexible; mais il est sensible, doux, poli, frugal. Il frappe dans le combat, il défend l'innocence devant les juges. Jean-Jacques Rousseau était révolutionnaire, il n'était ni insolent ni grossier sans doute. Soyez tels! Ne vous attendez point à d'autre récompense que l'immortalité. Je sais que ceux qui ont voulu le bien ont tous péri. Codrus mourut précipité dans un abîme. Lycurgue eut l'œil crevé par les fripons de Sparte, et mourut en exil. Phocion et Socrate burent la ciguë; Athènes même, ce jour-là, se couronna de fleurs. N'importe, ils avaient fait le bien. Si ce bien fut perdu pour leur pays, il ne fut point caché pour la Divinité! Former une bonne conscience publique, voilà la police.

Cette conscience, uniforme comme le cœur humain, se compose du penchant du peuple au bien général. Vous avez été sévères, vous avez dû l'être. Il a fallu venger nos pères et cacher sous ses décombres cette monarchie, cercueil immense de tant de générations asservies. Que serait devenue une république indulgente contre des ennemis acharnés ? Nous avons opposé le glaive au glaive, et la liberté est fondée ! Elle est sortie du sein des orages et des douleurs, comme le monde qui sort du chaos et comme l'homme qui pleure en naissant ! (La Convention applaudit avec enthousiasme.)

» Que les autres peuples nous lisent leur histoire. Leurs berceaux furent-ils moins agités ? Ils ont des siècles de folie, et nous avons cinq ans de résistance à l'oppression et d'une adversité qui fait les grands hommes. Tout commence sous le ciel.

» Chérissons la vie obscure. Ambitieux, allez vous promener dans le cimetière où dorment ensemble les conjurés et les tyrans ; et décidez-vous entre la renommée, qui est le bruit des langues, et la véritable gloire, qui est l'estime de soi-même ! Chassez hors de votre sol ceux qui regrettent la tyrannie. L'univers n'est point inhospitalier. Il y aurait injustice à leur sacrifier tout un peuple. Il y aurait inhumanité à ne pas distinguer les bons des méchants. On accuse le gouvernement de dictature : et depuis quand les ennemis de la Révolution sont-ils pleins de tant de sollicitude pour le maintien de la liberté ? Il n'y eut personne assez éhonté dans Rome pour reprocher la sévérité que Cicéron déploya contre Catilina. Il n'y eut que César qui regretta ce traître ! C'est à vous d'imprimer au monde les empreintes de votre génie ! Formez des institutions civiles auxquelles on n'a pas encore pensé ! C'est par là que vous proclamerez la perfection de votre démocratie. N'en doutez pas, tout ce qui existe autour de nous aujourd'hui doit finir, parce que tout ce qui existe autour de nous est injuste. La liberté couvrira le monde. Que les factions disparaissent ! Que la Convention plane seule sur tous les pouvoirs ! Que les révolutionnaires soient des Romains et non des Barbares ! »

XIX

Ces maximes lyriques semblaient faire éclater, au milieu des horreurs du temps, la sérénité de l'avenir. La Convention les applaudit avec délire. Elle était lasse de rigueurs. Elle accueillait les moindres pressentiments de clémence. Elle aspirait aux reconstructions.

Robespierre et ses amis devançaient la Convention dans ce sentiment. On savait que les paroles de Saint-Just n'étaient que les confidences du maître portées à la tribune pour éprouver l'opinion.

L'idée de Dieu, ce trésor commun de toutes les religions sur la terre, avait été entraînée et abattue dans les démolitions des croyances ; elle avait été mutilée et pulvérisée dans l'esprit du peuple par les proscriptions et par les parodies du culte catholique qu'Hébert et Chaumette avaient provoquées contre les temples, les prêtres et les cérémonies religieuses. Le peuple, qui confond aisément le symbole avec l'idée, avait cru que Dieu était un préjugé contre-révolutionnaire. La république semblait avoir balayé l'immortalité de l'âme de son territoire et de son ciel. L'athéisme, ouvertement prêché, avait été pour les uns une vengeance contre un culte répudié par eux, pour les autres une théorie favorable à tous les crimes. Le peuple, en secouant cette chaîne divine de la foi en Dieu, qui retenait sa conscience, avait cru secouer en même temps tous les liens du devoir. La terreur sur la terre avait remplacé la justice dans le ciel. Maintenant qu'on voulait écarter l'échafaud et inaugurer des institutions, il fallait refaire au peuple une conscience. Une conscience sans Dieu, c'est un tribunal sans juge. La lumière de la conscience n'est autre chose que la réverbération de l'idée de Dieu dans l'âme du genre humain. Éteignez Dieu, il fait nuit dans l'homme ; on peut prendre au hasard la vertu pour le crime et le crime pour la vertu.

XX

Robespierre sentait cette vérité. Il y avait du Mahomet dans ses pensées. L'heure de la reconstruction commençait. Il voulait reconstruire, avant tout, l'âme de la nation. De la même main dont il lui donnait le pouvoir, il voulait lui donner la lumière. Une république qui ne devait avoir d'autre souveraineté que la morale devait porter tout entière sur un principe divin.

Dans l'état de désorganisation intellectuelle et de discrédit des idées religieuses où les philosophes matérialistes du dix-huitième siècle, les Girondins leurs disciples, et les athées leurs bourreaux, avaient fait descendre l'esprit public ; en face de Collot-d'Herbois, comédien féroce, de Barère, sceptique railleur, de Billaud-Varennes, démolisseur implacable, de Lequinio, matérialiste effronté, des amis d'Hébert, des commensaux de Danton, de cette foule d'hommes indifférents à tous les cultes qui siégeaient dans les comités et dans la Convention, il ne fallait rien moins que le prestige de Robespierre pour affronter la colère ou le sourire qu'une telle tentative risquait de rencontrer dans l'opinion. Robespierre ne se le dissimulait pas. Aussi ne voulait-il détendre la terreur qu'après cet acte. Il sentait au-dessus de lui une grande vérité, et dans cette vérité une grande force. Il osa. Mais il n'osa cependant ni sans hésitation ni sans courage. « Je sais, dit-il à un de ses amis, je sais que je puis être foudroyé par l'idée que je vais faire éclater sur la tête du peuple. » Plusieurs de ses amis lui déconseillèrent cette entreprise. Il s'obstina. Au commencement d'avril il alla passer quelques jours dans la forêt de Montmorency. Il visitait souvent la chaumière que Jean-Jacques Rousseau avait habitée. C'est dans cette maison et dans ce jardin qu'il acheva son rapport, sous ces mêmes arbres où son maître avait si magnifiquement écrit de Dieu.

XXI

Le 18 floréal (7 mai), il monta à la tribune, son rapport à la main. Jamais, disent les survivants de ce jour, son attitude n'avait témoigné une telle tension de volonté. Jamais sa voix n'avait puisé dans son âme un accent d'autorité morale plus solennel. Il semblait parler non plus en tribun qui soulève ou qui caresse un peuple, ni même en législateur qui promulgue des lois périssables, mais en messager qui apporte aux hommes une vérité. La Convention, muette et recueillie, ceux-ci par crainte, ceux-là par respect, avait dans la contenance la gravité de l'idée à laquelle elle allait toucher.

« Citoyens, dit Robespierre après un exorde emprunté aux circonstances, toute doctrine qui console et qui élève les âmes doit être accueillie ; rejetez toutes celles qui tendent à les dégrader et à les corrompre. Ranimez, exaltez tous les sentiments généreux et toutes les grandes idées morales qu'on a voulu éteindre. Qui donc t'a donné la mission d'annoncer au peuple que la Divinité n'existe pas, ô toi qui te passionnes pour cette aride doctrine et qui ne te passionnas jamais pour la patrie ? Quel avantage trouves-tu à persuader à l'homme qu'une force aveugle préside à ses destinées et frappe au hasard le crime et la vertu ? que son âme n'est qu'un souffle léger qui s'éteint aux portes du tombeau ?

» L'idée de son néant lui inspirera-t-elle des sentiments plus purs et plus élevés que celle de son immortalité ? Lui inspirera-t-elle plus de respect pour ses semblables et pour lui-même, plus de dévouement pour la patrie, plus d'audace à braver la tyrannie, plus de mépris pour la mort ? Vous qui regrettez un ami vertueux, vous aimez à penser que la plus pure partie de lui-même a échappé au trépas ! Vous qui pleurez sur le cercueil d'un fils ou d'une épouse, êtes-vous consolés par celui qui vous dit qu'il ne reste plus d'eux qu'une vile poussière ? Malheureux qui expirez sous les coups d'un assassin, votre dernier soupir est un appel à la justice éternelle ! L'innocence sur l'échafaud fait pâlir le tyran sur son char de triomphe. Aurait-elle cet ascendant, si le tombeau égalait l'oppresseur et l'opprimé ? Plus un homme est doué de sensibilité et de génie, plus il s'attache aux idées qui agrandissent son être et qui élèvent son cœur, et la doctrine des hommes de cette trempe devient celle de l'univers.

» L'idée de l'Être suprême et de l'immortalité de l'âme est un appel continuel à la justice ; elle est donc sociale et républicaine, cette idée ! (On applaudit.) Je ne sache pas qu'aucun législateur se soit jamais avisé de nationaliser l'athéisme. Je sais que les plus sages mêmes d'entre eux se sont permis de mêler à la vérité quelques fictions, soit pour frapper l'imagination des peuples ignorants, soit pour les rattacher plus fortement à leurs institutions. Lycurgue et Solon eurent recours à l'autorité des oracles, et Socrate lui-même, pour accréditer la vérité parmi ses concitoyens, se crut obligé de leur persuader qu'elle lui était inspirée par un génie familier.

» Vous ne conclurez pas de là sans doute qu'il faille

tromper les hommes pour les instruire, mais seulement que vous êtes heureux de vivre dans un siècle et dans un pays dont les lumières ne nous laissent d'autre tâche à remplir que de rappeler les hommes à la nature et à la vérité.

» Vous vous garderez bien de briser le lien sacré qui les unit à l'Auteur de leur être.

» Et qu'est-ce que les conjurés avaient mis à la place de ce qu'ils détruisaient? Rien, si ce n'est le chaos, le vide et la violence. Ils méprisaient trop le peuple pour prendre la peine de le persuader; au lieu de l'éclairer, ils ne voulaient que l'irriter ou le dépraver.

» Si les principes que j'ai développés jusqu'ici sont des erreurs, je me trompe du moins avec tout ce que le monde révère. Prenons ici les leçons de l'histoire. Remarquez, je vous prie, comment les hommes qui ont influé sur la destinée des États furent déterminés vers l'un ou l'autre des deux systèmes opposés par leur caractère personnel et par la nature même de leurs vues politiques. Voyez-vous avec quel art profond César, plaidant dans le sénat romain en faveur des complices de Catilina, s'égare dans une digression contre le dogme de l'immortalité de l'âme? tant ces idées lui paraissent propres à éteindre dans le cœur des juges l'énergie de la vertu, tant la cause du crime lui paraît liée à celle de l'athéisme! Cicéron, au contraire, invoquait contre les traîtres et le glaive des lois et la foudre des dieux. Socrate mourant entretient ses amis de l'immortalité de l'âme. Léonidas aux Thermopyles, soupant avec ses compagnons d'armes, au moment d'exécuter le dessein le plus héroïque que la vertu humaine ait jamais conçu, les invite pour le lendemain à un autre banquet pour une vie nouvelle. Il y a loin de Socrate à Chaumette, et de Léonidas au Père Duchesne. (On applaudit.)

» Un grand homme, un véritable héros, s'estime trop lui-même pour se complaire dans l'idée de son anéantissement. Un scélérat, méprisable à ses propres yeux, horrible à ceux d'autrui, sent que la nature ne peut lui faire de plus beau présent que le néant. (On applaudit.)

» Une secte propagea avec beaucoup de zèle l'opinion du matérialisme, qui prévalut parmi les grands et parmi les beaux esprits ; on lui doit en grande partie cette espèce de philosophie pratique qui, réduisant l'égoïsme en système, regarda la société humaine comme une guerre de ruse, le succès comme la règle du juste et de l'injuste, la probité comme une affaire de goût et de bienséance, le monde comme le patrimoine des fripons adroits.

» Parmi ceux qui au temps dont je parle se signalèrent dans la carrière des lettres et de la philosophie, un homme, Rousseau, par l'élévation de son âme et par la grandeur de son caractère, se montra digne du ministère de précepteur du genre humain. Il attaqua la tyrannie avec franchise. Il parla avec enthousiasme de la Divinité ; son éloquence, mâle et probe, peignit en traits de flamme les charmes de la vertu ; elle défendit ces dogmes consolateurs que la raison donne pour appui au cœur humain. La pureté de sa doctrine, puisée dans la nature et dans la haine profonde du vice, autant que son mépris invincible pour les sophistes intrigants qui usurpaient le nom de philosophes, lui attira la haine et la persécution de ses rivaux et de ses faux amis. Ah ! s'il avait été témoin de cette révolution dont il fut le précurseur et qui l'a porté au Panthéon, qui peut douter que son âme généreuse n'eût embrassé avec transport la cause de la justice et de l'égalité? Mais qu'ont fait pour elle ses lâches adversaires? Ils ont combattu la Révolution dès le moment qu'ils ont craint qu'elle n'élevât le peuple au-dessus d'eux.

» Le traître Guadet dénonça un citoyen pour avoir prononcé le nom de la Providence! Nous avons entendu, quelque temps après, Hébert en accuser un autre pour avoir écrit contre l'athéisme! N'est-ce pas Vergniaud et Gensonné qui, en votre présence même et à votre tribune, pérorèrent avec chaleur pour bannir du préambule de la constitution le nom de l'Être suprême que vous y avez placé? Danton, qui souriait de pitié aux mots de vertu, de gloire, de postérité; Danton, dont le système était d'avilir ce qui peut élever l'âme; Danton, qui était froid et muet dans les plus grands dangers de la liberté, parla après eux avec beaucoup de véhémence en faveur de la même opinion.

» Fanatiques, n'espérez rien de nous! Rappeler les hommes au culte pur de l'Être suprême, c'est porter un coup mortel au fanatisme. Toutes les fictions disparaissent devant la vérité et toutes les folies tombent devant la raison. Sans contrainte, sans persécution, toutes les sectes doivent se confondre d'elles-mêmes dans la religion universelle de la nature. (On applaudit.)

» Prêtres ambitieux, n'attendez donc pas que nous travaillions à rétablir votre empire! Une telle entreprise serait même au-dessus de notre puissance. (On applaudit.) Vous vous êtes tués vous-mêmes, et l'on ne revient pas plus à la vie morale qu'à l'existence physique!

» Et d'ailleurs, qu'y a-t-il entre les prêtres et Dieu? Combien le Dieu de la nature est différent du Dieu des prêtres ! (Les applaudissements continuent.) Je ne connais rien de si ressemblant à l'athéisme que les religions qu'ils ont faites : à force de défigurer l'Être suprême, ils l'ont anéanti autant qu'il était en eux ; ils en ont fait tantôt un globe de feu, tantôt un bœuf, tantôt un arbre, tantôt un homme, tantôt un roi. Les prêtres ont créé un dieu à leur image : ils l'ont fait jaloux, capricieux, avide, cruel, implacable ; ils l'ont traité comme jadis les maires du palais traitèrent les descendants de Clovis, pour régner sous son nom et se mettre à sa place ; ils l'ont relégué dans le ciel comme dans un palais, et ne l'ont appelé sur la terre que pour demander à leur profit des richesses, des honneurs, des plaisirs et de la puissance. (Vifs applaudissements.) Le véritable prêtre de l'Être suprême, c'est la nature ; son temple, l'univers ; son culte, la vertu ; ses fêtes, la joie d'un grand peuple rassemblé sous ses yeux pour resserrer les doux nœuds de la fraternité universelle, et pour lui présenter l'hommage des cœurs sensibles et purs.

» Laissons les prêtres et retournons à la Divinité. (Applaudissements.) Attachons la morale à des bases éternelles et sacrées ; inspirons à l'homme ce respect religieux pour l'homme, ce sentiment profond de ses devoirs, qui est la seule garantie du bonheur social.

» Malheur à celui qui cherche à éteindre ce sublime enthousiasme et à étouffer par de désolantes doctrines cet instinct moral du peuple, qui est le principe de toutes les grandes actions ! C'est à vous, représentants du peuple, qu'il appartient de faire triompher les vérités que nous venons de développer. Bravez les clameurs insensées de l'ignorance présomptueuse ou de la perversité hypocrite ! Quelle est donc la dépravation dont nous étions environnés, s'il nous a fallu du courage pour les proclamer ! La postérité pourra-t-elle croire que les factions vaincues avaient porté l'audace jusqu'à nous accuser de modérantisme et d'aristocratie pour avoir rappelé l'idée de la Divinité et de la morale ? Croira-t-elle qu'on ait osé dire jusque dans cette enceinte que nous avions par là reculé la raison humaine de plusieurs siècles ?

» Ne nous étonnons pas si tous les scélérats ligués contre nous semblent vouloir nous préparer la ciguë, mais avant de la boire nous sauverons la patrie. (On applaudit.) Le vaisseau qui porte la fortune de la république n'est pas destiné à faire naufrage, il vogue sous vos auspices, et les tempêtes seront forcées à le respecter. (Nouveaux applaudissements.)

» Les ennemis de la république sont tous les hommes corrompus. (On applaudit.) Le patriote n'est autre chose qu'un homme probe et magnanime dans toute la force de ce terme. (On applaudit.) C'est peu d'anéantir les rois, il faut faire respecter à tous les peuples le caractère du peuple français. C'est en vain que nous porterions au bout de l'univers la renommée de nos armes, si toutes les passions déchirent impunément le sein de la patrie. Défions-nous de l'ivresse même des succès. Soyons terribles dans les revers, modestes dans nos triomphes (on applaudit), et fixons au milieu de nous la paix et le bonheur par la sagesse et la morale. Voilà le véritable but de nos travaux, voilà la tâche la plus héroïque et la plus difficile. Nous croyons concourir à ce but en vous proposant le décret suivant :

» Art. 1ᵉʳ. Le peuple français reconnaît l'existence de l'Être suprême et l'immortalité de l'âme.

» Art. 2. Il reconnaît que le culte digne de l'Être suprême est la pratique des devoirs de l'homme. »

XXII

D'unanimes applaudissements accueillirent ce premier retour de la Révolution à Dieu. Des fêtes furent décrétées pour rappeler l'homme à l'idée de l'immortalité et à ses conséquences. La plus solennelle devait être célébrée le 20 prairial (8 juin).

Des députations de la société des Jacobins félicitèrent la représentation d'avoir fait remonter la justice et la liberté à sa source. Cambon, chrétien intègre et convaincu, demanda que les temples fussent vengés des profanations de l'athéisme. Couthon, dans une allocution d'enthousiasme, défia les philosophes matérialistes de nier le souverain arbitre de l'univers devant la majesté de ses œuvres, et de nier la Providence devant la régénération du peuple avili. Le spectacle de cet homme infirme et mourant, soutenu à la tribune par les bras de deux de ses collègues, et confessant, au milieu du sang répandu, son Juge dans le ciel et son immortalité dans son âme, attestait dans Couthon la foi fanatique qui lui cachait à lui-même l'atrocité des moyens devant la sainteté du but.

Quel que fût le contraste entre la renommée sanguinaire de Robespierre et son rôle de restaurateur de l'idée divine, il sortit de cette séance plus grand qu'il n'y était entré. Il avait arraché d'une main courageuse le sceau de la conscience publique ; cette conscience lui répondait dans la nation et dans toute l'Europe par un applaudissement secret. Il s'était fortifié et avait, pour ainsi dire, tenté de se sacrer lui-même en faisant alliance avec la plus haute pensée de l'humanité. Celui qui confessait Dieu à la face du peuple ne tarderait pas, disait-on, à désavouer le crime et la mort. Il avait pris la dictature morale ce jour-là. Le lendemain on transporta au Panthéon les restes mortels de Jean-Jacques Rousseau, pour que le maître fût enseveli dans le triomphe du disciple. Robespierre inspira cette apothéose. Il donnait, par cet hommage à la philosophie religieuse et presque chrétienne de Jean-Jacques Rousseau, son véritable sens à la Révolution.

LIVRE CINQUANTE-HUITIÈME

Ladmiral. — Tentative d'assassinat sur Collot-d'Herbois. — Cécile Renault chez Robespierre. — Elle est arrêtée. — Discours de Robespierre à la Convention. — Fête de l'Être suprême. — Triomphe de Robespierre. — Irritation des comités. — Projets de lois philanthropiques de la Convention. — Décret du 22 prairial. — Altercations dans le comité de salut public. — Robespierre se sépare de ses collègues. — Ses notes secrètes sur quelques membres de la Convention. — Conjuration sourde.

I

Les espérances de retour à la justice et à l'humanité conçues dans la séance que nous venons de raconter furent tristement ajournées par deux circonstances accidentelles. Ces deux circonstances empêchèrent Robespierre de modérer le gouvernement révolutionnaire en s'élevant au-dessus des comités. Il n'osait pas tenter à la fois deux entreprises, dont une seule suffirait pour compromettre sa popularité.

Mais il se croyait obligé d'accorder encore quelques jours à la domination des terroristes, afin de s'assurer la force d'opinion nécessaire pour plier tous ses collègues à sa volonté. Les comités étaient pleins de ses ennemis secrets. Il les savait prêts à abuser contre lui du moindre symptôme de modération, et à l'écraser par la main de la Montagne sous une accusation de clémence qu'ils auraient travestie en trahison. Il se masquait devant Billaud-Varennes, Barère, Collot-d'Herbois et Vadier, d'une inflexibilité qui défiait celle de ces décemvirs. Il ne pouvait, dans sa pensée, les dompter qu'avec leurs propres armes, et pour se retourner contre eux il fallait en apparence les dépasser. Ainsi la terreur redoublait. Il y avait un défi mutuel de soupçons, de proscription, de cruauté. Le sang coulait plus que jamais. Les victimes odieusement immolées pendant cet ajournement accusaient également la barbarie des uns, la lâcheté et la dissimulation des autres. Laisser continuer des proscriptions sanguinaires sous prétexte d'en prévenir d'autres, c'est toujours proscrire.

Les comités soupçonnaient ces pensées de modération dans Robespierre, ils se plaisaient à les confondre en prenant son nom même pour égide, et la crainte de ses reproches servait de prétexte à leurs exécutions. C'est un des moments où cet homme dut descendre avec le plus de remords et avec le plus d'humiliation dans son propre cœur, et se repentir le plus douloureusement d'avoir pris une voie de sang pour conduire le peuple à sa régénération. Les hommes qu'il avait lancés l'entraînaient à leur tour. Il les servait en les craignant et les détestant.

II

Un de ces aventuriers qu'une destinée vulgaire ballotte dans leur misère, et qui s'en prennent aux hommes du hasard des événements, venait d'arriver à Paris avec l'intention de tuer Robespierre. Il se nommait Ladmiral. Il était né dans ces montagnes du Puy-de-Dôme, où certaines âmes sont rudes et calcinées comme le sol. Il avait été employé avant la Révolution dans la domesticité de l'ancien ministre Bertin. Il avait été placé depuis par Dumouriez à Bruxelles dans un de ces emplois précaires que la conquête crée dans les provinces conquises. Les chances de la guerre et de la Révolution lui avaient enlevé son emploi. Il s'impatientait de sa chute, il s'aigrissait de sa détresse. Il prenait son mécontentement pour une opinion. Il s'indignait contre les oppresseurs de sa patrie. Il voulait mourir en entraînant dans sa mort quelques-uns de ces tyrans célèbres dont le nom s'attache au nom de leur assassin et l'immortalise.

Robespierre s'offrit le premier à la pensée de Ladmiral. La terreur s'appelait du nom de Robespierre. Il portait la responsabilité du temps.

Ladmiral s'était logé, par hasard, en arrivant à Paris, dans la maison habitée par Collot-d'Herbois. Il s'arma de pistolets et de poignards. Il épia Robespierre. Il l'attendit même des journées entières dans les couloirs du comité de salut public. Le hasard lui déroba toujours sa victime.

Lassé d'attendre celui-là, il crut que la fatalité lui en désignait un autre. Il attendit Collot-d'Herbois dans l'escalier de sa maison, au moment où ce proscripteur de Lyon rentrait la nuit de la séance des Jacobins. Il lui tira deux coups de pistolet. Le premier coup ne partit pas, le second fit long feu. La balle, évitée par Collot, alla frapper la muraille. Collot et son assassin, se saisissant corps à corps dans l'obscurité, luttèrent et roulèrent sur l'escalier. La détonation, les cris, la lutte prolongée, appelèrent les voisins, les passants, les soldats d'un poste voisin. Ladmiral se réfugia dans sa chambre, s'y barricada, et menaça de faire feu sur ceux qui tenteraient de forcer sa porte. Un serrurier nommé Geffroy brava ses menaces. Ladmiral tira sur cet homme et le blessa dangereusement. Saisi et terrassé par les soldats, l'assassin fut conduit devant Fouquier-Tinville. Il répondit qu'il avait voulu délivrer son pays.

III

Au même moment, une jeune fille de dix-sept ans, d'une figure enfantine, se présentait chez Robespierre et demandait obstinément à lui parler. Elle portait un petit panier à la main. Son âge, sa contenance, la naïveté de sa physionomie, n'inspirèrent d'abord aucune défiance aux hôtes de Robespierre. On la fit entrer dans l'antichambre du député, elle attendit longtemps. A la fin, l'immobilité et l'obstination suspectes de l'étrangère éveillèrent les inquiétudes des femmes. On la somma de se retirer. Elle insista pour rester. « Un homme public, dit-elle, doit recevoir à toute heure ceux qui ont besoin de l'approcher. » On appela la garde, on arrêta la jeune inconnue, on fouilla dans son panier. On y trouva des hardes et deux petits couteaux, armes insuffisantes pour donner la mort dans une main d'enfant. Conduite au comité révolutionnaire de la rue des Piques, on l'interrogea avec l'appareil et la solennité d'un grand crime. » Pourquoi alliez-vous chez Robespierre? lui demanda-t-on. — Pour voir, répondit-elle, comment était fait un tyran. » On affecta de voir dans cette réponse l'aveu d'un complot. On rattacha l'arrestation de la jeune fille à la tentative de Ladmiral. On répandit qu'elle avait été armée du poignard par le gouvernement anglais. On parla d'un bal masqué à Londres, où une femme, déguisée en Charlotte Corday et brandissant un couteau, avait dit : « Je cherche Robespierre. » D'autres prétendirent que le comité de salut public avait fait immoler l'amant de cette fille, et que l'assassinat était une représaille de l'amour. Ces chimères étaient sans fondement. L'assassinat n'était que l'imagination d'un enfant qui prend son rêve pour une pensée, et qui va voir si la présence d'un homme fameux lui inspirera la haine ou l'amour. Réminiscence de Charlotte Corday, vague dans son but, innocente comme une puérilité.

Cette enfant s'appelait Cécile Renault. Elle était fille d'un papetier de la Cité. Le nom de Robespierre, continuellement répété devant elle par des parents royalistes, lui avait suscité une curiosité mêlée d'horreur pour l'homme du jour. Ses réponses attestèrent cette ingénuité et cette candeur de courage. « Pourquoi, lui demanda-t-on, portiez-vous sur vous ce paquet de vêtements de femme? — Parce que je m'attendais à aller en prison. — Pourquoi ces deux couteaux sur vous? vouliez-vous en frapper Robespierre? — Non, je n'ai jamais voulu faire de mal à personne. — Pourquoi vouliez-vous voir Robespierre? — Pour m'assurer par mes propres yeux si l'homme ressemblait à l'image que je me faisais de lui. — Pourquoi êtes-vous royaliste? — Parce que j'aime mieux un roi que soixante tyrans. » On la jeta, ainsi que Ladmiral, dans les cachots. Tout l'artifice de Fouquier-Tinville s'employa à transformer l'enfantillage en conjuration et à imaginer des complices.

IV

La nouvelle de ces deux tentatives d'assassinat fit éclater, à la Convention et aux Jacobins, une explosion de fureur contre les royalistes, d'ivresse pour les députés, d'idolâtrie pour Robespierre. Collot-d'Herbois grandit aux yeux de ses collègues de tout le péril qu'il avait couru. Le poignard semblait avoir marqué de lui-même au peuple l'importance de ces deux chefs du gouvernement en les choisissant entre tous. L'assassinat trompé fut de tout temps l'heureuse fortune des ambitieux. Il semble qu'ils deviennent ainsi les victimes ou les boucliers du peuple, et que le glaive des ennemis publics a besoin de traverser leur cœur pour arriver jusqu'à la patrie. Un poignard avait déifié

Marat. Le pistolet de Ladmiral illustrait Collot-d'Herbois. Le couteau de Cécile Renault consacra Robespierre.

La Convention reçut Collot comme le sénat avili de Rome recevait les tyrans de l'empire protégés par la clémence des dieux. Les sections, croyant voir partout des bandes organisées de *liberticides*, rendirent des actions de grâces au génie de la république. Quelques-uns proposèrent de donner une garde aux membres du comité de salut public. La crainte de perdre la liberté précipitait dans tous les signes de la servitude. Le 6 prairial (25 mai), les Jacobins se réunissent, et se congratulent dans l'embrassement fraternel d'hommes qui se retrouvent après des circonstances désespérées. Collot, porté par les bras de la foule, remercie le ciel de lui avoir conservé une vie qu'il ne veut consacrer qu'à la patrie. « Les tyrans, s'écrie-t-il, veulent se défaire de nous par l'assassinat ; mais ils ne savent pas que quand un patriote expire, ceux qui survivent jurent sur son cadavre la vengeance du crime et l'éternité de la liberté ! »

Legendre veut racheter son imprudence dans l'arrestation de Danton par plus de servilité. Il renouvelle la motion de donner une garde aux membres du gouvernement. Couthon sent le piége sous l'adulation. Il répond que les membres du comité ne veulent d'autre garde que la providence divine qui veille sur eux, et qu'au besoin les républicains sauront mourir.

Robespierre paraît le dernier. Il monte à la tribune. Il essaye vainement de se faire entendre au milieu du délire d'enthousiasme et d'amour qui étouffe sa voix. Des larmes d'attendrissement mouillent ses yeux, entrecoupent ses mots. Il recouvre enfin la parole.

« Je suis, dit-il au milieu d'un religieux silence, un de ceux que les coups ont le moins sérieusement menacés. Cependant je ne puis me défendre de quelques réflexions. Que les défenseurs de la liberté soient en butte aux poignards de la tyrannie, il fallait s'y attendre. Je vous l'avais déjà dit : si nous déjouons les factions, si nous battons les ennemis, nous serons assassinés. Ce que j'avais prévu est arrivé. Les soldats des tyrans ont mordu la poussière, les traîtres ont péri sur l'échafaud, et les poignards ont été aiguisés contre nous. J'ai senti qu'il était plus aisé de nous assassiner que de vaincre nos principes et de subjuguer nos armées !... Je me suis dit que plus la vie des défenseurs du peuple est incertaine. plus ils doivent se hâter de remplir leurs derniers jours d'actions utiles à la liberté. Les crimes des tyrans et le fer des assassins m'ont rendu plus libre et plus redoutable aux ennemis du peuple !... » A ces mots, où le vainqueur veut se transfigurer en martyr et s'élever au-dessus de la mort par la contemplation de son grand dessein, les cœurs éclatent d'admiration, et Robespierre se précipite entre les bras des Jacobins. Il remonte bientôt à la tribune, et combat avec dédain la proposition de Legendre. Cette motion lui paraît suspecte de l'intention cachée de faire ressembler les défenseurs du peuple à un triumvirat de tyrans. Plus Robespierre s'humilie, plus il triomphe. L'ivresse du peuple lui rend en culte tout ce que son idole refuse d'accepter en majesté.

V

A la séance de la Convention du lendemain 7 prairial, Barère exagère les dangers dans deux rapports emphatiques. Il attribue aux gouvernements étrangers, et surtout à M. Pitt, d'avoir suscité la démence de Ladmiral et la puérilité de Cécile Renault. La Convention feint de croire à ces complots et de couvrir la patrie entière, en enveloppant Robespierre de son égide et de son dévouement. Barère conclut par la proposition d'un décret atroce qui ordonne le massacre de tous les prisonniers anglais ou hanovriens qui seraient faits désormais par les armées de la république.

Robespierre, provoqué par tous les regards et par tous les gestes, succède à Barère. « Ce sera, dit-il à ses collègues, un beau sujet d'entretien pour la postérité, c'est déjà un spectacle digne de la terre et du ciel de voir l'assemblée des représentants du peuple français, placés sur un volcan inépuisable de conspirations, d'une main apporter aux pieds de l'éternel Auteur des choses les hommages d'un grand peuple, de l'autre lancer la foudre sur les tyrans conjurés contre lui, fonder la première démocratie du monde, et rappeler parmi les mortels la liberté, la justice et la vertu exilées. » A cet exorde, qui enlève la Convention à une question individuelle pour la transporter à la hauteur d'une question générale, les applaudissements interrompent longtemps Robespierre. On ne voit plus en lui un homme, mais une personnification de la patrie. « Ils périront, reprend-il d'une voix inspirée, ils périront, les tyrans armés contre le peuple français! Elles périront, les factions qui s'appuient sur les puissances pour détruire notre liberté! Vous ne ferez pas la paix, vous la donnerez au monde, vous la refuserez au crime! Sans doute ils ne sont pas assez insensés pour croire que la mort de quelques représentants pourrait assurer leur triomphe. S'ils avaient cru qu'en nous faisant descendre au tombeau, le génie des Brissot, des Hébert, des Danton, allait en sortir triomphant pour nous livrer une quatrième fois à la discorde, ils se seraient trompés. »

A cette insulte à la mémoire de Danton, un mouvement de mécontentement se révèle par quelque agitation sur la Montagne. Robespierre s'en aperçoit et s'arrête. « Quand nous serons tombés sous leurs coups, reprend-il avec un élan d'indifférence qui semble l'élever au-dessus de lui-même, vous voudrez achever votre sublime entreprise ou partager notre sort! Oui, continue-t-il en suspendant l'applaudissement commencé par l'énergie de sa voix et de son geste, oui, il n'y a pas un de vous qui ne voulût venir sur nos corps sanglants jurer d'exterminer les derniers ennemis du peuple! »

Tous les représentants se lèvent d'un mouvement unanime et font le geste du serment.

« Ils espéraient, continue-t-il, affamer le peuple français! Le peuple français vit encore, et la nature, fidèle à la liberté, lui promet l'abondance. Que leur reste-t-il donc? L'assassinat! Ils espéraient nous exterminer les uns par les autres et par des révoltes soudoyées! Ce projet a échoué.

Que leur reste-t-il ? L'assassinat. Ils ont cru nous accabler sous l'effort de leur ligue armée et surtout par la trahison ! Les traîtres tremblent ou périssent, leurs canons tombent en notre pouvoir, leurs satellites fuient devant nous. Que leur reste-t-il ? L'assassinat ! Ils ont cherché à dissoudre la Convention par la corruption ! La Convention a puni leurs complices; mais il leur reste l'assassinat ! Ils ont essayé de dépraver la république et d'éteindre parmi nous les sentiments généreux dont se compose l'amour de la patrie et de la liberté, en bannissant de la république le bon sens, la vertu et la Divinité ! Nous avons proclamé la Divinité et l'immortalité de l'âme, nous avons commandé la vertu au nom de la république; mais il leur reste l'assassinat !

» Réjouissons-nous donc et rendons grâces au ciel, puisque nous avons été jugés dignes des poignards de la tyrannie ! »

La salle est ébranlée par les acclamations que soulève cette imitation de magnanimité antique.

« Il est donc pour nous de glorieux dangers à courir ! poursuit-il. La cité en offre autant que le champ de bataille. Nous n'avons rien à envier à nos braves frères d'armes. Nous payons de mille manières notre dette à la patrie ! O rois, ce n'est pas nous qui nous plaindrons du genre de guerre que vous nous faites ! Quand les puissances de la terre se liguent pour tuer un faible individu, sans doute il ne doit pas s'obstiner à vivre. Aussi n'avons-nous pas fait entrer dans nos calculs l'avantage de vivre longuement. Ce n'est pas pour vivre que l'on déclare la guerre à tous les tyrans et à tous les vices. Quel homme sur la terre a jamais défendu impunément l'humanité?... Entouré de leurs assassins, reprend Robespierre d'une voix plus solennelle, je me suis déjà placé moi-même dans le nouvel ordre de choses où ils veulent m'envoyer! Je ne tiens plus à une vie passagère que par l'amour de la patrie et par la soif de la justice, et, dégagé plus que jamais de toutes considérations personnelles, je me sens mieux disposé à attaquer avec énergie tous les scélérats qui conspirent contre le genre humain! Plus ils se hâtent de terminer ma carrière ici-bas, plus je veux me hâter de la remplir d'actions utiles au bonheur de mes semblables. Je leur laisserai du moins un testament dont la lecture fera frémir tous les tyrans et tous leurs complices! »

A cette apostrophe, qui semble placer la tribune de l'autre côté du tombeau, la Convention répond par une acclamation prolongée.

Robespierre abandonne alors sa personne, et donne comme d'une autre vie des conseils suprêmes à la république : « Ce qui constitue la république, dit-il, ce n'est ni la victoire, ni la fortune, ni la conquête, ni l'enthousiasme passager, c'est la sagesse des lois et surtout la vertu publique. Les lois sont à faire, les mœurs à régénérer. Voulez-vous savoir quels sont les ambitieux? reprend-il dans une allusion voilée, mais transparente, contre ses ennemis des comités; examinez quels sont ceux qui protègent les fripons et qui corrompent la morale publique. Faire la guerre au crime, c'est le chemin du tombeau et de l'immortalité! Favoriser le crime, c'est le chemin du trône et de l'échafaud. (On applaudit.) Des êtres pervers sont parvenus à jeter la république et la raison du peuple dans le chaos. Il s'agit de recréer l'harmonie du monde moral et du monde politique.

Cette définition de la Révolution est accueillie sur tous les bancs par un assentiment unanime.

« Si la France était gouvernée pendant quelques mois par une législation égarée ou corrompue, la liberté serait perdue. »

Cette insinuation claire de la nécessité d'une magistrature suprême pour régulariser la Convention attire à Robespierre les regards irrités de ses ennemis. Il les brave.

« En disant ces choses, reprend-il avec une fière abnégation, j'aiguise peut-être contre moi des poignards, et c'est pour cela que je les dis. J'ai assez vécu! J'ai vu le peuple français s'élancer du sein de la corruption et de la servitude au faîte de la gloire et de la vertu républicaine. J'ai vu ses fers brisés et les trônes coupables qui pèsent sur la terre renversés ou ébranlés sous ses mains triomphantes! J'ai vu plus : j'ai vu une assemblée investie de la toute-puissance de la nation française marcher d'un pas rapide et ferme vers le bonheur public, donner l'exemple de tous les courages et de toutes les vertus. Achevez, citoyens! achevez vos sublimes destinées! Vous nous avez placés à l'avant-garde pour soutenir le premier effort des ennemis de l'humanité. Nous méritons cet honneur, et nous vous tracerons de notre sang la route de l'immortalité! »

VI

La Convention ordonna l'impression de ce discours dans toutes les langues. Il prépara les esprits à la solennité attendue qui devait bientôt le suivre. Le ridicule, qui flétrit tout en France, était obligé de feindre lui-même l'enthousiasme devant des doctrines qui osaient braver la mort et attester Dieu !

Robespierre voyait approcher cette journée du 20 prairial avec l'impatience d'un homme qui couve un grand dessein et qui craint que la mort ne le lui ravisse avant de l'avoir accompli. De toutes les missions qu'il croyait sentir en lui, la plus haute et la plus sainte à ses yeux était la régénération du sentiment religieux dans le peuple. Relier le ciel à la terre par ce lien d'une foi et d'un culte rationnel, que la république avait rompu, était pour lui l'accomplissement de la Révolution. Du jour où la raison et la liberté se rattacheraient à Dieu dans la conscience, il les croyait immortelles comme Dieu lui-même. Il consentait à mourir après ce jour. La joie intérieure de son œuvre accomplie transpirait, depuis son rapport à la Convention, dans ses traits. Il avait dans son extérieur le rayonnement de son idée. Ses hôtes et ses confidents s'étonnaient de sa sérénité inaccoutumée. Il s'extasiait sur la nature rajeunie par le printemps, et qui se parait de fleurs, comme pour le glorieux hymen qu'il voulait lui faire contracter avec son

Auteur. Il errait avec ses amis dans les allées du jardin de Mousseaux. Son cœur éclatait d'espérance. Il parlait sans cesse du 8 juin. Il s'apitoyait sur les victimes qui ne verraient pas ce beau jour. Il aspirait, disait-il, à clore l'ère des supplices par l'ère de la fraternité et de la clémence. Il allait examiner lui-même avec Villate et le peintre David les préparatifs. Il voulait que cette cérémonie frappât l'âme du peuple par les yeux, et qu'elle exprimât des images majestueuses et douces comme cette puissance suprême qui ne se manifeste que par ses bienfaits. « Pourquoi, disait-il la veille à Souberbielle, faut-il qu'il y ait encore un échafaud debout sur la surface de la France? La vie seule devrait apparaître demain devant la source de toute vie. » Il exigea que les supplices fussent suspendus le jour de la cérémonie.

VII

La Convention avait nommé Robespierre, par exception, président, pour que l'auteur du décret en fût en même temps l'acteur principal. Dès le point du jour, il se rendit aux Tuileries pour y attendre la réunion de ses collègues, et pour donner les derniers ordres aux ordonnateurs de la pompe religieuse. Il était, pour la première fois de sa vie publique, revêtu du costume de représentant en mission. Un habit d'un bleu plus pâle que l'habit des membres de la Convention, un gilet blanc, des culottes de peau de daim jaune, des bottes à revers, un chapeau rond ombragé d'un faisceau flottant de plumes tricolores, appelaient sur lui les regards. Il tenait à la main un énorme bouquet de fleurs et d'épis, prémices de l'année. Il avait oublié dans son empressement la condition même de l'humanité. La Convention était déjà réunie dans la salle de ses séances, et le cortége allait sortir, qu'il n'avait pris encore aucune nourriture. Villate, qui logeait aux Tuileries, lui offrit d'entrer chez lui et de s'asseoir à sa table pour déjeuner. Robespierre acccpta.

Le ciel était d'une pureté orientale. Le soleil brillait sur les arbres des Tuileries et sur les dômes et les murs des monuments de Paris avec autant de netteté et de rejaillissement que sur les temples de l'Attique. La lumière du printemps prêtait la sérénité grecque aux théories de Paris.

En entrant chez Villate, Robespierre jeta son chapeau et son bouquet sur un fauteuil. Il s'accouda sur la fenêtre. Il parut extasié du spectacle de la foule innombrable qui se pressait dans les parterres et dans les allées du jardin pour assister à ces mystères, présages de l'inconnu. Les femmes, revêtues de leurs plus fraîches parures, y tenaient leurs enfants par la main. Les visages rayonnaient. « Voilà, dit Robespierre, la plus touchante partie de l'humanité. L'univers est ici rassemblé par ses témoins. Que la nature est éloquente et majestueuse! Une telle fête doit faire trembler les tyrans et les pervers ! »

Il mangea peu et ne dit que ces paroles. A la fin du repas, au moment où il se levait pour aller se placer à la tête du cortége, qui commençait à défiler, une jeune femme, familière de la maison de Villate, entra accompagnée d'un petit enfant. Le nom de Robespierre intimida d'abord l'étrangère. Robespierre joua avec l'enfant. La mère rassurée folâtra autour de la table et s'empara du bouquet du président de la Convention. Il était plus de midi. Robespierre s'oubliait involontairement ou à dessein chez Villate. Ses collègues étaient depuis longtemps rassemblés et murmuraient de son retard. Il semblait jouir de leur attente, ce signe d'infériorité. Il parut enfin.

VIII

Un immense amphithéâtre, semblable aux gradins d'un cirque antique, était adossé au palais des Tuileries. Ce cirque descendait, de marche en marche, jusqu'au parterre. La Convention y entrait de plain-pied par les fenêtres du pavillon du centre, comme les Césars dans leurs Colisées. Au milieu de cet amphithéâtre, une tribune plus élevée que les gradins, et presque semblable à un trône, était réservée à Robespierre. En face de son siége, un groupe colossal de figures emblématiques, seule poésie de ce temps imitateur, représentait l'Athéisme, l'Égoïsme, le Néant, les Crimes et les Vices. Ces figures, sculptées par David en matières combustibles, étaient destinées à être incendiées comme les victimes du sacrifice. L'idée de Dieu devait les réduire en cendres. Tous les députés, vêtus uniformément d'habits bleus à revers rouges et portant à la main un bouquet symbolique, prirent place lentement sur les gradins. Robespierre parut. Son isolement, son élévation, son panache, son bouquet plus volumineux, lui donnaient l'apparence d'un maître. Le peuple, que son nom dominait comme son trône dominait la Convention, croyait qu'on allait proclamer sa dictature. Des acclamations impériales le saluèrent seul et assombrirent les fronts de ses collègues. La foule attendait sa parole. Les uns espéraient une amnistie, les autres l'organisation d'un pouvoir fort et clément. Le tribunal révolutionnaire suspendu, l'échafaud démoli pour un jour, laissaient flotter les imaginations sur des perspectives consolantes. Jamais un peuple ne parut mieux disposé à recevoir un sauveur et des lois humaines.

IX

« Français, républicains, dit Robespierre d'une voix qu'il s'efforçait d'étendre à l'immensité de l'auditoire, il est enfin arrivé ce jour à jamais fortuné que le peuple français consacre à l'Être suprême ! Jamais le monde qu'il a créé n'offrit à son Auteur un spectacle aussi digne de ses regards. Il a vu régner sur terre la tyrannie, le crime et l'imposture. Il voit dans ce moment une nation entière, aux prises avec tous les oppresseurs du genre humain, suspendre le cours de ses travaux héroïques pour élever sa pensée et ses vœux vers le grand Être qui lui donna la mission de les entreprendre et la force de les exécuter !...

» Il n'a pas créé les rois pour dévorer l'espèce humaine ; il n'a pas créé les prêtres pour nous atteler, comme de vils animaux, au char des rois, et pour donner au monde l'exemple de la bassesse, de l'orgueil, de la perfidie, de l'avarice, de la débauche et du mensonge : mais il a créé l'univers pour publier sa puissance, il a créé les hommes pour s'aider, pour s'aimer mutuellement, et pour arriver au bonheur par la route de la vertu.

» C'est lui qui place dans le sein de l'oppresseur triomphant le remords, et dans le cœur de l'innocent opprimé le calme et la fierté ; c'est lui qui force l'homme juste à haïr le méchant, et le méchant à respecter l'homme juste ; c'est lui qui orne de pudeur le front de la beauté pour l'embellir encore ; c'est lui qui fait palpiter les entrailles maternelles de tendresse et de joie ; c'est lui qui baigne de larmes délicieuses les yeux du fils pressé contre le sein de sa mère ; c'est lui qui fait taire les passions les plus impérieuses et les plus tendres devant l'amour sublime de la patrie ; c'est lui qui a couvert la nature de charmes, de richesse et de majesté. Tout ce qui est bon est son ouvrage, le mal appartient à l'homme dépravé qui opprime ou qui laisse opprimer ses semblables.

» L'Auteur de la nature avait lié tous les mortels par une chaîne immense d'amour et de félicité : périssent les tyrans qui ont osé la briser !...

» Être des êtres, nous n'avons pas à t'adresser d'injustes prières ; tu connais les créatures sorties de tes mains, leurs besoins n'échappent pas plus à tes regards que leurs plus secrètes pensées. La haine de l'hypocrisie et de la tyrannie brûle dans nos cœurs avec l'amour de la justice et de la patrie. Notre sang coule pour la cause de l'humanité. Voilà notre prière, voilà nos sacrifices, voilà le culte que nous t'offrons ! »

Le peuple applaudit plus à l'acte qu'aux paroles. Les chœurs de musique élevèrent, avec les sons de plusieurs milliers d'instruments, les strophes suivantes de Chénier jusqu'au ciel :

LES VIEILLARDS ET LES ADOLESCENTS.

Dieu puissant, d'un peuple intrépide
C'est toi qui défends les remparts,
La Victoire a, d'un vol rapide,
Accompagné nos étendards.
Les Alpes et les Pyrénées
Des rois ont vu tomber l'orgueil ;
Au Nord, nos champs sont le cercueil
De leurs phalanges consternées.
Avant de déposer nos glaives triomphants,
Jurons d'anéantir le crime et les tyrans !

LES FEMMES.

Entends les vierges et les mères,
Auteur de la fécondité !
Nos époux, nos enfants, nos frères,
Combattent pour la liberté ;
Et si quelque main criminelle
Terminait des destins si beaux,
Leurs fils viendront sur des tombeaux
Venger la cendre paternelle.

LE CHŒUR.

Avant de déposer vos glaives triomphants,
Jurez d'anéantir le crime et les tyrans.

LES HOMMES ET LES FEMMES.

Guerriers, offrez votre courage ;
Jeunes filles, offrez des fleurs ;

Mères, vieillards, pour votre hommage,
Offrez vos fils triomphateurs.
Bénissez dans ce jour de gloire
Le fer consacré par leurs mains ;
Sur ce fer, vengeur des humains,
L'Éternel grava la victoire.

LE CHŒUR.

Avant de déposer nos glaives triomphants,
Jurons }
Jurez } d'anéantir le crime et les tyrans.

Robespierre, descendant ensuite de l'amphithéâtre, vint mettre le feu au groupe de l'Athéisme. La flamme et la fumée se répandirent dans les airs aux acclamations de la multitude. Les membres de la Convention, suivant leur chef à un long intervalle, s'avancèrent en deux colonnes, à travers les flots du peuple, vers le Champ de Mars. Entre les deux colonnes de la Convention marchaient des chars rustiques, des charrues traînées par des taureaux, et d'autres symboles de l'agriculture, des métiers et des arts. Une double haie de jeunes filles, vêtues de blanc, enlacées les unes aux autres par des rubans tricolores, formaient l'unique garde de la Convention. Robespierre marchait seul en avant. Il se retournait souvent pour mesurer l'intervalle laissé entre lui et ses collègues, comme pour accoutumer le peuple à le séparer d'eux par le respect, comme il s'en séparait par la distance. Les regards ne cherchaient que lui. Il avait sur le front l'orgueil, et sur les lèvres le sourire de la toute-puissance.

X

Une montagne symbolique s'élevait au centre du Champ de Mars, à la place de l'ancien autel de la patrie. L'accès en était étroit et ardu. Robespierre, Couthon porté sur un fauteuil, Saint-Just, Lebas, se placèrent seuls sur le sommet. Le reste de la Convention se répandit confusément sur les flancs de la montagne, et parut humilié d'être dominé aux yeux de la foule par ce groupe de triumvirs. Robespierre proclama de là, au bruit des salves d'artillerie, la profession de foi du peuple français.

Le peuple était ivre, la Convention morne. La préséance majestueuse de Robespierre ; l'enthousiasme exclusif du peuple pour son représentant ; la place subalterne que le président avait assignée à ses collègues sur la montagne ; la distance dictatoriale qu'il gardait entre eux et lui dans la marche ; ce nom de Robespierre associé à la proclamation de l'Être suprême, et se consacrant ainsi, dans l'esprit de la nation, par la divinité du dogme; enfin l'idée même de cette restauration de l'immortalité qui répugnait à ces amateurs du néant ; par-dessus tout l'écrasant ascendant d'un homme qui plantait sa popularité dans l'instinct fondamental de l'espèce humaine et qui s'emparait de la conscience de la nation comme pontife, pour s'en emparer peut-être le lendemain comme César ; toutes ces pensées, toutes ces envies, toutes ces craintes, toutes ces ambitions, murmurées d'abord sourdement de la bouche à l'oreille, finirent par gronder en murmure immense et en mécontentement prononcé. Des regards menaçants, des gestes suspects, des paroles équivoques, des maximes à double sens, frappèrent les yeux et les oreilles de Robespierre pendant le retour du Champ de Mars aux Tuileries. « Il n'y a qu'un pas du Capitole à la roche Tarpéienne, lui criait l'un. — Il y a encore des Brutus, balbutiait l'autre. — Vois-tu cet homme? disait un troisième; il se croit déjà dieu, et il veut accoutumer la république à adorer quelqu'un, pour se faire adorer plus tard. — Il a inventé Dieu parce que c'est le tyran suprême, ajoutait un quatrième. Il veut être son sacrificateur. — Il pourrait bien être sa victime! »

Ces conversations à voix basse et ces apostrophes sourdes poursuivirent Robespierre jusqu'à la Convention. Fouché, Tallien, Barère, Collot-d'Herbois, Lecointre, Léonard Bourdon, Billaud-Varennes, Vadier, Amar, profitaient de cette opposition naissante pour aigrir ce ressentiment et le changer en révolte. Ils gémissaient sur la tyrannie prochaine d'un homme qui déguisait si peu son insolence envers la Convention; qui flattait les préjugés les plus invétérés du peuple; qui mettait la Révolution à genoux, et qui se posait entre la nation et Dieu pour mieux se poser entre la Convention et le peuple. Leurs paroles entraient comme des dards envenimés dans toutes les âmes. Robespierre venait de perdre son prestige et de dépouiller sa popularité sur l'autel même où il avait restitué l'Être suprême. Ce jour le grandit dans le peuple et le ruina dans la Convention. Il eut le pressentiment des haines qu'il venait d'évoquer contre lui. Il rentra pensif dans sa demeure. Il y fut assiégé tout le jour par des félicitations anonymes. On voyait le restaurateur de la justice dans le restaurateur de la vérité. Les acclamations prolongées sous ses fenêtres le remercièrent d'avoir rendu une âme au peuple et un Dieu à la république. Plusieurs de ces billets ne contenaient que ce mot : *Osez!*

C'était en effet pour Robespierre le moment d'oser. Si, au retour de la cérémonie du matin, il eût provoqué par quelques insinuations directes l'explosion de l'amour du peuple, qui ne demandait qu'à éclater; si les députations de quelques sections, entraînant après elles la foule flottante, étaient venues demander à la Convention l'installation d'un pouvoir unitaire et régulateur dans la personne de leur favori, la dictature ou la présidence aurait été votée d'acclamation à Robespierre; et s'il avait eu lui-même l'audace de proclamer le pouvoir révolutionnaire fini, le pouvoir populaire commençant et l'abolition des supplices, il aurait régné le lendemain, rejeté sur ses ennemis le sang répandu, usurpé la popularité de la clémence, et sauvé la république, que son indécision allait perdre. Il n'en fit rien. Il se laissa caresser par ces souffles vagues de faveur publique et de toute-puissance, et il ne saisit dans sa main que du vent.

XI

Saint-Just voulait plus. Voyant qu'il ne pouvait décider Robespierre à prendre le pouvoir suprême des mains du peuple, il résolut de le lui faire décerner par le comité de salut public. Saint-Just se souvenait de César se faisant offrir la couronne, prêt à désavouer Antoine si le Cirque murmurait, prêt à la ceindre si le peuple applaudissait.

Saint-Just, en l'absence de Robespierre, fit dans une séance secrète un tableau désespéré de l'état de la république : « Le mal est à son comble, dit le jeune représentant, l'anarchie nous déchire, les lois dont nous inondons la France ne sont que des armes de mort que nous aiguisons entre les mains de toutes les factions. Chaque représentant du peuple aux armées ou dans les départements est roi dans sa province; ils règnent, et nous ne sommes ici que de vains simulacres de l'unité. Le sang nous déborde, l'or se cache, les frontières sont découvertes, la guerre se fait sans ensemble, et nos victoires mêmes sont des hasards glorieux qui nous honorent sans nous sauver. A l'intérieur, nous nous entre-tuons; chaque faction, en se dévorant, dévore la patrie. Pouvons-nous laisser flotter ainsi de mains en mains la république sans qu'elle tombe à la fin dans l'horreur du peuple et dans le mépris des rois? Tant de convulsions doivent-elles aboutir à la défaillance ou à la force? Voulons-nous vivre ou voulons-nous mourir? La république vivra ou mourra avec nous! Il n'est qu'un salut pour tous : c'est la concentration d'un pouvoir incohérent, dispersé, déchiré par autant de mains qu'il y a de factions ou d'ambitions parmi nous! C'est l'unité du gouvernement personnifié dans un homme.

» Mais quel sera, me direz-vous, cet homme assez élevé au-dessus des faiblesses et des soupçons de l'humanité pour que la république s'incorpore en lui? Je l'avoue, le rôle est surhumain, la mission terrible, le danger suprême, si nous nous trompons dans le choix. Il faut que cet homme ait le génie de l'époque dans sa tête, les vertus de la république dans ses mœurs, l'inflexibilité de la patrie dans son cœur, la pureté des principes dans sa vie, l'incorruptibilité de nos dogmes dans son âme ; il faut qu'il soit né à la vie publique le même jour que la Révolution, qu'il en ait suivi pas à pas toutes les phases en grandissant toujours en patriotisme et en vertus. Il faut qu'il ait une habitude consommée des hommes et des choses qui s'agitent depuis cinq années sur la scène ; il faut enfin qu'il ait conquis une popularité souveraine, qui lui fasse décerner avant nous, par la voix publique, la dictature que nous ne ferons qu'indiquer sur son front ! Au portrait d'un pareil homme, il n'est aucun de vous qui hésite à nommer Robespierre ! Lui seul réunit, par le génie, par les circonstances et par la vertu, les conditions qui peuvent légitimer une si absolue confiance de la Convention et du peuple ! Reconnaissons notre salut où il est ! Soumettons à la nécessité visible en lui nos amours-propres, nos envies, nos répugnances. Ce n'est pas moi qui ai nommé Robespierre, c'est sa vertu ! Ce n'est pas nous qui l'aurons fait dictateur, c'est la providence de la république ! » Tel fut le sens des paroles de Saint-Just.

A ce mot de dictateur les visages s'étaient contractés ; nul n'osa discuter le génie ou la vertu de Robespierre. Tous écartèrent respectueusement l'idée de Saint-Just, comme un de ces rêves de la fièvre du patriotisme qui troublent la raison la plus saine et qui font chercher le salut dans le suicide. « Robespierre est grand et sage, s'écria-t-on, mais la république est plus grande et plus sage qu'un homme ! La dictature serait le trône du découragement, aucun

homme ne s'y assoira tant que les républicains respirent! »
Saint-Just voulut en vain insister; Lebas voulut en vain
expliquer la pensée de son collègue. Les comités se séparèrent irrités, inquiets, mais avertis. L'imprudence de Saint-Just fut imputée à crime à Robespierre. « On ne demande
pas le pouvoir suprême, dit Billaud à ses amis, on le
prend; qu'il s'en empare, s'il l'ose! » De ce jour les comités nourrirent contre Robespierre des soupçons qui éclatèrent souvent en rumeurs et en violences dans l'ombre de
leurs conseils.

XII

Cependant la Convention, provoquée par Robespierre
et par ses amis, commença à porter une foule de décrets
empreints du véritable esprit de la Révolution. La Convention semblait vouloir signaler par des lois bienfaisantes l'inspiration de fraternité qu'elle avait appelée des doctrines
philosophiques sur la république. Ses lois furent émues
comme le cœur humain. Nous les groupons en un seul faisceau pour qu'on en saisisse mieux les tendances, quoique
ces décrets n'aient pas été promulgués dans la même
séance. Ne pouvant pas établir violemment l'égalité démocratique par la destruction et le nivellement de la propriété,
elle tendit à la créer par la charité politique. Elle fit de
l'État ce qu'il doit être : la providence visible du peuple.
Elle emprunta au superflu de la richesse ce qu'il fallait

d'impôts et de subsides pour secourir, alimenter et instruire l'indigence. Elle réalisa en fraternité pratique la fraternité théorique de son principe ; elle fit une seule famille de la nation. Elle créa dans l'École de Mars une institution à la fois démocratique et militaire, où l'armée devait recruter également ses officiers parmi tous les enfants de la nation. Elle déclara que la mendicité était une accusation contre l'égoïsme de la propriété et contre l'imprévoyance de l'État. Elle honora dans ses décrets le travail. Elle accueillit l'enfance. Elle éleva la jeunesse. Elle nourrit la vieillesse. Elle soulagea l'infirme aux frais du trésor. Elle abolit la misère. Elle distribua les propriétés nationales en lots accessibles aux plus petits capitaux, pour encourager à la propriété et à la culture du sol. Elle classa la population. Elle déclara sacrés les malheureux. Elle ouvrit des asiles aux femmes enceintes. Elle alloua des secours à celles qui allaitaient leurs enfants, des subsides aux familles nombreuses que le travail du père ne pouvait nourrir. Elle régularisa la taxe des pauvres, et en fit un devoir de la propriété. Elle s'efforça de créer le seul communisme vrai et compatible avec la propriété, cet instinct vital de la famille, en soutirant par l'impôt le superflu du riche propriétaire, et en le distribuant en larges salaires aux prolétaires par la main de l'État. Elle créa des ateliers pour les ouvriers manquant d'ouvrage. Elle substitua aux hôpitaux, ces casernes de mourants, des visites de médecin et le don de médicaments à domicile, pour ne pas contrister l'esprit de famille et l'amour du foyer. Elle adopta les enfants sans père. Elle décerna des pensions et des honneurs aux femmes, aux mères, aux filles des défenseurs de la patrie morts ou blessés pour la nation. Elle ordonna des défrichements. Elle favorisa les campagnes aux dépens des villes, réceptacles d'oisiveté, de luxe et de vices qu'elle voulait restreindre. Elle encouragea les arts et les sciences utiles. Elle ouvrit un grand-livre de la bienfaisance nationale, et créa des inscriptions productives de revenus à distribuer entre les cultivateurs invalides. Elle changea la bienfaisance en devoir et la charité en institution.

En lisant tous ces décrets, le peuple pouvait espérer qu'il avait conquis de son sang le principe démocratique, et que la philosophie, longtemps éclipsée pendant la lutte révolutionnaire, allait découler de la victoire et se transformer en gouvernement. Mais l'échafaud contrastait avec ces aspirations.

XIII

Robespierre manifestait toujours en secret le vœu de l'abolir ; mais il ne pouvait, disait-il, abolir la terreur que par une terreur plus grande. Instruit, par les murmures qui avaient éclaté autour de lui à la fête de l'Être suprême et par les confidences de Saint-Just et de Lebas, de la haine des comités contre lui, il résolut enfin d'étonner ses rivaux par l'audace et de les devancer par la promptitude. Le 22 prairial, deux jours après la cérémonie de l'Être suprême, il vint inopinément proposer à la Convention, de concert avec Couthon, un projet de décret pour la réorganisation du tribunal révolutionnaire. Ce projet draconien n'avait été communiqué qu'en partie aux comités. C'était le code de l'arbitraire sanctionné, à chaque disposition, par la mort, et exécuté par le bourreau.

Les catégories des ennemis du peuple y comprenaient tous les citoyens, membres ou non de la Convention, qu'un soupçon pouvait atteindre. Il n'y avait plus d'innocence dans la nation, plus d'inviolabilité dans les membres du gouvernement. C'était l'omnipotence des jugements et des pénalités, la dictature non d'un homme, mais de l'échafaud.

Ruamps, après avoir entendu ce projet de décret, s'écria : « Si ce projet passait sans ajournement, je me brûlerais la cervelle ! » Barère, qu'une telle audace dans la proposition du décret du 22 prairial avait convaincu de la force de Robespierre, en défendit la nécessité. Bourdon de l'Oise osa contester. Robespierre insista pour qu'il fût discuté séance tenante. « Depuis que nous sommes débarrassés des factions, dit-il avec un geste de tête qui indiquait la place vide de Danton, nous votons sur-le-champ ; ces demandes d'ajournement sont affectées en ce moment. »

L'étonnement fit voter le décret. Mais la nuit convainquit la Convention qu'elle avait voté sa propre hache. Des conciliabules furent tenus entre les principaux adversaires de Robespierre ; ces conciliabules se tinrent quelquefois chez Courtois, député modéré qui haïssait Robespierre de tous les regrets qu'il conservait à Danton, son compatriote et son ami.

A l'ouverture de la séance du lendemain, Bourdon de l'Oise osa remonter à la tribune. Il demanda que la Convention s'expliquât sur ce qu'elle avait entendu faire la veille, et qu'elle se réservât à elle-même, et à elle seule, le droit de mettre ses propres membres en accusation. Merlin de Douai appuya Bourdon de l'Oise. Une explication du décret de nature à désarmer Robespierre et les comités fut adoptée.

A la séance suivante, Delbrel et Mallarmé demandèrent d'autres explications qui énervaient encore le décret. Le lâche Legendre se hâta de repousser ces atténuations, pour complaire à ceux qu'il ne se pardonnait pas d'avoir inquiétés. Couthon défendit énergiquement son ouvrage, flatta la Convention, rassura les comités, attaqua Bourdon de l'Oise. « Qu'auraient dit de plus Pitt et Cobourg? » s'écria-t-il. Bourdon de l'Oise s'excusa, mais avec fierté : « Qu'ils sachent, dit-il, ces membres des comités, que s'ils sont patriotes, nous le sommes autant qu'eux. J'estime Couthon, j'estime le comité; mais j'estime aussi l'inébranlable Montagne, qui a sauvé la liberté ! »

Robespierre irrité se leva : « Le discours que vous venez d'entendre prouve la nécessité de s'expliquer plus clairement, dit-il. Bourdon a cherché à séparer le comité de la Montagne. La Convention, le comité, la Montagne, c'est la même chose. (Les applaudissements éclatent.) Citoyens! lorsque les chefs d'une faction sacrilége, les Brissot, les Vergniaud, les Gensonné, les Guadet, et les autres scélérats dont le peuple français ne prononcera jamais le nom qu'avec horreur, s'étaient mis à la tête d'une partie de cette auguste assemblée, c'était sans doute le moment où la partie pure de la Convention devait se rallier pour les combattre. Alors, le nom de la Montagne, qui leur servait comme d'asile au milieu de cette tempête, devint sacré parce qu'il désignait la portion des représentants du peuple qui luttait contre le mensonge; mais du moment que ces hommes sont tombés sous le glaive de la loi, du moment que la probité, la justice, les mœurs sont mises à l'ordre du jour, il ne peut plus y avoir que deux partis dans la Convention : les bons et les méchants. Si j'ai le droit de tenir ce langage à la Convention en général, je crois avoir aussi celui de l'adresser à cette Montagne célèbre à qui je ne suis pas sans doute étranger. Je crois que cet hommage parti de mon cœur vaut bien celui qui sort de la bouche d'un autre.

» Oui, Montagnards, vous serez toujours le boulevard de la liberté publique, mais vous n'avez rien de commun avec les intrigants et les pervers, quels qu'ils soient. La Montagne n'est autre chose que les hauteurs du patriotisme. Un Montagnard n'est autre chose qu'un patriote pur, raisonnable, sublime. Ce serait outrager la Convention que de souffrir que quelques intrigants, plus méprisables que les autres, parce qu'ils sont plus hypocrites, s'efforçassent d'entraîner une portion de cette Montagne, et de s'y faire des chefs de parti. »

Bourdon de l'Oise, interrompant l'orateur, s'écrie : « Jamais il n'est entré dans mon intention de vouloir me faire chef de parti.

« — Ce serait l'excès de l'opprobre, reprend Robespierre avec plus de force, que quelques-uns de nos collègues, égarés par la calomnie sur nos intentions, et sur le but de nos travaux... »

Bourdon de l'Oise l'interrompant encore : « Je demande qu'on prouve ce qu'on avance. On vient de dire assez clairement que j'étais un scélérat.

« — Je demande, au nom de la patrie, reprend Robespierre, que la parole me soit conservée. Je n'ai pas nommé

Bourdon. Malheur à qui se nomme ! Mais s'il veut se reconnaître au portrait général que le devoir m'a forcé de tracer, il n'est pas en mon pouvoir de l'en empêcher. Oui, continue-t-il d'un ton plus menaçant, la Montagne est pure, elle est sublime, mais les intrigants ne sont pas de la Montagne. » Plusieurs voix s'écrient : « Nommez-les ! nommez-les !

» — Je les nommerai quand il faudra, » réplique Robespierre. Et il continue à tracer le tableau des intrigues qui travaillent la Convention.

« Venez à notre secours, dit-il en finissant; ne permettez pas qu'on nous distingue de vous, puisque nous ne sommes qu'une partie de vous-mêmes, et que nous ne sommes rien sans vous. Donnez-nous la force de porter le fardeau immense et presque au-dessus des efforts humains que vous nous avez imposé. Soyons toujours unis en dépit de nos ennemis communs... »

Les applaudissements de la majorité de la Convention ne lui permettent pas d'achever. On demande que le décret soit mis aux voix. Lacroix, Merlin, Tallien, se rétractent. Robespierre donne un démenti à Tallien, sur un fait d'espionnage des comités que celui-ci vient de dénoncer à la Convention. « Le fait est faux, dit Robespierre ; mais un fait vrai, c'est que Tallien est un de ceux qui parlent sans cesse avec effroi de la guillotine, comme d'une chose qui les concerne, pour inquiéter et pour avilir la Convention.

— L'impudence de Tallien est extrême, ajoute Billaud-Varennes ; il ment avec une incroyable audace ; mais, citoyens, nous resterons unis, les conspirateurs périront, et la patrie sera sauvée ! »

Le comité et Robespierre, réunis par un danger commun, se rallièrent momentanément, dans cette séance, pour arracher de vive force à la Convention l'arme qui devait la décimer. Le triomphe de Robespierre fut complet. Le soir même, Tallien, qui tremblait pour sa vie, écrivit à Robespierre une lettre confidentielle où il s'humiliait devant lui. Cette lettre ne fut retrouvée dans les papiers de Robespierre qu'après sa mort. Elle atteste la toute-puissance du dictateur et la servilité du représentant.

« Robespierre, lui disait Tallien, les mots terribles et injustes que tu as prononcés retentissent encore dans mon âme ulcérée. Je viens avec la franchise d'un homme de bien te donner quelques éclaircissements. Des intrigants qui aiment à voir les patriotes divisés t'entourent depuis longtemps, et te donnent des préventions contre plusieurs de tes collègues, et surtout contre moi. Ce n'est pas la première fois qu'on en use ainsi. On doit se rappeler ma conduite dans un temps où j'aurais eu bien des vengeances à exercer. Je m'en rapporte à toi : eh bien, Robespierre, je n'ai changé ni de principes ni de conduite; ami constant de la justice, de la vérité, de la liberté, je n'ai pas dévié un seul moment. Quant aux propos que l'on me prête, je les nie. Je sais que l'on m'a peint aux yeux des comités et aux tiens comme un homme immoral; eh bien, que l'on vienne chez moi, et on me trouvera, avec ma vieille et respectable mère, dans le réduit que nous occupions avant la Révolution. Le luxe en est banni, et, à l'exception de quelques livres, ce que je possède n'a pas augmenté d'un sou. J'ai pu sans doute commettre quelques erreurs, mais elles ont été involontaires et inséparables de l'humaine faiblesse. Voici ma profession de foi, et jamais je ne m'en écarterai : celui-là est un mauvais citoyen qui retarde la marche de la

Révolution. Tels sont, Robespierre, mes sentiments. Vivant seul et isolé, j'ai peu d'amis ; mais je serai toujours l'ami de tous les vrais défenseurs du peuple. » Robespierre méprisa cette lettre et n'y répondit pas. Il n'estimait pas assez Tallien pour croire qu'une telle plume pût se changer jamais en poignard. En révolution, on ne se défie jamais assez des hommes serviles. Eux seuls sont dangereux.

XIV

Robespierre, un mois après, aux Jacobins, n'attaqua pas avec moins d'imprudence un homme plus souple et plus redoutable encore que Tallien : c'était Fouché. Il le fit exclure de la société pour avoir prêché l'athéisme à Nevers. « Cet homme craint-il de paraître devant vous? dit-il. Craint-il les yeux et les oreilles du peuple? craint-il que sa triste figure ne présente le crime en traits visibles? que six mille regards fixés sur lui ne découvrent dans ses yeux son âme tout entière, et qu'en dépit de la nature, qui les a cachées, on n'y lise ses pensées ? »

Les haines qu'il accumulait de toutes parts contre lui commençaient à fermenter plus à découvert dans le sein des comités. Robespierre, Couthon, Saint-Just, leur demandaient impérieusement de se servir du décret qu'ils avaient obtenu pour envoyer au tribunal révolutionnaire les hommes qui agitaient la Convention. Ces hommes étaient principalement : Fouché, Tallien, Bourdon de l'Oise, Fréron, Thuriot, Rovère, Lecointre, Barras, Legendre, Cambon, Léonard Bourdon, Duval, Audouin, Carrier, Joseph Lebon. Les comités indécis hésitaient. Couthon en appela aux Jacobins : « L'ombre des Danton, des Hébert et des Chaumette se promène encore parmi nous, leur dit-il dans la séance du 26. Elle cherche à perpétuer les maux que nous ont faits ces conspirateurs. La république a placé toute sa confiance dans la Convention. Elle la mérite ; mais il existe encore dans son sein quelques mauvais esprits. Le temps est venu où les scélérats doivent être démasqués et punis. Heureusement, ajouta-t-il, leur nombre est petit, peut-être n'est-il que de quatre ou six. Que les méchants tombent, qu'ils périssent ! »

Des altercations violentes éclataient fréquemment, dans le comité de salut public, entre Robespierre et ses collègues. Billaud-Varennes ne déguisait plus ses soupçons sur l'usage que les triumvirs se proposaient de faire du décret de prairial. « Tu veux donc guillotiner toute la Convention ? » dit-il un jour à Robespierre. Carnot, Collot-d'Herbois lui-même, reprochaient en termes injurieux à Robespierre l'oppression qu'il faisait peser sur le gouvernement. Carnot était irrité contre Saint-Just, qui affectait de désorganiser ses plans militaires avec l'étourderie d'un jeune homme. Vadier, président du comité de sûreté générale, partageait l'animosité de ses collègues, et l'exprimait avec plus de rusticité.

La veille du jour où Élie Lacoste devait faire son rapport sur les complices de Ladmiral et de Cécile Renault, Vadier vint au comité : « Demain, dit-il à Robespierre, je ferai aussi mon rapport sur une affaire qui tient à celle-ci, et je proposerai la mise en accusation de la famille Sainte-Amaranthe. — Tu n'en feras rien, lui dit impérieusement Robespierre. — Je le ferai, reprit Vadier. J'ai toutes les pièces en main ; elles prouvent la conspiration, je la dévoilerai tout entière. — Preuves ou non, si tu le fais, je t'attaque! répliqua Robespierre en se levant et en retenant à peine les larmes de colère qui roulaient dans ses yeux. Eh bien, je vous affranchis de ma tyrannie. Je me retire. Sauvez la patrie sans moi, si vous le pouvez ! Quant à moi, j'y suis bien résolu, je ne veux pas renouveler le rôle de Cromwell. » Il se retira, en effet, en prononçant ces derniers mots, et ne rentra plus au comité de salut public.

Les uns regardèrent cette absence et cette abdication volontaire comme une faiblesse, les autres comme une habileté. Le courage qu'avait montré jusque-là Robespierre devant ses ennemis, et qu'il montra plus tard devant la mort, ne permet pas de croire à la faiblesse. Du moment où Robespierre ne pouvait pas dompter les comités par l'ascendant de sa volonté et de sa popularité, il semblait sage à lui de se séparer ostensiblement de ses collègues. Il se déchargeait ainsi de la responsabilité des crimes qui allaient signaler son absence. Il se déclarait, par cette absence, en opposition de fait avec le gouvernement. Puisqu'il méditait de renverser le comité, il ne pouvait rester, aux yeux de l'opinion, complice de ses actes. Abandonner les comités, c'était une dénonciation muette plus significative et plus menaçante que de vaines paroles. On allait voir de quel côté se rangerait l'opinion publique, et qui l'emporterait d'un homme ou de l'anarchie.

XV

Mais la retraite de Robespierre ne le désarmait pas complétement dans le sein même du comité. Il conservait une main invisible dans le foyer du gouvernement. Saint-Just venait de repartir pour l'armée du Rhin. Son absence avait laissé vacante au comité de salut public la présidence du bureau de police générale. Robespierre s'était chargé de remplacer son jeune collègue. Il tenait ainsi dans la main le fil de toutes les trames que l'on pouvait ourdir contre lui, et, par l'intermédiaire des nombreux espions de cette police, il pouvait envelopper ses ennemis dans leurs propres trames. Les papiers secrets trouvés chez lui après sa chute attestent la surveillance qu'il exerçait ainsi sur tous les membres redoutés de la Convention et des comités. Il conservait le principal ressort d'un gouvernement proscripteur : la délation. Il n'était plus la main, mais il était toujours l'oreille et l'œil du gouvernement révolutionnaire. Il en était de plus la voix unique écoutée du peuple. Il ne doutait pas que, le jour où il élèverait cette voix en accusation contre ses ennemis, elle ne renversât le faible échafaudage de leurs haines et de leurs intrigues contre lui. Mais il voulait les laisser s'enfoncer davantage dans le piége qu'il leur ouvrait par son absence, et se blesser eux-mêmes à mort avec les armes qu'il abandonnait. Il accumulait en silence les rapports confidentiels sur leurs opinions, il enregistrait leurs démarches, il comptait leurs pas, il notait leurs paroles, il interprétait leurs pensées. Voici les témoignages ou les soupçons qu'il recueillait et qu'il consultait, pour choisir, à l'heure de la vengeance, entre ses victimes ou ses partisans :

« Legendre, lui écrivaient ses espions, a été vu hier se promenant avec le général Perrin. Leur conversation était mystérieuse et animée. Ils se sont quittés à onze heures. Legendre est entré à midi à la Convention. Il en est ressorti à une heure. On a remarqué, pendant qu'il se promenait aux Tuileries, que sa physionomie était empreinte de soucis et d'ennui. Il a été abordé par un inconnu. Ils se sont entretenus à voix basse.

» Thuriot est sorti à sept heures, avec une femme, d'une maison inconnue. Il a conduit cette femme au jardin du palais Égalité. Ils se sont promenés sous les arbres. Ils sont entrés dans une autre maison pour souper. A minuit, ils n'étaient pas encore ressortis.

» Tallien est resté hier aux Jacobins jusqu'à la fin de la séance. En sortant, il a attendu un homme armé d'un gros bâton qui l'accompagne ordinairement. Ils se sont pris par le bras, et ont causé à voix basse en s'éloignant du côté du jardin Égalité. Ils s'y sont entretenus jusqu'à minuit. Tallien s'est fait conduire dans un fiacre rue de la Belle-Perle. L'homme au gros bâton s'est échappé sans que nous ayons pu découvrir sa rue et sa demeure. Il porte une veste rouge et blanche, à larges raies. Il a les cheveux blonds. Il est de l'âge de Tallien.

» Tallien n'est pas sorti de chez lui hier jusqu'à trois heures après midi. Un de ses confidents nous a dit que, lui ayant demandé pourquoi il ne faisait plus parler de lui à la

Convention, Tallien lui avait répondu qu'il était dégoûté depuis qu'on lui avait reproché au comité de n'avoir pas fait assez guillotiner à Bordeaux. Il a des agents affidés qui l'instruisent de tout ce qui se passe dans les comités. Il se fait escorter, quand il sort, par quatre citoyens qui le surveillent de loin.

» Thuriot, Charlier, Fouché, Bourdon de l'Oise, Gaston et Bréard, ont eu ensemble ce matin des colloques secrets à la Convention.

» Bourdon de l'Oise a été vu hier dans la rue, immobile, réfléchissant, indécis de quel côté il porterait ses pas.

» Tallien a marchandé ce matin des livres pendant une heure, devant un libraire, sur le quai. Il regardait constamment de côté et d'autre d'un œil inquiet et soupçonneux. »

XVI

Ces rapports instruisaient, heure par heure, Robespierre des démarches de ses ennemis. Couthon observait pour lui l'intérieur du comité de salut public, David et Lebas le comité de sûreté générale, Coffinhal le tribunal révolutionnaire, Payan la commune. Aucun mouvement, aucun symptôme ne pouvait lui échapper. Les notes de sa propre main révèlent sa continuelle méditation sur les caractères et sur les antécédents des hommes qu'il se préparait à écraser avec les comités ou à élever au gouvernement. Il dresse, dans ses manuscrits secrets, le catalogue de ses soupçons ou de ses confiances :

« Dubois-Crancé, écrit-il, dans le cas de la loi qui bannit de Paris pour avoir usurpé de faux titres de noblesse, renvoyé comme intrigant de l'armée de Cherbourg. Il a dit qu'il fallait exterminer jusqu'au dernier Vendéen. Ami de Danton ; partisan de d'Orléans, avec lequel il était étroitement lié.

» Delmas, ci-devant noble, intrigant taré, coalisé avec la Gironde, ami de Lacroix, affidé de Danton ; il a des rapports avec Carnot.

» Thuriot ne fut jamais qu'un partisan de d'Orléans. Son silence depuis la chute de Danton contraste avec son bavardage éternel avant cette époque. Il agite sous main la Montagne, il fomente les factions. Il était des dîners de Danton et de Lacroix chez Gusman et dans d'autres lieux suspects.

» Bourdon de l'Oise s'est couvert de crimes dans la Vendée, où il s'est donné le plaisir, dans ses orgies avec le traître Tunk, de tuer des soldats de sa propre main. Il joint la perfidie à la fureur. Il a été le plus fougueux défenseur du système d'athéisme. Le jour de la fête de l'Être suprême, il s'est permis à ce sujet, devant le peuple, les plus grossiers sarcasmes. Il faisait remarquer avec affectation à ses collègues les marques de faveur que le peuple me donnait. Il y a dix jours qu'étant chez Boulanger, il trouva chez ce citoyen une jeune fille, qui est sa nièce. Il prit deux pistolets sur la cheminée. La jeune fille lui observa qu'ils étaient chargés. « Eh bien, dit-il, si je me tue, on » dira que tu m'as assassinée, et tu seras guillotinée ! » Il tira les pistolets sur la jeune fille : ils ne partirent pas, parce que l'amorce était enlevée. Cet homme se promène sans cesse avec l'air d'un assassin qui médite un crime. Il semble poursuivi par l'image de l'échafaud et par les Furies.

» Léonard Bourdon, intrigant méprisé de tous les temps, un des complices inséparables d'Hébert ; ami de Klootz. Rien n'égale la bassesse des intrigues qu'il pratique pour grossir le nombre de ses pensionnaires et pour s'emparer des élèves de la patrie. Il fut un des premiers qui introduisirent à la Convention l'usage de l'avilir par des formes indécentes, comme d'y parler le chapeau sur la tête et d'y siéger dans un costume cynique.

» Merlin, fameux par la capitulation de Mayence, plus que soupçonné d'en avoir reçu le prix.

» Montaut, ci-devant marquis, cherchant à venger sa caste humiliée par ses dénonciations éternelles contre le comité de salut public. »

XVII

En opposition avec ces hommes de ses défiances, il inscrivait les noms de ceux qu'il se proposait d'appeler aux grandes fonctions de la république. C'étaient Hermann pour l'administration ; Payan ou Julien pour l'instruction publique ; Fleuriot pour la mairie de Paris ; Buchot ou Fourcade pour les affaires étrangères ; d'Albarade pour la marine ; Jaquier, beau-frère de Saint-Just ; Coffinhal, Subleyras, Arthur, Darthé, une foule d'autres noms obscurs, choisis jusque parmi les artisans, mais notés de zèle, de patriotisme et de vertus civiques.

A côté de ces noms tombés de sa plume pour les retrouver au jour de sa puissance, pleuvaient par centaines des lettres signées ou anonymes, qui vouaient, dans le même moment, au tyran de la Convention l'apothéose ou la mort. Ces lettres attestaient également, par l'enthousiasme ou par l'invective, l'immense portée de ce nom qui remplissait à lui seul tant d'imaginations dans la république.

« Toi qui éclaires l'univers par tes écrits, dit l'une de ces lettres, tu remplis le monde de ta renommée ; tes principes sont ceux de la nature, ton langage celui de l'humanité ; tu rends les hommes à leur dignité naturelle. Second créateur, tu régénères le genre humain. »

« Robespierre ! Robespierre ! dit une autre, je le vois, tu tends à la dictature et tu veux tuer la liberté. Tu as réussi à faire périr les plus fermes soutiens de la république. C'est ainsi que Richelieu parvint à régner en faisant couler sur les échafauds le sang de tous les ennemis de ses plans. Tu as su prévenir Danton et Lacroix ; sauras-tu prévenir le coup de ma main et de vingt-deux autres Brutus comme moi ? Trente fois déjà j'ai tenté de t'enfoncer dans le sein un poignard empoisonné. J'ai voulu partager cette gloire avec d'autres ! Tu périras par la main que tu ne soupçonnes pas et qui presse la tienne. »

« Je t'ai vu, dit une troisième, à côté de Pétion et de Mirabeau, ces pères de la liberté, et maintenant je ne vois plus que toi resté sain au milieu de la corruption, debout au milieu des ruines. Ne confie qu'à toi-même l'exécution de tes desseins. Tu seras regardé dans les siècles futurs comme la pierre angulaire de notre constitution ! »

« Tu vis encore, tigre altéré du sang de la France, lit-on ailleurs, bourreau de ton pays ! Tu vis encore ! mais ton heure approche : cette main que tes yeux égarés cherchent à découvrir est levée sur toi. Tous les jours je suis avec toi ; tous les jours, à toute heure, je cherche la place où te frapper. Adieu ; ce soir même, en te regardant, je vais jouir de ta terreur ! »

Ailleurs : « Robespierre, colonne de la république, âme des patriotes, génie incorruptible, Montagnard éclairé, qui vois tout, prévois tout, déjoues tout, véritable orateur, véritable philosophe, vous que je ne connais, comme Dieu, que par ses merveilles ; la couronne, le triomphe, vous sont dus en attendant que l'encens civique fume devant l'autel que nous vous élèverons, et que la postérité révérera tant que les hommes connaîtront le prix de la liberté et de la vertu ! »

« Vous ne pouvez pas choisir de moment plus favorable, lui écrivait Payan, son confident le plus éclairé à la commune, pour frapper tous les conspirateurs ! Faites, je vous le répète, un rapport vaste qui embrasse tous les conspirateurs, qui montre toutes ces conspirations réunies aujourd'hui en une seule ; que l'on y voie les Fayettistes, les royalistes, les fédéralistes, les Hébertistes, les Dantonistes et les *Bourdon !*... Travaillez en grand !... Cette lettre pourrait me perdre, brûlez-la ! »

XVIII

Au milieu de ces correspondances publiques, des correspondances domestiques distrayaient l'attention de l'homme d'État, en l'appelant sur les divisions de sa famille : « Notre sœur, lui écrivait son jeune frère, n'a pas une seule goutte de sang qui ressemble au nôtre. J'ai appris et j'ai vu d'elle tant de choses, que je la regarde comme notre plus grande ennemie. Elle abuse de notre réputation sans tache pour nous faire la loi et pour nous menacer de faire une démarche scandaleuse qui nous perdrait. Il faut prendre un parti décidé contre elle, la faire partir pour Arras, et éloigner ainsi de nous une femme qui fait notre désespoir commun. Elle voudrait nous donner la renommée de mauvais frères ! »

« Il importe donc à votre tranquillité que je sois éloignée de vous, lui écrit à son tour cette sœur. Il importe même, à ce qu'on dit, à la chose publique que je ne vive plus à Paris. Je dois vous délivrer avant tout d'un objet odieux. Dès demain vous pourrez rentrer dans votre appartement sans crainte de m'y rencontrer. Que mon séjour à Paris ne vous inquiète pas. Je n'ai garde d'associer mes amis à ma disgrâce. Je n'ai besoin que de quelques jours pour calmer le désordre de mes idées et me décider sur le lieu de mon exil. Le quartier qu'habite la citoyenne Laporte, chez laquelle je me réfugie provisoirement, est l'endroit de toute la république où je puis être le plus ignorée. »

Mais si Robespierre ne se laissait distraire de sa surveillance sur ses ennemis ni par ses soucis domestiques, ni par son extrême indigence, ni par les adorations, ni par les menaces de ses correspondants, les comités ne laissaient endormir également ni leurs haines, ni leurs alarmes, ni leurs sourdes conspirations contre lui. Billaud-Varennes, Collot-d'Herbois, Barère, Vadier, Amar, Élie Lacoste, s'efforçaient, par un redoublement de terreur, de se prémunir, devant la Convention et devant les Jacobins, contre les accusations d'indulgence que Robespierre aurait pu leur adresser. D'un autre côté, ils affectaient de rejeter sur lui seul les exécutions du tribunal révolutionnaire et de le représenter, dans leurs confidences, comme l'insatiable bourreau de ses collègues. « Qu'il nous demande les têtes de Tallien, de Bourdon, de Legendre, on peut discuter ! disait Barère. Mais les têtes de tous les chefs de la Convention qui l'inquiètent, on ne peut condescendre à ces exigences de sang ! »

On faisait courir sur les bancs les prétendues listes des têtes demandées par Robespierre, afin de passionner par la terreur ceux qui n'étaient pas passionnés par l'envie. Moïse Bayle, membre influent du comité de sûreté générale, avoua un jour la duplicité du comité dans ses rapports avec Robespierre. « Tallien, disait Moïse Bayle, a commis tant de crimes, que de cinq cent mille têtes il n'en conserverait pas une si on lui rendait justice. Le comité a les preuves et les pièces. Mais il suffit qu'il soit attaqué par Robespierre pour que nous gardions le silence. »

Les hommes menacés par Robespierre étaient avertis par les soins du comité. On en avertissait auxquels il n'avait jamais porté qu'indifférence. Des conciliabules nocturnes se tenaient tantôt chez Tallien, tantôt chez Barras, entre Lecointre, Fréron, Barras, Tallien, Garnier de l'Aube, Rovère, Thirion, Guffroy et les deux Bourdon. On y concertait les moyens de dépopulariser la renommée, de parer ou de prévenir les coups de Robespierre, de démasquer son ambition, de stigmatiser sa tyrannie. Le danger extrême, le mystère profond, l'échafaud dressé et voisin, donnaient à cette opposition naissante le caractère, le secret, le désespoir d'une conjuration. Tallien, Barras et Fréron en étaient l'âme. Ces trois députés, rappelés de leurs missions de Bordeaux, de Marseille, de Toulon, et menacés du compte sévère que leur demandait Robespierre, avaient déposé avec peine la toute-puissance de leurs fonctions. Longtemps proconsuls absolus, arbitres souverains de la vie et des dépouilles, il leur en coûtait de redevenir simples députés et de trembler sous un maître. Le pouvoir dictatorial qu'ils avaient exercé aux armées, l'habitude des combats, l'orgueil des victoires, les services rendus à la république, l'uniforme qu'ils avaient porté à la tête de nos colonnes, imprimaient quelque chose de plus martial et de plus soudain à leurs résolutions. Les camps apprennent à mépriser les tribunes. Barras, Fréron, Tallien, formaient, au milieu de ces hommes de parole, le germe et le noyau d'un parti militaire prêt à couper avec le sabre le nœud de la trame qui se resserrait autour d'eux. Tallien imprimait du désespoir, Fréron de la vengeance, Barras de la confiance aux conjurés. C'étaient trois hommes d'action d'autant plus propres aux coups de main qu'ils avaient moins la superstition des lois et les scrupules de la liberté. Conspirateurs à l'image de Danton, oubliant dans les révolutions les principes pour n'y voir que des circonstances, plus amoureux de pouvoir et de jouissances que d'institutions, et voulant sauver à tout prix leurs têtes au lieu de les porter avec résignation sur l'échafaud, agir, prévenir, frapper, était toute leur tactique.

LIVRE CINQUANTE-NEUVIÈME

Les Thermidoriens. — La terreur redouble. — Barère, l'*Anacréon de la guillotine*. — Tendances superstitieuses. — Catherine Théos. — Dom Gerle. — Madame de Sainte-Amaranthe. — M. et madame de Sartines. — Mademoiselle Grandmaison. — M. de Quesvremont. — Trial. — Robespierre chez madame de Sainte-Amaranthe. — Arrestation de madame de Sainte-Amaranthe et de sa famille. — Elle est impliquée dans la conspiration de l'étranger avec Cécile Renault et Ladmiral. — Les accusés devant le tribunal. — Leur condamnation. — Leur exécution. — Robespierre aux Jacobins. — Tentative de réconciliation entre les membres des comités.

I

Pendant que ces hommes, appelés depuis les *Thermidoriens*, préparaient les moyens d'abattre par la force la tyrannie, les comités s'occupaient avec plus d'astuce des moyens de compromettre, d'isoler, de cerner Robespierre dans l'opinion publique et dans la Convention. Pour lutter d'influence contre lui devant les Jacobins, il fallait lutter

de rigueur et de férocité dans l'application de la loi terrible
du 22 prairial. Aussi jamais la terreur n'avait frappé en
masse plus de coupables, plus de suspects, plus d'innocents
que depuis le jour où Robespierre avait résolu d'y mettre
un terme. Fouquier-Tinville, les jurés et les bourreaux ne
pouvaient suffire à l'immolation quotidienne commandée
par les comités. Le comité de sûreté générale surtout, qui
s'était tenu dans l'ombre et qui n'avait eu qu'un rôle subalterne pendant que Robespierre dominait et effaçait tout au
comité de salut public, était devenu insatiable de proscriptions depuis son absence. Il y avait une émulation de
rigueur et de mort entre les deux comités. Vadier, Amar,
Jagot, Louis du Bas-Rhin, Voulland, Élie Lacoste, membres dominants du comité de sûreté générale, égalaient en
ardeur Collot-d'Herbois et Billaud-Varennes. On assaison-
nait la mort de sarcasmes. « Cela va bien, la récolte est
bonne, les paniers s'emplissent, disait l'un en signant les
longues listes d'envoi au tribunal révolutionnaire. — Je t'ai
vu sur la place de la Révolution, au spectacle de la guillotine, disait l'autre. — Oui, répondait celui-ci, je suis allé
rire de la figure que font ces scélérats. — Ils vont éternuer
dans le sac, reprenait un troisième. Je vais souvent assister
aux supplices. — Allons-y demain, répliquait un plus sanguinaire, il y aura une grande décollation. » Ces hommes
allaient en effet contempler quelquefois les exécutions des
fenêtres d'une maison voisine. Prodigues de sang, ils étaient
cependant intègres de dépouilles. Billaud-Varennes, mourant de misère à Cayenne, ne se reprochait pas une obole
dérobée à la république qu'il avait décimée.

Vadier, parvenu au dernier terme de ses années, exilé et
mendiant à l'étranger, disait au fils d'un de ceux qu'il avait

envoyés à l'échafaud : « J'ai quatre-vingt-douze ans. La force de mes opinions prolonge mes jours. Il n'y a pas dans ma vie un seul acte que je me reproche, si ce n'est d'avoir méconnu Robespierre et d'avoir pris un citoyen pour un tyran. »

Levasseur, Montagnard exalté, proscrit et indigent à Bruxelles, s'écriait devant un de ses compatriotes qui allait le plaindre dans sa caducité : « Allez dire à vos républicains de Paris que vous avez vu le vieux Levasseur retournant lui-même son lit, pour soulager sa fidèle compagne de quatre-vingts ans, et écumant de sa propre main la marmite de haricots, seul aliment de leur misère. — Et que pensez-vous aujourd'hui de Robespierre? lui demanda le jeune Français. — Robespierre! répondait Levasseur, ne prononcez pas son nom, c'est notre seul remords : la Montagne était sous un nuage quand elle l'immola. » Le vieux Souberbielle parlait de même sur son lit de mort : « Les révolutions les plus sanglantes, s'écriait-il, sont les révolutions consciencieuses. Robespierre était la conscience de la Révolution. Ils l'ont immolé parce qu'ils ne l'ont pas compris. » Ainsi la conscience et l'opinion s'étaient tellement confondues dans l'âme des hommes de ce temps, que même après de longues années ils prenaient encore l'une pour l'autre, et qu'en montrant leurs mains vides de rapines ils croyaient porter à Dieu et à la postérité une vie pure de reproches, et fière de la constance d'une théorie fanatique, que la vieillesse même n'avait ni éclairée ni refroidie.

II

Mais quelques-uns des proscripteurs s'étaient tellement habitués au sang, qu'ils mêlaient la mort aux élégances, aux délices et aux débauches de leur vie. Cruels le matin, voluptueux le soir, ils sortaient des comités, du tribunal ou de la place de l'échafaud, pour aller s'asseoir à des tables somptueuses, savourer la musique et la poésie dans des loges grillées, ou respirer dans des jardins autour de Paris, avec des femmes faciles, l'oubli des affaires publiques, la sérénité de la saison, le loisir et la paix. Ils semblaient pressés de donner aux jouissances des heures qui n'avaient pas de lendemain, et que les factions pouvaient à chaque minute abréger. Ils maniaient avec indifférence, contre leurs ennemis, la hache qu'ils attendaient avec résignation pour eux-mêmes. Ces maisons des champs étaient quelquefois des conciliabules, comme ceux des Dantonistes à Sèvres.

Barère surtout était un homme de raffinement et d'élégance, complaisant de la Révolution plus qu'apôtre de la vertu républicaine. On l'avait surnommé l'*Anacréon de la guillotine,* parce qu'il jetait sur ses rapports des images douces mêlées aux décrets sinistres comme des fleurs livides sur du sang. Il avait meublé au village de Clichy une maison de plaisance. Il s'y retirait deux fois par semaine pour rafraîchir sa pensée et retremper sa plume. C'est là qu'il préparait, dit-on, ces rapports souples comme son âme, dans lesquels il commandait à son style de prendre l'accent, le ton, les formes de tous les partis dominants. C'est là aussi qu'il conduisait les épicuriens de la Révolution, et entre autres le financier Dupin. Dupin était fameux par son rapport sur les soixante fermiers généraux, parmi lesquels était le grand chimiste Lavoisier, qu'il avait fait condamner en masse à la mort. Il était renommé pour son penchant aux recherches de la table. Des femmes belles et artistes, fières d'approcher les maîtres de la république, s'asseyaient à ces festins de Clichy. Légères comme le plaisir, mais discrètes comme la mort, ces femmes entendaient tout sans rien retenir. Amar, ami particulier de Dupin; Voulland, Jagot, Barras, Fréron, Collot-d'Herbois, le sévère Vadier lui-même, se rendaient quelquefois dans cette retraite pour s'y concerter avec Barère et d'autres Conventionnels ennemis de Robespierre. Le prétexte du plaisir y couvrait la conjuration. On ne soupçonnait pas le complot dans le délassement. Il se nouait cependant.

III

Barère et ses collègues feignaient un patriotisme de jour en jour plus ombrageux pour éviter le soupçon de modérantisme. Ils ne cessaient de pousser la Convention aux rigueurs implacables. Robespierre, de son côté, pour conserver son ascendant sur les comités et pour les intimider de ses accusations, se croyait forcé d'exagérer en lui le type du patriote inflexible. Les Jacobins ne semblaient plus reconnaître la pureté révolutionnaire qu'à l'excès des soupçons. Celui des deux partis qui aurait détendu le premier le nerf de la terreur était certain de succomber à l'instant sous l'accusation de faiblesse, ou de complicité avec les ennemis de la république. C'est là le secret de ces derniers temps de meurtre politique. La situation était d'autant plus extrême qu'elle allait se briser. La terreur n'était plus seulement un emportement, mais une tactique. Le sang d'innombrables victimes ne servait qu'à teindre le masque de cette exécrable hypocrisie de patriotisme.

On a vu qu'après la tentative d'assassinat contre Collot-d'Herbois, et après l'ombre d'attentat contre Robespierre, les membres exaltés des comités de sûreté générale avaient résolu d'englober dans l'accusation de Ladmiral et de Cécile Renault une foule de prétendus complices entièrement étrangers aux deux accusés. Ils simulaient ainsi une sollicitude cruelle de la vie de Robespierre et une vengeance éclatante de ses dangers. Élie Lacoste avait terminé le rapport, Vadier y avait concouru. On se souvient que Vadier avait impliqué dans l'accusation une foule d'innocents ; que Robespierre s'était opposé avec énergie à cette partie du rapport ; que Vadier avait insisté avec âpreté, et que cette altercation, dégénérant en querelle et en violence, avait été l'occasion de la défaite de Robespierre, de ses larmes de colère et de sa retraite définitive du comité. Voici les circonstances, leurs causes secrètes et leurs conséquences sur la double conspiration qui se tramait d'un côté dans l'intimité de Robespierre, et de l'autre dans les conciliabules des deux comités. Le temps a dévoilé l'enchaînement de faits qui semblaient étrangers les uns aux autres.

IV

L'âme humaine a besoin de surnaturel. La raison seule ne suffit pas pour expliquer sa triste condition ici-bas. Il lui faut du merveilleux et des mystères. Les mystères sont l'ombre portée de l'infini sur l'esprit humain. Ils prouvent l'infini sans l'expliquer.

L'homme cherche éternellement à percer ces ténèbres. Tous les peuples, tous les âges, toutes les civilisations, ont eu leurs mystères. Puérils dans le peuple, sublimes dans les philosophes, ils montent des sibylles à Platon, et redescendent de Platon aux plus abjects jongleurs. Depuis que la philosophie du dix-huitième siècle avait sapé les crédulités populaires du moyen âge dans l'esprit de l'Europe, la passion du surnaturel avait changé, non de nature, mais d'objet. Jamais un plus grand nombre de doctrines occultes, de philosophies chimériques ou de théosophies transcendantes n'avaient fasciné le monde intellectuel. Swédenborg en Suède, Weishaupt sur le Rhin, le comte de Saint-Germain, Bergasse, Saint-Martin en France, les francs-maçons, les rose-croix, les illuminés et les théistes partout, avaient fondé des écoles, recruté des adeptes, rêvé des mystères. Les crédulités mystiques succédaient de toutes parts aux crédulités populaires. La Révolution, en ébranlant davantage l'imagination des hommes, n'avait pas diminué cet attrait instinctif de l'humanité pour le merveilleux. Elle l'avait exalté au contraire jusqu'au délire dans certaines âmes, et même dans la masse. Plus les événements sont grands, plus les catastrophes sont générales, plus les destinées sont tragiques, plus l'homme aussi reconnaît son insuffisance, et plus il croit voir la main de Dieu remuer elle-même les événements, les hommes et les choses qui s'agitent, qui s'écroulent ou qui surgissent autour de nous. De cette disposition de l'esprit humain au surnaturel, et de ce vide que la disparition du culte catholique laissait dans les âmes, une secte religieuse et politique était éclose dans l'ombre, et recrutait des milliers de sectaires dans la population avide de nouveautés.

V

Il y avait alors dans un quartier reculé et sombre des extrémités de Paris, rue Contrescarpe, une vieille femme, nommée Catherine Théot, qui se faisait passer pour la mère de Dieu. Cette femme, possédée toute sa vie par sa propre imagination, et affaiblie encore par la caducité de l'intelligence, se croyait ou feignait de se croire douée des dons surnaturels de vision et de prophétie. Pythonisse surannée d'un autre Endor, elle avait vu dans Robespierre un nouveau Saül. Elle le proclamait l'élu de Dieu. Elle montrait en lui à ses adeptes le sauveur d'Israël, le régénérateur de la vraie religion, le fondateur de l'ordre parfait sur la terre. Un ancien chartreux, nommé dom Gerle, confondant dans sa tête étroite et embarrassée le mysticisme de son premier état avec la passion d'une transformation religieuse du monde, s'était lié avec la prophétesse de la rue Contrescarpe, par cet attrait qui attire la crédulité au merveilleux. Dom Gerle s'était fait le premier disciple de cette inspirée, il recueillait, il éclaircissait ses oracles. Il avait fondé avec elle une sorte d'église où les fidèles venaient recevoir en foule l'initiation et les révélations du culte nouveau. Des cérémonies étranges, un langage métaphorique, des inspirations convulsives, des obsessions de l'Esprit-Saint, des jeunes filles d'une beauté céleste, des apparitions, des chants, des musiques, des baisers fraternels, le mystère qui couvrait le sanctuaire, donnaient à cette religion naissante les prestiges de l'âme et des sens. Dans toutes les communications surnaturelles de la prêtresse avec les néophytes, la Révolution était signalée comme l'avénement de l'esprit divin sur la tête du peuple. Les prêtres et les rois devaient disparaître de la face de l'univers. Robespierre était représenté, en termes couverts, comme le Messie à la fois religieux et politique qui devait tout régulariser et tout reporter à Dieu. Le peuple s'initiait en foule à cette foi.

VI

Dom Gerle avait été membre de l'Assemblée constituante. Son penchant aux crédulités pieuses s'y était déjà manifesté : il avait porté à la tribune de cette assemblée les prétendues révélations d'une jeune fille nommée Susanne Labrousse. Un rire universel avait accueilli ces puérilités. Susanne Labrousse, repoussée de Paris, était allée prophétiser à Rome. Elle y était morte, martyre innocente de sa propre hallucination, dans les cachots du château Saint-Ange. Dom Gerle s'obstinait à ses visions. Assis à côté de Robespierre à l'Assemblée, et partageant les théories régénératrices du député d'Arras, il n'avait pas cessé, depuis cette époque, d'entretenir avec lui des rapports de familiarité qui allaient jusqu'à l'enthousiasme et jusqu'au culte. Robespierre recevait souvent l'ancien moine chez Duplay. Il avait pour dom Gerle l'affection et l'indulgence qu'un génie supérieur a pour la crédulité qui l'admire. On pardonne aisément à la superstition dont on est l'objet.

Dom Gerle entretenait souvent Robespierre des prophéties de Catherine Théot sur sa grandeur future. Robespierre n'était pas superstitieux. Sa religion n'était qu'une logique. Mais, soit que son élévation eût donné à la fin à Robespierre une certaine superstition envers lui-même, soit qu'il voulût donner cette superstition aux autres pour fortifier sa popularité d'un prestige surnaturel, soit plutôt qu'il voulût s'attirer la faveur de cette partie de la nation qui regrettait les anciens temples, et laisser espérer une reconstruction du christianisme, il tolérait, s'il ne favorisait pas, les réunions de Catherine Théot. C'était son point de contact avec le catholicisme et avec l'esprit religieux qu'il voulait rattacher à lui comme une des forces sociales. Il recevait des lettres de la prophétesse et de ses adeptes, dictées, disait-on, par l'esprit révélateur. Il y avait dans la proclamation de l'Être suprême, dans les symboles de cette cérémonie, dans les noms mêmes qu'il avait donnés à Dieu et à la nature, des ressemblances avec les noms, les cérémonies et les signes du culte caché. L'opinion bien ou mal fondée du public était qu'il voulait réaliser en sa personne un pontificat suprême; que les tentatives de dom Gerle, son confident, étaient un essai d'organisation religieuse, et que s'y faire initier c'était flatter le dictateur par sa faiblesse ou par son ambition. Ce préjugé amenait au cénacle de la rue Contrescarpe plus de néophytes que la foi.

VII

Or, il y avait au même moment, dans un des plus somptueux hôtels du centre de Paris, récemment bâti par l'opulent philosophe Helvétius, une jeune femme d'une incomparable beauté si elle n'avait eu une fille de seize ans aussi belle et aussi séduisante que sa mère. Cette femme s'appelait madame de Sainte-Amaranthe. Bien qu'elle se dît veuve d'un gentilhomme immolé dans les journées des 5 et 6 octobre en défendant la porte de la reine à Versailles, et qu'elle affectât les dehors, le ton et le luxe d'une grande existence, il régnait sur cette femme, sur son origine, sur ses habitudes, un mystère et un doute qui laissaient flotter l'opinion entre l'admiration pour sa beauté, le respect pour ses malheurs et l'ambiguïté de son rôle dans la société.

Sa maison, attrayante à tant de titres, avait réuni par le goût des arts, du jeu et des plaisirs, depuis le commencement de la Révolution, les hommes éminents de toutes les factions. Les royalistes, les constituants, les Orléanistes, les Girondins tour à tour, Mirabeau, Sieyès, Pétion, Chapelier, Buzot, Louvet, Vergniaud, l'avaient successivement fréquentée. Les grâces de madame de Sainte-Amaranthe et la séduction de son esprit avaient effacé autour d'elle les nuances et comblé les abîmes entre les opinions.

Elle conservait néanmoins un attachement ostensible aux souvenirs et aux espérances de la royauté. Elle était liée avec les royalistes de l'ancienne aristocratie. Elle gardait dans ses salons, sans trop de mystère, les portraits du roi et de la reine. Elle ne déguisait pas sa vénération pour ces images proscrites d'un meilleur temps. Le prestige de ses charmes semblait éloigner d'elle le danger. La nature la défendait contre l'échafaud.

Un jeune homme de l'ancienne cour, fils de M. de Sartines, ministre de la police de Paris, venait d'épouser la fille de madame de Sainte-Amaranthe. M. de Sartines, avant son mariage, avait entretenu des relations avec une actrice du théâtre des Italiens, mademoiselle Grandmaison. Quoique abandonnée par son amant, cette jeune actrice lui écrivait encore. Elle l'informait des progrès ou des ralentissements de la terreur. Sartines, touché de tant de constance, venait de temps en temps à Paris. Il y voyait secrètement son ancienne amie. Il savait par elle les secrets de la politique. Mademoiselle Grandmaison les arrachait à Trial, acteur du même théâtre, patriote fougueux et ami de Robespierre.

Les espérances de clémence conçues au moment de la proclamation de l'Être suprême étaient un piége auquel les royalistes, les suspects et les proscrits aimaient à se laisser prendre. On ne s'entretenait partout que de la toute-puissance du nouveau Cromwell ou du nouveau Monk; de ses tentatives pour amortir les persécutions religieuses; de ses vœux d'abolir l'échafaud; de son génie pour reconstruire l'ordre, et des arrière-pensées de règne ou de restauration de règne qu'on lui supposait. Les débris épars du parti religieux et du parti royaliste se consolaient par ces rêves. La popularité de Robespierre était plus grande peut-être en ce moment dans le parti des victimes que dans le parti des bourreaux. Madame de Sainte-Amaranthe en fut éblouie. Elle voulut revenir à Paris et rouvrir sa maison aux fêtes et aux plaisirs au milieu du deuil général. Elle se fiait au génie de Robespierre. Elle brûlait du désir de le connaître, de le séduire et de l'attirer à ses opinions. En vain mademoiselle Grandmaison, tremblant pour son amant, écrivait-elle à M. de Sartines que le moment était sinistre, que les comités et Robespierre étaient en lutte, que la hache de la guillotine était en suspens entre un adoucissement espéré et une terreur plus active : madame de Sainte-Amaranthe n'écouta que ses illlusions. Elle entraîna sa fille, son gendre et un enfant de quinze ans, son fils, à Paris.

VIII

Là, elle se confirma de plus en plus, par l'entretien de quelques amis, dans les dispositions qu'elle supposait au triumvir. Sans doute même ces dispositions lui furent insinuées par des agents de Robespierre. Il cherchait en ce moment à tout rallier à son nom, jusqu'aux royalistes, par le vague des espérances.

M. de Quesvremont, anciennement familier de la maison d'Orléans, aujourd'hui briguant la familiarité de Robespierre, fit partager à madame de Sainte-Amaranthe son enthousiasme pour l'homme prédestiné, disait-il, qui n'attendait que l'heure où ses desseins seraient mûrs, et qui n'accordait à la terreur que ce qu'il n'était pas encore permis de lui arracher. Disciple fanatique de Catherine Théot, M. de Quesvremont parla à madame de Sainte-Amaranthe du nouveau culte comme d'une profonde conception du restaurateur de l'ordre. Il lui inspira, ainsi qu'à sa fille et à son gendre, le désir de se faire initier. C'était, disait-il, un acte qui inspirerait confiance à Robespierre. Une marquise de Chastenay, ardente royaliste, plus ardente adepte de Catherine Théot, acheva de déterminer madame de Sainte-Amaranthe à cette affiliation. Sartines, sa belle-mère et sa femme furent introduits nuitamment dans le grenier de la *Mère de Dieu*. Ces deux belles royalistes reçurent sur leur front le baiser de paix de l'infime sibylle, qui devait être sitôt pour elles le baiser de la mort.

Soit que cette condescendance de ces deux jeunes femmes eût été en effet un gage aux yeux de Robespierre, soit qu'on eût fait pénétrer dans son esprit le désir et l'orgueil de voir les deux plus célèbres beautés de Paris s'incliner devant son génie, soit plutôt qu'il voulût tendre par elles une amorce aux partis proscrits pour les rattacher à l'ordre régulier qu'il méditait, il consentit à une entrevue avec ses deux admiratrices. Trial, homme de théâtre et ami commun, conduisit Robespierre chez madame de Sainte-Amaranthe. Il y fut reçu en dictateur qui consent à laisser pressentir ses desseins. Il s'assit à sa table au milieu d'un cercle de convives choisis par lui-même. Il respira l'enthousiasme. Il se laissa gourmander doucement sur les excès qu'il souffrait trop longtemps. Il parla en homme qui devait retourner contre les seuls coupables la guillotine qui frappait encore tant d'innocents. Il entr'ouvrit ses desseins pour y laisser luire l'espérance.

IX

Soit indiscrétion de ses hôtes, soit infidélité des convives, le comité de sûreté générale eut vent de ces entrevues et de ces demi-confidences. Vadier avait déjà fait introduire un de ses agents, Sénart, dans les réunions de Catherine Théot, pour y observer les pensées et pour y noter les noms des principaux adeptes. Vadier savait que Robespierre en était l'idole. Il l'en supposait l'instigateur. Il le soupçonnait depuis la fête du 20 prairial de vouloir se rattacher le peuple par les superstitions, et de caresser la classe supérieure par des présages de clémence. Vadier voulut prendre Robespierre à la fois en ridicule et en trahison. Il n'osait pas s'attaquer directement à lui ; mais il espérait ainsi déverser indirectement sur son nom un ridicule qui rejaillirait sur sa puissance. C'était de plus une entreprise hardie que de montrer une première fois à la Convention que les amis de Robespierre n'étaient pas purs, et que ses sectateurs n'étaient pas inviolables.

Le comité de sûreté générale, secrètement d'accord avec la majorité du comité de salut public et avec les conspirateurs de la réunion Tallien, ordonna donc l'arrestation de Catherine Théot et de ses principaux adeptes. Les comités ordonnèrent en même temps l'arrestation de la marquise de Chastenay, de M. de Quesvremont, de M. de Sartines et de toute la famille de Sainte-Amaranthe, sans en excepter le fils, qui touchait à peine à sa seizième année. Ils firent arrêter aussi mademoiselle Grandmaison et son domestique Biret. On résolut de confondre toutes ces accusations, étrangères les unes aux autres, dans le grand acte d'accusation qu'Élie Lacoste rédigeait contre Ladmiral et Cécile Renault sous le nom générique et vague de *conspiration de l'étranger*. Vadier avait été chargé de rédiger le rapport préalable contre la secte de Catherine Théot. On s'en rapporta à la malignité de ce vieillard pour donner aux puérilités de dom Gerle les couleurs sombres d'une conjuration, et un vernis de ridicule qui déteignît sur le nom de Robespierre.

X

Ce nom, que tout le monde savait caché au fond de cette affaire, devait être d'autant plus visible qu'il serait moins prononcé par Vadier. Robespierre avait senti le coup d'avance. Mais le poignard était enveloppé de respect. Il n'osait prendre ouvertement la défense de ces sectaires dans un moment où on l'accusait lui-même de vouloir raviver les superstitions pour sanctifier sa dictature. Il s'était efforcé de faire ajourner, sous prétexte de mépris, la lecture du rapport de Vadier à la Convention. Vadier avait été inflexible. Il avait fallu subir en silence les sarcasmes du rapporteur, les sourires de l'auditoire, les insinuations malignes contre son rôle de Mahomet. Le ridicule avait effleuré ce nom terrible, le soupçon avait jeté son ombre sur cette incorruptibilité. Les amis de Robespierre l'avaient senti. On l'avertissait confidentiellement de prendre garde à Vadier, espèce de Brutus feignant la rusticité pour déguiser la haine. « Faites tous vos efforts, écrivait Payan à Robespierre, pour diminuer aux yeux de l'opinion l'importance qu'on veut donner à l'affaire de Catherine Théot, et pour convaincre le peuple que c'est une jonglerie puérile qui ne mérite que le rire et le mépris des hommes sérieux. »

Enfin, bientôt après, Élie Lacoste avait fait le rapport du décret qui proposait l'envoi au tribunal révolutionnaire de tous les accusés. On y voyait accolés à l'assassin Ladmiral et à Cécile Renault, le père, la mère et jusqu'aux frères de cette jeune fille, M. de Sartines, madame de Sainte-Amaranthe, sa fille madame de Sartines, son fils qui n'avait pas même l'âge du crime, MM. de Laval-Montmorency, de Rohan-Rochefort, le prince de Saint-Mauris, MM. de Sombreuil père et fils, échappés aux assassins de septembre, M. de Pons, Michonis, municipal au Temple, coupable de compassion et de décence envers les princesses captives ; madame de Lamartinière, la veuve de d'Éprémenil, enfin l'actrice Grandmaison, punie de l'amour de Sartines, et jusqu'au valet de chambre de cette actrice, puni de son attachement à sa maîtresse. On joignit à ces soixante accusés le portier de la maison où Ladmiral avait tenté d'assassiner Collot-d'Herbois, et la femme de ce concierge : *Coupables tous deux*, disait l'accusateur, *de n'avoir pas fait éclater assez de joie quand l'assassin avait été arrêté !*

XI

Robespierre, en écoutant les noms de madame de Sainte-Amaranthe et de sa famille, s'était tu. Il craignait de paraître protéger des contre-révolutionnaires. Il savait bien que c'était son nom qu'on frappait, mais il retirait timidement ce nom pour ne pas paraître frappé lui-même; situation déplorable des hommes qui prennent la popularité au lieu de la conscience pour arbitre de leur conduite. Ils se couvrent du corps de victimes innocentes au lieu de se couvrir de leur intrépidité !

Ces soixante-deux accusés prétendus complices se virent pour la première fois devant le tribunal. Ladmiral fut ferme ; Cécile Renault, naïve et touchante. Elle demanda pardon à son père, à sa mère, à ses frères, de les avoir entraînés, par sa légèreté, dans l'apparence d'un crime qu'elle n'avait jamais conçu. Elle affirma devant la mort que son prétendu projet d'assassinat n'était que la curiosité de voir un tyran.

Les Montmorency, les Rohan, les Sombreuil, conservèrent la dignité de leur innocence et de leurs noms. Ils ne démentirent pas devant la mort la noblesse de leur sang. Ils moururent comme leurs aïeux combattaient.

Madame de Sainte-Amaranthe s'évanouit entre les bras de ses enfants. Sartines, en passant devant mademoiselle Grandmaison, arrosa les mains de l'actrice de ses larmes. Il la pria de lui pardonner la mort dans laquelle son attachement pour lui l'entraînait. Sa femme fut au-dessus de ses années par sa résignation, au-dessus de sa beauté par sa tendresse. Elle se réjouit de mourir avec sa mère, son mari, son frère. Elle les pressa tour à tour dans ses bras. Elle ne repoussa pas même mademoiselle Grandmaison, qu'un sort cruel associait à leur infortune. Toute jalousie et toute distance disparurent devant la mort. Les mourants ne formèrent plus qu'une famille.

Le 29 prairial (17 juin), Ladmiral, Cécile Renault et leurs cinquante-deux coaccusés furent conduits au supplice. Afin de frapper les yeux du peuple d'un plus grand prestige de culpabilité, on avait revêtu, pour la première fois depuis Charlotte Corday, tous les condamnés de la chemise de laine rouge, vêtement des assassins. Une escorte de cavalerie et des pièces de canon chargées à mitraille précédaient et suivaient le cortége. Huit charrettes le composaient. Dans la première on avait fait monter madame de Sainte-Amaranthe et madame d'Éprémenil sur le premier banc; madame de Sartines et mademoiselle Grandmaison sur le second, ces deux victimes d'un même amour! Dans la charrette suivante, M. de Sartines et son beau-frère enfant, M. de Sombreuil et son fils. Les trois autres chars portaient, à côté des Montmorency et des

Rohan, le pauvre fidèle serviteur de mademoiselle Grandmaison, Biret, qui pleurait non sur lui-même, disait-il, mais sur sa maîtresse. La marche était lente, l'échafaud lointain, le ciel printanier, la foule immense. Tous les regards s'élevaient vers ce groupe de têtes de femmes tout à l'heure tronquées. Les reflets ardents de la chemise rouge relevaient encore la blancheur de leur cou et l'éclat de leur teint. La multitude s'enivrait de cet éblouissement de beauté, qui allait s'éteindre. Les victimes échangeaient entre elles de tristes sourires, des paroles à voix basse, et des regards de mutuelle commisération. Ladmiral s'indignait, et s'apitoyait sur le sort de ses prétendus complices. « Pas un seul, s'écriait-il, n'a connu mon dessein, j'ai voulu seul venger l'humanité. » Puis se tournant vers Cécile Renault, qui priait avec ferveur : « Vous avez voulu voir un tyran, lui disait-il avec une ironique pitié: eh bien, regardez, en voilà des centaines sous vos yeux. »

La marche dura trois heures. On immola les plus obscurs les premiers; puis Cécile Renault, mademoiselle Grandmaison, Ladmiral, madame d'Éprémenil, les gentilshommes de l'ancienne monarchie, et le jeune Sainte-Amaranthe. Sa sœur et sa mère virent précipiter son corps décapité dans le panier. Leur tour approchait. La fille et la mère s'embrassèrent d'un long et dernier baiser, qu'interrompit l'exécuteur. La tête de la fille rejoignit celle de son jeune frère. Madame de Sainte-Amaranthe mourut l'avant-dernière; Sartines le dernier. Il avait vu tomber, pendant un supplice de trois quarts d'heure, la tête de sa maîtresse, celle de son beau-frère aimé comme un fils, celle de sa belle-mère, celle de sa femme. Il était mort par tous ses sentiments ici-bas avant de mourir par le couteau.

Ce carnage souleva le peuple contre Robespierre. Le crime de ses ennemis rejaillit sur lui. On ne le croyait pas assez déchu de son influence dans les comités pour leur permettre des supplices qu'il n'aurait pas désirés. On ne le croyait pas surtout assez lâche pour subir des crimes qu'il aurait réprouvés. Ceux qui espéraient en lui s'indignèrent. Ses amis s'étonnèrent. Ses ennemis s'encouragèrent. Il leur avait donné le secret de sa faiblesse. Ils redoublèrent de férocité. Ils le couvrirent pendant quarante jours du sang qu'ils versaient. Il n'osait avouer ni répudier ce redoublement de meurtres. Il se débattait en vain sous la responsabilité de la terreur. L'opinion la rejetait tout entière sur son nom. Situation cruelle, intolérable, méritée. Leçon éternelle aux hommes populaires, sur qui la juste postérité accumule tous les crimes contre lesquels ils n'ont pas eu le courage de protester.

XII

Le langage de Robespierre aux Jacobins pendant ces quarante jours se ressentait de l'oppression de son âme. Il était vague, obscur, ambigu comme sa situation. On ne pouvait comprendre s'il accusait les comités de rigueur ou d'indulgence. Tantôt il blâmait la cruauté, tantôt la modération. Ses paroles à deux tranchants grondaient sans cesse et ne frappaient jamais. Il tenait sa colère en suspens. On ne devinait pas si elle tomberait sur les bourreaux ou sur les victimes. Un homme politique qui n'ose pas expliquer ses vues s'aliène à la fois les deux partis. « Il est temps enfin, citoyens, s'écria-t-il le 13 messidor (1ᵉʳ juillet), peu de jours avant la crise, que la vérité fasse entendre dans cette enceinte des accents aussi libres et aussi mâles que ceux dont elle a retenti dans les plus grandes circonstances de la Révolution. Irons-nous, comme les conspirateurs, concerter dans des repaires obscurs (allusion aux conciliabules de Clichy) les moyens de nous défendre contre les perfides efforts des scélérats? Je dénonce aux hommes de bien un système qui tend à soustraire l'aristocratie à la justice nationale, et à perdre la patrie en frappant les patriotes. Quand les circonstances se développeront, je m'expliquerai plus clairement. Maintenant j'en dis assez pour ceux qui comprennent. Il ne sera jamais au pouvoir de personne de m'empêcher de déposer la vérité dans le sein de la représentation nationale et des républicains. Il n'est pas au pouvoir des tyrans et de leurs séides de faire échouer mon courage. Qu'on répande des libelles contre moi, je n'en serai pas moins toujours le même. Si l'on me forçait à renoncer à une partie des fonctions dont je suis chargé (le bureau de police), il me resterait encore ma qualité de représentant du peuple, et je ferais une guerre à mort aux tyrans et aux conspirateurs! »

Ces tyrans et ces conspirateurs vaguement désignés ici étaient Billaud-Varennes, Collot-d'Herbois, Barère, Carnot, Léonard Bourdon, Vadier et tous les membres des comités. Ils n'osaient plus paraître aux Jacobins depuis que Robespierre y régnait seul, ou ils n'y venaient que silencieux, pour épier et pour dénoncer ses paroles. Ils l'accusaient en sortant d'insinuer au peuple l'existence d'un foyer de complots dans la Convention, et de prêcher la nécessité d'une épuration violente et insurrectionnelle comme celle du 31 mai.

XIII

Quelques jours plus tard, Robespierre s'expliqua plus ouvertement; il se posa en victime, il appela sur lui l'intérêt et presque la pitié des patriotes : « Ces monstres, s'écria-t-il, dévouent à l'opprobre tout homme dont ils redoutent l'austérité des mœurs et l'inflexible probité. Autant vaudrait retourner dans les bois que de nous disputer ainsi les honneurs, la renommée, les richesses dans la république. Nous ne pouvons la fonder que par des institutions protectrices, et ces institutions ne peuvent être assises elles-mêmes que sur la ruine des ennemis incorrigibles de la liberté et de la vertu. Mais ces scélérats ne triompheront pas, continua-t-il; il faut que ces lâches conjurés renoncent à leurs complots ou qu'ils nous arrachent la vie! Je sais qu'ils le tenteront. Ils le tentent tous les jours. Mais le génie de la liberté plane sur les patriotes! »

Ces accents passionnaient vivement le petit nombre de Jacobins qui se pressaient autour de lui chaque soir. Ces hommes de main étaient prêts à marcher avec Robespierre au but qu'il leur indiquerait. Ils devançaient même son impulsion. Leur impatience aspirait ouvertement à une insurrection. Ils conjuraient leur maître de nommer ses ennemis. Ils juraient de les immoler à sa cause. Buonarotti, Lebas, Payan, Couthon, Fleuriot-Lescot, Hanriot, Saint-Just, ne cessaient de lui reprocher sa temporisation et ses scrupules. Le peuple était prêt à se lever à sa voix et à remettre entre ses mains le pouvoir et la vengeance. Robespierre continuait à se refuser à la dictature avec une inexplicable obstination. « Le nom de factieux lui faisait horreur, disait-il. L'ombre de Catilina se levait toujours devant lui. Il respectait dans la Convention la patrie, la loi, le peuple. La pensée d'attenter par la force à la représentation et de se montrer ainsi le violateur de cette souveraineté nationale qu'il avait toute sa vie professée, lui paraissait une sorte de sacrilége. Il ne voulait entacher d'usurpation ni sa vertu républicaine ni sa mémoire. Il aimait mieux être, ajoutait-il, la victime que le tyran de sa patrie. Il voulait le pouvoir sans doute, mais il le voulait donné, non dérobé. » Il croyait fortement à lui-même, à la toute-puissance de sa parole, à son inviolabilité populaire. Il ne doutait pas d'arracher à la Convention, par la seule force de la vérité et de la persuasion, cette autorité qu'il ne voulait pas déchirer en la disputant par la main tumultueuse d'une sédition. Il pensait que la république reconnaîtrait d'elle-même en lui la suprématie du génie et de l'intégrité. Idole de l'opinion, élevé par l'opinion, grandi, adulé, déifié depuis cinq ans par elle, il voulait que l'opinion seule le proclamât le dernier mot et le premier homme de la république. « Malheur aux hommes, répétait-il souvent à ses amis, qui résument en eux la patrie et qui s'emparent de la liberté comme de leur bien propre! Leur patrie meurt avec eux, et les révolutions qu'ils se sont appropriées ne sont que des changements de servitude. Non, point de Cromwell, disait-il sans cesse, pas même moi ! »

XIV

Dans cette pensée, Robespierre préparait lentement pour toute arme un discours à la Convention; discours dans lequel il foudroierait ses ennemis en laissant seulement éclater aux regards du peuple leurs trames et sa propre intégrité. Il retouchait à loisir ce discours profondément étudié, aussi vaste que la république, aussi théorique qu'une philosophie, aussi passionné que la Révolution. Il y résumait avec la plume de Tacite le tableau de tous les crimes, de toutes les corruptions, de tous les dangers, qui dégradaient, souillaient ou menaçaient la république. Il faisait rejaillir avec une allusion continue la responsabilité de nos désastres sur le gouvernement et sur les comités. Il faisait des portraits si ressemblants et si personnels des vices de la Convention, qu'il ne restait plus qu'à leur donner le nom de ses ennemis. Enfin, il concluait vaguement à la réforme des institutions révolutionnaires, sans préciser ces réformes, et il provoquait la Convention à réfléchir.

Cette conclusion, plus impérative que s'il avait formulé lui-même un décret de mort contre ses ennemis, devait arracher des résolutions plus terribles contre ses envieux et des pouvoirs plus absolus pour lui-même que celles qu'il aurait formulées. La tyrannie a sa pudeur, il faut qu'on lui fasse violence. Ce qu'on lui donne va toujours au delà de ce qu'elle oserait demander.

Ce discours était divisé en deux parties et devait occuper deux séances. Dans la première partie, Robespierre tonnait sans frapper et désignait sans nommer. Dans la seconde partie, qu'il réservait pour réplique si quelqu'un avait l'audace de répondre, il sortait du nuage, il éclatait comme la foudre, il étreignait homme à homme, corps à corps, les membres hostiles des comités. Il précisait les accusations et les crimes. Il nommait, il stigmatisait, il frappait, il entraînait de la tribune à l'échafaud les coupables laissés jusque-là dans l'ombre. C'est pour cet usage qu'il avait ébauché dans les notes secrètes de sa police les portraits destinés à ce pilori public. Armé sous ses habits de ces deux discours, Robespierre attendait la lutte avec confiance; ses adversaires commençaient à se défier. Aucun n'avait dans sa considération personnelle la force de lutter corps à corps avec l'idole des Jacobins. On savait que le peuple lui restait fidèle. Son ascendant intimidait la Convention. La mort pouvait tomber d'un de ses gestes sur toutes les têtes. Dans cette perplexité, Barère insinuait des transactions. Collot-d'Herbois parlait de malentendus. Billaud-Varennes lui-même prononçait le mot de concorde. Les comités tendaient à fléchir sous le seul effet de son absence. Des négociateurs officieux s'interposaient pour éviter un déchirement. Legendre caressait. Barras, Bourdon, Fréron, Tallien, couvaient presque seuls l'âpreté de leur haine et le feu de la conjuration.

XV

Cependant les négociations avaient abouti à une entrevue entre Robespierre et les principaux membres des deux comités. Ils consentirent à se rencontrer au comité de salut public. Couthon, Saint-Just, David, Lebas, étaient avec Robespierre. Les physionomies étaient contraintes, les yeux baissés, les bouches muettes. On sentait que les deux partis, tout en se prêtant à une tentative de réconciliation, craignaient également de laisser transpirer leurs pensées.

Élie Lacoste articula les griefs des comités. « Vous formez un *triumvirat*, dit-il à Saint-Just, à Couthon et à Robespierre. — Un triumvirat, répondit Couthon, ne se forme pas de trois pensées qui se rencontrent dans une même opinion; des triumvirs usurpent tous les pouvoirs, et nous vous les laissons tous. — C'est précisément ce dont nous vous accusons, s'écria Collot-d'Herbois : retirer du gouvernement, dans un temps si difficile, une force telle que la vôtre, c'est le trahir, et le livrer aux ennemis de la liberté. » Puis se tournant vers Robespierre, et prenant devant lui le ton et le geste théâtral d'un suppliant, il affecta de vouloir se précipiter à ses genoux : « Je t'en conjure au nom de la patrie et de ta propre gloire, lui dit-il, laisse-toi vaincre par notre franchise et par notre abnégation; tu es le premier citoyen de la république, nous sommes les seconds; nous avons pour toi le respect dû à ta pureté, à ton éloquence, à ton génie; reviens à nous, entendons-nous, sacrifions les intrigants qui nous divisent, sauvons la liberté par notre union ! »

Robespierre parut sensible aux protestations de Collot-d'Herbois. Il se plaignit des accusations sourdes qu'on semait contre sa prétendue dictature; il afficha un complet désintéressement du pouvoir; il proposa de renoncer même à la direction du bureau de police, qu'on lui reprochait de dominer; il parla vaguement de conspirateurs qu'il fallait avant tout écraser dans la Convention.

Carnot et Saint-Just eurent une explication très-aigre au sujet des dix-huit mille hommes que Carnot avait détachés de l'armée du Nord, exposée à toutes les forces de Cobourg, pour les envoyer envahir la Flandre maritime. « Vous voulez tout usurper, s'écria Carnot. Vous déconcertez tous mes plans, vous brisez les généraux dans mes mains, vous écourtez les campagnes. Je vous ai laissé l'intérieur, laissez-moi le champ de bataille; ou si vous voulez le prendre comme le reste, prenez aussi la responsabilité des frontières! Que sera la liberté si vous perdez la patrie? »

Saint-Just se justifia avec modestie, et se déclara plein de déférence pour le génie militaire de Carnot. Barère fut caressant et conciliateur. Billaud seul se taisait. Son silence inquiétait Saint-Just. « Il y a des hommes, dit le jeune fanatique, qu'au caractère sombre de leur physionomie, et à la pâleur de leurs traits, Lycurgue aurait bannis de Lacédémone. — Il y a des hommes, repartit Billaud, qui cachent leur ambition sous leur jeunesse, et jouent l'Alcibiade pour devenir des Pisistrate ! »

A ce nom de Pisistrate, Robespierre se crut désigné. Il voulut se retirer. Robert Lindet intervint avec des paroles sages. Billaud dérida son visage, et tendant la main à Robespierre : « Au fond, dit-il, je ne te reproche rien que tes soupçons perpétuels; je dépose volontiers ceux que j'ai moi-même conçus contre toi. Qu'avons-nous à nous pardonner? N'avons-nous pas toujours pensé ou parlé de même sur toutes les grandes questions qui ont agité la république et les conseils ? — Cela est vrai, dit Robespierre; mais vous immolez au hasard les coupables et les innocents, les aristocrates et les patriotes ! — Pourquoi n'es-tu pas avec nous pour les choisir? — Il est temps, répondit Robespierre, d'établir un tribunal de justice, qui ne choisisse pas, mais qui frappe avec l'impartialité de la loi, et non avec les hasards ou les préventions des factions. » La discussion s'établit sur ce texte. Les enjeux étaient les têtes de milliers de citoyens, Robespierre voulant régulariser et modérer la terreur, les autres la déclarant plus nécessaire que jamais pour exterminer et pour extirper les conspirateurs. « Pourquoi donc avez-vous forgé la loi du 22 prairial? dit Billaud; était-ce pour la laisser dormir dans son fourreau? — Non, dit Robespierre, c'était pour menacer de plus haut les ennemis de la Révolution sans exception, et moi-même si j'élevais jamais ma tête au-dessus des lois. »

On convint, dit-on, de s'entendre à loisir sur le sort du petit nombre d'hommes dangereux qui remuaient dans la Convention; de les sacrifier, s'ils étaient coupables, à la sécurité de la république et à la concorde dans le gouvernement. Il fut convenu que Saint-Just ferait un rapport sur la situation des choses, propre à éteindre l'apparence des dissentiments et à démontrer à la république que l'harmonie la plus complète était rétablie entre les hommes. On se sépara avec les symptômes de la réconciliation.

LIVRE SOIXANTIÈME

La réconciliation est trompeuse. — Délibération des conjurés. — Les Jacobins et les sectionnaires prennent Robespierre pour chef et pour drapeau. — Symptômes d'un nouveau 31 mai. — Premiers jours de thermidor. — Robespierre se tient à l'écart. — Son pèlerinage à l'Ermitage de Jean Jacques Rousseau. — Le 7 thermidor. — 8 thermidor. — Discours de Robespierre à la Convention. — L'Assemblée en refuse l'impression. — Robespierre au club des Jacobins. — Il lit le discours répudié par la Convention. — Son testament de mort. — Agitation. — Manifestations tumultueuses. — Payan propose d'enlever les comités. — Saint-Just au comité de salut public. — Scène violente. — Collot-d'Herbois et Saint-Just. — Les conjurés se préparent à la crise du lendemain. — Lettre de Thérésa Cabarrus à Tallien. — Réponse de Tallien. — Les députés de la Plaine indécis. — Ils se laissent entraîner par les conjurés. — 9 thermidor. — Les Jacobins se tiennent prêts aux événements de la journée. — Coffinhal, Fleuriot, Payan, Hanriot. — Séance de la Convention. — Collot-d'Herbois président. — Saint-Just à la tribune. — Il est interrompu par Tallien. — Billaud-Varennes dénonce les projets des Jacobins contre l'Assemblée. — Longue agitation. — Il attaque Robespierre. — Il est vivement applaudi. — Robespierre s'élance à la tribune. — Clameurs de la Montagne. — — Tallien enlève la parole à Robespierre et demande l'arrestation d'Hanriot et la permanence de la séance. — Ces propositions votées d'acclamation. — Barère monte à la tribune et se prononce contre

Robespierre. — Vadier succède à Barère. — Robespierre ne peut se faire entendre. — Il quitte la tribune. — Il est repoussé de tous les bancs. — Vociférations. — Tumulte.— Robespierre décrété d'accusation. — Robespierre le jeune, Couthon, Saint-Just, Lebas, partagent son sort. — Les accusés conduits à la barre. — Suspension de la séance. — Les accusés envoyés en prison. — Exécutions du même jour. — Exécutions de la veille. — Roucher, André Chénier.

I

Les symptômes de réconciliation qui venaient d'apparaître dans le dernier entretien de Robespierre et du comité de salut public étaient trompeurs. A peine Fouché, Tallien, Barras, Fréron, Bourdon, Legendre et leurs amis eurent-ils connaissance de ces tentatives de paix, qu'ils comprirent que leurs têtes seraient le prix de la concorde. « Nos têtes cédées, dirent-ils à Billaud-Varennes, à Collot-d'Herbois, à Vadier, que vous restera-t-il à défendre? Les vôtres! La tyrannie ne se déguise que pour vous approcher sans être aperçue. Quand vous lui aurez accordé les têtes de vos seuls défenseurs dans la Convention, l'ambition de Robespierre grandira sur nos cadavres, et vous frappera vous-mêmes avec l'arme que vous lui aurez prêtée. » Billaud-Varennes, Collot-d'Herbois, Vadier, étaient trop éclairés par leur propre haine pour ne pas comprendre ces dangers. Ils jurèrent qu'aucune tête de la Convention ne serait accordée. Les entrevues secrètes entre les représentants menacés et les membres des deux comités devinrent plus fréquentes et plus mystérieuses. On délibérait le jour, on conspirait la nuit. On tramait la perte de Robespierre à quelques pas de sa maison, chez Courtois, assez courageux pour prêter sa chambre aux conjurés, qui le flattaient aussi de vouloir supprimer enfin la terreur.

II

De leur côté, les confidents de Robespierre lui insinuèrent que tout rapprochement était un piège que les comités lui tendaient. « Ils s'humilient parce qu'ils tremblent, lui disaient-ils. Si ton seul silence les a réduits à cet abaissement, que sera-ce quand tu te lèveras pour les accuser? Mais si tu acceptes aujourd'hui l'apparence d'une feinte réconciliation avec eux, de quoi les accuseras-tu dont tu ne paraisses complice toi-même? S'ils t'accordent les plus insignifiants et les plus décriés de tes ennemis, c'est pour conserver les plus dangereux et les plus fourbes. Offre-leur le combat tous les jours du haut de la tribune des Jacobins. S'ils le refusent, leur lâcheté les déshonore et les accuse; s'ils l'acceptent, le peuple est avec toi! »

Saint-Just, impatient des temporisations de Robespierre, partit inopinément une cinquième fois pour l'armée de Sambre-et-Meuse. « Je vais me faire tuer, dit-il à Couthon. Les républicains n'ont plus de place que dans la tombe. » Couthon éclatait souvent alors aux Jacobins : « La Convention, s'écriait-il, est subjuguée par quatre ou cinq scélérats. Pour moi, je déclare qu'ils ne me subjugueront pas.

Quand ils disaient que Robespierre s'affaiblissait, ils prétendaient aussi que j'étais paralysé. Ils verront que mon cœur a toutes ses forces. »

Les Jacobins, les sectionnaires, Payan, Fleuriot, Dobsent, Coffinhal surtout, Hanriot et son état-major, parlaient hautement d'une attaque à main armée contre la Convention : « Si Robespierre ne veut pas être notre chef, disaient tout haut les hommes de la commune, son nom sera notre drapeau. Il faut faire violence à son désintéressement ou que la république périsse ! Où est Danton ? Il aurait déjà sauvé le peuple ! Pourquoi faut-il que la vertu ait plus de scrupule que l'ambition ? Le désintéressement qui perd la liberté est plus coupable que l'ambition qui la sauve. Plût à Dieu, ajoutaient-ils, que Robespierre eût la soif de pouvoir dont on l'accuse ! La république a besoin d'un ambitieux : il n'est qu'un sage ! »

III

Ces propos, qui retentissaient sans cesse aux oreilles de Robespierre ; la fermentation croissante dont il était témoin aux Jacobins ; les rapports secrets de ses espions, qui suivaient à tâtons un complot ténébreux de la Convention ; les symptômes d'un second 31 mai qui se manifestaient ouvertement à la commune ; la crainte que l'insurrection, sans modérateur et sans limites, n'éclatât d'elle-même et n'emportât la Convention, qu'il regardait comme le seul centre de la patrie, déterminèrent enfin Robespierre non à agir, mais à parler. Il aima mieux livrer le combat seul à la tribune, au risque d'en être précipité, que d'y combattre à la tête du peuple insurgé, en risquant de mutiler la représentation nationale. Il rappela seulement Saint-Just, son frère, et Lebas, pour l'assister dans la crise ou pour mourir avec lui.

Rien n'annonçait autour de Robespierre un grand dessein. A l'exception de quatre ou cinq hommes du peuple armés sous leurs habits, que les Jacobins avaient chargés à son insu de le suivre et dé veiller sur sa vie, son entourage était celui du plus humble citoyen. Il n'avait jamais affecté plus de simplicité et plus de modestie dans ses habitudes. Il s'isolait de jour en jour davantage. Il semblait se recueillir, soit pour consulter, comme Numa, l'oracle dans la solitude, soit pour savourer les derniers jours de vie que sa destinée incertaine lui laissait. Il n'allait plus aux comités, rarement à la Convention, inexactement aux Jacobins. Sa porte ne s'ouvrait qu'à un petit nombre d'amis. Il n'écrivait plus. Il lisait beaucoup. Il paraissait non affaissé, mais détendu. On eût dit qu'il s'était placé dans cet état de repos philosophique où les hommes, à la veille des grandes catastrophes, se placent quelquefois pour laisser agir leur destinée toute seule et pour laisser s'expliquer les événements. Une expression de découragement émoussait ses regards ordinairement trop acérés et ses traits trop aigus. Le son de sa voix même était adouci par un accent de tristesse. Il évitait de rencontrer dans la maison les filles de Duplay, celle surtout à laquelle il devait s'unir après les orages. Il ne s'entretenait plus des perspectives de vie obscure dans une union heureuse à la campagne. On voyait que son horizon s'était assombri en se rapprochant. Il y avait trop de sang versé entre le bonheur et lui. Une dictature terrible ou un échafaud solennel étaient les seules images sur lesquelles il pût désormais s'arrêter. Il cherchait à y échapper, pendant les premiers jours de thermidor, par de longues excursions aux environs de Paris. Accompagné de quelque confident ou seul, il errait des journées entières sous les arbres de Meudon, de Saint-Cloud ou de Viroflay. On eût dit qu'en s'éloignant de Paris, où roulaient les charretées de victimes, il voulait mettre de l'espace entre le remords et lui. Il portait ordinairement un livre sous son habit. C'était habituellement un philosophe, tel que Rousseau, Raynal, Bernardin de Saint-Pierre, ou des poëtes de sentiment, tels que Gessner et Young : contraste étrange entre la douceur des images, la sérénité de la nature et l'âpreté de l'âme. Il avait les rêveries et les contemplations d'un philosophe au milieu des scènes de mort et des proscriptions d'un Marius.

IV

On raconte que le 7 thermidor (25 juillet), la veille du jour où Robespierre attendait l'arrivée de Saint-Just, et où il avait résolu de jouer sa vie contre la restauration de la république, il alla une dernière fois passer la journée entière à l'Ermitage de Jean-Jacques Rousseau, au bord de la forêt de Montmorency. Venait-il chercher des inspirations politiques sous les arbres à l'ombre desquels son maître avait écrit le *Contrat social*. Venait-il faire hommage au philosophe d'une vie qu'il allait donner à la cause de la démocratie? Nul ne le sait. Il passa, dit-on, des heures entières le front dans ses deux mains, accoudé contre la cloison rustique qui enclôt le petit jardin. Son visage avait la contemplation du supplice et la lividité de la mort. Ce fut l'agonie du remords, de l'ambition et du découragement. Robespierre eut le temps de rassembler dans un seul et dernier regard son passé, son présent, son lendemain, le sort de la république, l'avenir du peuple et le sien. S'il mourut d'angoisse, de repentir et d'anxiété, ce fut dans cette muette méditation.

V

Une intention droite au commencement; un dévouement volontaire au peuple représentant à ses yeux la portion opprimée de l'humanité; un attrait passionné pour une révolution qui devait rendre la liberté aux opprimés, l'égalité aux humiliés, la fraternité à la famille humaine; des travaux infatigables consacrés à se rendre digne d'être un des premiers ouvriers de cette régénération; des humiliations cruelles patiemment subies dans son nom, dans son talent, dans ses idées, dans sa renommée, pour sortir de l'obscurité où le confinaient les noms, les talents, les supériorités des Mirabeau, des Barnave, des La Fayette; sa popularité conquise pièce à pièce et toujours déchirée par la calomnie ; sa retraite volontaire dans les rangs les plus obscurs du peuple ; sa vie usée dans toutes les privations ; son indigence, qui ne lui laissait partager avec sa famille, plus indigente encore, que le morceau de pain que la nation donnait à ses représentants ; son désintéressement appelé hypocrisie par ceux qui étaient incapables de le comprendre ; son triomphe enfin ; un trône écroulé ; le peuple affranchi ; son nom associé à la victoire et aux enthousiasmes de la multitude ; mais l'anarchie déchirant à l'instant le règne du peuple ; d'indignes rivaux, tels que les Hébert et les Marat, lui disputant la direction de la Révolution et la poussant à sa ruine ; une lutte criminelle de vengeances et de cruautés s'établissant entre ces rivaux et lui pour se disputer l'empire de l'opinion ; des sacrifices coupables faits pendant trois ans à cette popularité qui avait voulu être nourrie de sang ; la tête du roi demandée et obtenue ; celle de la reine ; celle de la princesse Élisabeth ; celles de milliers de vaincus immolés après le combat ; les Girondins sacrifiés malgré l'estime qu'il portait à leurs principaux orateurs ; Danton lui-même, son plus fier émule, Camille Desmoulins, son jeune disciple, jetés au peuple sur un soupçon, pour qu'il n'y eût plus d'autre nom que le sien dans la bouche des patriotes ; la toute-puissance enfin obtenue dans l'opinion, mais à la condition de la maintenir sans cesse par de nouveaux crimes ; le peuple ne voulant plus dans son législateur suprême qu'un accusateur ; des aspirations à la clémence refoulées par la prétendue nécessité d'immoler encore ; une tête demandée ou livrée au besoin de chaque jour ; la victoire espérée pour le lendemain, mais rien d'arrêté dans l'esprit pour consolider et utiliser cette victoire; des idées confuses, contradictoires; l'horreur de la tyrannie, et la nécessité de la dictature; des plans imaginaires pleins de l'âme de la Révolution, mais sans organisation pour les contenir, sans appui, sans force pour les faire durer; des mots pour institutions; la vertu sur les lèvres et l'arrêt de mort dans la main; un peuple fiévreux; une Convention servile; des comités corrompus; la république reposant sur une seule tête; une vie odieuse; une mort sans fruit; une mémoire souillée; un nom néfaste; le cri du sang qu'on n'apaise plus, s'élevant dans la postérité contre lui : toutes ces pensées assaillirent sans doute l'âme de Robespierre pendant cet examen de son ambition. Il ne lui restait qu'une ressource : c'était de s'offrir en exemple à la république, de dénoncer au monde les hommes qui corrompaient la liberté, de mourir en les combattant, et de léguer au peuple, sinon un gouvernement, au moins une doctrine et un martyr. Il eut évidemment ce dernier rêve : mais c'était un rêve. L'intention était haute, le courage grand, mais la victime n'était pas assez pure même pour se sacrifier! C'est l'éternel malheur des hommes qui ont taché leur nom du sang de leurs semblables de ne pouvoir plus se laver même dans leur propre sang.

VI

Saint-Just, arrivé de l'armée, était venu plusieurs fois pendant la soirée pour conférer avec Robespierre. Lassé de l'attendre, il s'était rendu, encore couvert de la poussière du camp, au comité de salut public. Un silence morne, une observation inquiète, l'avaient accueilli. Il rentra convaincu que les esprits étaient irréconciliables, et que les cœurs couvaient la mort. Le lendemain Saint-Just confirma, dit-on, Robespierre dans l'idée de porter le premier coup. De leur côté, les comités s'attendaient à une prochaine attaque. Leurs membres s'y préparaient. Ils connaissaient l'importance du choix du président dans une assemblée où le président peut à son gré soutenir ou désarmer l'orateur. Ils avaient fait porter Collot-d'Herbois à la présidence de la Convention.

Robespierre relut et ratura vraisemblablement encore, à plusieurs reprises, son discours. En sortant le matin du 8 thermidor, il dit adieu à ses hôtes avec un visage plus ému que les autres jours. Ses amis, Duplay, les filles de son hôte, se pressaient autour de lui et versaient des larmes. « Vous allez courir de grands dangers aujourd'hui, lui dit Duplay, laissez-vous entourer de vos amis et prenez des armes sous vos habits. — Non, répondit Robespierre, je suis entouré de mon nom et armé des vœux du peuple. D'ailleurs la masse de la Convention est pure. Je n'ai rien à craindre au milieu de la représentation, à laquelle je ne veux rien imposer, mais seulement inspirer le salut. »

Il était vêtu du même costume qu'il avait porté à la proclamation de l'Être suprême. Il affectait sur sa personne la décence qu'il désirait ramener dans les mœurs. Il voulait sans doute que le peuple le reconnût à son costume, comme son drapeau vivant. Lebas, Couthon, Saint-Just, David, s'étaient rendus à la séance avant lui. La Convention était nombreuse, les tribunes choisies par les Jacobins. En entrant, Robespierre demanda la parole. Sa présence à la tribune dans un moment où il portait le secret et le sort de la situation dans sa pensée était un événement. Les conjurés, surpris par son apparition, se hâtèrent de descendre de leurs places et d'aller avertir les membres des comités et leurs amis épars dans les jardins et dans les salles, et de les ramener précipitamment à leurs bancs. Un profond silence devançait les paroles. Les masses ont d'immenses pressentiments.

VII

Dans ce moment, Robespierre semblait envelopper à dessein sa physionomie d'un nuage, et contenir l'explosion de sa pensée longtemps muette. Il roulait lentement son manuscrit dans sa main droite comme une arme dont il allait écraser ses ennemis. Il montrait ainsi à ses collègues qu'il avait réfléchi sa colère, et que ses paroles étaient un dessein. Voici ce discours dans une certaine étendue. On regretterait de ne pas connaître des paroles qui étaient toute une situation, et qui amenèrent par leur contre-coup un si éminent changement.

« Citoyens, dit-il, que d'autres vous tracent des tableaux flatteurs; je viens vous dire des vérités utiles. Je ne viens point réaliser des terreurs ridicules répandues par la perfidie, mais je veux étouffer, s'il est possible, les flambeaux de la discorde par la seule force de la vérité. Je vais défendre devant vous votre autorité outragée et la liberté violée. Je me défendrai aussi moi-même : vous n'en serez point surpris; vous ne ressemblez point aux tyrans que vous combattez. Les cris de l'innocence outragée n'importunent point votre oreille, et vous n'ignorez pas que cette cause ne vous est point étrangère.

» Les révolutions qui jusqu'à ce jour ont changé la face des empires n'ont eu pour objet qu'un changement de dynastie, ou le passage du pouvoir d'un seul à celui de plusieurs. La Révolution française est la première qui ait été fondée sur la théorie des droits de l'humanité et sur les principes de la justice. Les autres révolutions n'exigeaient que de l'ambition ; la nôtre impose des vertus. La république s'est glissée pour ainsi dire à travers toutes les factions; mais elle a trouvé leur puissance organisée autour d'elle : aussi n'a-t-elle cessé d'être persécutée dès sa naissance dans la personne de tous les hommes de bonne foi qui combattaient pour elle.

» Les amis de la liberté cherchèrent à renverser la puissance des tyrans par la force de la vérité; les tyrans cherchent à détruire les défenseurs de la liberté par la calomnie; ils donnent le nom de tyrannie à l'ascendant même des principes de la vérité. Quand ce système a pu prévaloir, la liberté est perdue ; car il est dans la nature même des choses qu'il existe une influence partout où il y a des hommes rassemblés, celle de la tyrannie ou celle de la raison. Lorsque celle-ci est proscrite comme un crime, la tyrannie règne ; quand les bons citoyens sont condamnés au silence, il faut bien que les scélérats dominent.

» Ici j'ai besoin d'épancher mon cœur ; vous avez besoin aussi d'entendre la vérité.

» Quel est donc le fondement de cet odieux système de terreur et de calomnie contre moi? Nous, redoutable aux patriotes! Nous, qui les avons arrachés des mains de toutes les factions conjurées contre eux! Nous, qui les disputons tous les jours, pour ainsi dire, aux intrigants hypocrites qui osent les opprimer encore! Nous, redoutable à la Convention nationale! Et que sommes-nous sans elle? Et qui a défendu la Convention nationale au péril de sa vie? Qui s'est dévoué pour sa conservation, quand des factions exécrables conspiraient sa ruine à la face de la France? Qui s'est dévoué pour sa gloire, quand les vils suppôts de la tyrannie prêchaient en son nom l'athéisme, quand tant d'autres gardaient un silence criminel sur les forfaits de leurs complices, et semblaient attendre le signal du carnage pour se baigner dans le sang des représentants du peuple? Et à qui étaient destinés les premiers coups des conjurés? Quelles étaient les victimes désignées par Chaumette et par Ronsin? Dans quel lieu la bande des assassins devait-elle marcher d'abord en ouvrant les prisons? Quels sont les objets des calomnies et des attentats des tyrans armés contre la république? N'y a-t-il aucun poignard pour nous dans la cargaison que l'Angleterre envoie en France et à Paris? C'est nous qu'on assassine, et c'est nous qu'on peint redoutable! Et quels sont donc ces grands actes de sévérité qu'on nous reproche? Quelles ont été les victimes? Hébert, Ronsin, Chabot, Danton, Lacroix, Fabre d'Églantine et quelques autres complices. Est-ce leur punition qu'on nous reproche? Aucun n'oserait les défendre. Non, nous n'avons pas été trop sévère : j'en atteste la république qui respire!

» Est-ce nous qui avons plongé dans les cachots les patriotes et porté la terreur dans toutes les conditions? Ce sont les monstres que nous avons accusés. Est-ce nous qui, oubliant les crimes de l'aristocratie et protégeant les traîtres, avons déclaré la guerre aux citoyens paisibles, érigé en crime ou des préjugés incurables, ou des choses indifférentes, pour trouver partout des coupables et rendre la Révolution redoutable au peuple même? Ce sont les monstres que nous avons accusés. Est-ce nous qui, recherchant des opinions anciennes, avons promené le glaive sur la plus grande partie de la Convention nationale? Ce sont les monstres que nous avons accusés. Aurait-on déjà oublié que nous nous sommes jeté entre eux et leurs bourreaux?

» Telle est cependant la base de ces projets de dictature et d'attentats contre la représentation nationale. Par quelle fatalité cette grande accusation a-t-elle été transportée tout à coup sur la tête d'un seul de ses membres? Étrange projet d'un homme d'engager la Convention nationale à s'égorger elle-même en détail, de ses propres mains, pour lui frayer le chemin du pouvoir absolu! Que d'autres aperçoivent le côté ridicule de ces inculpations, c'est à moi de n'en voir que l'atrocité. Vous rendrez au moins compte à l'opinion publique de votre affreuse persévérance à poursuivre le projet d'égorger tous les amis de la patrie, monstres qui cherchez à me ravir l'estime de la Convention nationale, le prix le plus glorieux des travaux d'un mortel, que je n'ai ni usurpé ni surpris, mais que j'ai été forcé de conquérir ! Paraître un objet de terreur aux yeux de ce qu'on révère et de ce qu'on aime, c'est pour un homme sensible et probe le plus affreux des supplices ! Le lui faire subir, c'est le plus grand des forfaits !

» Au sein de la Convention, on prétendait que la Montagne était menacée, parce que quelques membres siégeant en cette partie de la salle se croyaient en danger, et, pour intéresser à la même cause la Convention nationale tout entière, on réveillait subitement l'affaire des soixante-deux députés détenus, et l'on m'imputait tous ces événements, qui m'étaient absolument étrangers. On disait que je voulais perdre l'autre portion de la Convention nationale. On me peignait ici comme le premier persécuteur des soixante-deux députés détenus ; là on m'accusait de les défendre.

» Ah ! certes, lorsqu'au risque de blesser l'opinion publique j'arrachais seul à une décision précipitée ceux dont les opinions m'auraient conduit à l'échafaud si elles avaient triomphé ; quand dans d'autres occasions je m'opposais à toutes les fureurs d'une faction hypocrite pour réclamer les principes de la stricte équité envers ceux qui m'avaient jugé avec plus de précipitation, j'étais loin sans doute de penser que l'on dût me rendre compte d'une pareille conduite, mais j'étais encore plus loin de penser qu'un jour on m'accuserait d'être le bourreau de ceux envers qui j'ai rempli les devoirs les plus indispensables de la probité, et l'ennemi de la représentation nationale que j'avais servie avec dévouement.

» Cependant ce mot de *dictature* a des effets magiques. Il flétrit la liberté, il avilit le gouvernement, il détruit la république, il dégrade toutes les institutions révolutionnaires, qu'on présente comme l'ouvrage d'un seul homme. Il rend odieuse la justice nationale, qu'il présente comme instituée par l'ambition d'un seul homme ; il dirige sur un point toutes les haines et tous les poignards du fanatisme et de l'aristocratie.

» Quel terrible usage les ennemis de la république ont fait du seul nom d'une magistrature romaine ! Et si leur érudition nous est si fatale, que serait-ce de leurs trésors et de leurs intrigues ! Je ne parle point de leurs armées ; mais qu'il me soit permis de renvoyer au duc d'York, et à tous les écrivains royaux, les patentes de cette dignité ridicule, qu'ils m'ont expédiées les premiers. Il y a trop d'insolence à des rois qui ne sont pas sûrs de conserver leurs couronnes de s'arroger le droit d'en distribuer à d'autres !

» Ils m'appellent tyran... Si je l'étais, ils ramperaient à mes pieds ; je les gorgerais d'or, je leur assurerais le droit de commettre tous les crimes, et ils seraient reconnaissants ! Si je l'étais, les rois que nous avons vaincus, loin de me dénoncer quel tendre intérêt ils prennent à notre liberté, me prêteraient leur coupable appui ; je transigerais avec eux ! On arrive à la tyrannie par le secours des fripons. Où courent ceux qui les combattent ? Au tombeau et à l'immortalité. Quel est le tyran qui me protége ? quelle est la faction à qui j'appartiens ? C'est vous-mêmes. Quelle est cette faction qui, depuis le commencement de la Révolution, a terrassé, fait disparaître tant de traîtres accrédités ? C'est vous, c'est le peuple, ce sont les principes. Voilà la faction à laquelle je suis voué et contre laquelle tous les crimes sont ligués.

» La vérité sans doute a sa puissance, sa colère, son despotisme ; elle a des accents touchants, terribles, qui retentissent avec force dans les cœurs purs comme dans les consciences coupables, et qu'il n'est pas plus donné au mensonge d'imiter qu'à Salmonée d'imiter les foudres du ciel.

» Qui suis-je, moi qu'on accuse ? Un esclave de la liberté, un martyr vivant de la république, la victime autant que l'ennemi du crime. Tous les fripons m'outragent ; les actions les plus indifférentes, les plus légitimes de la part des autres, sont des crimes pour moi ; un homme est calomnié dès qu'il me connaît. On pardonne à d'autres leurs forfaits ; on me fait un crime de mon zèle. Otez-moi ma conscience, je suis le plus malheureux de tous les hommes.

» Quand les victimes de leur perversité se plaignent, ils s'excusent en disant : « C'est Robespierre qui le veut, nous » ne pouvons pas nous en dispenser. » Les infâmes disciples d'Hébert tenaient jadis le même langage dans le temps où je les dénonçais ; ils se disaient mes amis, ensuite ils m'ont déclaré convaincu de modérantisme : c'est encore la même espèce de contre-révolutionnaires qui persécute le patriotisme. Jusques à quand l'honneur des citoyens et la dignité de la Convention nationale seront-ils à la merci de ces hommes-là ? Mais le trait que je viens de citer n'est qu'une branche du système de persécution plus vaste dont je suis l'objet. En développant cette accusation de dictature mise à l'ordre du jour par les tyrans, on s'est attaché à me charger de toutes les iniquités, de tous les torts de la fortune ou de toutes les rigueurs commandées par le salut de la patrie. On disait aux nobles : « C'est lui seul qui vous a proscrits ; » on disait en même temps aux patriotes : « Il veut sauver les » nobles ; » on disait aux prêtres : « C'est lui seul qui vous » poursuit, sans lui vous seriez paisibles et triomphants ; » on disait aux fanatiques : « C'est lui qui détruit la reli- » gion ; » on disait aux patriotes persécutés : « C'est lui qui » l'a ordonné ou qui ne veut pas l'empêcher. » On me renvoyait toutes les plaintes dont je ne pouvais faire cesser les causes, en disant : « Votre sort dépend de lui seul. » Des hommes apostés dans les lieux publics propageaient chaque jour ce système. Il y en avait dans le lieu des séances du tribunal révolutionnaire, dans le lieu où les ennemis de la patrie expient leurs forfaits. Ils disaient : « Voilà des mal- » heureux condamnés ; qui est-ce qui en est la cause ? » Robespierre. » On s'est attaché particulièrement à prouver que le tribunal révolutionnaire était un *tribunal de sang* créé par moi seul, et que je maîtrisais absolument pour faire égorger tous les gens de bien et même tous les fripons ; car on voulait me susciter des ennemis de tous les genres. Ce cri retentissait dans toutes les prisons.

» On a dit à chaque député revenu d'une mission dans les départements que moi seul avais provoqué son rappel. On rapportait fidèlement à mes collègues et tout ce que j'avais dit, et surtout ce que je n'avais pas dit. Quand on eut formé cet orage de haines, de vengeance, de terreur, d'amours-propres irrités, on crut qu'il était temps d'éclater. Mais qui étaient-ils, ces calomniateurs ?

» Je puis répondre que les auteurs de ce plan de calomnie sont d'abord le duc d'York, M. Pitt et tous les tyrans armés contre nous. Qui ensuite?... Ah! je n'ose les nommer dans ce moment et dans ce lieu, je ne puis me résoudre à déchirer entièrement le voile qui couvre ce profond mystère d'iniquités ; mais ce que je puis affirmer positivement, c'est que parmi les auteurs de cette trame sont les agents de ce système de corruption et d'extravagance, le plus puissant de tous les moyens inventés par l'étranger pour perdre la république, sont les apôtres impurs de l'athéisme et de l'immoralité dont il est la base.

» La tyrannie n'avait demandé aux hommes que leurs biens et leur vie, ceux-ci nous demandaient jusqu'à nos consciences ; d'une main ils nous présentaient tous les maux, de l'autre ils nous arrachaient l'espérance. L'athéisme, escorté de tous les crimes, versait sur le peuple le deuil et le désespoir, et sur la représentation nationale les soupçons, le mépris et l'opprobre. Une juste indignation, comprimée par la terreur, fermentait sourdement dans les cœurs ; une éruption terrible, inévitable, bouillonnait dans les entrailles du volcan, tandis que de petits philosophes jouaient stupidement sur sa cime avec de grands scélérats. Telle était la situation de la république, que, soit que le peuple consentît à souffrir la tyrannie, soit qu'il en secouât violemment le joug, la liberté était également perdue ; car, par sa réaction il eût blessé à mort la république, et par sa patience il s'en serait rendu indigne. Aussi, de tous les prodiges de notre Révolution, celui que la postérité concevra le moins, c'est que nous ayons pu échapper à ce danger. Grâces immortelles vous soient rendues, vous avez sauvé la patrie! Votre décret du 18 floréal est lui seul une révolution : vous avez frappé du même coup l'athéisme et le despotisme sacerdotal ; vous avez avancé d'un demi-siècle l'heure fatale des tyrans ; vous avez rattaché à la cause de la Révolution tous les cœurs purs et généreux, vous l'avez montrée au monde dans tout l'éclat de sa beauté céleste. O jour à jamais fortuné, où le peuple français tout entier s'éleva pour rendre à l'Auteur de la nature le seul hommage digne de lui! Quel touchant assemblage de tous les objets qui peuvent enchanter les regards et le cœur des hommes! Être des êtres! le jour où l'univers sortit de tes mains toutes-puissantes brilla-t-il d'une lumière plus agréable à tes yeux que le jour où, brisant le joug du crime et de l'erreur, il parut devant toi digne de tes regards et de ses destinées?

» Ce jour avait laissé sur la France une impression profonde de calme, de bonheur, de sagesse et de bonté. Mais quand le peuple, en présence duquel tous les vices privés disparaissent, est rentré dans ses foyers domestiques, les intrigants reparaissent, et le rôle des charlatans recommence. C'est depuis cette époque qu'on les a vus s'agiter avec une nouvelle audace, et chercher à punir tous ceux qui avaient déconcerté le plus dangereux de tous les complots. Croirait-on qu'au sein de l'allégresse publique des hommes aient répondu par des signes de fureur aux touchantes acclamations du peuple? Croirait-on que le président de la Convention nationale, parlant au peuple assemblé, fut insulté par eux, et que ces hommes étaient des représentants du peuple?

» Que dirait-on si les auteurs du complot dont je viens de parler étaient du nombre de ceux qui ont conduit Danton, Fabre et Desmoulins à l'échafaud? Les lâches! ils voulaient me faire descendre au tombeau avec ignominie! et je n'aurais laissé sur la terre que la mémoire d'un tyran!

Avec quelle perfidie ils abusaient de ma bonne foi! Comme ils semblaient adopter les principes de tous les bons citoyens! Comme leur feinte amitié était naïve et caressante! Tout à coup leurs visages se sont couverts des plus sombres nuages, une joie féroce brillait dans leurs yeux; c'était le moment où ils croyaient toutes leurs mesures bien prises pour m'accabler. Aujourd'hui ils me caressent de nouveau; leur langage est plus affectueux que jamais : il y a trois jours ils étaient prêts à me dénoncer comme un Catilina, aujourd'hui ils me prêtent les vertus de Caton. Il leur faut du temps pour renouer leurs trames criminelles. Que leur but est atroce! mais que leurs moyens sont méprisables! Jugez-en par un seul trait : J'ai été chargé momentanément, en l'absence de mes collègues, de surveiller un bureau de police générale récemment et faiblement organisé au comité de salut public. Ma courte gestion s'est bornée à provoquer une trentaine d'arrêtés, soit pour mettre en liberté des patriotes persécutés, soit pour s'assurer de quelques ennemis de la Révolution. Eh bien, croira-t-on que ce seul mot de *police générale* a suffi pour mettre sur ma tête la responsabilité de toutes les opérations du comité de sûreté générale, des erreurs des autorités constituées, des crimes de tous mes ennemis? Il n'y a peut-être pas un individu arrêté, pas un citoyen vexé à qui l'on n'ait dit de moi: « Voilà l'auteur de tes maux; tu serais heureux et libre » s'il n'existait pas! » Comment pourrais-je ou raconter ou deviner toutes les espèces d'impostures qui ont été clandestinement insinuées, soit dans la Convention nationale, soit ailleurs, pour me rendre odieux et redoutable? Je me bornerai à dire que depuis plus de six semaines la nature et la force de la calomnie, l'impuissance de faire le bien et d'arrêter le mal, m'ont forcé à abandonner absolument mes fonctions de membre du comité de salut public, et je jure qu'en cela même je n'ai consulté que ma raison et la patrie.

» Quoi qu'il en soit, voilà au moins six semaines que ma dictature est expirée et que je n'ai aucune espèce d'influence sur le gouvernement. Le patriotisme a-t-il été plus protégé? les factions plus timides? la patrie plus heureuse? je le souhaite. Mais cette influence s'est bornée dans tous les temps à plaider la cause de la patrie devant la représentation nationale et au tribunal de la raison publique; il m'a été permis de combattre les factions qui vous menaçaient; j'ai voulu déraciner le système de corruption et de désordre qu'elles avaient établi, et que je regarde comme le seul obstacle à l'affermissement de la république. J'ai pensé qu'elle ne pouvait s'asseoir que sur les bases éternelles de la morale. Tout s'est ligué contre moi et contre ceux qui avaient les mêmes principes.

» Oh! je la leur abandonne sans regret, ma vie! j'ai l'expérience du passé et je vois l'avenir! Quel ami de la patrie peut vouloir survivre au moment où il n'est plus permis de la servir et de défendre l'innocence opprimée? pourquoi demeurer dans un ordre de choses où l'intrigue triomphe éternellement de la vérité, où la justice est un mensonge, où les plus viles passions, où les craintes les plus ridicules occupent dans les cœurs la place des intérêts sacrés de l'humanité? comment supporter le supplice de voir l'horrible succession de traîtres plus ou moins habiles à cacher leur âme hideuse sous le voile de la vertu et même de l'amitié, mais qui tous laisseront à la postérité l'embarras de décider lequel des ennemis de mon pays fut le plus lâche et le plus atroce? En voyant la multitude des vices que le torrent de la Révolution a roulés pêle-mêle avec les vertus civiques, j'ai craint quelquefois, je l'avoue, d'être souillé aux yeux de la postérité par le voisinage impur des hommes pervers qui s'introduisaient parmi les sincères amis de l'humanité, et je m'applaudis de voir la fureur des Verrès et des Catilina de mon pays tracer une ligne profonde de démarcation entre eux et tous les gens de bien. J'ai vu dans l'histoire tous les défenseurs de la liberté accablés par la calomnie. Mais les oppresseurs sont morts aussi! Les bons et les méchants disparaissent de la terre, mais à des conditions différentes. Français, ne souffrez pas que vos ennemis osent abaisser vos âmes et énerver vos vertus par leur désolante doctrine! Non, Chaumette, non, la mort n'est pas un sommeil éternel!... Citoyens! effacez des tombeaux cette maxime gravée par des mains sacriléges, qui jette un crêpe funèbre sur la nature, qui décourage l'innocence opprimée et qui insulte à la mort. Gravez-y plutôt celle-ci : « La mort est le commencement de l'im- » mortalité. »

» J'ai promis, il y a quelque temps, de laisser un testament redoutable aux oppresseurs du peuple, je vais le publier dès ce moment avec l'indépendance qui convient à la situation où je me suis placé : je leur lègue la vérité terrible et la mort.

» Pourquoi ceux qui vous disaient naguère : « Je vous » déclare que nous marchons sur des volcans, » croient-ils ne marcher aujourd'hui que sur des roses? Hier ils croyaient aux conspirations. Je déclare que j'y crois dans ce moment. Ceux qui vous disent que la fondation de la république est une entreprise si facile vous trompent, ou plutôt ils ne peuvent tromper personne. Où sont les institutions sages, où est le plan de régénération qui justifient cet ambitieux langage? S'est-on seulement occupé de ce grand objet? Que dis-je ! ne voulait-on pas proscrire ceux qui les avaient préparés? On les loue aujourd'hui, parce qu'on se croit plus faible; donc on les proscrira encore demain, si on devient plus fort. Dans quatre jours, dit-on, les injustices seront réparées. Pourquoi ont-elles été commises impunément depuis quatre mois? Et comment dans quatre jours les auteurs de nos maux seront-ils corrigés ou chassés? On vous parle beaucoup de vos victoires avec une légèreté académique qui ferait croire qu'elles n'ont coûté à nos héros ni sang ni travaux. Racontées avec moins de pompe, elles paraîtraient plus grandes. Ce n'est ni par des phrases de rhéteur, ni même par des exploits guerriers que nous subjuguerons l'Europe, mais par la sagesse de nos lois, par la majesté de nos délibérations et par la grandeur de nos caractères. Qu'a-t-on fait pour tourner nos succès militaires au profit de nos principes, pour prévenir les dangers de la victoire ou pour en assurer les fruits?

» Voilà une partie du plan de la conspiration. Et à qui faut-il imputer ces maux? A nous-mêmes, à notre lâche faiblesse pour le crime, et à notre coupable abandon des principes proclamés par nous-mêmes. Ne nous y trompons pas, fonder une immense république sur les bases de la raison et de l'égalité, resserrer par un lien vigoureux toutes les parties de cet empire immense, n'est pas une entreprise que la légèreté puisse consommer; c'est le chef-d'œuvre de la vertu et de la raison humaine. Toutes les factions naissent en foule du sein d'une grande révolution; comment les réprimer, si vous ne soumettez sans cesse toutes les passions à la justice? Vous n'avez pas d'autre garant de la liberté que l'observation rigoureuse des principes de morale universelle que vous avez proclamés. Que nous importe de vaincre les rois, si nous sommes vaincus par les vices qui amènent la tyrannie!

» Pour moi, dont l'existence paraît aux ennemis de mon pays un obstacle à leurs projets odieux, je consens volontiers à leur en faire le sacrifice, si leur affreux empire doit durer encore. Eh! qui pourrait désirer de voir plus longtemps cette horrible succession de traîtres plus ou moins habiles à cacher leur âme hideuse sous un masque de vertu jusqu'au moment où leur crime paraît mûr? qui tous laisseront à la postérité l'embarras de décider lequel des ennemis de ma patrie fut le plus lâche et le plus atroce?

» Peuple, souviens-toi que si dans la république la justice ne règne pas avec un empire absolu, et si ce mot ne signifie pas l'amour de l'égalité et de la patrie, la liberté n'est qu'un vain nom! Peuple, toi que l'on craint, que l'on flatte et que l'on méprise; toi, souverain reconnu, qu'on traite toujours en esclave, souviens-toi que partout où la justice ne règne pas, ce sont les passions des magistrats, et que le peuple a changé de chaînes et non de destinées!

» Sache que tout homme qui s'élèvera pour défendre la cause de la morale publique sera accablé d'avanies et proscrit par les fripons; sache que tout ami de la liberté sera toujours placé entre un devoir et une calomnie; que ceux qui ne pourront être accusés d'avoir trahi seront accusés d'ambition; que l'influence de la probité et des principes sera comparée à la force de la tyrannie et à la violence des factions; que ta confiance et ton estime seront des titres de proscription pour tous tes amis; que les cris du patriotisme opprimé seront appelés des cris de sédition, et que, n'osant t'attaquer toi-même en masse, on te proscrira en détail dans la personne de tous les bons citoyens, jusqu'à ce que les ambitieux aient organisé leur tyrannie. Tel est l'empire des tyrans armés contre nous, telle est l'influence de leur ligue avec tous les hommes corrompus toujours portés à les servir. Ainsi donc les scélérats nous imposent la loi de trahir le peuple, à peine d'être appelé dictateur. Souscrirons-nous à cette loi? Non! Défendons le peuple au risque d'en être estimé; qu'ils courent à l'échafaud par la route du crime, et nous par celle de la vertu! »

VIII

Ce long discours, dont nous n'avons reproduit que le nerf, en élaguant tout ce qui n'y était que le prétexte de la situation, avait été écouté avec un respect apparent qui servait à masquer les sentiments et les visages. Nul n'aurait osé exprimer un murmure isolé contre la sagesse et l'autorité d'un tel homme. On attendait qu'un murmure général éclatât pour y confondre le sien. Se signaler, c'était se perdre. Chacun tremblait devant tous. L'hypocrisie générale d'admiration avait l'apparence d'une approbation unanime.

Robespierre vint se rasseoir sur son banc en traversant des rangs qui s'inclinaient et des physionomies qui s'efforçaient de sourire. Une longue hésitation semblait peser sur la Convention. Elle ne savait pas encore si elle allait s'indigner ou applaudir. Une révolte, c'était un combat engagé ; un applaudissement, c'était sa servitude. Le silence couvrait ses irrésolutions. Une voix le rompit.

C'était la voix de Lecointre. Il demanda que le discours de Robespierre fût imprimé. C'était le faire adopter par la Convention.

Cette proposition allait être votée, quand Bourdon de l'Oise, qui avait lu son nom sous toutes les réticences de Robespierre, et qui sentait qu'une audace de plus ne le proscrirait pas davantage, résolut d'interroger le courage ou la lâcheté de ses collègues. Exercé aux symptômes des grandes assemblées, le silence de la Convention lui paraissait un commencement d'affranchissement. Un mot pouvait le changer en révolte. Jeter ce mot dans l'Assemblée, s'il tombait à faux, c'était jouer sa tête. Bourdon de l'Oise la joua.

« Je m'oppose, s'écria-t-il, à l'impression de ce discours. Il contient des matières assez graves pour être examiné. Il peut renfermer des erreurs comme des vérités. Il est de la prudence de la Convention de le renvoyer à l'examen des deux comités de salut public et de sûreté générale. »

Aucune explosion n'éclata contre une objection qui eût paru la veille un blasphème. Le cœur des conjurés se raffermit. Robespierre fut étonné de sa chute. Barère le regarda. Barère crut qu'aucune adulation n'était plus secourable que celle qui relevait un orgueil humilié. Il soutint l'impression du discours en termes que les deux partis pouvaient également accepter.

Couthon, encouragé par la défection de Barère, demanda non-seulement l'impression, mais l'envoi à toutes les communes de la république. Cette impression triomphale est votée. La défaite des ennemis de Robespierre est consommée s'ils ne font pas rétracter ce vote. Vadier se lève et se dévoue. Robespierre veut couper la parole à Vadier. Vadier insiste : « Je parlerai, » dit-il avec le calme qui convient à la vertu. Il justifie le rapport qu'il avait fait sur Catherine Théot, attaqué par Robespierre. Il fait entendre en termes couverts qu'il a la main pleine de mystères dans lesquels ses accusateurs eux-mêmes seraient enveloppés. Il justifie le comité de sûreté générale.

« Et moi aussi j'entre dans la lice, s'écrie alors l'austère et intègre Cambon, quoique je n'aie pas cherché à former un parti autour de moi. Je ne viens point armé d'écrits préparés de longue main. Tous les partis m'ont trouvé intrépide sur leur route, opposant à leur ambition la barrière de mon patriotisme. Il est temps enfin de dire la vérité tout entière. Un seul homme paralyse la Convention nationale, et cet homme, c'est Robespierre ! » A ces mots, qui éclatent comme la pensée comprimée d'un homme de bien, Robespierre se lève et s'excuse d'avoir attaqué l'intégrité de Cambon.

Billaud-Varennes demande que les deux comités accusés mettent leur conduite en évidence. « Ce n'est pas le comité que j'attaque, répond Robespierre. Au reste, pour éviter bien des altercations, je demande à m'expliquer plus complétement. — Nous le demandons tous ! » s'écrient, en se levant, deux cents membres de la Montagne.

Billaud-Varennes continue : « Oui, dit-il, Robespierre a raison, il faut arracher le masque, sur quelque visage qu'il se trouve; et s'il est vrai que nous ne soyons plus libres, j'aime mieux que mon cadavre serve de trône à un ambitieux que de devenir par mon silence le complice de ses forfaits. »

Panis, longtemps l'ami, puis le proscrit de Robespierre aux Jacobins, lui reproche de régner partout et de proscrire seul les hommes qui lui sont suspects. « J'ai le cœur navré, s'écrie Panis; il est temps qu'il déborde. On me peint comme un scélérat dégouttant de sang et gorgé de rapines, et je n'ai pas acquis dans la Révolution de quoi donner un sabre à mon fils pour marcher aux frontières et un vêtement à mes filles ! Robespierre a dressé une liste où il a inscrit mon nom et dévoué ma tête pour le premier supplice en masse. »

Un flot d'indignation contenue gronde à ces mots contre le tyran. Robespierre l'affronte d'une contenance imperturbable. « En jetant mon bouclier, dit-il, je me suis présenté à découvert à mes ennemis. Je ne rétracte rien, je ne flatte personne, je ne crains personne; je ne veux ni l'appui ni l'indulgence de personne. Je ne cherche point à me faire un parti. J'ai fait mon devoir, cela me suffit; c'est aux autres de faire le leur... Eh quoi ! continue-t-il, j'aurais eu le courage de venir déposer dans le sein de la commission des vérités que je crois nécessaires au salut de la patrie, et l'on renverrait mon accusation à l'examen de ceux que j'accuse !

» — Quand on se vante d'avoir le courage de la vertu, lui crie Charlier, il faut avoir celui de la vérité; nommez ceux que vous accusez ! — Oui, oui, nommez-les ! nommez-les ! » répète, en se levant avec des gestes de défi, un groupe de la Montagne. Robespierre se tait. « Ce discours inculpe les deux comités, reprend Amar. Il faut que l'accusateur nomme les membres qu'il désigne. Il ne faut pas qu'un homme se mette à la place de tous. Il ne faut pas que la Convention soit troublée pour les intérêts d'un orgueil blessé. Qu'il articule ses reproches et qu'on juge ! » Thirion dit que l'envoi d'un pareil discours aux départements serait une condamnation anticipée de ceux que Robespierre inculpe. Barère, qui voit flotter l'Assemblée, tente de revenir sur sa première adulation par des paroles moins révérencieuses contre l'homme qui chancelle : « Nous répondrons à cette déclamation par des victoires, » s'écrie-t-il. Bréard prouve que la Convention se doit à elle-même de révoquer le décret qui ordonne l'impression et l'envoi aux départements d'un discours dangereux à la république. Une immense majorité vote avec Bréard.

IX

Robespierre, humilié, mais non vaincu, sent que la Convention lui échappe. Il sort, il se précipite, au milieu d'un groupe fidèle, à la tribune des Jacobins, où ses amis l'accueillent comme le martyr de la vérité et le blessé du peuple. Porté à la tribune dans les bras des Jacobins, Robespierre y lit, au milieu des trépignements et des larmes d'enthousiasme, le discours répudié par la Convention. Des cris de fureur, des accents de rage, des gestes d'adoration, interrompent et couronnent ce discours. Quand ces manifestations sont apaisées, Robespierre, épuisé de voix, et prenant l'attitude résignée d'un patient de la démocratie : « Frères, dit-il, le discours que vous venez d'entendre est mon testament de mort ! — Non ! non ! tu vivras ou nous mourrons tous ! lui répondent les tribunes en tendant les bras vers l'orateur. — Oui, c'est mon testament de mort, reprend-il avec une solennité prophétique, ceci est mon testament de mort ! Je l'ai vu aujourd'hui, la ligue des scélérats est tellement forte que je ne puis espérer de lui échapper. Je succombe sans regrets ! Je vous laisse ma mémoire, elle vous sera chère et vous la défendrez ! »

Ces mots suprêmes, cette mort prochaine, cet adieu qui renferme à la fois un reproche et une résignation, attendrissent jusqu'aux sanglots le peuple et les Jacobins. Coffinhal, Duplay, Payan, Buonarotti, Lebas, David, se lèvent, interpellent Robespierre, le conjurent de défendre la patrie en se défendant lui-même. Hanriot s'écrie avec un geste forcené qu'il a encore assez de canonniers pour faire voter la Convention. Robespierre, soulevé par cet enthousiasme, et entraîné par l'extrémité de la circonstance au delà de sa résolution, fait signe qu'il veut parler encore.

« Eh bien, oui ! s'écrie-t-il, séparez les méchants des faibles ! Délivrez la Convention des scélérats qui l'oppriment ! Rendez-lui la liberté qu'elle attend de vous comme au 31 mai et au 2 juin ! Marchez s'il le faut, et sauvez la patrie ! Si, malgré ces généreux efforts, nous succombons, eh bien, mes amis, vous me verrez boire la ciguë avec calme !... » David, l'interrompant à ces mots par un geste antique et par un cri de l'âme : « Robespierre, lui dit-il, si tu bois la ciguë, je la boirai avec toi ! — Tous ! tous ! nous périrons tous avec toi ! s'écrient des milliers de voix dévouées. Périr avec toi, c'est périr avec le peuple ! »

Couthon, qui observe de sang-froid le bouillonnement général, veut profiter du moment pour faire tirer le glaive aux Jacobins, et pour les séparer de la Convention par un premier outrage. Il demande que les membres indignes de la Convention qu'il aperçoit dans un enfoncement de la salle soient expulsés. A ces mots, Collot-d'Herbois, Billaud-Varennes, Legendre, Bourdon, qui étaient venus à la séance pour épier les dispositions et les symptômes de l'esprit public, sont découverts dans l'ombre, montrés au doigt, apostrophés, sommés de se retirer des rangs des patriotes. Quelques-uns se retirent. Collot s'élance à la tribune, veut se défendre, étale son titre de premier des républicains en date, montre la place des blessures dont Ladmiral a meurtri sa poitrine. Les huées couvrent la voix de Collot-d'Herbois, l'ironie parodie ses gestes, les couteaux sont brandis sur sa tête. Il échappe avec peine à la fureur des Jacobins. Payan, s'approchant alors de l'oreille de Robespierre, lui propose d'ébranler le peuple, et d'aller enlever les deux comités réunis en ce moment aux Tuileries.

X

Le mouvement était imprimé, la marche courte, le succès facile, le coup décisif. La Convention sans chef serait tombée le lendemain aux pieds de Robespierre, et aurait rendu grâces à son vengeur. Mais le dominateur des Jacobins reprit, pendant la tempête suscitée par l'expulsion de Collot, ses scrupules de légalité. Il crut que le cœur du peuple le dispenserait d'employer sa main, et que jamais la Convention n'oserait attenter à une vie enveloppée d'un tel fanatisme. Il refusa. A ce refus, probe peut-être, mais impolitique, Coffinhal saisissant Payan par le bras et l'entraînant hors de la salle : « Tu vois bien, lui dit-il, que sa vertu ne peut pas consentir à l'insurrection ; eh bien, puisqu'il ne veut pas qu'on le sauve, allons nous préparer à nous défendre et à le venger. »

A ces mots, Coffinhal et Payan se rendent au conseil de la commune, et passent la nuit avec Hanriot à concerter pour le lendemain une levée insurrectionnelle du peuple. Coffinhal, né dans les montagnes de l'Auvergne, avait la masse, la taille et la vigueur musculaire des races alpestres de son pays. C'était un colosse semblable à ce paysan de la Thrace dont les soldats firent un empereur par admiration pour la force physique de son bras. L'énergie de son caractère répondait à celle de ses muscles. Comme tous les hommes de cette trempe, il en appelait vite au geste contre ce que la parole ne faisait pas fléchir. Payan fut la pensée, Coffinhal fut la main de cette nuit et du jour suivant.

XI

Pendant que Robespierre enlevait et laissait s'affaisser ainsi tour à tour les Jacobins, Saint-Just s'était rendu, après la séance de la Convention, au comité de salut public. Il n'y avait encore paru qu'un moment, comme on l'a vu, depuis son retour de l'armée. Le comité était réuni pour délibérer sur les événements du jour. Les collègues de Saint-Just le reçurent avec un visage morne et avec des paroles embarrassées. « Qui te ramène de l'armée? lui demanda Billaud-Varennes. — Le rapport que vous m'avez chargé de faire à la Convention, répondit Saint-Just. — Eh bien, lis-nous ce rapport, reprit Billaud. — Il n'est pas terminé, répliqua le jeune représentant. Je viens pour le concerter avec vous. » Sa figure n'exprimait aucune animadversion contre ses collègues. Barère l'engagea, avec des paroles insinuantes, à ne pas se laisser entraîner par son amitié aux préventions de Robespierre contre le comité, et à éviter ce grand déchirement à la république. Saint-Just écoutait Barère tout pensif. Il semblait douloureusement partagé entre son adoration pour Robespierre et les supplications amicales de ses collègues, quand Collot-d'Herbois, ouvrant violemment la porte, le visage effaré, les pas chancelants, les habits déchirés, se précipita dans la salle. Il revenait des Jacobins. Il avait encore devant les yeux les couteaux levés sur sa tête. Il aperçoit Saint-Just. « Que se passe-t-il donc aux Jacobins? lui dit celui-ci. — Tu le demandes! s'écrie Collot-d'Herbois en s'élançant sur Saint-Just, tu le demandes! toi le complice de Robespierre! toi qui avec Couthon et lui avez formé un triumvirat dont le premier acte est de nous assassiner!... »

Collot-d'Herbois raconte alors précipitamment à ses collègues la scène des Jacobins, la lecture du discours, les appels à l'insurrection, l'expulsion des membres de la Convention, les huées, les imprécations, les poignards; puis, revenant à Saint-Just, il le saisit par le collet de son habit, et le secouant comme un lutteur qui veut renverser son ennemi à ses pieds : « Tu es ici, lui dit-il, pour épier et pour dénoncer tes collègues ! Tes mains sont pleines des notes que tu viens prendre contre nous. Tu caches sous ton habit le rapport infâme dont les conclusions sont notre mort à tous. Tu ne sortiras pas d'ici que tu n'aies déroulé ces notes sous nos yeux et manifesté ton infamie ! » En parlant ainsi, Collot-d'Herbois s'efforçait d'arracher des mains de Saint-Just, et de trouver sous ses habits, les papiers qu'il croyait renfermer les preuves de sa perfidie. Carnot, Barère, Robert Lindet, Billaud-Varennes, se précipitent entre les deux adversaires, protégent Saint-Just, et ramènent Collot-d'Herbois à la décence et au repentir de sa violence. On se borna à déclarer à Saint-Just qu'il ne sortirait pas du comité sans avoir juré que son rapport ne contiendrait rien contre ses collègues, et sans qu'il leur eût communiqué à eux-mêmes ce rapport avant de le lire à la Convention.

Saint-Just le jura, et leur dit avec franchise qu'il demanderait que Collot-d'Herbois et Billaud-Varennes fussent rappelés dans la Convention pour faire cesser les divisions qui déchiraient le comité. Il refusa d'assister plus longtemps à la séance, où sa présence était suspecte à ses collègues. « Vous avez flétri mon cœur, leur dit-il en sortant, je vais l'ouvrir à la Convention. » Après le départ de Saint-Just, les membres du comité décidèrent, sur la proposition de Collot-d'Herbois, qu'Hanriot serait arrêté le lendemain pour ses paroles aux Jacobins, et que Fleuriot, l'agent national de Paris, serait mandé à la barre de la Convention. Ils se séparèrent au lever du soleil, et coururent chacun chez leurs amis pour les informer des résolutions et des périls du jour.

XII

Tallien, Fréron, Barras, Fouché, Dubois-Crancé, Bourdon, et leurs amis, dont le nombre grossissait, n'avaient pas dormi. Témoins la veille des fluctuations de la Convention, instruits des tumultes des Jacobins, certains d'une lutte à mort pour le lendemain, ils avaient employé en conférences, en émissaires et en courses nocturnes le peu d'heures que le temps leur laissait pour sauver leurs têtes. Le feu de la haine et de la conjuration était entretenu dans Tallien par l'amour. Le soir même, un inconnu lui glissa dans la main, au coin de la rue de la Perle, un billet de Thérésa Cabarrus. Ce billet, qu'un geôlier séduit avait consenti à laisser sortir de la prison des Carmes, était écrit avec du sang. Il ne contenait que ces mots : « L'administrateur de police sort d'ici, il est venu m'annoncer que demain je monterai au tribunal, c'est-à-dire à l'échafaud. Cela ressemble bien peu au rêve que j'ai fait cette nuit: Robespierre n'existait plus, et les prisons étaient ouvertes... Mais, grâce à votre insigne lâcheté, il ne se trouvera bientôt plus personne en France capable de le réaliser ! »

Quand l'héroïsme est éteint partout, on le rallume au foyer de l'amour, dans un cœur de femme. Tallien répondit laconiquement : « Soyez aussi prudente que je serai courageux, et calmez votre tête. »

Cependant le sort du combat allait dépendre, au dehors, de l'énergie des hommes de main qui auraient à défendre la Convention avec une poignée de baïonnettes contre une forêt de piques et contre des pièces de canon; au dedans, des résultats de la prochaine séance. Pour le dehors, on convint de remettre le commandement à Barras, l'épée du parti; pour la séance, on résolut de la soustraire à Robespierre, en lui enlevant la tribune. Combattre la parole par la parole était incertain, l'étouffer par le silence était plus sûr. Pour cela il fallait deux choses : un président complice de ses ennemis : on l'avait dans Collot-d'Herbois; une majorité résolue d'avance à le sacrifier : on pouvait l'obtenir en divisant la Montagne, en ranimant la vengeance saignante encore dans le cœur des amis de Danton ; en détachant le centre jusque-là docile à la voix de Robespierre, mais docile par peur plus que par amour ; en évoquant enfin toutes les victimes, tous les ressentiments, et en les accumulant sur un seul homme. Des émissaires habiles et entraînants furent employés toute la nuit à arracher à la Plaine les espérances qu'elle s'obstinait à nourrir dans les desseins de Robespierre, et à effacer dans l'âme de ces débris de la Gironde la reconnaissance qu'ils lui devaient pour avoir défendu les soixante-deux contre les exigences des comités. Trois fois les négociations échouèrent, et trois fois elles furent renouées. Sieyès, Durand-Maillane, et quelques Conventionnels influents qui conduisaient cette partie molle de la Convention, hésitaient entre des comités qu'ils abhorraient et un homme qui avait sauvé la vie de leurs soixante-deux collègues, qui les protégeait eux-mêmes de son indulgence, et dont la dictature, après tout, serait un plus sûr abri que l'anarchie de la Convention. Un pouvoir incontesté se modère. Une lutte acharnée d'ambition ne laisse de sécurité ni aux acteurs ni aux spectateurs du combat.

Les restes des Girondins se résignaient aisément à la servitude, pourvu qu'elle fût sûre. Ils étaient las de crises, plus las d'échafauds. Ils ne demandaient que la vie. Les plus intrépides, tels que Boissy d'Anglas, attendaient l'heure de la réaction pour détrôner à la fois les anarchistes et les tyrans des comités. Les autres voteraient pour le parti qui leur promettrait non la plus grande influence, mais les plus longs jours. Chacun des deux partis leur assurait que c'était le sien. La Plaine tremblait de se tromper, et ne se décida qu'au jour. Bourdon de l'Oise convainquit les chefs des anciens Girondins que leur salut était dans la liberté et dans l'équilibre rendus à la Convention; que se livrer à un dictateur tel que Robespierre, c'était se livrer non à un maître, mais à un lâche esclave du peuple; que ce peuple, qui lui avait déjà demandé les têtes de tant de collègues, les lui demanderait inévitablement toutes; que cet homme n'avait pour régner d'autre force que les Jacobins; que la force des Jacobins n'était qu'une soif inextinguible de sang; que Robespierre ne pourrait conserver les Jacobins qu'en les assouvissant tous les jours; que lui prêter le pouvoir suprême, c'était lui tendre le couteau avec lequel il les égorgerait eux-mêmes. Bourdon rassura ces hommes flottants sur les intentions des comités; il leur démontra que, Robespierre une fois extirpé de ce groupe de décemvirs, le faisceau se romprait, et que les comités, désarmés, renouvelés, élargis et peuplés de leurs propres membres, ne seraient plus que la main, et non le glaive de la Convention. Ces motifs décidèrent enfin Boissy d'Anglas, Sieyès, Durand-Maillane et leurs amis. Ils jurèrent alliance d'une heure avec la Montagne.

XIII

Robespierre ignorait cette défection de la Plaine. Il comptait fermement sur ces hommes jusque-là si malléables à sa parole : « Je n'attends plus rien de la Montagne ! disait-il au point du jour à ses amis, qui l'entouraient en énumérant ses probabilités de triomphe. Ils voient en moi un tyran dont ils veulent se délivrer, parce que je veux être modérateur ; mais la masse de la Convention est pour moi ! »

Le jour le surprit dans ces illusions. Il le vit paraître avec confiance. Les Jacobins lui présageaient et lui préparaient la fortune. Coffinhal parcourait les faubourgs. Fleuriot haranguait à la commune. Payan convoquait les membres de la municipalité à une réunion permanente. Hanriot, suivi de ses aides de camp, et déjà vacillant sur son cheval de l'ivresse de la nuit, parcourait les rues voisines de l'hôtel de ville, et plaçait des batteries de canon sur les ponts et sur la place du Carrousel. Les députés, fatigués d'une longue insomnie, et plus fatigués de l'incertitude de la journée, se rendaient de toutes parts à leur poste. Le peuple, désœuvré et ondoyant, errait dans les rues et sur les places comme dans l'expectative d'un grand événement. Robespierre se faisait attendre à la Convention. Le bruit courait dans la salle qu'humilié de la séance de la veille, il refusait le combat de tribune, et ne rentrerait dans la Convention que les armes à la main et à la tête de l'insurrection. Sa présence et celle de Saint-Just et de Couthon dissipèrent ces rumeurs.

Robespierre, vêtu avec plus de recherche encore qu'à l'ordinaire, avait la démarche lente, la contenance assurée, le front confiant. On lisait la certitude du triomphe dans son coup d'œil. Il s'assit sans adresser ni geste, ni sourire, ni regard autour de lui. Couthon, Lebas, Saint-Just, Robespierre le jeune, exprimaient dans leur attitude la même résolution ; ils se posaient déjà en accusés ou en maîtres, mais plus en collègues ou en égaux. Les chefs de la Plaine, arrivant les derniers, se promenaient, avant d'entrer, dans les couloirs avec les chefs de la Montagne. Les hommes de ces deux partis, séparés jusqu'à ce jour par une horreur et par un mépris mutuels, se serraient la main et se faisaient des gestes d'intelligence. Bourdon de l'Oise rencontrant Durand-Maillane dans la galerie qui précédait la salle : « Oh ! les braves gens que les hommes du côté droit ! » s'écria-t-il. Tallien se multipliait, il accostait tous les représentants douteux dans la salle de la Liberté, d'où l'on apercevait la tribune. Il animait les uns, il effrayait les autres ; il annonçait des mesures combinées, un triomphe certain. Il versait son âme dans l'âme de tous ; mais tout à coup apercevant Saint-Just prêt à prendre la parole : « Entrons, dit-il, voilà Saint-Just à la tribune, il faut en finir ! » Et il se précipita à son banc.

XIV

Saint-Just en effet commençait à parler au milieu des derniers murmures d'une assemblée qui s'apaise; son discours, que la mort arracha de sa main avant qu'il eût achevé de le prononcer, était couvert de ratures. On voit aux nombreuses corrections et aux nombreux retranchements du manuscrit que ce discours était le produit d'une pensée troublée, et que la main y était revenue vingt fois sur sa trace, et la réflexion sur l'emportement. La harangue de Saint-Just avait la forme d'une énigme, dont le mot devait être la mort des ennemis de Robespierre. Mais l'orateur voulait laisser prononcer ce mot par la Convention. Saint-Just signale la jalousie de quelques membres des comités contre un autre membre comme la cause de la perturbation sensible qui se manifestait dans les organes du gouvernement. Il parle des abîmes dans lesquels certains hommes précipitaient la république, des dangers qu'allait lui susciter à lui-même sa franchise, du courage qui lui faisait braver ces dangers, du peu de regret de quitter une vie dans laquelle il fallait être le complice ou le témoin muet du mal. Saint-Just se défend du soupçon de flatter un homme dans Robespierre; il jure qu'il ne prend le parti de son maître que parce que c'est le parti de la vertu.

« Collot et Billaud, lit-on ensuite, prennent peu de part

depuis quelque temps à nos délibérations; ils paraissent livrés à des vues particulières. Billaud se tait ou ne parle que sous l'empire de sa passion contre les hommes dont il paraît souhaiter la perte. Il ferme les yeux et feint de dormir. A cette attitude taciturne a succédé l'agitation depuis quelques jours. Son dernier mot expire toujours sur ses lèvres. Il hésite, il s'irrite, il revient ensuite sur ce qu'il a dit. Il appelle tel homme Pisistrate en son absence; présent, il l'appelle son ami. Il est silencieux, pâle, l'œil fixe, arrangeant ses traits altérés. La vérité n'a point ce caractère ni cette politique... L'orgueil, enfante seul les factions! c'est par les factions que les gouvernements périssent! Si la vertu ne se montrait pas quelquefois le tonnerre à la main, la raison succomberait sous la force. La vertu, on ne la reconnaît qu'après son supplice! Ce n'est qu'après un siècle que la postérité verse des pleurs sur la tombe des Gracques et sur la route de Sidney!... La renommée est un vain bruit, s'écriait-il ailleurs; prêtons l'oreille aux siècles écoulés, nous n'entendrons plus rien! Ceux qui, dans d'autres temps, se promèneront parmi nos urnes, n'en entendront pas davantage. Le bien, voilà ce qu'il faut faire!...

» Si vous ne reprenez pas votre empire sur les factions, si vous ne retirez pas à vous le pouvoir suprême, il faut quitter un monde où l'innocence n'a plus de garantie dans les villes, il faut s'enfuir dans les déserts pour y trouver l'indépendance et des amis parmi les animaux sauvages! Il faut laisser une terre où l'on n'a plus ni l'énergie du crime ni celle de la vertu!...

» Quand je revins pour la dernière fois de l'armée, je ne reconnus plus les visages! les délibérations du comité étaient livrées à deux ou trois hommes. C'est pendant cette solitude qu'ils ont pris l'idée de s'attirer tout l'empire. Je n'ai pu approuver le mal, je me suis expliqué devant les comités : « Citoyens, leur ai-je dit, j'éprouve de sinistres » présages, tout se déguise devant mes yeux; mais j'étu- » dierai tout, et tout ce qui ne ressemblera pas au pur » amour du peuple et de la république aura ma haine. » J'annonçai que, si je me chargeais du rapport qu'on voulait me confier, j'irais à la source. Collot et Billaud insinuèrent que dans ce rapport il ne fallait pas parler de l'Être suprême, de l'immortalité de l'âme. On revint sur ces idées, on les trouva indiscrètes, on rougit de la Divinité ! »

Après différentes insinuations voilées, mais mortelles, contre les ennemis de Robespierre, Saint-Just termine ainsi : « L'homme éloigné des comités par les plus amers traitements se justifie devant vous. Il ne s'explique point, il est vrai, clairement, mais son éloignement et l'amertume de son âme peuvent excuser quelque chose. On le constitue en tyran de l'opinion, on lui fait un crime de son éloquence. Et quel droit exclusif avez-vous donc sur l'opinion, vous qui trouvez une tyrannie dans l'art de toucher et de convaincre les hommes? Qui vous empêche de disputer l'estime de la patrie, vous qui trouvez mauvais qu'on la captive! Est-il un triomphe plus innocent et plus désintéressé? Caton aurait chassé de Rome le mauvais citoyen qui eût parlé comme vous ! Ainsi la médiocrité jalouse voudrait conduire le génie à l'échafaud ! Avez-vous vu des orateurs cependant sous le sceptre des rois? Non, le silence règne autour des trônes; la persuasion est l'âme des nations libres. Immolez ceux qui sont les plus éloquents, et bientôt vous arriverez à couronner les plus envieux !

» Robespierre ne s'est pas assez expliqué hier. Il a existé un plan d'usurper le pouvoir en immolant quelques membres du comité. Billaud-Varennes et Collot-d'Herbois sont les coupables ! Je ne conclus pas contre ceux que j'ai nommés, je les accuse ! Je désire qu'ils se justifient et que nous devenions plus sages ! »

On voit que ce discours insinuait la mort, et ne la commandait pas. Saint-Just, imitant en cela son maître, ne voulait que montrer le glaive et désigner les victimes. Il s'en rapportait à l'effroi et à la servitude de la Convention pour frapper du fer ceux qu'il aurait frappés d'un soupçon.

XV

Mais Saint-Just ne devait pas même achever ce geste. A peine était-il à la tribune et avait-il prononcé quelques phrases vagues, que Tallien, ne pouvant modérer son impatience, se lève, interrompt l'orateur et demande la parole pour régler la délibération.

Collot-d'Herbois, qui craint l'ascendant de Saint-Just sur l'Assemblée, se hâte d'accorder la parole à Tallien : « Citoyens, dit Tallien, Saint-Just vient de vous dire qu'il n'est d'aucune faction ; je dis la même chose. C'est pour cela que je vais faire entendre la vérité. Partout on ne sème que trouble. Hier, un membre du gouvernement s'en est isolé et a prononcé un discours en son nom particulier. Aujourd'hui un autre fait de même. On vient encore aggraver les maux de la patrie, la déchirer, la précipiter dans l'abîme. Je demande que le rideau soit entièrement déchiré ! » Un immense applaudissement trois fois répété annonce à Tallien que sa colère gronde et éclate en masse dans le sein de la Convention. Billaud-Varennes se lève, plus pâle et plus tragique d'extérieur qu'à l'ordinaire : « Hier, dit-il d'une voix sourde et indignée, la société des Jacobins était remplie d'hommes apostés. On y a développé l'intention d'égorger la Convention !... »

Un mouvement d'horreur interrompt la dénonciation de Billaud. Il fait un geste indicatif du doigt vers la Montagne : « Je vois sur la Montagne, s'écrie-t-il, un de ces hommes qui menaçaient les représentants du peuple !... — Arrêtez-le ! arrêtez-le ! » crient tous les bancs. Les huissiers se précipitent, arrêtent l'homme et l'entraînent hors de la salle.

« Le moment de dire la vérité est venu, continue alors Billaud. Après ce qui s'est passé, je m'étonne de voir Saint-Just à la tribune. Il avait promis aux comités de leur montrer son rapport. L'Assemblée ne doit pas se dissimuler qu'elle est entre deux égorgements. Elle périra si elle est faible ! — Non, non ! » s'écrient à la fois tous les membres de la Convention, en se levant et en agitant leurs chapeaux au-dessus de leurs têtes. Les tribunes, entraînées par ce mouvement, répondent par des cris de : « Vive la Convention ! Vive le comité de salut public ! »

« Et moi aussi, reprend Billaud, je demande que tous les membres s'expliquent dans cette assemblée ! On est bien fort quand on a pour soi la justice, la probité et les droits du peuple ! Vous frémirez d'horreur quand vous saurez la situation où vous êtes; quand vous saurez que la force armée est confiée à des mains parricides; qu'Hanriot a été dénoncé au comité comme complice des conspirateurs! Vous frémirez quand vous saurez qu'il est ici un homme (il lance un regard oblique à Robespierre) qui, lorsqu'il fut question d'envoyer des représentants du peuple dans les départements, ne trouva pas dans la liste qui lui fut présentée vingt membres de la Convention qui lui parussent dignes de cette mission! »

Un soulèvement d'orgueil blessé se manifeste sur tous les bancs où siégent les représentants rappelés.

« Quand Robespierre vous dit qu'il s'est éloigné du comité parce qu'il y était opprimé, continue Billaud, il a soin de vous déguiser la vérité. Il ne vous dit pas que c'est parce qu'après avoir dominé seul pendant six mois le comité il y a trouvé de la résistance au moment où il voulut faire adopter le décret du 22 prairial, ce décret qui, dans les mains impures qu'il avait choisies, pouvait être funeste aux patriotes!... »

L'indignation et la terreur comprimées éclatent et interrompent Billaud. « Oui, sachez, poursuit-il, que le président du tribunal révolutionnaire a proposé hier ouvertement aux Jacobins de chasser de la Convention les membres qu'on doit sacrifier. Mais le peuple est là! — Oui! oui! répondent les tribunes, préparées par Tallien. Mais les patriotes sauront mourir pour sauver la représentation! » De nouveaux applaudissements suspendent la parole sur les lèvres de l'orateur. « Je le répète, reprend Billaud-Varennes, nous saurons mourir! Il n'y a pas un seul représentant qui voulût vivre sous un tyran!

» — Non! non! meurent les tyrans! » répond une clameur unanime. Billaud continue :

« Les hommes qui parlent sans cesse de justice et de vertu sont ceux qui les foulent aux pieds. J'ai demandé l'arrestation d'un secrétaire du comité de salut public qui avait volé la nation, et Robespierre est le seul qui l'ait protégé. »

Le peuple des tribunes trépigne d'indignation contre le prétendu protecteur du vol.

« Et c'est nous qu'il accuse ! s'écrie Billaud en prolongeant une voix gémissante. Quoi ! des hommes qui sont isolés, qui ne connaissent personne, qui passent les jours et les nuits au comité, qui organisent les victoires... (les yeux se portent sur l'intègre et laborieux Carnot), ces hommes seraient des conspirateurs ! et ceux qui n'ont abandonné Hébert que quand il ne leur a plus été possible de le favoriser seront les hommes vertueux ! »

La Plaine s'indigne à son tour.

« Quand je dénonçai la première fois Danton au comité, ajoute l'orateur, Robespierre se leva comme un furieux en disant que je voulais donc perdre les meilleurs patriotes. » La Montagne et les anciens amis de Danton paraissent étonnés de la révélation qui disculpe Robespierre par la bouche de son accusateur.

« Mais l'abîme est sous vos pas, leur crie Billaud. Il faut le combler de nos cadavres ou y précipiter les traîtres ! »

Les battements de mains reprennent avec plus d'unanimité, et accompagnent Billaud-Varennes jusque sur son banc.

XVI

Robespierre s'élance alors pâle et convulsif à la tribune, d'où son inviolabilité vient de s'écrouler. » A bas le tyran! à bas le tyran! » vocifère la Montagne. Ces cris, qui redoublent à chaque mouvement des lèvres de Robespierre, étouffent entièrement sa voix. Tallien bondit à la tribune, écarte Robespierre du coude, et parle au milieu d'un silence de faveur générale.

« Je demandais tout à l'heure qu'on déchirât le rideau, dit Tallien, il est enfin déchiré; les conspirateurs sont démasqués, ils seront anéantis, la liberté triomphera!... — Oui! oui! elle triomphe déjà, achevez son triomphe, lui répondent les Montagnards. — Tout présage, reprend Tallien, que l'ennemi de la représentation nationale va tomber sous ses coups. Jusqu'ici je m'étais imposé le silence, parce que je savais d'un homme qui approchait le tyran qu'il avait dressé une liste de proscriptions. Mais j'ai assisté hier à la séance des Jacobins, j'ai vu, j'ai entendu, j'ai frémi pour la patrie! J'ai vu se former l'armée du nouveau Cromwell, et je me suis armé d'un poignard pour lui percer le cœur si la Convention nationale n'avait pas le courage de le décréter d'accusation!... »

En parlant ainsi, Tallien tire de dessous son habit un poignard nu, gage de liberté ou de vengeance donné par la femme qu'il aimait. Il brandit ce poignard sur la poitrine de Robespierre, qui recule sans néanmoins abandonner la tribune à son ennemi. A ce geste, à ce mouvement désespéré de Tallien, son intrépidité se communique aux plus irrésolus. Tous sentent que le glaive ainsi tiré ne peut plus rentrer dans le fourreau que teint du sang de Robespierre ou de leur propre sang.

« Mais nous, républicains, continue Tallien avec plus de calme dans la voix, accusons le tyran avec la loyauté du courage devant le peuple français! Non, quoi qu'espèrent les partisans de l'homme que je dénonce, il n'y aura pas de 31 mai, il n'y aura pas de proscriptions. La justice nationale seule frappera les scélérats!... »

La salle entière s'associe par ses applaudissements au vœu de vengeance et de clémence de Tallien.

« Je demande l'arrestation d'Hanriot pour que la force armée ne soit pas égarée par ses chefs. Ensuite nous demanderons l'examen du décret du 22 prairial, rendu sur la seule proposition de l'homme qui nous occupe. » Les lèvres de Tallien semblaient répugner à prononcer le nom de Robespierre.

Le centre applaudit à cette perspective de sécurité rendue à la Convention. « Nous ne sommes pas modérés, reprend Tallien en s'adressant à la Montagne... (la Montagne applaudit à cette assurance), mais nous voulons que l'innocence ne soit pas opprimée... » La Plaine se soulève et bat des mains à cette promesse d'humanité. Tous les partis se confondent à la voix de Tallien dans une haine et dans une espérance communes. « Hier, poursuit-il pour achever son ennemi, hier on a osé outrager un représentant du peuple qui fut toujours sur la brèche de la Révolution. Que tous les patriotes se réveillent! J'appelle tous les vieux amis de la liberté, tous les anciens Jacobins, tous les journalistes républicains ! Qu'ils concourent avec nous à sauver la liberté !... On avait jeté les yeux sur moi. J'aurais porté ma tête sur l'échafaud avec courage, parce que je me serais dit : « Un jour viendra où ma cendre sera recueillie » avec les honneurs dus à un patriote immolé par un ty- » ran ! » L'homme qui est à côté de moi à la tribune est un nouveau Catilina ! Ceux dont il s'était entouré étaient de nouveaux Verrès. On ne dira pas que je m'entends avec les membres des comités, car je ne les connais pas. Depuis ma mission, j'ai été abreuvé de dégoûts. Robespierre voulait nous isoler et nous attaquer tour à tour, afin de rester seul avec ses hommes crapuleux et perdus de vices ! Je demande que nous décrétions la permanence de notre séance jusqu'à ce que le glaive de la loi ait assuré la république et frappé ses créatures. »

XVII

Les propositions de Tallien sont votées d'acclamation. Billaud-Varennes ajoute à la liste des arrestations décrétées Dumas, vice-président du tribunal révolutionnaire. Delmas y joint tout l'état-major d'Hanriot. Robespierre veut enfin parler. De nouveaux cris de : « A bas le tyran ! » refoulent sa parole. Des voix nombreuses appellent Barère à la tribune. Il y monte au nom du comité de salut public. La nuit et les symptômes de la victoire ont retourné ses convictions.

Il écrase froidement Robespierre, qu'il soutenait la veille.

« On veut, dit-il, produire des mouvements dans le peuple, on veut s'emparer du pouvoir national à la faveur d'une crise préparée. Les comités sont le bouclier, l'asile du gouvernement. En attendant que nous réfutions les faits énoncés par Robespierre, nous vous proposons des mesures réclamées par la tranquillité publique : ces mesures sont la suppression du commandant de la force armée et de son état-major. » Barère propose d'annoncer ces mesures au peuple par une proclamation. « Citoyens, dit cette proclamation, la liberté est perdue si nous mettons en balance quelques hommes et la patrie. Le gouvernement révolutionnaire est attaqué au milieu de nous. Si vous ne vous ralliez pas à la représentation nationale, le peuple français est livré à toutes les vengeances des tyrans. »

L'opinion d'un homme tel que Barère, qui n'abandonnait que les faibles, décide les plus indécis. Tous ceux qui ne ressentent pas l'horreur de la domination de Robespierre la feignent. La proclamation au peuple est adoptée. Robespierre sourit de pitié. Il demeure inébranlable à la tribune, comme si rien n'était désespéré dans sa fortune tant que cet orage ne l'en aura pas précipité. Adossé à la balustrade, les bras croisés sur sa poitrine, les lèvres contractées, les muscles des joues palpitants, les yeux tantôt portés sur la Montagne, tantôt abaissés vers la Plaine, on voyait sa physionomie passer de l'impatience à la résignation, de la colère au mépris. Victime abattue, mais non encore immolée, il pouvait se relever et reprendre l'ascendant sur ses ennemis. Il regardait souvent du côté de l'entrée de la salle, et semblait écouter au dehors la voix où les pas du peuple lent à le secourir.

Le vieux Vadier, président du comité de sûreté générale, longtemps ami et maintenant le plus acharné des ennemis de Robespierre, qu'il coudoie en montant à la tribune, succède à Barère. « Jusqu'au 22 prairial, dit Vadier, je n'avais pas ouvert les yeux sur ce personnage astucieux qui a su prendre tous les masques, et qui, lorsqu'il n'a pu sauver ses créatures, les a envoyées lui-même à la guillotine. Personne n'ignore qu'il a défendu ouvertement Bazire, Chabot, Camille Desmoulins, Danton ! Le tyran, c'est le nom que je lui donne, voulait diviser les deux comités. S'il s'adressait surtout à moi, c'est parce que j'ai fait contre la superstition un rapport qui lui a déplu. Savez-vous pourquoi? Il y avait sous les matelas de la *Mère de Dieu*, Catherine Théot, une lettre adressée à Robespierre. On lui annonçait que sa mission était écrite dans les prophéties, et qu'il rétablirait la religion sans prêtres et serait le pontife d'un culte nouveau !... »

A ces mots, un rire prolongé court avec affectation dans les rangs de l'Assemblée. Le ridicule dégrade plus le tyran que l'outrage. Vadier jouit malicieusement du sentiment qu'il excite. Robespierre lève les épaules. Vadier reprend : « A entendre cet homme, il est le défenseur unique de la liberté. Il en désespère, il va tout quitter, il est d'une modestie rare !... Il a pour éternel refrain : « Je suis opprimé, » on m'interdit la parole, » et il n'y a que lui qui parle ; car chacune de ses paroles est une volonté accomplie. Il dit : « Un tel conspire contre moi, donc un tel conspire contre » la république ! » Il attachait des espions aux pas de chaque député. Le mien me suivait jusqu'aux tables où je m'asseyais. »

Vadier laissait languir dans ces portraits et dans ces

détails l'impatience des conspirateurs. Il balançait trop longtemps le coup sur la tête de Robespierre. La réflexion pouvait l'amortir. Tallien veut le précipiter. « Je demande à ramener la discussion à la véritable question, dit-il.

» — Je saurai bien l'y ramener moi-même, » s'écrie enfin Robespierre en s'avançant de quelques pas. Les cris, les trépignements, le tumulte concerté de la Montagne, couvrent de nouveau la voix du dictateur. Tallien s'élance, l'écarte du geste. « Laissons, dit-il, ces particularités, quelque importantes qu'elles soient. Il n'est pas un de nous qui n'eût à dérouler contre lui un acte d'inquisition ou de tyrannie. Mais c'est sur le discours qu'il a prononcé hier aux Jacobins que j'appelle toute votre horreur! C'est là que le tyran se découvre, c'est par là que je veux le terrasser! Cet homme dont la vertu et le patriotisme étaient tant vantés, cet homme qu'on avait vu à l'époque du 10 août ne reparaître que trois jours après la révolution ; cet homme qui devait être dans les comités le défenseur des opprimés, les a abandonnés depuis six semaines pour venir les calomnier pendant qu'ils sauvaient la patrie.

» — C'est cela, c'est cela ! s'écrie-t-on de toutes parts.

» — Ah ! si je voulais, achève Tallien, retracer tous les actes d'oppression qui ont eu lieu, je prouverais que c'est dans le temps où Robespierre a été chargé de la police générale qu'ils ont été commis ! »

Robespierre s'élance indigné à côté de Tallien. « C'est faux! s'écrie-t-il en étendant la main, je..... » Le tumulte coupe de nouveau sa phrase et désarme Robespierre même de son courage. Plus irrité de l'injustice que déconcerté de la masse de ses ennemis, il descend précipitamment les marches de la tribune, gravit les degrés de la

Montagne, s'élance au milieu de ses anciens amis, les apostrophe, leur reproche leur défection, les supplie de lui faire accorder la parole. Tous ceux auxquels il s'adresse détournent la tête. « Retire-toi de ces bancs d'où l'ombre de Danton et de Camille Desmoulins te repousse! s'écrient les Montagnards. — C'est donc Danton que vous voulez venger? » reprend Robespierre comme frappé d'étonnement et de remords. Les bancs qui se ferment sont la seule réponse de la Montagne. Il redescend au centre, et s'adressant avec une contenance de suppliant aux débris de la Gironde : « Eh bien, leur dit-il, c'est à vous, hommes purs, que je viens demander asile, et non à ces brigands, » en montrant du geste les Fouché, les Bourdon, les Legendre. En disant ces mots, il s'assoit à une place vide sur un banc de la Plaine. « Misérable! lui crient les Girondins, c'était la place de Vergniaud! » A ce nom de Vergniaud, Robespierre se relève en sursaut et s'écarte avec effroi.

Proscrit de tous les partis, il se réfugie de nouveau à la tribune. Il s'adresse avec colère au président; il lui montre le poing. « Président d'assassins, lui crie-t-il d'une voix qui se brise pour la dernière fois, veux-tu m'accorder la parole? — Tu l'auras à ton tour! lui répond Thuriot, à qui Collot-d'Herbois venait de céder la présidence. — Non, non, non, » répondent à la fois les conjurés décidés à frapper sans entendre. Robespierre s'obstine à parler. Le bruit le submerge. On n'entend que d'aigres glapissements de voix qui déchirent l'air. On ne voit que des gestes tour à tour suppliants ou menaçants, dont on ne saisit pas les paroles. La voix de Robespierre s'enroue et s'éteint tout à fait. « Le sang de Danton t'étouffe! » lui crie Garnier de l'Aube, ami et compatriote de Danton. Ce mot achève Robespierre. La voix inconnue d'un représentant obscur, nommé Louchet, laisse éclater enfin le cri flottant sur toutes les lèvres et que nul n'osait prononcer : « Je demande, s'écrie Louchet, le décret d'arrestation contre Robespierre. »

XVIII

La grandeur de la résolution, le péril extérieur, le long respect, paralysent un moment la Convention. Il semble qu'on va attenter dans la personne de Robespierre à la majesté et à la divinité du peuple. Le silence précède l'explosion. L'Assemblée hésite. Les conjurés sentent le péril. Quelques mains sur les bancs de la Montagne donnent le signal des applaudissements à la proposition de Louchet. Ces battements de mains se prolongent, ils grossissent, ils éclatent enfin en un long et unanime applaudissement.

En ce moment un jeune homme se lève malgré les efforts de ses collègues qui le retiennent par son habit. C'est Robespierre le jeune, innocent, estimé, pur des crimes et de la tyrannie reprochés à son sang. « Je suis aussi coupable que mon frère, dit ce jeune homme avec une contenance qui dédaigne la supplication et qui refuse l'indulgence, j'ai partagé ses vertus, je veux partager son sort ! » Quelques exclamations d'admiration et de pitié répondent à ce dévouement fraternel. La masse, indifférente ou impatiente, accepte le sacrifice sans l'honorer même de son attention.

Robespierre s'efforce de nouveau de parler non plus

pour lui, mais pour son frère. « J'accepte ma condamnation, j'ai mérité votre haine ; mais, crime ou vertu, il n'est pas coupable, lui, de ce que vous frappez en moi ! » Un bruit obstiné de trépignements et d'invectives sourdes lui répond. Il se tourne en vain tantôt vers le président, tantôt vers la Montagne, tantôt vers la Plaine, pour obtenir le droit de défendre son frère. On craint sa voix, on se défie d'une émotion, on redoute la nature.

« Président, s'écrie Duval, sera-t-il dit qu'un homme soit le maître de la Convention ? — Il l'a été trop longtemps ! dit une voix. — Ah ! qu'un tyran est dur à abattre ! » s'écrie enfin Fréron avec le geste d'un bras qui enfonce la hache dans le cœur de l'arbre. Ce mot et ce geste semblent déraciner Robespierre de la tribune et soulever la Convention. « Aux voix ! aux voix ! l'arrestation ! » Ce vœu général fait violence à la feinte longanimité du président. L'arrestation est votée à l'unanimité. Tous les membres se lèvent et crient : « Vive la république ! — La république ! s'écrie avec ironie Robespierre, elle est perdue, car les brigands triomphent ! » Et il descend, les bras croisés, au pied de la tribune.

Lebas, assis à côté de Robespierre le jeune, se lève aussi et se sépare généreusement des proscripteurs de son ami. « Je ne veux pas, dit-il, partager l'opprobre de ce décret, je demande l'arrestation contre moi-même ! » On accorde à Lebas la mort qu'il demande. On le confond dans le décret qui ordonne l'arrestation des deux Robespierre, de Couthon et de Saint-Just. Barère, instrument impassible et mécanique de la Convention, rédige à la hâte les décrets contre ses collègues de la veille.

Pendant que Barère écrit : « Citoyens, dit Fréron pour

ne pas laisser endormir la colère de la Convention, c'est maintenant que la patrie et la liberté vont sortir de leurs ruines! On voulait former un triumvirat qui eût rappelé les proscriptions de Sylla! Ces triumvirs, Robespierre, Couthon et Saint-Just, voulaient se faire de nos cadavres autant de degrés pour monter au trône!... — Moi aspirer au trône! » répond avec une mélancolique ironie Couthon en soulevant le manteau qui couvrait ses genoux et en montrant du geste ses jambes impotentes.

Collot remonte au fauteuil du président : « Citoyens, dit-il, vous venez de sauver la patrie. La patrie, le sein déchiré, ne vous a pas parlé en vain. On disait qu'il fallait renouveler contre vous un 31 mai!...

« — Tu en as menti! » lui crie Robespierre du pied de la tribune. A ce mot que la Convention feint de prendre pour un outrage, les cris de la Montagne redoublent. On exige que les accusés soient placés à la barre. Les huissiers hésitent à y pousser Robespierre par un respect d'habitude qui les retient. Il résiste à leurs injonctions. Les gendarmes le saisissent par le bras et l'y entraînent avec ses coaccusés. Robespierre y marche comme un combattant encore animé de la chaleur de la lutte, Saint-Just comme un disciple fier de partager le sort de son maître, Couthon comme une victime déjà mutilée, les deux autres comme des innocents qui acceptent volontairement la peine du crime pour ne pas désavouer leurs doctrines et leurs amis. Là, muets et dégradés de leur rang de représentants, on les force à entendre, sous les regards des tribunes, les longues déclamations de Collot-d'Herbois et les félicitations que leur chute arrachait de la bouche de leurs adulateurs de la veille. A trois heures, la séance levée, les gendarmes conduisirent les accusés à travers la place du Carrousel à l'hôtel de Brionne, où siégeait le comité de sûreté générale. La foule des spectateurs et des députés se précipitait sur leurs pas pour contempler ce grand jeu de la fortune. Les deux Robespierre, se tenant par le bras en signe d'une indivisible amitié même dans la mort, marchaient en avant, Saint-Just et Lebas les suivaient, calmes et tristes. Deux gendarmes portaient Couthon dans un fauteuil. Les sarcasmes, les éclats de rire et les malédictions les accompagnaient.

XIX

Au même moment, un cortége de charrettes, contenant quarante-cinq condamnés, sortait de la cour du palais, et s'avançait par le faubourg Saint-Antoine vers l'échafaud. Quelques amis des condamnés et quelques généreux citoyens, apprenant que la Convention venait de se déchirer, et croyant que la clémence allait sortir d'elle-même de la tyrannie détruite, s'étaient élancés à la poursuite des charrettes, et les faisaient rétrograder aux cris de *Grâce!* répétés par le peuple. Hanriot, pour qui la continuation de la terreur était le signe de la puissance, arrive à cheval avec un groupe de ses satellites, disperse à coups de sabre les citoyens compatissants, et fait achever le supplice.

La veille, soixante-deux têtes étaient tombées entre le premier discours de Robespierre et sa chute. De ce nombre étaient celle de Roucher, l'auteur du poëme des *Mois*, ces *Fastes* français, et celle du jeune poëte André Chénier, l'espoir alors, le deuil éternel depuis, de la poésie française. Ces deux poëtes étaient assis l'un à côté de l'autre sur la même banquette, les mains attachées derrière le dos. Ils s'entretenaient avec calme d'un autre monde, avec dédain de celui qu'ils quittaient; ils détournaient les yeux de ce troupeau d'esclaves, et récitaient des vers immortels comme leur mémoire. Ils montrèrent la fermeté de Socrate. Seulement André Chénier, déjà sur l'échafaud, se frappant le front contre un poteau de la guillotine : « C'est dommage, dit-il, j'avais quelque chose là ! » Seul et touchant reproche à la destinée, qui se plaint non de la vie, mais du génie tranché avant le temps. La France, comme Ophélia, la folle de Shakspeare, arrachait de sa tête et jetait à ses pieds dans le sang les fleurons de sa propre couronne.

LIVRE SOIXANTE ET UNIÈME

Refus aux prisons de recevoir les accusés. — Ils sont délivrés et portés en triomphe à la commune. — L'hôtel de ville foyer de l'insurrection. — Tocsin. — Rappel. — Hanriot à la porte du Carrousel. — Il est arrêté au nom de la Convention. — Robespierre au dépôt de la municipalité. — Coffinhal l'entraîne à l'hôtel de ville. — Coffinhal délivre Hanriot. — La séance est reprise à la Convention. — Bourdon de l'Oise à la tribune. — Merlin de Thionville. — Tumulte extérieur. — Hanriot veut faire enfoncer les portes. — Il est mis hors la loi. — Il se retire sur l'hôtel de ville. — Barras nommé par la Convention commandant général. — Mouvement en sens contraire des agents de la Convention et de la commune. — Le peuple indécis. — Barras enveloppe l'hôtel de ville. — Robespierre persiste dans son inaction. — Hanriot abandonné par ses troupes. — Cris de : « Vive la Convention! » — Dulac enfonce les portes de l'hôtel de ville. — Lebas se tire au cœur un coup de pistolet. — Robespierre le jeune se précipite par la fenêtre. — Coffinhal jette Hanriot du deuxième étage dans la cour. — Léonard Bourdon envahit l'hôtel de ville. — Robespierre blessé d'une balle qui lui fracasse la mâchoire. — Cortége des vaincus. — Ils sont conduits à la Convention. — Robespierre déposé dans la salle d'attente. — Les prisonniers transportés à la Conciergerie. — Saint-Just et le général Hoche sous le guichet. — Arrestation de la famille Duplay. — Fouquier-Tinville lit les décrets de hors la loi devant les prisonniers, et constate leur identité. — Les condamnés conduits à l'échafaud. — Imprécations et applaudissements des spectateurs. — La maison de Duplay. — Madame Duplay étranglée dans la prison. — Attitude de Robespierre. — Sa tête tombe. — Jugement sur Robespierre et sur la Révolution.

I

L'heure était glissante et critique. Les deux comités de gouvernement étaient restés aux Tuileries pendant la suspension de séance de la Convention. Cette suspension était un péril, car la Convention n'avait en ce moment d'autre force qu'elle-même. Donner un moment à la réflexion, c'était donner un retour à la tyrannie. Le courage n'est qu'un accès dans les corps politiques. Aussi les conjurés contre Robespierre, inquiets des caprices de majorité et des irrésolutions d'opinion d'une assemblée épuisée de force, avaient-ils préféré le danger d'agir seuls au danger de consulter la Convention à chaque mesure que réclamerait la nécessité.

Après un court interrogatoire au comité de sûreté générale, Robespierre avait été envoyé au Luxembourg, son frère à Saint-Lazare, Saint-Just aux Écossais, Lebas à la Force, et Couthon à la Bourbe. De faibles escouades de gendarmerie conduisirent chacun des accusés à sa prison. Aucun d'eux n'y fut reçu.

On a prétendu que la terreur de ces grands noms avait frappé de respect les geôliers, et qu'aucun cachot n'avait osé s'ouvrir aux maîtres de la veille. Mais le cachot qui avait reçu Danton pouvait bien s'ouvrir à Robespierre. D'ailleurs, si le nom de Robespierre pouvait faire hésiter le geôlier du Luxembourg, les noms de Lebas, de Saint-Just et de Couthon n'avaient pas tous le même prestige. Comment ces geôliers de tant de prisons diverses situées aux extrémités opposées de Paris, qui jouaient leur vie contre une désobéissance aux ordres des comités, furent-ils tous frappés du même respect, à la même heure, sous la même forme et devant des accusés si différents? Le secret de ce mystère est peut-être dans la politique téméraire, mais astucieuse, des directeurs du mouvement. Ils pressentaient, assurent les hommes du temps, avec l'instinct de la haine et de la peur, que le tribunal révolutionnaire, dévoué à Robespierre, innocenterait les accusés; que changer le tribunal révolutionnaire était une mesure qui demanderait du temps; que le tribunal révolutionnaire recomposé, le procès même serait long et terrible; que le peuple, amoncelé pendant de longs jours autour du tribunal, ne se laisserait pas arracher le grand accusé; enfin que des motifs sérieux d'accusation manquaient complétement contre Robespierre, et que, s'il rentrait absous dans la Convention, comme Marat, il y rentrerait non en acquitté, mais en accusateur. Ces motifs déterminèrent les Thermidoriens. Il leur fallait deux choses : une action prompte, un délit apparent. Ils avaient poussé Robespierre jusqu'au bord du crime. Il fallait l'y précipiter aux yeux de la représentation nationale, et donner à l'immolation prompte et irrémissible du tyran de la Convention le prétexte d'une insurrection du peuple tentée par lui.

Pendant que les comités envoyaient donc les accusés ainsi dispersés, en plein jour et à travers des quartiers populeux, à leur prison, des émissaires confidentiels portaient aux geôliers de ces différentes prisons l'insinuation verbale et secrète de ne pas les recevoir. Refoulés des portes de leur prison, des attroupements ne pouvaient manquer de se former autour d'eux et de les accompagner en triomphe. On aurait ainsi un crime à punir dans leur désobéissance apparente. On leur tendait la sédition comme un piége. Quelque dangereuse que fût la sédition du peuple, elle l'était moins aux yeux des ennemis de Robespierre que les fluctuations de la Convention et le jugement du dictateur. Telle est la version des vieillards témoins ou acteurs de cette obscure journée. Elle est admissible malgré son invraisemblance. Mais il est tout aussi probable que des affidés du parti de Robespierre se soient évadés de la Convention au moment où on prononçait l'arrestation et qu'ils aient couru intimer aux geôliers la recommandation menaçante de ne pas écrouer les accusés. Peut-être ces deux pensées ont-elles coïncidé. Quoi qu'il en soit, chacun d'eux, repoussé du seuil de la prison où il avait été dirigé, fut bientôt arraché à ses gendarmes, entouré par un groupe de Jacobins, et conduit en triomphe à la commune. De leur côté, Payan et Coffinhal avaient lancé des attroupements à la suite des accusés pour les délivrer. La même pensée dans une intention contraire sortait peut-être au même moment de l'hôtel de ville et du comité de sûreté générale : ceux-là voulant donner un chef, ceux-ci un prétexte à l'insurrection.

II

Cependant l'insurrection était loin d'être un jeu sans péril pour les ennemis de Robespierre. Elle était imminente et organisée depuis le matin dans une partie du peuple de Paris. Elle n'attendait qu'un signal. Son foyer était à l'hôtel de ville. Fleuriot, Payan, Dobsent, Coffinhal, Hanriot, s'y tenaient en permanence depuis la veille. Les Jacobins étaient également en permanence sous la présidence de Vivier. La commune avait reçu de minute en minute par ses émissaires les contre-coups de la Convention. A la première nouvelle de l'ébranlement de Robespierre, elle avait nommé un comité d'exécution composé de douze membres. Chacun d'eux avait couru haranguer, insurger, armer les sections. La place de l'hôtel de ville se hérissait de baïonnettes. Les canonniers d'Hanriot avec leurs pièces et la gendarmerie nationale y prêtaient le serment de délivrer la Convention de ses oppresseurs. Le tocsin sonnait dans quelques tours des extrémités de Paris. Le rappel battait dans les rues populeuses des quartiers Saint-Antoine et Saint-Marceau. La garde nationale, accoutumée aux triomphes de la commune, se rendait de toutes parts à ses postes. Les quais, les ponts, les places qui entourent l'hôtel de ville jusqu'au Pont-Neuf, n'étaient qu'un camp.

Les environs des Tuileries au contraire étaient vides, déserts, silencieux comme un sol suspect. Les faubourgs affluaient en bandes menaçantes aux appels des aides de camp d'Hanriot et des émissaires de Coffinhal. Tout présageait la victoire aux vengeurs de Robespierre. Ils en avaient déjà l'insolence. Un messager de la Convention, s'étant présenté à la commune pour lui signifier le décret d'arrestation d'Hanriot, et pour appeler Payan et Fleuriot à la barre, avait été honni, insulté, frappé sur les escaliers de l'hôtel de ville. Cet homme demandant un reçu du décret : « Va dire à ceux qui t'envoient, répondit le maire Fleuriot, qu'un jour comme aujourd'hui on ne donne pas de reçus. Et dis à Robespierre qu'il n'ait pas peur, le peuple est derrière lui ! — Va dire de plus aux scélérats qui outragent ce grand citoyen, ajouta Hanriot avec un jurement de caserne, que nous délibérons ici pour les exterminer ! »

L'arrestation de Robespierre, annoncée quelques moments après par des complices évadés des tribunes, porta jusqu'à la frénésie l'exaltation de la commune. Hanriot tira son sabre du fourreau et jura de ramener enchaînés à la queue de son cheval les scélérats qui osaient toucher à l'idole du peuple. Debout au milieu de ses aides de camp, autour d'une table chargée de bouteilles, dans l'avant-salle de l'hôtel de ville, Hanriot puisait les conseils dans l'ivresse et le courage dans les imprécations. Pendant cette orgie du commandant général, le maire harangua le conseil en termes qui coloraient, sans la démasquer tout à fait, l'insurrection. Payan rédigea une adresse dans laquelle il dénonçait au peuple les oppresseurs du plus vertueux des patriotes : Robespierre ; de Saint-Just, l'apôtre de la vertu ; et de Couthon, *qui n'a que le cœur et la tête de vivant*, disait Payan, *et dont la flamme du patriotisme a déjà consumé le corps !*

III

Ces délibérations prises, Hanriot s'élance sur son cheval, le pistolet au poing, galope vers le Luxembourg, ramène un peloton de gendarmerie à sa suite, parcourt la rue Saint-Honoré, reconnaît Merlin de Thionville dans la foule, l'arrête, l'injurie et le consigne à un corps de garde. Parvenu à la grille du Carrousel, Hanriot veut y pénétrer. Les grenadiers de la Convention en petit nombre croisent la baïonnette contre le poitrail de son cheval. Un officier de la Convention sort au bruit. Il crie aux gendarmes : « Arrêtez ce rebelle ! Un décret vous l'ordonne. » Les gendarmes obéissent à la loi, arrêtent leur général, le précipitent de son cheval, le garrottent avec leurs ceinturons, et le jettent ivre-mort dans une des salles du comité de sûreté générale.

IV

Pendant qu'Hanriot succombait ainsi aux portes de la Convention, Saint-Just, Lebas, Couthon, étaient ramenés en triomphe par leurs libérateurs vers la place de l'hôtel de ville. Le conseil municipal appelait à grands cris Robespierre. On savait par la rumeur publique que le concierge du Luxembourg avait refusé de le recevoir. On se demandait si les scélérats de la Convention n'avaient pas assassiné le vertueux citoyen dans l'acte même de son obéissance à la loi. On ignorait les motifs de son absence. Fleuriot, Payan, Coffinhal, rassurèrent bientôt le conseil, et ajoutèrent à l'enthousiasme par l'attendrissement sur tant d'abnégation. Voici ce qui s'était passé :

Robespierre voulait mourir ou triompher pur, au moins en apparence, de toute complicité dans l'insurrection. Entouré à la porte du Luxembourg, et supplié de se mettre à la tête du peuple pour punir la Convention, il était obstinément resté entre les mains de ses gendarmes; il s'était fait conduire, toujours sous leur garde, au dépôt de la municipalité, hôtel occupé depuis par la préfecture de police. Là, toutes les instances des Jacobins et tous les messages de Fleuriot et de Payan n'avaient pu le décider à violer l'ordre de son arrestation. Prisonnier par une loi de ses ennemis, il voulait ou triompher, ou succomber vaincu par la loi. Il croyait à son acquittement par le tribunal révolutionnaire. Mais, dût-il être condamné, la mort d'un juste comme lui, disait-il, était moins funeste à la république que l'exemple d'une révolte contre la représentation nationale. Robespierre, confiné ainsi volontairement trois heures à la préfecture de police, ne céda qu'à une patriotique violence de Coffinhal, qui vint disperser ses gendarmes, l'enlever à sa prison, et l'entraîner jusque dans la salle du conseil général à l'hôtel de ville. « S'il y a crime, le crime sera le mien; s'il y a gloire, à toi la gloire et le salut du peuple! lui dit Coffinhal. Les scrupules sont faits pour le crime, jamais pour la vertu. En te sauvant, tu sauves la liberté et la patrie. Ose être criminel à ce prix ! »

V

Mais au moment même où Robespierre, porté plus qu'entraîné par Coffinhal, entrait dans la salle du conseil général, étouffé dans les embrassements de son frère, de Saint-Just, de Lebas et de Couthon, on vint annoncer l'arrestation d'Hanriot. Coffinhal, sans perdre un instant, redescend sur la place, harangue quelques pelotons de sectionnaires, les enlève, s'arme d'un fusil à baïonnette, et marche, à la tête de cette colonne, au comité de sûreté générale. Il s'élance, son arme à la main, dans les couloirs et dans les salles extérieures de l'aile des Tuileries où siégeait le comité. Il y trouve Hanriot endormi dans son vin. Il le délivre, le replace sur son cheval encore attaché à la grille du Carrousel, et le ramène à ses canonniers. Hanriot, réveillé, encouragé, délivré, brûlant de venger sa honte, s'élance vers ses batteries, et tourne ses pièces contre la Convention.

VI

Il était sept heures du soir. C'était l'heure où les députés dispersés rentraient en séance. La consternation pâlissait tous les visages. On se communiquait à voix basse les présages sinistres de toutes parts recueillis pendant ces heures d'inaction : le serment des Jacobins de mourir ou de triompher avec Robespierre, l'évasion des prisonniers, le flot de la sédition s'amoncelant dans les faubourgs, le tocsin sonnant dans le lointain, les sections se ralliant à la commune, les canons braqués contre les Tuileries, le vide formé autour de la Convention, la témérité des comités affrontant un peuple armé avec la force abstraite de la loi, l'approche des trois mille jeunes élèves de la nation, ces prétoriens de Robespierre, accourant du Champ de Mars à la voix de Labretèche et de Souberbielle pour inaugurer dans le sang le règne du nouveau Marius. Les timides exagéraient le péril, les indécis le grossissaient, les lâches paraissaient aux portes, sondaient le terrain et disparaissaient. Les membres des comités, expulsés du lieu ordinaire de leurs séances par l'invasion de Coffinhal, avertis de la présence d'Hanriot sur le Carrousel, délibéraient debout dans un cabinet attenant à la salle des séances publiques. Toute la force légale reposait en eux seuls. Le salut de la Convention était dans son attitude. Un mot pouvait la perdre, un geste la sauver.

La Convention, en cet instant, s'éleva à la hauteur de son péril, et ne désespéra pas de la représentation nationale devant les canons braqués contre l'enceinte des lois.

Bourdon de l'Oise paraît à la tribune. Les entretiens particuliers cessent. Bourdon annonce que les Jacobins viennent de recevoir une députation de la commune, et de fraterniser avec les insurgés. Il engage la Convention à fraterniser elle-même avec le peuple de Paris, et à calmer, en se montrant, comme au 31 mai, l'effervescence des citoyens. Merlin raconte son arrestation par les satellites d'Hanriot, et sa délivrance par les gendarmes. Legendre, qui retrouve dans le désespoir de la circonstance et dans l'absence de Robespierre l'énergie de ses premiers jours, raffermit les courages ébranlés. Il est interrompu par un tumulte extérieur.

C'est Hanriot qui vient d'ordonner à ses canonniers d'enfoncer les portes. Billaud-Varennes dénonce cet attentat. Des députés se précipitent hors de la salle. Collot-d'Herbois s'élance à son poste, le fauteuil du président. Ce siége, placé en face de la porte, doit recevoir les premiers boulets. « Citoyens, s'écrie Collot en se couvrant et en s'asseyant, voici le moment de mourir à notre poste ! — Nous y mourrons ! » lui répond la Convention tout entière en s'asseyant comme pour attendre le coup. Les citoyens des tribunes, électrisés par cette contenance, se lèvent, jurent de défendre la Convention, sortent en foule et se répandent dans les jardins, dans les cours et dans les quartiers voisins en criant : « Aux armes ! » La Convention porte un décret de hors la loi contre Hanriot. Amar sort, escorté de ses collègues intrépides, et harangue les troupes : « Canonniers, leur dit-il, déshonorerez-vous votre patrie, après en avoir tant de fois bien mérité ? Voyez cet homme ; il est ivre ! Quel autre qu'un ivrogne pourrait commander le feu contre la représentation et contre la patrie ? »

VII

Les canonniers, émus par ces paroles, intimidés par le décret, refusent d'obéir à leur chef. Hanriot, à demi abandonné, ramène avec peine ses canons sur la place de l'hôtel de ville. L'audacieux Barras est nommé à sa place commandant de la garde nationale et de toutes les forces de la Convention. On lui adjoint Fréron, Léonard Bourdon, Legendre, Goupilleau de Fontenay, Bourdon de l'Oise, tous hommes de main. On nomme douze commissaires pour aller fraterniser avec les sections, éclairer l'esprit public, rallier la garde nationale à la Convention. Les colonnes des sectionnaires, en marche vers l'hôtel de ville, se débandent. Leurs tronçons se dispersent aux impulsions contraires des agents de la commune ou des commissaires de la Convention. Les uns poursuivent leur route vers la place de Grève ; les autres viennent se ranger en bataille, sous l'épée de Barras, autour des Tuileries. Le peuple, tiraillé en sens opposés, et déjà lassé de convulsions, entend tour à tour les proclamations de la commune et les décrets de hors la loi de la Convention. Il ne sait où est la justice. Il flotte et s'arrête irrésolu.

VIII

La nuit enveloppait déjà de ses ombres les attroupements qui s'éclaircissaient autour de l'hôtel de ville, et qui se grossissaient autour des Tuileries. Barras et les députés militaires dont il s'était entouré parcouraient à cheval, à la lueur des torches, les quartiers du centre de Paris. Ils appelaient à haute voix les citoyens au secours de la représentation contre une horde de factieux. Une armée ou plutôt une poignée d'hommes dévoués, composée de citoyens de toutes les sections, de gendarmes et de quelques canonniers transfuges d'Hanriot, se formait ainsi, au nombre de dix-huit cents hommes, autour de la Convention. Barras, en attendant le jour, pouvait grossir ce noyau; mais Barras connaissait le prix du temps et la puissance de l'audace. Il improvise avec sang-froid un plan de campagne et l'exécute avec promptitude. Il fait envelopper en silence l'hôtel de ville par quelques détachements qui se glissent à travers les rues détournées, et qui coupent ainsi les renforts et la retraite aux insurgés. Barras lui-même, ses canons en avant-garde, marche lentement par les quais sur l'hôtel de ville. Léonard Bourdon, suivant, avec une autre colonne, les rues étroites parallèles au quai, s'avance du même pas pour déboucher d'un autre côté sur l'autre extrémité de la place de Grève. A mesure que Barras et Bourdon avançaient vers le foyer de l'insurrection, le bourdonnement du peuple autour de l'hôtel de ville semblait s'amoindrir. Le tumulte s'assoupissait à leur approche. La nuit combattait pour eux. Barras, rassuré par la solitude des quais, fait faire halte à ses têtes de colonne. Il revient au galop à la Convention. Il entre dans la salle. Il monte à la tribune. Sa contenance martiale, ses armes, ses paroles, ramènent la confiance dans les esprits. La Convention rassurée, Barras remonte à cheval aux cris de : « Vive la république ! Vive le sauveur de la Convention ! » Fréron et ses aides de camp lui succèdent à la tribune. Ils rendent compte de l'état de Paris du côté du Champ de Mars. « Nous avons coupé la marche aux élèves de la patrie, que le traître Lebas était chargé d'insurger pour Robespierre, s'écrie Fréron ; nous avons envoyé des canonniers patriotes se répandre dans les rangs de leurs camarades égarés sur la place de l'hôtel de ville, et les ramener au devoir. Nous allons marcher maintenant, et sommer les révoltés. S'ils refusent de nous livrer les traîtres, nous les ensevelirons sous les ruines de cet édifice ! »

Tallien monte au fauteuil du président : « Partez ! dit-il d'une voix énergique à Fréron et à ses collègues, partez ! et que le soleil ne se lève pas avant que la tête des conspirateurs soit tombée ! »

IX

Cependant Robespierre persistait, à la commune, dans l'impassibilité qu'il s'était imposée. Il avait l'air de l'otage plutôt que du chef de l'insurrection. Coffinhal, Fleuriot, Payan, soutenaient seuls l'énergie du conseil et le dévouement du peuple. Aucun d'eux n'avait une popularité suffisante pour donner son nom à un si grand mouvement. Robespierre leur refusait le sien. Ils étaient contraints de lui faire violence pour le sauver et se sauver avec lui. « Oh! si j'étais Robespierre! » lui dit Coffinhal. En sortant de la préfecture de police pour se rendre à l'hôtel de ville, Robespierre n'avait cessé de répéter à la députation qui l'entraînait : « Vous me perdez! vous vous perdez vous-mêmes! vous perdez la république! »

Depuis qu'il était au conseil de la commune, il affectait de rester indifférent aux mouvements qui s'agitaient autour de lui. Saint-Just et Couthon le suppliaient de céder à la voix de ce peuple qui lui décernait par ses cris la dictature, et d'exercer la toute-puissance une nuit pour abdiquer le lendemain entre les mains de la Convention épurée. « Le peuple, lui répétait Couthon, n'attend qu'un mot de toi pour écraser ses tyrans et tes ennemis! Adresse-lui du moins une proclamation qui lui indique ce qu'il a à faire. — Et au nom de qui? demanda Robespierre. — Au nom de la Convention opprimée, répondit Saint-Just. — Souviens-toi du mot de Sertorius, ajouta Couthon :

Rome n'est plus dans Rome, elle est toute où je suis !

— Non, non, répliqua Robespierre, je ne veux pas donner l'exemple de la représentation nationale asservie par un citoyen. Nous ne sommes rien que par le peuple, nous ne devons pas substituer nos volontés à ses droits. — Alors, s'écria Couthon, nous n'avons qu'à mourir ! — Tu l'as dit, » reprit flegmatiquement Robespierre, qui paraissait résolu à s'immoler en victime plutôt que de triompher en factieux, et il s'accouda silencieux sur la table du conseil. « Eh bien, c'est toi qui nous tues, » lui dit Saint-Just. Robespierre avait sous les yeux une feuille de papier au timbre de la commune de Paris. Cette feuille contenait un appel à l'insurrection brièvement rédigé par un des membres du conseil. Robespierre, obsédé par ses collègues, avait signé la moitié de son nom au bas de la page; puis, arrêté par ses scrupules et par son indécision, et laissant sa signature inachevée, il avait repoussé le papier et jeté la plume. Cette attitude, qui perdait les amis de Robespierre, ne le dégradait cependant pas à leurs yeux.

Couthon se reprochait de ne pas s'élever de lui-même à cette impassibilité de patriotisme. Lebas, homme d'action, se sentait enchaîné par l'admiration. Robespierre le jeune ne cherchait son devoir que dans les yeux de son frère. Saint-Just, rentré dans un silence respectueux, n'osait plus combattre une pensée qu'il croyait supérieure à la sienne, sinon en génie, du moins en vertu. Il attendait que l'oracle se prononçât par la voix du peuple, prêt également à suivre son maître à la dictature ou à la mort.

Payan seul essayait d'entretenir dans les quatre-vingt-douze membres de la commune, dans le peuple des tribunes et dans les masses qui encombraient l'hôtel de ville, la constance et l'ardeur de l'insurrection. Il crut enflammer les complices de la commune par l'indignation, et leur enlever tout autre asile que la victoire, en leur lisant les mises hors la loi que la Convention venait de porter. Il ajouta artificieusement à cette liste de mises hors la loi les spectateurs des tribunes, espérant ainsi confondre le peuple et la commune dans la même solidarité. Cette astuce de Payan, qui pouvait tout sauver, perdit tout. A peine eut-il lu le faux décret, que la foule qui remplissait les tribunes s'évada comme si elle eût vu briller le glaive de la Convention dans son décret. Les tribunes entraînèrent dans leur fuite les masses de sectionnaires lassées d'un mouvement qui tournait depuis sept heures sur lui-même. La nuit était à demi consommée dans ces oscillations. Deux heures sonnèrent à l'hôtel de ville.

X

Au même instant la troupe de Léonard Bourdon, qui s'était glissée en silence par les rues latérales au quai, faisait halte, avant de déboucher sur la place de Grève, au cri de : « Vive la Convention! » En vain Hanriot, le sabre à la main et galopant comme un insensé au milieu de la foule qu'il écrase, répond à ce cri par le cri de : « Vive la commune ! » Le mépris universel pour ce chef, le désordre de ses mouvements, l'égarement de ses gestes, ses traits avinés, les rues cernées, l'approche des colonnes, sèment le découragement dans les rangs des sectionnaires. Les canonniers couvrent de huées leur stupide général, tournent la gueule de leurs canons contre l'hôtel de ville, font retentir les places et les quais d'un immense cri de : « Vive la Convention ! » puis se dispersent.

La colonne de Barras s'arrête à ce cri pour laisser la foule évacuer la place. En quelques minutes, tout s'écoule ou se rallie aux bataillons de la Convention.

Un profond silence règne aux portes de la commune. Léonard Bourdon craint un piége dans cette immobilité. Il croit que les insurgés, fortifiés dans les salles, vont foudroyer sa colonne et s'ensevelir sous les débris de l'hôtel de ville. Une terreur mutuelle laisse longtemps la place de Grève vide, les assiégeants et les assiégés à distance. Enfin Dulac, agent résolu du comité de sûreté générale, à la tête de vingt-cinq sapeurs et de quelques grenadiers, traverse la place, enfonce les portes à coups de hache, et monte, la baïonnette en avant, le grand escalier.

XI

Au retentissement des pas qui s'approchent, Lebas, armé de deux pistolets, en présente un à Robespierre, en le conjurant de se donner la mort. Robespierre, Saint-Just, Couthon, refusent de se frapper eux-mêmes, préférant mourir de la main de leurs ennemis. Assis impassibles autour d'une table dans la salle de l'*Égalité*, ils écoutent le bruit qui monte, regardent la porte, et attendent leur sort.

Au premier coup de crosse de fusil sur les marches, Lebas se tire un coup de pistolet dans le cœur et tombe mort entre les bras du jeune Robespierre. Celui-ci, quoique certain de son innocence et de son acquittement, ne veut survivre ni à son frère, ni à son ami. Il ouvre une fenêtre, se précipite dans la cour et se casse une jambe. Coffinhal, remplissant de ses pas et de ses imprécations les salles et les couloirs, rencontre Hanriot hébété de peur et de vin. Il lui reproche sa crapule et sa lâcheté, et, le saisissant dans ses bras, il le porte vers une fenêtre ouverte, et le jette du deuxième étage sur un tas d'immondices. « Va, misérable ivrogne, lui dit-il en le lançant dans le vide, tu n'es pas digne de l'échafaud ! »

Cependant Dulac, rassuré sur l'intérieur de la maison commune, avait envoyé un de ses grenadiers avertir la colonne de Bourdon du libre accès de l'hôtel de ville.

Léonard Bourdon range sa troupe en bataille devant le perron. Il monte lui-même accompagné de cinq gendarmes et d'un détachement. Il se précipite avec Dulac et ce peloton vers la salle de l'Égalité. La porte cède aux coups de crosse des fusils des grenadiers. « Mort au tyran ! — Lequel est le tyran ? » crient les soldats. Léonard Bourdon n'ose affronter les regards de son ennemi désarmé. Un peu en arrière du peloton, couvert par le corps d'un gendarme nommé Méda, il saisit de la main droite le bras du gendarme armé d'un pistolet ; et indiquant de la main gauche celui qu'il allait viser, il dirige le canon de l'arme sur Robespierre et dit au gendarme : « C'est lui ! » Le coup part ; Robespierre tombe la tête en avant sur la table, tachant de son sang la proclamation qu'il n'a pas achevé de signer. La balle avait percé la lèvre inférieure et fracassé les dents. Couthon, en voulant se lever, chancelle sur ses jambes mortes et roule sous la table. Saint-Just reste assis et immobile. Il regarde tantôt avec tristesse Robespierre, tantôt avec fierté ses ennemis.

XII

Au bruit des coups de feu et des cris de : « Vive la Convention ! » les colonnes de Barras débouchent sur la place, escaladent l'hôtel de ville, en ferment les issues, s'emparent de Fleuriot, de Payan, de Duplay, des quatre-vingts membres de la commune, les garrottent, les forment en colonnes de prisonniers dans la salle, et se préparent à les conduire en triomphe à la Convention. Coffinhal seul s'échappe à la faveur de la confusion générale ; il enfonce la porte barricadée d'une salle basse, sort de l'hôtel de ville, et se réfugie sur le fleuve dans un bateau de blanchisseuses, d'où la faim le fit sortir et découvrir le lendemain.

Barras, suivi de la longue file de ses prisonniers, reprend avec ses colonnes la route de la Convention. Les premières lueurs du jour commençaient à poindre. Robespierre, porté par quatre gendarmes sur un brancard, le visage entouré d'un mouchoir sanglant, ouvrait le cortége. Les porteurs de Couthon l'avaient laissé tomber et rouler par mépris au coin de la place de Grève ; ils le ramassèrent. Ses habits, souillés et déchirés, laissaient à nu une partie du buste. Robespierre le jeune, évanoui, était porté à bras par deux hommes du peuple. Le cadavre de Lebas était couvert d'un tapis de table taché de sang. Saint-Just, les mains liées par devant, la tête nue, les yeux baissés, le visage recueilli dans la résignation et non dans la honte, suivait à pied.

A cinq heures, la tête de colonne entra aux Tuileries. La Convention attendait le dénoûment sans le craindre. Un frémissement tumultueux annonce l'approche de Barras et de Fréron. Charlier préside : « Le lâche Robespierre est là, dit-il en montrant du geste la porte. Voulez-vous qu'il entre ? — Non ! non ! répondent les représentants, les uns par horreur, les autres par pitié. — Étaler dans la Convention le corps d'un homme couvert de tous les crimes, s'écrie Thuriot, ce serait enlever à cette belle journée tout l'éclat qui lui convient. Le cadavre d'un tyran ne peut apporter que la contagion. La place qui est marquée pour Robespierre et pour ses complices est la place de la Révolution.

Léonard Bourdon, ivre de triomphe, raconte son expédition, et présente à la Convention le gendarme qui a tiré sur Robespierre. Legendre rentre armé de deux pistolets. Il annonce qu'il vient de disperser les Jacobins et de fermer lui-même les portes de leur salle. Il en jette les clefs sur la tribune.

XIII

Robespierre, déposé dans la salle d'attente, était étendu sur une table. Une chaise renversée soutenait sa tête. Une foule immense entrait, sortait, se renouvelait pour regarder du haut des banquettes le maître de la république abattu. Quelques députés parmi ses adulateurs de la veille venaient s'assurer que le tyran ne se relèverait plus. On n'épargnait à l'agonie du blessé ni les regards, ni les invectives, ni les mépris. Les huissiers de la Convention le montraient du doigt aux spectateurs comme une bête féroce dans une ménagerie. Il feignait la mort pour échapper aux insultes et aux invectives dont il était l'objet. Un employé du comité de salut public, qui se réjouissait de la chute de la tyrannie, mais qui plaignait l'homme, s'approcha de Robespierre, dénoua sa jarretière, abaissa ses bas sur ses talons, et, posant la main sur sa jambe nue, sentit les pulsations de l'artère qui révélaient la plénitude de la vie. « Il faut le fouiller, » dit la foule. On trouva dans la poche de son habit deux pistolets dans leur fourreau. Les armes de France étaient incrustées sur ce fourreau. « Voyez le scélérat, s'écrie la foule, la preuve qu'il aspirait au trône, c'est qu'il portait sur lui les symboles proscrits de la royauté ! » Ces pistolets, enfermés dans leur étui et chargés, attestent assez que Robespierre ne s'était pas tiré lui-même le coup de feu.

En ce moment Legendre passa dans la salle, s'approcha du corps de son ennemi, et l'apostrophant d'une voix théâtrale : « Eh bien, tyran ! lui dit-il avec un geste de défi, toi pour qui la république n'était pas assez grande hier, tu n'occupes pas aujourd'hui deux pieds de large sur cette petite table ! » Robespierre dut entendre avec horreur et avec mépris cette voix qu'un seul de ses regards avait si souvent étouffée à la Convention, et dont les adulations l'avaient dégoûté après la mort de Danton. Quoique immobile, il voyait et il entendait tout. Le sang qui coulait de sa blessure se formait en caillots dans sa bouche. Il se ranima, il étancha ce sang avec le fourreau de peau d'un des pistolets. Son regard éteint, mais observateur, se promenait sur la foule comme pour y chercher de la compassion ou de la justice. Il n'y découvrait que de l'aversion, et il refermait les yeux. La chaleur de la salle était étouffante. Une fièvre ardente colorait les joues de Robespierre ; la sueur inondait son front. Nul ne l'assistait de la main. On avait placé à côté de lui, sur la table, une coupe de vinaigre et une éponge. De temps en temps il imbibait l'éponge et en humectait ses lèvres.

Après cette longue exposition à la porte de la salle, d'où

le vaincu entendait les explosions de la tribune contre lui, on le transporta au comité de sûreté générale. Billaud-Varennes, Collot-d'Herbois, Vadier, les plus implacables de ses ennemis, l'y attendaient. Ils l'interrogèrent pour la forme. Ses regards seuls leur répondirent. Ils abrégèrent son supplice et leur joie. Transporté à l'Hôtel-Dieu, des chirurgiens sondèrent et pansèrent sa plaie. Robespierre trouva dans la salle des blessés Couthon, apporté là comme infirme; Hanriot, les membres mutilés par sa chute; son frère enfin, dont on avait réduit la fracture. Après le pansement, les blessés furent tous transférés et réunis dans le même cachot à la Conciergerie. Saint-Just les y attendait à côté du cadavre de Lebas.

En entrant à la Conciergerie, Saint-Just s'était rencontré sous la porte basse du guichet avec le général Hoche, qu'il y avait fait enfermer lui-même quelques semaines auparavant. Hoche, au lieu d'insulter à la chute de son ennemi, se rangea de côté les yeux baissés pour laisser passer le jeune proconsul. Les héros respectent le malheur jusque dans ceux qui les ont proscrits.

Le maire Fleuriot-Lescot, Payan, Dumas, Vivier, président des Jacobins, la vieille Lavalette, Duplay, sa femme et ses filles, hôtes de Robespierre, d'abord conduits au Luxembourg, avaient été ramenés aussi à la Conciergerie.

Le 10 thermidor (28 juillet), à trois heures, on les conduisit ou on les porta au tribunal révolutionnaire. La Convention était désormais si sûre de l'obéissance, qu'elle n'avait pas changé l'instrument. Les juges et les jurés étaient les mêmes qui s'apprêtaient la veille à envoyer à la mort les ennemis de ceux qu'ils immolaient aujourd'hui. Fouquier-Tinville lut avec le même accent de rigoureuse conviction les décrets de hors la loi, et se borna à faire constater l'identité. Fouquier n'osa lever les yeux sur Dumas, son collègue au tribunal révolutionnaire, ni sur Robespierre, son patron.

A cinq heures, les charrettes attendaient les condamnés au pied du grand escalier. Robespierre, son frère, Couthon, Hanriot, Lebas, étaient ou des débris humains ou des cadavres. On les attacha par les jambes, par le tronc et par les bras, au bois de la première charrette. Les cahots du pavé leur arrachaient des cris de douleur et des gémissements. On les dirigea par les rues les plus longues et les plus populeuses de Paris. Les portes, les fenêtres, les balcons, les toits étaient encombrés de spectateurs, et surtout de femmes en habits de fête. Elles battaient des mains au supplice, croyant expier la terreur en exécrant l'homme qui lui avait donné son nom. « A la mort! à la guillotine! » criaient autour des roues les fils, les parents, les amis des victimes. Le peuple, rare et morne, regardait sans donner aucun signe ni de regret ni de satisfaction. Des jeunes gens privés d'un père, des femmes privées d'un époux, fendirent seuls de distance en distance la haie des gendarmes, s'attachèrent aux essieux et couvrirent d'imprécations Robespierre. Ils semblaient craindre que la mort ne leur dérobât le cri et la satisfaction de leur vengeance. La tête de Robespierre était entourée d'un linge taché de sang qui soutenait son menton et se nouait sur ses cheveux. On n'apercevait qu'une de ses joues, le front et les yeux. Les gendarmes de l'escorte le montraient au peuple avec la pointe de leurs sabres. Il détournait la tête et levait les épaules, comme s'il eût eu pitié de l'erreur qui lui imputait à lui seul tant de forfaits rejaillissant sur son nom. Son intelligence tout entière respirait dans ses yeux. Son attitude indiquait la résignation, non la crainte. Le mystère qui avait couvert sa vie couvrait ses pensées. Il mourait sans dire son dernier mot.

XIV

Devant la maison de l'artisan qu'il avait habitée, et dont le père, la mère et les enfants étaient déjà dans les fers, une bande de femmes arrêta le cortége et dansa en rond autour de la charrette.

Un enfant tenant à la main un seau de boucher rempli de sang de bœuf et y trempant un balai en lança les gouttes contre les murs de la maison. Robespierre ferma les yeux pendant cette halte pour ne pas voir le toit insulté de ses amis, où il avait porté le malheur. Ce fut son seul geste de sensibilité pendant ces trente-six heures de supplice.

Le soir du même jour, ces furies de la vengeance envahirent la prison où avait été jetée la femme de Duplay, l'étranglèrent, et la pendirent à la tringle de ses rideaux.

On se remit en marche vers l'échafaud. Couthon était rêveur ; Robespierre le jeune, attendri. Les secousses, qui renouvelaient la fracture de sa jambe, lui arrachaient des cris involontaires. Hanriot avait le visage barbouillé de sang comme un ivrogne ramassé dans le ruisseau. On lui avait arraché son uniforme. Il n'avait pour tout vêtement que sa chemise souillée de boue. Saint-Just, vêtu avec décence, les cheveux coupés, le visage pâle, mais serein, n'affectait dans son attitude ni humiliation ni fierté. On voyait à l'élévation de son regard que son œil portait au delà du temps et de l'échafaud; qu'il suivait sa pensée au supplice comme il l'aurait suivie au triomphe, sachant pourquoi il allait mourir et ne reprochant rien à la destinée, puisqu'il mourait pour sa fidélité à ses principes, à son maître et à la mission qu'il s'était donnée. Être incompréhensible et incomplet, uniquement composé d'intelligence, et n'ayant que les passions de l'esprit : l'organe du cœur manquait entièrement à sa nature comme à sa théorie. Son cœur absent ne reprochait rien à sa conscience abstraite, et il mourait odieux et maudit sans se sentir coupable. Cécité morale qui conduit à l'abîme, quand on croit marcher au salut du monde et à l'admiration de la postérité ! On s'étonnait de tant de jeunesse dans le dogmatisme des idées, de tant de grâce dans le fanatisme, de tant de conscience dans l'implacabilité.

Arrivés au pied de la statue de la Liberté, les exécuteurs portèrent les blessés sur la plate-forme de la guillotine. Aucun d'eux n'adressa ni parole ni reproche au peuple. Ils lisaient leur jugement dans la contenance étonnée de la foule. Robespierre monta d'un pas ferme les degrés de l'échafaud. Avant de détacher le couteau, les exécuteurs lui arrachèrent le bandage qui enveloppait sa joue, pour que le linge n'ébréchât pas le tranchant de la hache. Il jeta un rugissement de douleur physique qui fut entendu jusqu'aux extrémités de la place de la Révolution. La place fit silence. Un coup sourd de la hache retentit. La tête de Robespierre tomba. Une longue respiration de la foule, suivie d'un applaudissement immense, succéda au coup du couteau.

Saint-Just parut alors debout au sommet de l'échafaud : grand, mince, la tête inclinée, les bras liés, les pieds dans le sang de son maître, dessinant sa stature haute et grêle sur le ciel éclairé du dernier crépuscule du soir. Il mourut sans ouvrir les lèvres, emportant son acceptation ou sa protestation intérieure dans la mort. Il avait vingt-six ans et deux jours. On jeta pêle-mêle ces vingt-deux troncs dans le tombereau avec le cadavre de Lebas.

XV

Quelques semaines après, une jeune femme vêtue en blanchisseuse et portant un enfant de six mois sur les bras se présenta dans la maison garnie qu'avait habitée Saint-Just, et demanda à parler en secret à la fille du maître de l'hôtel. L'étrangère était la veuve de Lebas, fille de Duplay. Après le suicide de son mari, le supplice de son père, le meurtre de sa mère et l'emprisonnement de ses sœurs, madame Lebas avait changé son nom, elle s'était vêtue en femme du peuple, elle gagnait sa vie et celle de son enfant en lavant le linge dans les bateaux qui servent de lavoirs sur le fleuve. Quelques républicains persécutés connaissaient seuls son travestissement et admiraient son courage. Il ne lui restait ni héritage, ni trace, ni portrait de son mari. Elle adorait en silence son souvenir.

La jeune fugitive avait appris que l'hôtesse de Saint-Just, peintre de profession, possédait un portrait du disciple de Robespierre peint par elle peu de temps avant le supplice. Elle brûlait du désir de posséder cette peinture, qui lui rappellerait au moins son mari dans la figure du jeune républicain, le collègue et l'ami le plus cher de Lebas. La jeune artiste, réduite elle-même à l'indigence par l'emprisonnement de son propre père, poursuivi comme hôte de Saint-Just, demandait six louis de son travail. Madame Lebas ne possédait pas cette somme. Elle n'avait sauvé du séquestre qu'une malle de hardes, de linge et d'habits de noce, sa seule fortune. Elle offrit ce coffre et tout ce qu'il contenait pour prix du portrait. L'échange fut accepté. La pauvre veuve apporta la nuit ses hardes et remporta son trésor. C'est ainsi qu'a été conservée par l'amour conjugal à la postérité la seule image de ce jeune révolutionnaire, beau, fantastique, nuageux comme une théorie, pensif comme un système, triste comme un pressentiment. C'est moins le portrait d'un homme que celui d'une idée. Il ressemble à un rêve de la république de Dracon.

XVI

Telle fut la fin de Robespierre et de son parti, surpris et immolé dans la manœuvre qu'il méditait pour ramener la terreur à la loi, la révolution à l'ordre et la république à l'unité. Renversé par des hommes, les uns meilleurs, les autres pires que lui, il eut le malheur suprême de mourir le même jour que finit la terreur, et d'accumuler ainsi sur son nom jusqu'au sang des supplices qu'il voulait tarir, et jusqu'aux malédictions des victimes qu'il voulait sauver. Sa mort fut la date et non la cause de la détente de la terreur. Les supplices allaient cesser par son triomphe comme ils cessèrent par son supplice. La justice divine déshonorait ainsi son repentir et portait malheur à ses bonnes intentions. Elle faisait de sa tombe un gouffre fermé.

Il y a un dessein dans sa vie, et ce dessein est grand : c'est le règne de la raison par la démocratie. Il y a un mobile, et ce mobile est louable : c'est la soif de la vérité et de la justice dans les lois. Il y a une action, et cette action est méritoire : c'est le combat contre le vice, le mensonge et le despotisme. Il y a un dévouement, et ce dévouement est constant : c'est le sacrifice de soi-même avec tous au triomphe de sa pensée. Enfin, il y a un moyen, et ce moyen est tour à tour légitime ou exécrable : c'est la popularité. Il caresse le peuple par ses parties ignobles. Il exagère le soupçon. Il suscite l'envie. Il agace la colère. Il envenime la vengeance. Il ouvre les veines du corps social pour guérir le mal ; mais il en laisse couler la vie, pure ou impure, avec indifférence, sans se jeter entre les victimes et les bourreaux. Il livre à ce qu'il croit le besoin de sa situation les têtes du roi, de la reine, de leur innocente sœur. Il cède à la prétendue nécessité la tête de Vergniaud ; la tête de Danton à la peur ; des milliers de victimes à la domination. Il permet que son nom serve pendant dix-huit mois d'enseigne à l'échafaud et de justification à la mort. Il espère racheter plus tard ce qui ne se rachète jamais : le crime présent par les institutions futures. Il s'enivre d'une perspective de félicité publique pendant que la France palpite sur l'échafaud. Il veut extirper avec le fer toutes les racines malfaisantes du sol social. Il se croit les droits de la Providence parce qu'il a un sentiment et un plan dans son imagination. Il prétend se mettre à la place de Dieu. Il veut être le génie exterminateur et créateur de la Révolution. Il oublie que si chaque homme se divinisait ainsi lui-même, il ne resterait à la fin qu'un seul homme sur le globe, et que ce dernier des hommes serait l'assassin de tous les autres! Il tache de sang les plus pures doctrines. Il inspire à l'avenir l'effroi du règne du peuple, la répugnance à l'institution de la république, le doute sur la liberté. Il tombe enfin dans sa première lutte contre la terreur, parce qu'il n'a pas conquis, en lui résistant dès le commencement, le droit et la force de la dompter. Ses principes sont stériles et condamnés comme ses proscriptions, et il meurt en s'écriant avec le découragement de Brutus : « La république périt avec moi ! » Il était en effet, en ce moment, l'âme de la république. Elle s'évanouit dans son dernier soupir. Si Robespierre s'était conservé pur et sans concession aux égarements des démagogues jusqu'à cette crise de lassitude et de remords, la république aurait survécu, rajeuni et triomphé en lui. Elle cherchait un régulateur, il ne lui présentait qu'un complice. Il lui préparait un Cromwell.

Le suprême malheur de Robespierre en périssant ne fut pas tant de périr et d'entraîner la république avec lui, que de ne pas léguer à la démocratie, dans la mémoire d'un homme qui avait voulu la personnifier avec le plus de foi, une de ces figures pures, éclatantes, immortelles, qui vengent une cause de l'abandon du sort, et qui protestent contre la ruine par l'admiration sans répugnance et sans réserve qu'elles inspirent à la postérité. Il fallait à la république un *Caton d'Utique* dans le martyrologe de ses fondateurs : Robespierre ne lui laissait qu'un *Marius* moins l'épée. La démocratie avait besoin d'une gloire qui rayonnât à jamais d'un nom d'homme sur son berceau : Robespierre ne lui rappelait qu'une grande constance et un grand remords. Ce fut la punition de l'homme, la punition du peuple, celle du temps et celle aussi de l'avenir. Une cause n'est souvent qu'un nom d'homme. La cause de la démocratie ne devait pas être condamnée à voiler ou à justifier le sien. Le type de la démocratie doit être magnanime, généreux, clément et incontestable comme la vérité.

XVII

Avec Robespierre et Saint-Just finit la grande période de la république. La seconde race des révolutionnaires commence. La république tombe de la tragédie dans l'intrigue, du fanatisme dans la cupidité. Au moment où tout se rapetisse, arrêtons-nous pour contempler ce qui fut si grand.

La Révolution n'avait duré que cinq ans. Ces cinq années sont cinq siècles pour la France. Jamais peut-être sur cette terre, à aucune époque, sauf l'ère de l'incarnation de l'idée chrétienne, aucun pays ne produisit, en un si court espace de temps, une pareille éruption d'idées, d'hommes, de natures, de caractères, de talents, de crimes, de vertus. Ni le siècle de Périclès à Athènes, ni le siècle de César et d'Octave à Rome, ni le siècle de Charlemagne dans les Gaules et dans la Germanie, ni le siècle de Léon X en Italie, ni le siècle de Louis XIV en France, ni le siècle de Cromwell en Angleterre! On dirait que la terre, en travail pour enfanter l'ordre progressif des sociétés, fait un effort de fécondité comparable à l'œuvre énergique de régénération que la Providence veut accomplir. Sans parler des précurseurs, de Voltaire, de Jean-Jacques Rousseau, les hommes naissent comme des personnifications instantanées des choses qui doivent se penser, se dire ou se faire. Mirabeau, la foudre; Condorcet, le calcul; Vergniaud, l'élan; Danton, l'audace; Marat, la fureur; madame Roland, l'enthousiasme; Charlotte Corday, la vengeance; Robespierre, l'utopie; Saint-Just, le fanatisme de la Révolution. Et derrière eux les hommes secondaires de chacun de ces groupes forment un faisceau que la Révolution détache après l'avoir réuni, et dont elle brise une à une toutes les tiges comme des outils ébréchés. La lumière brille à tous les points de l'horizon à la fois. Les ténèbres se replient. Les préjugés reculent. Les tyrannies tremblent. Les peuples se lèvent. Les trônes croulent. L'Europe intimidée essaye de frapper, et, frappée elle-même, recule pour regarder de loin ce terrible spectacle.

Ce combat est mille fois plus glorieux que les combats des armées qui lui succèdent. 1789 a conquis au monde des vérités, au lieu de conquérir à une nation de précaires accroissements de provinces. Il a élargi le domaine de l'homme, au lieu d'élargir les limites d'un territoire. On est fier d'être d'une race d'hommes à qui la Providence a permis de concevoir de telles pensées, et d'être enfant d'un siècle qui a imprimé l'impulsion à de tels mouvements de l'esprit humain. On glorifie la France dans son intelligence, dans son rôle, dans son âme, dans son sang! Les têtes tombent une à une, les unes justement, les autres injustement; mais elles tombent toutes à l'œuvre. On accuse ou l'on absout. On pleure ou on maudit. Les individus sont innocents ou coupables, touchants ou odieux, victimes ou bourreaux. L'action est grande, et l'idée plane au-dessus de ses instruments comme une cause juste sur les horreurs du champ de bataille. Après cinq ans, la Révolution n'est plus qu'un vaste cimetière. Sur la tombe de chacune de ces victimes, il est écrit un mot qui la caractérise. Sur l'une, *philosophie*. Sur l'autre, *éloquence*. Sur celle-ci, *génie*. Sur celle-là, *courage*. Ici, *crime*. Là, *vertu*. Mais sur toutes il est écrit : Mort pour l'avenir et Ouvrier de l'humanité.

XVIII

Une nation doit pleurer ses morts, sans doute, et ne pas se consoler d'une seule tête injustement et odieusement sacrifiée; mais elle ne doit pas regretter son sang quand il a coulé pour faire éclore des vérités éternelles. Dieu a mis ce prix à la germination et à l'éclosion de ses desseins sur l'homme. Les idées végètent de sang humain. Les révélations descendent des échafauds. Pardonnons-nous donc, fils des combattants, des bourreaux ou des victimes. Réconcilions-nous sur leurs tombeaux pour reprendre leur œuvre interrompue ! Le crime a tout perdu en se mêlant dans les rangs de la république. Combattre, ce n'est pas immoler. Otons le crime de la cause du peuple comme une arme qui lui a percé la main et qui a changé la liberté en despotisme ; ne cherchons pas à justifier l'échafaud par la patrie, et les proscriptions par la liberté; n'endurcissons pas l'âme du siècle par le sophisme de l'énergie révolutionnaire ; laissons son cœur à l'humanité, c'est le plus sûr et le plus infaillible de ses principes, et résignons-nous à la condition des choses humaines. L'histoire de la Révolution est glorieuse et triste comme le lendemain d'une victoire, et comme la veille d'un autre combat. Mais si cette histoire est pleine de deuil, elle est pleine surtout de foi. Elle ressemble au drame antique, où, pendant que le narrateur fait le récit, le chœur du peuple chante la gloire, pleure les victimes et élève un hymne de consolation et d'espérance à Dieu !

FIN DE L'HISTOIRE DES GIRONDINS.

TABLE DES SOMMAIRES

LIVRE CINQUANTE ET UNIÈME.

Les exécutions continuent à Paris. — Madame Roland dans sa prison. — Elle écrit ses Mémoires. — Sa lettre à Robespierre. — Son procès. — Sa condamnation. — Sa mort. — Suicide de Roland. Page.. 3

LIVRE CINQUANTE-DEUXIÈME.

Les commissaires de la Convention Ysabeau et Tallien à Bordeaux. — Les Girondins fugitifs Buzot, Barbaroux, Pétion, Louvet, Valady, Salles, Guadet, au Bec-d'Ambès. — Ils cherchent une retraite à Saint-Émilion. — Madame Bouquey les reçoit. — Ils se séparent. — Valady prend la route des Pyrénées. — Louvet retourne à Paris. — Grangeneuve et Biroteau exécutés à Bordeaux. — Guadet et Salles découverts sont conduits à Bordeaux et exécutés. — Barbaroux se tire un coup de pistolet. — Il est ramené tout sanglant à Bordeaux et porté à l'échafaud. — Les cadavres de Buzot et de Pétion retrouvés dans un champ. — Barnave, Duport, Bailly. — — Leur condamnation. — Leur mort. — Long supplice de Bailly. — Exécutions de madame du Barry et de Biron. — M. et madame Angrand d'Alleray. — La Convention dépassée par la commune. — Notes posthumes de Robespierre. — Mesures philanthropiques. — Calendrier républicain. — L'évêque Gobel. — Apostasies. — Hébert et Chaumette. — Profanations du culte catholique. — Inauguration du culte de la Raison. — Destruction des tombeaux de Saint-Denis. — Exhumations des restes mortels des rois..... 25

LIVRE CINQUANTE-TROISIÈME.

La terreur dans les départements. — Carrier à Nantes. — Fusillades, noyades, mariages républicains. — Il est rappelé à Paris. — Joseph Lebon à Arras et à Cambrai. — Nombreuses exécutions. — Maignet dans le Midi. — Tallien à Bordeaux. — Madame de Fontenay (Thérésa Cabarrus). — Elle adoucit Tallien. — Robespierre le jeune à Vesoul.................................... 81

LIVRE CINQUANTE-QUATRIÈME.

Saint-Just et Lebas commissaires de la Convention aux armées. — Saint-Just réprime la terreur à Strasbourg. — Lettre intime de Lebas. — La puissance de Robespierre balancée par celle de Danton. — Chaumette et Hébert. — Le *Père Duchesne*. — Clubs de femmes. — Les *tricoteuses* de Robespierre. — La *Société fraternelle*. — La *Société révolutionnaire*. — Rose Lacombe. — Les clubs de femmes fermés par décret de la Convention. — Faction d'Hébert. — Le *Père Duchesne* et le *Vieux Cordelier*. — Camille Desmoulins. — Origine du *Vieux Cordelier*. — Robespierre défend la liberté religieuse aux Jacobins. — Épurations aux Jacobins. — Danton rend compte de ses actions. — Robespierre le défend en le protégeant. — Il attaque Anacharsis Klootz. — Il excuse Camille Desmoulins. — Rapport de Robespierre à la Convention. — Danton deviné par Robespierre. — Fragment du *Vieux Cordelier*. — Tentative de rapprochement entre Hébert et Robespierre. — Proposition d'un triumvirat repoussée. — Politique du comité de salut public. — Danton s'y trompe. — Doctrines professées par Robespierre à la Convention. — Tentative d'insurrection d'Hébert. — — Elle avorte. — Rapport de Saint-Just à la Convention. — Hébert et ses complices sont arrêtés. — Ils sont mis à mort. — Amis de Danton emprisonnés.................................... 101

LIVRE CINQUANTE-CINQUIÈME.

Robespierre, Danton. — Leur entrevue. — Saint-Just chez Robespierre. — Inaction de Danton. — Séance secrète des trois comités. — Discours de Saint-Just. — Il demande l'arrestation de Danton et de ses complices. — Danton, Camille Desmoulins, Philippeaux, Lacroix, Westermann, sont arrêtés. — Leur arrivée au Luxembourg. — Séance de la Convention. — Discours de Legendre. — Réponse de Robespierre. — Rapport de Saint-Just. — Projet de décret contre Danton et ses complices. — Vote unanime. — Danton dans sa prison. — Camille Desmoulins. — Sa femme. — Procès des accusés. — Leur condamnation. — Leur exécution. — Jugement sur Danton.. 163

LIVRE CINQUANTE-SIXIÈME.

Recrudescence de la terreur. — Le général Dillon, Chaumette, l'évêque Gobel, la veuve d'Hébert, Lucile Desmoulins. — Lettre de madame Duplessis à Robespierre. — Domination du comité de salut public. — Saint-Just à l'armée. — Forces et plan des coalisés en 1794. — Forces des armées françaises. — Pichegru. — Souham. — Moreau. — Victoire de Turcoing. — Marceau. — Duhesme. — Kléber. — Bernadotte. — Jourdan, général en chef. — Lefebvre. — Macdonald. — Prise de Charleroi. — Bataille de Fleurus. — Lefebvre et Championnet. — Ballon d'observation. — L'invasion de la Hollande résolue. — Indécision de la cour de Vienne. — Hoche. — Landau débloqué. — Les Autrichiens repassent le Rhin. — Les Prussiens se retirent à Mayence. — Arrestation de Hoche. Il est ramené à Paris. — Les frontières garanties. — Dumas. — Masséna et Sérurier. — Bonaparte. — Augereau. — Pérignon. — Dugommier. — La flotte de Brest. — Son insubordination. — L'amiral Morard de Galles remplacé par Villaret-Joyeuse. — La flotte française rencontre la flotte anglaise. — Combat du 1er juin 1794. — Le vaisseau *le Vengeur*. — La flotte française rentre à Brest. — Le *Chant du départ*. — La terreur et les exécutions redoublent. — Les insulteuses publiques. — Le fils de Custine condamné et exécuté. — Suicide de Clavière. — Sa femme s'empoisonne. — Exécution de Lamourette, évêque de Lyon. — Condorcet. — Sa retraite. — Sa fuite. — Son arrestation. — Il s'empoisonne. — Louvet. — Laréveillère-Lépeaux. — M. de Malesherbes et sa famille, Luckner, Duval-Déprémenil, et les plus grands noms de la monarchie envoyés à l'échafaud. — Fournées de la guillotine. — Les jeunes filles de Verdun. — Les religieuses de Montmartre. — La guillotine transportée de la place Louis XV à la barrière du Trône. — L'abbé de

Fénelon exécuté à quatre-vingt-neuf ans. — Paroles de Collot-d'Herbois à Fouquier-Tinville........................... 223

LIVRE CINQUANTE-SEPTIÈME.

Aspect des prisons. — Roucher, André Chénier. — Les Carmes. — Mesdames d'Aiguillon, de Beauharnais, de Cabarrus. — Le Temple. — Madame Elisabeth. — Madame Royale. — Le Dauphin. — Madame Élisabeth au tribunal révolutionnaire. — Elle est condamnée à mort. — Son exécution. — Robespierre domine à la commune et à la Convention. — Ses hésitations. — Ses amis, Saint-Just, Couthon, Lebas. — Ses ennemis secrets. — Dissensions dans les comités. — Discours de Robespierre à la Convention sur l'existence Dieu et de l'immortalité de l'âme. — Décret. — Les restes mortels de Jean-Jacques Rousseau au Panthéon................... 274

LIVRE CINQUANTE-HUITIÈME.

Ladmiral. — Tentative d'assassinat sur Collot-d'Herbois. — Cécile Renault chez Robespierre. — Elle est arrêtée. — Discours de Robespierre à la Convention. — Fête de l'Être suprême. — Triomphe de Robespierre. — Irritation des comités. — Projets de lois philanthropiques de la Convention. — Décret du 22 prairial. — Altercations dans le comité de salut public. — Robespierre se sépare de ses collègues. — Ses notes secrètes sur quelques membres de la Convention. — Conjuration sourde...................... 317

LIVRE CINQUANTE-NEUVIÈME.

Les Thermidoriens. — La terreur redouble. — Barère, l'*Anacréon de la guillotine*. — Tendances superstitieuses. — Catherine Théot. — Dom Gerle. — Madame de Sainte-Amaranthe. — M. et madame de Sartines. — Mademoiselle Grandmaison. — M. de Quesvremont. — Trial. — Robespierre chez madame de Sainte-Amaranthe. — Arrestation de madame de Sainte-Amaranthe et de sa famille. — Elle est impliquée dans la conspiration de l'étranger avec Cécile Renault et Ladmiral. — Les accusés devant le tribunal. — Leur condamnation. — Leur exécution. — Robespierre aux Jacobins. — Tentative de réconciliation entre les membres des comités... 365

TABLE DES SOMMAIRES.   495

LIVRE SOIXANTIÈME.

La réconciliation est trompeuse. — Délibération des conjurés. — Les Jacobins et les sectionnaires prennent Robespierre pour chef et pour drapeau. — Symptômes d'un nouveau 31 mai. — Premiers jours de thermidor. — Robespierre se tient à l'écart. — Son pèlerinage à l'Ermitage de Jean-Jacques Rousseau. — Le 7 thermidor. — 8 thermidor. — Discours de Robespierre à la Convention. — L'Assemblée en refuse l'impression. — Robespierre au club des Jacobins. — Il lit le discours répudié par la Convention. — Son testament de mort. — Agitation. — Manifestations tumultueuses. — Payan propose d'enlever les comités. — Saint-Just au comité de salut public. — Scène violente. — Collot-d'Herbois et Saint-Just. — Les conjurés se préparent à la crise du lendemain. — Lettre de Thérésa Cabarrus à Tallien. — Réponse de Tallien. — Les députés de la Plaine indécis. — Ils se laissent entraîner par les conjurés. — 9 thermidor. — Les Jacobins se tiennent prêts aux événements de la journée. — Coffinhal, Fleuriot, Payan, Hanriot. — Séance de la Convention. — Collot-d'Herbois président. — Saint-Just à la tribune. — Il est interrompu par Tallien. — Billaud-Varennes dénonce les projets des Jacobins contre l'Assemblée. — Longue agitation. — Il attaque Robespierre. — Il est vivement applaudi. — Robespierre s'élance à la tribune. — Clameurs de la Montagne. — — Tallien enlève la parole à Robespierre et demande l'arrestation d'Hanriot et la permanence de la séance. — Ces propositions votées d'acclamation. — Barère monte à la tribune et se prononce contre Robespierre. — Vadier succède à Barère. — Robespierre ne peut se faire entendre. — Il quitte la tribune. — Il est repoussé de tous les bancs. — Vociférations. — Tumulte. — Robespierre décrété d'accusation. — Robespierre le jeune, Couthon, Saint-Just, Lebas, partagent son sort. — Les accusés conduits à la barre. — Suspension de la séance. — Les accusés envoyés en prison. — Exécutions du même jour. — Exécutions de la veille. — Roucher, André Chénier...   395

LIVRE SOIXANTE ET UNIÈME.

Refus aux prisons de recevoir les accusés. — Ils sont délivrés et portés en triomphe à la commune. — L'hôtel de ville foyer de l'in-

surrection. — Tocsin. — Rappel. — Hanriot à la porte du Carrousel.
— Il est arrêté au nom de la Convention. — Robespierre au dépôt
de la municipalité. — Coffinhal l'entraine à l'hôtel de ville. —
Coffinhal délivre Hanriot. — La séance est reprise à la Convention.
— Bourdon de l'Oise à la tribune. — Merlin de Thionville. — Tumulte extérieur. — Hanriot veut faire enfoncer les portes. — Il est
mis hors la loi. — Il se retire sur l'hôtel de ville. — Barras nommé
par la Convention commandant général. — Mouvement en sens
contraire des agents de la Convention et de la commune. — Le peuple indécis. — Barras enveloppe l'hôtel de ville. — Robespierre per
siste dans son inaction. — Hanriot abandonné par ses troupes —
Cris de : « Vive la Convention ! » — Dulac enfonce les portes de
l'hôtel de ville. — Lebas se tire au cœur un coup de pistolet. —
Robespierre le jeune se précipite par la fenêtre. — Coffinhal jette
Hanriot du deuxième étage dans la cour. — Léonard Bourdon envahit l'hôtel de ville. — Robespierre blessé d'une balle qui lui fracasse la mâchoire. — Cortége des vaincus. — Ils sont conduits à la
Convention. — Robespierre déposé dans la salle d'attente. — Les
prisonniers transportés à la Conciergerie. — Saint-Just et le général Hoche sous le guichet. — Arrestation de la famille Duplay. —
Fouquier-Tinville lit les décrets de hors la loi devant les prisonniers, et constate leur identité. — Les condamnés conduits à l'échafaud. — Imprécations et applaudissements des spectateurs. — La
maison de Duplay. — Madame Duplay étranglée dans la prison. —
Attitude de Robespierre. — Sa tête tombe. — Jugement sur Robespierre et sur la Révolution............................. 455

FIN DU QUATORZIÈME VOLUME.

PARIS. — TYPOGRAPHIE COSSON ET COMP., RUE DU FOUR-SAINT-GERMAIN, 43.

www.ingramcontent.com/pod-product-compliance
Lightning Source LLC
Chambersburg PA
CBHW060223230426
43664CB00011B/1530